Matheo P. 2024 10 G

Deutschzeit auf einen Blick:

Das Buch ist in vier Kompetenzbereiche aufgeteilt:

Sprechen – Zuhören – Schreiben

Lesen – Umgang mit Texten und Medien

Nachdenken über Sprache

Rechtschreibung und Zeichensetzung

Jedes Kapitel hat zwei Teile:

1. Kernkapitel
Hier erarbeitest du das jeweilige Thema Schritt für Schritt, z. B. „Materialgestützt informieren“ oder „Eine Rede analysieren“.

2. Leseteil
Dieser Teil des Kapitels bietet dir eine Auswahl spannender und interessanter Texte zum **Schmökern, Schauen, Weiterdenken**.

Merkwissen findest du hier:

Merkwissen im Überblick — am **Ende jedes** thematischen **Kapitels**

Merke — in den Kapiteln **Nachdenken über Sprache** und **Rechtschreibung und Zeichensetzung**

Auf den gelben Seiten am Ende des Buches kannst du das **Orientierungswissen** noch einmal nachschlagen.

Ausdruckstraining — Diese Seiten helfen dir, gezielt deinen Ausdruck zu verbessern.

Gewusst wie — Hier lernst du Arbeitstechniken und Methoden, die du immer wieder benötigst, z. B. „Durch Rhetorik überzeugen“ oder „Kommunikation untersuchen“.

Fordern und Fördern:

② — Wahl- oder Zusatzaufgabe

Tipps & Hilfen — Hier gibt es zusätzliche Hilfestellungen hinten im Buch.

Inhaltsverzeichnis

Sprechen – Zuhören – Schreiben

1 Die Epoche der Aufklärung
Materialgestützt informieren ... 14

Georg Christoph Lichtenberg: Aphorismen ... 14
Eine Stoffsammlung anlegen ... 16
Die Epoche der Aufklärung ... 16
Christoph Martin Wieland: Was ist Aufklärung? ... 18
Immanuel Kant: Was ist Aufklärung? ... 18
Wichtige historisch-politische Ereignisse im 18. Jh. ... 19
Diagramm: Buchproduktion im 17. und 18. Jh. in Deutschland ... 19
Dietrich Schwanitz: Die französische Aufklärung ... 20
Bedeutende Vertreter/-innen der Aufklärung ... 20
Dietrich Schwanitz: Das Erscheinen der „Encyclopédie“ ... 21
Einen informierenden Text schreiben ... 22
▸ Ausdruckstraining: Zitieren und paraphrasieren ... 24
Das Ende der Aufklärung? ... 26
Die Zukunft der Aufklärung ... 27
▸ Gewusst wie: Lernergebnisse präsentieren ... 28

Zum Schmökern, Schauen, Weiterdenken ... 32
Vera Linß und Camilla Graupner: „Big Data ist die Aufklärung für das Jahrhundert“ – Interview ... 32
Eva Bucher: Der Untergang der Fakten ... 34
Gotthold Ephraim Lessing: Der Tanzbär ... 36
Merkwissen im Überblick: Materialgestützt informieren ... 37

Kompetenzschwerpunkte

Informationen aus linearen und nichtlinearen Texten zusammenfassen; aus Texten entnommene Informationen zusammenhängend wiedergeben (materialgestützt informieren); komplexe Zusammenhänge und Inhalte adressatenorientiert, sachgerecht und übersichtlich darstellen; zentrale Schreibformen beherrschen (informieren); Lernergebnisse sach- und situationsgerecht präsentieren und mit ausgewählten Präsentationstechniken unterstützen

2 Chic oder schicklich?
Einen Kommentar materialgestützt verfassen ... 38

Tätowierter als die Polizei erlaubt? ... 38
Was ist „angemessene Kleidung“ in der Schule? ... 39
Merkmale eines Kommentars erarbeiten ... 40

Kompetenzschwerpunkte

Informationen aus linearen und nichtlinearen Texten entnehmen und verwenden

Susanne Dübber: Wieso Tattoos und globaler Wandel zusammengehören 40
Rainer Wehaus: Der Unterarm des Gesetzes 41
Eine Stoffsammlung anlegen 42
Kleidungsvorschriften an der Schule 42
Friederike-Zoë Grasshoff: „Ein großer Teil meiner Schüler sagt sowieso: Jogginghosen sind assi" – Interview 42
Diagramm: Umfrage zur Angemessenheit der Kleidung 43
Lena Müssigmann: Jogginghosen-Verbot: Dürfen Lehrer die Kleidung ihrer Schüler bestimmen? 44
▶ Ausdruckstraining: Pointiert formulieren 46
Einen Kommentar verfassen 48

Zum Schmökern, Schauen, Weiterdenken **50**
Nicola Holzapfel: Barfuß im Büro? Undenkbar 50
Marlene Berger: Stilsicher in den Urlaub: Welche Kleidung ist angemessen? 51
Ulrike Rückert, Felicitas Reichold, Ralf Kölbel: Das Mittelalter in Multicolor: Eine Epoche im Rausch der Farben 53
Katharina Pfannkuch: Politik in der Mode: Proteststoff 55
Christian Kracht: Faserland 57
Merkwissen im Überblick: Materialgestützt einen Kommentar verfassen 59

(materialgestützt schreiben); spezifische Merkmale von Textsorten kennen (Kommentar); Argumente aufgreifen, verstärken und Gegenargumente entkräften; adressatenorientiert schreiben; ausgewählte rhetorische Mittel verwenden; argumentative und appellative Texte verfassen

3 Nur ein Streit um Wörter?
Eine textgebundene Erörterung schreiben 60

Ehrenfrau/Ehrenmann (Jugendwort des Jahres 2018) 60
Lügenpresse (Unwort des Jahres 2014) 61
Texte zu einem strittigen Thema erschließen 62
Mareike Knoke: Wie „gender" darf die Sprache werden? 62
Annett Meiritz: Grüne wollen den Gender- ganz groß rausbringen* 65
Violetta Simon: Liebe Leser, das folgende Interview ist auch für Frauen gedacht – Interview 67
Eine textgebundene Erörterung verfassen 69
Ruprecht Skasa-Weiß: Fußgehendenampel 69
▶ Ausdruckstraining: Sich mit der Argumentation eines Textes auseinandersetzen 74
▶ Gewusst wie: Eine amerikanische Debatte führen 76

Kompetenzschwerpunkte

komplexe Sachtexte verstehen; Lesetechniken und Methoden der Texterschließung sicher anwenden; Sachtexte unter Berücksichtigung der Argumentationsstruktur und sprachlicher Besonderheiten analysieren; den Inhalt und den Argumentationsgang von Texten knapp zusammenfassen; Argumente aufgreifen, verstärken und Gegenargumente begründet zurückweisen; Argumente

Zum Schmökern, Schauen, Weiterdenken 78
Sonja Álvarez: Studie: Facebook fördert Hass auf Flüchtlinge 78
Diagramm: Wie die Deutschen mit Hate Speech im Netz umgehen 79
Inken Schröder: „Von Leichter Sprache profitieren fast alle" 80
Politik und Öffentlichkeit 82
Politik, Information und Mitbestimmung 82
Merkwissen im Überblick: Eine textgebundene Erörterung schreiben 83

durch Beispiele veranschaulichen; begründet Stellung nehmen; ausgewählte rhetorische Mittel verwenden; argumentative Texte unter Beachtung von Formen schriftlicher Erörterung verfassen; zentrale Schreibformen nutzen (argumentieren); unterschiedliche Formen der Debatte kennen und üben

4 Der Mensch ist, was er isst?
Essayistisch schreiben 84

Die Schreibform „Essay" kennen lernen 86
Michael Hamburger: Essay über den Essay 86
Sibylle Berg: Besser als Sex! 88
Hermann Hesse: Über das Wort Brot 90
Einen Essay vorbereiten 92
Das deutsche Brot – Bedrohtes Kulturerbe? 92
Diagramm: Brotsorten in Deutschland 93
Diagramm: Entwicklung des Brotkonsums 93
Diagramm: Wer verdient am Brotverkauf? 93
Fakten zum Brot 94
Käthe Kollwitz: Brot 94
Schreibübungen zum Essay 95
▸ Ausdruckstraining: Darstellungsweisen ausprobieren 97
Einen Essay verfassen 98
Wiglaf Droste, Vincent Klink: Was Wurst ist 98
Diagramm: Ernährungsempfehlungen 99
Diagramm: Umsatz mit Lebensmitteln im Vergleich 99

Zum Schmökern, Schauen, Weiterdenken 100
Stefan aus dem Siepen: Vom Essen und Trinken überall 100
Vincent Klink: Eintopf 101
Sarah Wiener: Vegan ist auch keine Lösung 103
Udo Pollmer: Wo wird die Kakerlakenmilch gemolken? 105
Merkwissen im Überblick: Essayistisch schreiben 107

Kompetenzschwerpunkte

spezifische Merkmale von Textsorten kennen (Essay), Informationen aus linearen und nichtlinearen Texten entnehmen und verwenden; literarische Texte erschließen und deuten; unterschiedliche Darstellungsformen unterscheiden und einsetzen (informierend, argumentativ, schildernd usw.), die Wirkung von Darstellungsformen untersuchen und erklären, unterschiedliche Sprachstile unterscheiden und einsetzen; ausgewählte rhetorische Mittel verwenden

5 Franz Kafka

Unterschiedliche Interpretationsansätze für kurze Erzählungen nutzen ... 108

Franz Kafka: Kleine Fabel ... 108

Merkmale einer Parabel wiederholen ... 110

Franz Kafka: Gib's auf! ... 110

Eine Parabel textimmanent interpretieren ... 111

Franz Kafka: Auf der Galerie ... 111

Marc Chagall: „Le Cirque" (Der Zirkus) ... 112

Ernst Ludwig Kirchner: Zirkusreiterin ... 112

Unterschiedliche Zugänge zu Texten kennen lernen ... 114

Franz Kafka: Heimkehr ... 114

Franz Kafka: Brief an den Vater ... 116

Lukasevangelium: Das Gleichnis vom verlorenen Sohn ... 118

Unterschiedliche Textzugänge für eine Interpretation nutzen ... 120

Franz Kafka: Poseidon ... 120

Lexikon der griechischen und römischen Mythologie ... 122

Alfred Weber: Der Beamte ... 123

▸ Ausdruckstraining: Eine Interpretation überarbeiten ... 124

Zum Schmökern, Schauen, Weiterdenken ... 126

Franz Kafka: Vor dem Gesetz ... 126

Laura Schmidbauer: Franz Kafka – Vor dem Gesetz ... 127

David Zane Mairowitz, Robert Crumb: Kafka ... 127

Edward John Gregory: Boulter's Lock, Sunday Afternoon ... 128

Franz Kafka: Tagebucheintrag vom 02.02.1920 ... 129

Franz Kafka: Das Schweigen der Sirenen ... 130

Sabine Doering: Kafkas Sätze: Entzauberung der Antike ... 131

Merkwissen im Überblick: Unterschiedliche Interpretationsansätze nutzen ... 133

Kompetenzschwerpunkte

spezifische Merkmale von Textsorten kennen (Parabel); Interpretationsthesen entwickeln; das Textverständnis zunehmend selbstständig formulieren; zentrale inhaltliche, formale und sprachliche Elemente in ihrem Zusammenhang kategoriengeleitet analysieren und interpretieren; textexterne Informationen u. a. über Autor und Entstehungszeit zu einem vertieften Textverstehen nutzen; Deutungsansätze in korrekter Zitierweise am Text belegen

6 Was darf Satire?

Satirische Texte verstehen und schreiben 134

Deichkind: Denken Sie groß! 134
Was ist Satire? 136
Erich Kästner: Sinn und Wesen der Satire 136
Satirische Texte untersuchen 138
Hazel Brugger: Die Akte Topinambur 138
Max Goldt: Die Erfindung des Briefbeschwerers 140
Satirisch schreiben 142
Bernhard Pöschla: Mann erfindet Doppel-Selfie-Stange, um sich beim Selfie-Fotografieren filmen zu können 142
Sebastian Wolking, Dan Eckert, Stefan Sichermann: Um Kosten zu sparen: Ryanair-Passagiere müssen ab sofort mit dem Fallschirm landen 143
▶ Ausdruckstraining: Sprachliche Mittel der Satire nutzen 145
Evelyn Holst: Lieber Unordnung als Stille 145

Zum Schmökern, Schauen, Weiterdenken 146
Kurt Tucholsky: Der Mensch 146
Jean Gnatzig: Erstes komplett essfreies Restaurant eröffnet 148
Ronja von Rönne: Hey, ihr Süßen 149
Ephraim Kishon: Auf dem Supermarkt 151
Peter Schwall-Lemur: Aus Angst vor Greta & Co. – NASA dementiert Mondlandung 155
Merkwissen im Überblick: Satirische Texte lesen und schreiben 157

Kompetenzschwerpunkte

spezifische Merkmale von Textsorten kennen (Satire, Parodie), unterschiedliche Darstellungsformen unterscheiden und einsetzen; literarische Texte und Karikaturen erschließen und deuten; Textdeutungen begründen; Ironie erkennen und analysieren; rhetorische Mittel erkennen und deren Wirkung beschreiben; ausgewählte rhetorische Mittel verwenden

7 „Jugend ohne Gott"

Romane untersuchen 158

Ulrich Beck: Es gibt keine Ziele, Gewissheiten mehr … 159
Den Anfang des Romans lesen 160
Ödön von Horváth: Jugend ohne Gott – Die Neger 160
Die Erzählweise und die Rolle des Erzählers untersuchen 163
Ödön von Horváth: Jugend ohne Gott – Die reichen Plebejer 163

Kompetenzschwerpunkte

literarische Gattungen definieren und deren Merkmale für das Textverstehen nutzen (Roman); wesentliche inhaltliche,

Ödön von Horváth: Jugend ohne Gott – Das Brot 165
Ausgewählte Romankapitel interpretieren 168
Ödön von Horváth: Jugend ohne Gott – Der Mann im Mond 168
▸ Ausdruckstraining: Einen Musteraufsatz ergänzen 171
Ödön von Horváth: Jugend ohne Gott – Einer von fünf 173
▸ Gewusst wie: Verfilmungen vergleichen 176

Zum Schmökern, Schauen, Weiterdenken 184
Bov Bjerg: Auerhaus 184
Juli Zeh: Spieltrieb 186
John von Düffel: Klassenbuch 189
Merkwissen im Überblick: Einen Roman untersuchen und interpretieren 191

sprachliche und formale Elemente literarischer Texte kennen und mit geeigneten Fachbegriffen bezeichnen (Rolle der Erzählerin / des Erzählers, Erzählverhalten, Erzählerbericht/Figurenrede, Zeitgestaltung); zentrale inhaltliche, formale und sprachliche Elemente in ihrem Zusammenhang kategoriengeleitet analysieren und interpretieren; Deutungsansätze in korrekter Zitierweise am Text belegen; Elementen und Verfahren der Filmsprache und -analyse kennen; Spannungsfeld zwischen Werktreue und freier Kreation reflektieren

8 Zwischen Konvention und Freiheit
Dramenszenen untersuchen und erörtern 192

Lars Helmer: Liebe Intrige, Hilflosigkeit: Lessings „Miss Sara Sampson“ als Machtkampf der Gefühle – Interview 192
Figuren und ihre Beziehungen untersuchen 194
Gotthold Ephraim Lessing: Miss Sara Sampson 194
Gotthold Ephraim Lessing: Miss Sara Sampson – Erster Aufzug, siebenter Auftritt 195
Gotthold Ephraim Lessing: Miss Sara Sampson – Zweiter Aufzug, dritter Auftritt 198
Gotthold Ephraim Lessing: Miss Sara Sampson – Zweiter Aufzug, siebenter Auftritt 200
Gotthold Ephraim Lessing: Miss Sara Sampson – Vierter Aufzug, achter Auftritt 203
Eine literarische Erörterung verfassen 206
▸ Ausdruckstraining: Mit Textverweisen arbeiten 209

Zum Schmökern, Schauen, Weiterdenken 210
Dea Loher: Manhattan Medea 210
Johann Wolfgang Goethe: Faust I 214
Merkwissen im Überblick: Eine literarische Erörterung verfassen 219

Kompetenzschwerpunkte

literarische Gattungen definieren und deren Merkmale für das Textverstehen nutzen (Drama; Bürgerliches Trauerspiel); literarische Figuren charakterisieren, dabei direkte und indirekte Formen der Charakterisierung berücksichtigen; Figurenkonstellationen beschreiben und analysieren; das Textverständnis zunehmend selbstständig formulieren; zentrale inhaltliche, formale und sprachliche Elemente in ihrem Zusammenhang kategoriengeleitet analysieren und interpretieren; sich mit den in den Texten zum Ausdruck kommenden Sichtweisen in einer literarischen Erörterung auseinandersetzen; Deutungsansätze in korrekter Zitierweise belegen

9 Weiß einer noch?

Gedichte untersuchen, interpretieren und vergleichen 220

Richard von Schaukal: Weiß einer noch ...? 220

Die Motive „Kindheit“ und „Jugend“ untersuchen 222

Ingeborg Bachmann: Ich 222

Ingeborg Bachmann: Jugend in einer österreichischen Stadt 222

Ernst Jandl: my own song 223

Bertolt Brecht: Was ein Kind gesagt bekommt 224

Susanne Kilian: Kindsein ist süß 224

Paula Dehmel: Kinderküche 225

Wolf Biermann: Spielzeug 225

Expressionismus – Gedichte einer Epoche untersuchen 226

Else Lasker-Schüler: Jugend 226

Gottfried Benn: Schöne Jugend 227

Georg Trakl: Kindheit 228

Georg Heym: Abende im Vorfrühling II 229

Gedichte interpretieren und aspektorientiert vergleichen 230

Peter Huchel: Damals 230

Guntram Vesper: Die Gewohnheit zu zittern 232

▸ Ausdruckstraining: Vergleiche formulieren 233

▸ Gewusst wie: Gedichte in eine andere mediale Form übertragen 234

Mascha Kaléko: Kinder reicher Leute 234

Zum Schmökern, Schauen, Weiterdenken 236

Julia Engelmann: Erwachsenwerden 236

Erich Kästner: Jahrgang 1899 238

Rainer Maria Rilke: Kindheit 239

Adelbert von Chamisso: Das Schloss Boncourt 240

Joseph von Eichendorff: Sehnsucht 241

Merkwissen im Überblick: Gedichte interpretieren und vergleichen 242

Kompetenzschwerpunkte

spezifische Merkmale von Textsorten kennen (Lyrik); Gedichte unterschiedlicher Epochen untersuchen und vergleichen; Interpretationsthesen entwickeln und überprüfen; das Textverständnis zunehmend selbstständig formulieren; zentrale inhaltliche, formale und sprachliche Elemente in ihrem Zusammenhang kategoriengeleitet analysieren und interpretieren; Einzelbefunde in einer Gesamtdeutung zusammenführen; Deutungsansätze in korrekter Zitierweise am Text belegen

10 „Bleibt hungrig, bleibt albern!“

Reden analysieren und schreiben ... 244

Kurt Tucholsky: Ratschläge für einen guten Redner ... 244
Inhalt und Intention einer Rede untersuchen ... 246
Steve Jobs: „Bleibt hungrig, bleibt albern!“ (Auszug) ... 246
Eine Rede analysieren ... 249
Gustav Heinemann: Fernsehansprache nach dem Attentat auf Rudi Dutschke ... 249
Eine schriftliche Redeanalyse verfassen ... 254
Semiya Şimşek: Ansprache bei der Gedenkveranstaltung für die Opfer rechtsextremistischer Gewalt ... 254
▸ Ausdruckstraining: Aussagen mit dem Text belegen ... 257
▸ Gewusst wie: Eine Drei-Minuten-Rede verfassen und halten ... 258
Loriot (Vicco von Bülow): An die Jugend (Auszug) ... 261

Zum Schmökern, Schauen, Weiterdenken ... 262
Greta Thunberg: Rede auf dem Klimamarsch in Stockholm ... 262
Malala Yousafzai: Rede vor der Jugendversammlung der Vereinten Nationen (Auszug) ... 264
Barack Obama: Jetzt ist unsere Zeit (Auszug) ... 266
Merkwissen im Überblick: Eine Rede analysieren ... 269

Kompetenzschwerpunkte

spezifische Merkmale von Textsorten kennen (Sachtext, Rede); Sach- und Gebrauchstexte hinsichtlich der Aspekte Thema, zentrale Thesen und Argumente, Aufbau (auch argumentativer Status von Textteilen), Sprache (Stilebene, sprachliche Mittel), Kommunikationszusammenhänge (Adressat, Intention, Medium) in ihrem Wirkungsgefüge analysieren und dabei Untersuchungsschwerpunkte bilden; komplexere Deutungen eines Textes formulieren und das eigene Textverständnis erläutern und begründen

Nachdenken über Sprache

11 Kommunikation

Sich richtig und angemessen ausdrücken ... 270

Grammatisches Grundwissen anwenden ... 272
Grammatikwissen für die Textanalyse nutzen ... 272
Grammatisch richtig formulieren ... 274
Modalität und indirekte Rede ... 277
Angemessen kommunizieren ... 280
Sprachliche Stile unterscheiden ... 280
Richtig formulieren bei der Textinterpretation ... 282
▸ Gewusst wie: Kommunikation – theoriebasiert untersuchen ... 284

Kompetenzschwerpunkte

grammatische Kategorien kennen und verwenden; grammatisches Wissen für die Textanalyse nutzen; grammatisch korrektes Schreiben üben; unterschiedliche Stilebenen kennen und angemessen einsetzen; grundlegende Kommunikationstheorien kennen; Kommunikationssituationen theoriebasiert analysieren

12 Richtig schreiben

Rechtschreibregeln und -strategien anwenden 290

Fehler finden und Fehlerarten zuordnen 292
Bereiche der Rechtschreibung trainieren 296
Trainingsstation 1: Groß- und Kleinschreibung 296
Trainingsstation 2: Getrennt- und Zusammenschreibung 298
Trainingsstation 3: Kommasetzung 300
Trainingsstation 4: *das* und *dass* 302
Trainingsstation 5: Zeichensetzung bei Zitaten 303

Kompetenzschwerpunkte

orthografische Regeln und Strategien im Schreibprozess sicher anwenden (Groß-/Kleinschreibung, Getrennt-/Zusammenschreibung, Fremdwortschreibung, *s*-Laute, lange/kurze Vokale, *das/dass*); die Zeichensetzung bei Nebensätzen, Infinitiv und Partizipgruppen in komplexen Satzgefügen korrekt verwenden; die Zeichensetzung bei Zitaten richtig verwenden; grammatisches Wissen anwenden (Schreibung von *das/dass*); Fehlerschwerpunkte selbstständig analysieren; individuelle Fehlerschwerpunkte benennen; Fehler selbstständig korrigieren

Tipps & Hilfen

1 **Die Epoche der Aufklärung** 304
2 **Chic oder schicklich?** 306
3 **Nur ein Streit um Wörter?** 308
4 **Der Mensch ist, was er isst?** 310
5 **Franz Kafka** 312
6 **Was darf Satire?** 314
7 **„Jugend ohne Gott“** 316
8 **Zwischen Konvention und Freiheit** 318
9 **Weiß einer noch?** 320
10 **„Bleibt hungrig, bleibt albern!“** 322

Orientierungswissen

Sprechen und Zuhören 324
Schreiben 327
Mit Texten und Medien umgehen 337
Nachdenken über Sprache 343
Sprache und Kommunikation untersuchen 343
Wortarten und Formen des Verbs 347
Sätze, Satzglieder und Satzgliedteile 351
Formen von Nebensätzen 354
Rechtschreibregeln und -strategien 356
Arbeitstechniken und Methoden 359
Text- und Bildquellenverzeichnis 362
Sachregister 366

Wichtige Operatoren

Operatoren	Erklärung
analysieren	Merkmale eines Textes anhand von bestimmten Aspekten oder Fragestellungen erschließen
begründen	eine Meinung oder Ansicht durch Argumente stützen
belegen	Aussagen durch geeignete Textstellen (Textbelege) stützen
beschreiben	Personen, Tiere, Gegenstände, Bilder oder Textmerkmale genau, sachlich und strukturiert darstellen
charakterisieren	Sachverhalte, Vorgänge, Personen oder literarische Figuren treffend beschreiben und in ihren Besonderheiten darstellen
darstellen	Zusammenhänge, Probleme oder Inhalte unter einer bestimmten Fragestellung ohne Bewertung wiedergeben
diskutieren	sich argumentativ mit einem Thema, einer Frage oder einem Problem auseinandersetzen
erläutern	einen Sachverhalt anschaulich und verständlich darstellen und begründen
erörtern	eine These/Problemstellung durch Abwägen des Für und Wider überprüfen und auf dieser Grundlage zu einem fundierten eigenen Urteil kommen
erschließen	aus Materialien gezielt Informationen oder Sachverhalte herausarbeiten oder herleiten
interpretieren	auf der Grundlage einer Textanalyse eine schlüssige Gesamtdeutung eines Textes vornehmen, diese mit Textbelegen begründen und (schriftlich) darstellen
nennen	Merkmale oder Fakten ohne nähere Erläuterung aufzählen
prüfen	Aussagen oder Behauptungen im Hinblick auf Schlüssigkeit, Gültigkeit und Berechtigung betrachten und bewerten
Stellung nehmen	zu einzelnen Meinungen, Textaussagen oder Problemen eine persönliche wertende Ansicht formulieren und begründen
vergleichen	Gemeinsamkeiten und Unterschiede herausarbeiten und einander gegenüberstellen
zusammenfassen	Inhalte oder Texte verkürzt, strukturiert und in eigenen Worten wiedergeben

1 Die Epoche der Aufklärung

Materialgestützt informieren

Voltaire und Jean-Jacques Rousseau werden zum Tempel der Unsterblichkeit geleitet (Französische Schule, 19. Jahrhundert)

Aphorismen[1] *Georg Christoph Lichtenberg (1742–1799)*

„Man spricht viel von Aufklärung und wünscht mehr Licht. Mein Gott, was hilft aber alles Licht, wenn die Leute entweder keine Augen haben oder die, die sie haben, vorsätzlich verschließen."

„Dass in den Kirchen gepredigt wird, macht deswegen die Blitzableiter auf ihnen nicht unnötig."

„Dass ich etwas, ehe ich es glaube, erst durch meine Vernunft laufen lasse, ist mir nicht ein Haar wunderbarer, als dass ich erst etwas im Vorhof meiner Kehle kaue, ehe ich es hinunterschlucke. Es ist sonderbar, so etwas zu sagen, und für unsere Zeit zu hell, aber ich fürchte, es ist für zweihundert Jahr, von hier ab gerechnet, zu dunkel."

1 der Aphorismus: geistreicher Sinnspruch, der eine Lebensweisheit vermittelt

Joseph Wright of Derby (1734 – 1797): Ein Philosoph hält einen Vortrag über das Planetarium (ca. 1768)

1 a) Sammelt eure Assoziationen zum Begriff „Aufklärung", z. B. in Form eines Clusters.
b) Einigt euch in der Klasse auf die drei wichtigsten Begriffe und begründet eure Einschätzung.
c) Diskutiert: Was erwartet ihr von einer aufgeklärten Gesellschaft?

2 Beschreibt die Bilder auf dieser Doppelseite. Welche Aspekte der „Aufklärung" werden hier dargestellt? Begründet.

3 Erläutere anhand der Aphorismen auf Seite 14 in eigenen Worten, was der Aufklärer Georg Christoph Lichtenberg unter *Aufklärung* bzw. *Aufgeklärtheit* versteht.

In diesem Kapitel ...

- setzt du dich mit wichtigen Aspekten der literaturgeschichtlichen Epoche der „Aufklärung" auseinander.
- wendest du Strategien an, um Materialien gezielt Informationen zu entnehmen.
- planst und verfasst du einen informierenden Text mit klarem Aufgabenbezug.
- übst du, Lernergebnisse strukturiert und adressatengerecht zu präsentieren.

Eine Stoffsammlung anlegen

Stelle dir folgende Situation vor:
Für ein Literaturepochen-Portfolio mit dem Titel „Literaturepochen einfach erklärt" sollst du auf ein bis zwei DIN-A4-Seiten (max. 400 Wörter) die Epoche der „Aufklärung" in einem informierenden Text vorstellen und in einer kurzen abschließenden Stellungnahme einen Aktualitätsbezug herstellen. Informiere dich mithilfe der folgenden Materialien über die Epoche und erstelle eine Stoffsammlung, auf deren Grundlage du diesen Portfoliobeitrag verfassen kannst.

Material 1 Die Epoche der Aufklärung (ca. 1720–1800)

Der Begriff „Aufklärung" stammt ursprünglich aus dem meteorologischen Kontext und bezieht sich auf das Aufklaren des Himmels durch das Sonnenlicht. Diese Bedeutung des Wortes tritt aber beim Epochenbegriff „Aufklärung" zunehmend in den Hintergrund und wird fortan nur metaphorisch mitgedacht: Das aufgehende „Licht des Verstandes" steht nun für Fortschritt in den Naturwissenschaften und Vernunftgebrauch von wissbegierigen und mündigen Individuen, welche die „geistige Dunkelheit" überwinden wollen. Aus diesem Grund spielen Bildung und Erziehung eine wichtige Rolle für die Aufklärer.

Material 2

Daniel Chodowiecki (1726–1801): Toleranz – Die aufgeklärte Weisheit, in Gestalt der Minerva, nimmt die Bekenner aller Religionen unter ihren Schutz (Radierung, 1792)

Ein prägendes Ereignis dieser Zeit ist das Erdbeben von Lissabon, das die Stadt am 1. November 1755 völlig zerstört. Schätzungsweise 100 000 Menschen kommen dabei ums Leben. Hierdurch wird eine alte

Frage neu aufgeworfen: Wie können Leid, Unglück und früher Tod in dem Schöpfungsplan eines guten Gottes angelegt sein? Gelehrte und Philosophen wie Voltaire, Kant und Goethe diskutieren diese Frage öffentlich und suchen nach neuen, vor allem naturwissenschaftlich gestützten und logisch nachvollziehbaren Antworten. Die dadurch propagierte Selbstbestimmung der Menschen und Kritik an Bevormundung des eigenen Verstandes durch Staat und Kirche führt letztlich zu tief greifenden Veränderungen, welche die politischen und gesellschaftlichen Strukturen im 18. Jahrhundert in unvorstellbarem Ausmaß verändern. So ist das 18. Jahrhundert u. a. vom Rückgang von Aberglauben und der Kritik an den Autoritäten geprägt. Das Bürgertum etabliert sich und bringt sich aktiv in den öffentlichen Diskurs ein. Die Wissenschaften florieren, beflügeln sich gegenseitig und ermöglichen ungeahnten technischen Fortschritt. Politische Systeme werden gestürzt und wieder errichtet (Frankreich) oder im Kontext von Gewaltenteilung und gesicherten Menschenrechten ganz neu gedacht (USA).

Die Literatur der Aufklärung legt Zeugnis dieser Entwicklung ab, denn sie besteht nicht nur aus wissenschaftlichen und philosophischen Veröffentlichungen, sondern dient den Aufklärern als Mittel zur Erziehung des Bürgertums.

1 Werte Material 1 anhand der in der Mindmap vorgegebenen Struktur aus.
Übertrage dazu die Mindmap in dein Heft und notiere Wichtiges in Stichpunkten.

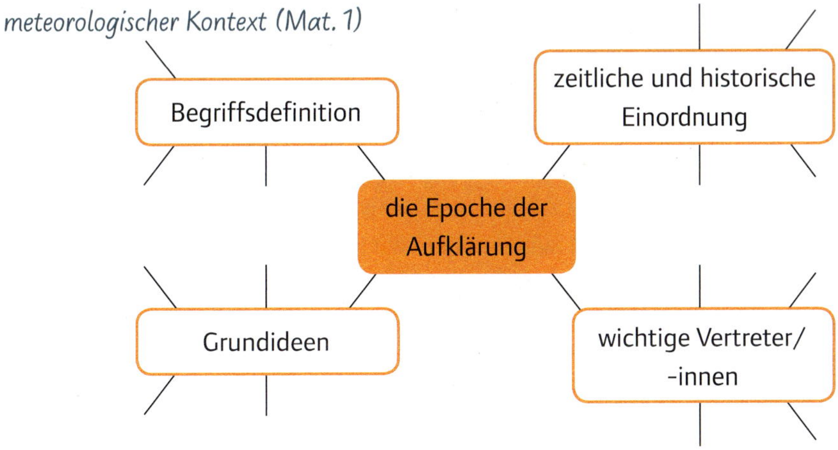

2 a) Beschreibe die Radierung von Daniel Chodowiecki auf Seite 16 (Material 2).
b) Erläutere, welcher aufklärerische Gedanke in dieser Abbildung zum Ausdruck gebracht wird. Beziehe auch die Bildunterschrift in deine Erklärung mit ein.
c) Ergänze deine Stoffsammlung.

Material 3 Was ist Aufklärung? *Christoph Martin Wieland (1784)*

Das weiß jedermann, der vermittelst eines Paares sehender Augen erkennen gelernt hat, worin der Unterschied zwischen Hell und Dunkel, Licht und Finsternis besteht. Im Dunkeln sieht man entweder gar nichts oder wenigstens nicht so klar, dass man die Gegenstände recht erkennen und voneinander unterscheiden kann: Sobald Licht gebracht wird, klären sich die Sachen auf, werden sichtbar und können voneinander unterschieden werden; – doch wird dazu zweierlei notwendig erfordert: 1. dass genug Licht vorhanden sein, und 2. dass diejenigen, welche dabei sehen sollen, weder blind noch gelbsüchtig seien, noch durch irgendeine Ursache verhindert werden, sehen zu können oder zu wollen.

Material 4 Was ist Aufklärung? *Immanuel Kant (1784)*

Aufklärung ist der Ausgang des Menschen aus seiner selbst verschuldeten Unmündigkeit. Unmündigkeit ist das Unvermögen, sich seines Verstandes ohne Leitung eines anderen zu bedienen. *Selbst verschuldet* ist diese Unmündigkeit, wenn die Ursache derselben nicht am Mangel des Verstandes, sondern der Entschließung und des Mutes liegt, sich seiner ohne Leitung eines anderen zu bedienen. Sapere aude! Habe Mut, dich deines eigenen Verstandes zu bedienen!, ist also der Wahlspruch der Aufklärung.

Faulheit und Feigheit sind die Ursachen, warum ein so großer Teil der Menschen, nachdem sie die Natur längst von fremder Leitung frei gesprochen [...], dennoch gerne zeitlebens unmündig bleiben; und warum es anderen so leicht wird, sich zu deren Vormündern aufzuwerfen. Es ist so bequem, unmündig zu sein. Habe ich ein Buch, das für mich Verstand hat, einen Seelsorger, der für mich Gewissen hat, einen Arzt, der für mich die Diät beurteilt, usw., so brauche ich mich ja nicht selbst zu bemühen. [...]

Wenn denn nun gefragt wird: Leben wir jetzt in einem *aufgeklärten* Zeitalter?, so ist die Antwort: Nein, aber wohl in einem Zeitalter der Aufklärung.

3 a) Formuliere in eigenen Worten, wie Christoph Martin Wieland und Immanuel Kant die Frage „Was ist Aufklärung?" beantworten. Ergänze deine Mindmap (→ S. 17).
b) Erläutere, was Immanuel Kant im letzten Satz seines Textes gemeint haben könnte.
c) Notiere aus den bisher gelesenen Texten drei besonders aussagekräftige Zitate zur Aufklärung.

4 Informiere dich über den Philosophen Immanuel Kant und stelle ihn in einem Kurzvortrag der Klasse vor.

Material 5 Wichtige historisch-politische Ereignisse im 18. Jahrhundert

1717	– Einführung des Papiergeldes in Frankreich
ab 1738	– erste Ausgrabungen der in der Antike infolge eines Vulkanausbruchs verschütteten Stadt Pompeji
1740	– preußischer König Friedrich II. gewährt in seinem Land die Religionsfreiheit; danach sollte jeder „nach seiner eigenen Fasson selig werden"
1751–80	– Erscheinen der französischsprachigen „Encyclopédie", eines „durchdachten Wörterbuchs der Wissenschaften, Künste und Handwerke" mit über 70 000 Artikeln
1752	– Erfindung des Blitzableiters
1755	– Ende der Hexenverbrennungen auf deutschsprachigem Gebiet
	– Zerstörung Lissabons durch ein verheerendes Erdbeben
1769	– Patentierung der Dampfmaschine durch James Watt
1774	– Einführung der Schulpflicht durch die österreichische Kaiserin Maria Theresia
1776	– Unabhängigkeitserklärung der USA
1787	– Verabschiedung der ersten demokratischen Verfassung der USA
1789	– Beginn der Französischen Revolution
1804	– Napoleon ernennt sich selbst zum Kaiser von Frankreich

5 Welche der in der Zeitleiste dargestellten Ereignisse stehen in unmittelbarem Zusammenhang mit der Aufklärung? Begründe deine Einschätzung.

Material 6 Buchproduktion im 17. und 18. Jahrhundert in Deutschland

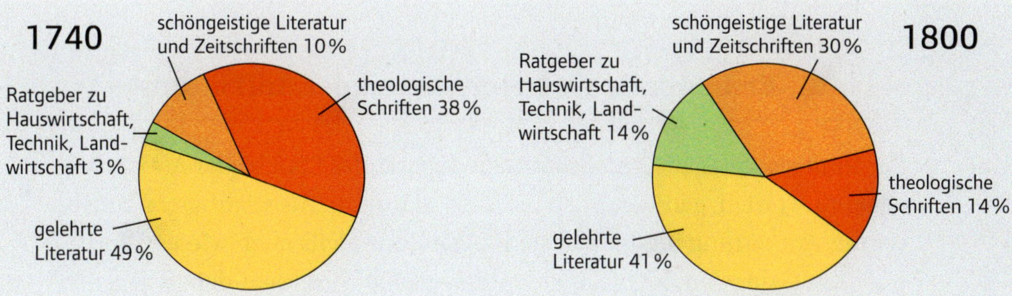

Angaben aus: Wehler, Hans-Ulrich. Deutsche Gesellschaftsgeschichte 1700 bis 1815. München: C. H. Beck, 2008, S. 304.

6 Stelle einen Zusammenhang zwischen der Veränderung des Buchmarktes und den Zielen der Aufklärung her.

7 Ergänze deine Stoffsammlung (→ S. 17).

Material 7 Die französische Aufklärung

Dietrich Schwanitz (2001)

Sie nannten sich „philosophes", waren aber keine einsamen Denker, die schwer verständliche Systeme entwarfen; stattdessen schrieben sie elegante Essays für das große Publikum, Satiren, geistreiche Romane und witzige Dialoge. Sie waren philosophierende Schriftsteller und hießen Diderot, d'Alembert, d'Holbach, Helvétius und – als Großmeister von ihnen allen – François Arouet, der sich Voltaire nannte.

Sie nahmen den Typus vorweg, den man später als Intellektuellen bezeichnete: Ohne Loyalität[1], es sei denn gegenüber ihrer eigenen Vernunft, kritisch gegenüber etablierten Autoritäten, am kritischsten gegenüber den Mächtigsten […]. Sie bereiteten der Vernunft einen triumphalen Empfang und inthronisierten[2] sie als oberste Richterin aller Einrichtungen der Gesellschaft. Sie organisierten den Kampf gegen Mythen, Dogmen[3] und Aberglauben. Als Repräsentantin des Obskurantismus (des Dunkelmännertums) erschien ihnen die Kirche und als besonders absurd das Christentum.

So verwandelten die „philosophes" mit ihrer Respektlosigkeit von Paris aus das geistige Klima Europas. Es durchdrang die Kultur so gründlich wie vorher die Reformation.

1 die Loyalität: innere Verbundenheit mit bestimmten Werten
2 inthronisieren: krönen, auf den Thron setzen
3 das Dogma: der Glaubenssatz

Material 8 Bedeutende Vertreter/-innen der Aufklärung

Berühmte Namen, die im Zusammenhang mit der Epoche der Aufklärung genannt werden, gehören in erster Linie Männern. Als wichtigster Vertreter der Aufklärung im deutschsprachigen Raum gilt nach wie vor Immanuel Kant, der den Satz „Sapere aude – Habe Mut, dich deines eigenen Verstandes zu bedienen" in seinem Werk „Was ist Aufklärung?" geprägt hat. Aber auch Namen wie die des Schriftstellers Christoph Martin Wieland (1733–1813), der den ersten deutschen „Bildungsroman" verfasste, oder des Dichters Gotthold Ephraim Lessing (1729–1781), dessen Drama „Nathan der Weise" als eines der wichtigsten aufklärerischen Werke gilt, werden immer wieder als Protagonisten der Aufklärung genannt. Für die französische Aufklärung spielte der Schriftsteller und Philosoph Voltaire (geboren als François-Marie Arouet, 1694–1778) eine wichtige Rolle. Er war ein entschiedener Gegner des Absolutismus und der katholischen Kirche und verstand es, seine Gedanken leicht verständlich und unterhaltsam zu formulieren, sodass seine Schriften häufig übersetzt und in zahlreichen Ländern – darunter auch Deutschland – gelesen wurden.

Weniger bekannt ist dagegen, dass auch unter den Frauen bedeutende Aufklärerinnen waren. Die wichtigste Vertreterin ist sicher Olympe de Gouges (geboren als Marie Gouze, 1748–1793), die sich nicht nur in einer Denkschrift aus dem Jahr 1774 gegen die Sklaverei aussprach, sondern vor allem durch ihre 1791 entstandene „Déclaration des droits de la Femme et de la Citoyenne“ (Erklärung der Rechte der Frau und Bürgerin) berühmt wurde, die allerdings nicht in die französische Verfassung von 1791 aufgenommen wurde. Ihr politisches Engagement bezahlte sie am Ende mit dem Tod, indem sie während der Terrorherrschaft Robespierres als Royalistin angeklagt und zum Tode verurteilt wurde.

Material 9 Das Erscheinen der *Encyclopédie*

Dietrich Schwanitz (2001)

Als die ersten Bände erschienen, fiel der Zensor[1] über sie her [...]. Das Verbot hatte die Öffentlichkeit auf das Unternehmen aufmerksam gemacht, und die Zahl der Subskribenten[2] stieg von 1000 auf 4000. Der dritte Band behandelte u. a. die Widersprüche der Bibel und säte Zweifel da, wo vorher Glaube gewesen war. [...]

Jeder Band verursachte bei seinem Erscheinen eine Sensation in ganz Europa. Die Kirche und der Hof schäumten vor Empörung. Immer wieder wurde die Enzyklopädie verboten. Der Papst belegte sie mit einem Verdammungsurteil [...]. 1765 erschien der letzte Band; da waren schon sieben Raubdrucke erschienen, die meisten von ihnen in der Schweiz. Insgesamt kamen 43 Auflagen in 25 Ländern heraus. In vielen bürgerlichen Haushalten nahm sie den Platz der Bibel ein; Familien lasen abends einen Artikel gemeinsam; zu ihrem Studium wurden Vereine gegründet.

1 der Zensor: Person, die vom Staat oder der Kirche beauftragt wird, die Veröffentlichung bestimmter Meinungen oder Schriften zu verhindern

2 der Subskribent: jemand, der etwas per Unterschrift (vor-)bestellt

8 Erläutere am Beispiel der „Encyclopédie“, inwiefern sich große Teile des Bürgertums im 18. Jahrhundert von den Dogmen der Kirche befreien konnten.

9 Ergänze deine Mindmap (→ S. 17) mit wichtigen Informationen aus den Materialien 7–9.

Einen informierenden Text schreiben

Die Schreibaufgabe klären

1 Kläre zunächst die Schreibaufgabe (→ S. 16).
Beantworte dazu folgende Fragen in Stichpunkten:
- Wie lautet das Thema?
- Welche Art von Text sollst du schreiben?
- Welchen Zweck soll der Text erfüllen?
- Wer sind die Adressaten/Adressatinnen deines Textes?

Den Text planen

2 Bringe die folgenden Hauptaspekte aus deiner Mindmap (→ S. 17) in eine sinnvolle Reihenfolge für den Hauptteil deines Textes:

wichtige Vertreter/-innen **Begriff**

zeitliche und historische Einordnung **Grundideen**

3 Formuliere auf der Basis deiner Notizen fünf wichtige Hauptgedanken der Epoche.
Tipps & Hilfen (→ S. 304)

Die „Top-5-Grundideen" der Epoche der Aufklärung
1. *Mut, den eigenen Verstand einzusetzen („Sapere aude")*
2. *...*

Die Einleitung verfassen

4 a) Stelle dar, wie die beiden folgenden Einleitungen aufgebaut sind:

A *Schon die Bezeichnung des 18. Jahrhunderts als „Zeitalter der Aufklärung", „Age of Enlightenment" (Zeitalter der Erleuchtung) oder „Les Lumières" (Die Beleuchtung) deuten auf den Anspruch zahlreicher zeitgenössischer Philosophen und Intellektueller hin, Licht ins Dunkel einer immer noch von Aberglauben und dem Glauben an eine gottgegebene Ordnung geprägten Gesellschaft zu bringen.*

B *Sind verheerende Naturkatastrophen wie das Erdbeben von Lissabon, tödliche Blitzeinschläge oder grassierende Seuchen Strafen Gottes? Oder gibt es dafür vernünftige, (natur-)wissenschaftliche Erklärungen? Diese Fragen beschäftigten im 18. Jahrhundert zahlreiche Menschen, darunter führende Philosophen und Intellektuelle, die mit ihren vernunftgeprägten Antworten das Zeitalter der „Aufklärung" einläuteten.*

b) Verfasse selbst eine Einleitung für deinen Portfoliotext „Die Epoche der Aufklärung einfach erklärt". Gehe dabei von einem Zitat aus.
Tipps & Hilfen (→ S. 304)

5 Formuliere eine Überleitung zum Hauptteil, in der du das Thema des Textes benennst. Du kannst folgende Formulierungshilfen nutzen:

Das Thema benennen:
In diesem Text soll es nun darum gehen … • Dieser Text thematisiert … • Im Mittelpunkt dieses Textes … • In diesem Text soll die Frage beantwortet werden, … • Doch was sind die wesentlichen Merkmale des Zeitalters …? • Doch was macht … eigentlich aus?

Den Hauptteil formulieren

6 Erläutere im Hauptteil anhand deiner Stoffsammlung zunächst den Begriff „Aufklärung" und nimm eine zeitliche und historische Einordnung vor.
Tipps & Hilfen (→ S. 304)

7 Stelle in einem zweiten Schritt fünf besonders wichtige Grundideen der Epoche dar (→ S. 22, Aufgabe 2), erläutere sie und stelle logische Zusammenhänge zwischen ihnen her. Beziehe dabei gezielt Informationen aus den Materialien 1–9 mit ein, z. B. durch direkte oder indirekte Zitate oder durch Paraphrase (→ Ausdruckstraining: Zitieren und Paraphrasieren, S. 24 f.).
Tipps & Hilfen (→ S. 305)

Die Glaubenszweifel, die u. a. durch das verheerende Erdbeben von Lissabon ausgelöst wurden, führten zu einem Aufschwung des wissenschaftlichen Denkens. Das zeigt sich unter anderem an …

8 Stelle zum Abschluss deines Hauptteils eine bedeutsame Vertreterin / einen bedeutsamen Vertreter der Aufklärung vor.

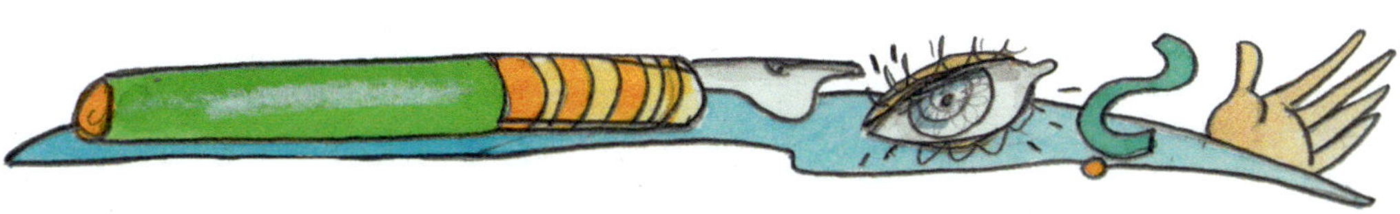

Zitieren und paraphrasieren

1 Untersuche, an welchen Stellen im Schülertext direkt zitiert und wo indirekt zitiert/ paraphrasiert wird.
Belege deine Aussagen mit Informationen aus dem Info-Kasten.

Ein Beleg dafür, dass „das 18. Jahrhundert u. a. vom Rückgang des Aberglaubens und der Kritik an Autoritäten geprägt" war (Die Epoche der Aufklärung, S.17, Z.36 ff.), ist der Erfolg der „Encyclopédie". Welche Angst die bis dahin Mächtigen vor diesem Werk hatten, zeigt die Tatsache, dass „[a]ls die ersten Bände erschienen, [...] der Zensor über sie her[fiel]" (Schwanitz: Das Erscheinen der Encyclopédie, S.21, Z.1). Insbesondere der dritte Band stellte laut Schwanitz die Lehren der Bibel infrage, indem er durch rationale Überlegungen Ungereimtheiten aufdeckte und damit den Glauben durch selbstständiges, rationales Denken ersetzte (Schwanitz, ebd., Z.3 ff.). Die Bedeutung der „Encyclopédie" bringt Schwanitz mit der Aussage auf den Punkt, dass die „Encyclopédie" in zahlreichen bürgerlichen Haushalten den Platz der Bibel eingenommen habe (vgl. Schwanitz: ebd., Z.11).

Info: Zitieren und paraphrasieren

Aussagen aus anderen Texten können als **direktes** oder als **indirektes Zitat** bzw. **Paraphrase (Umschreibung)** wiedergegeben werden:

- **Direktes (wörtliches) Zitat:** Eine Textaussage wird wörtlich und buchstabengetreu wiedergegeben und durch Anführungszeichen gekennzeichnet. Auslassungen oder Veränderungen müssen durch eckige Klammern markiert werden. Anschließend wird die genaue Fundstelle mit Seiten- und Zeilenangaben angeführt, z. B.:
  Die Aussage von Schwanitz: „Die Kirche und der Hof schäumten vor Empörung" (Schwanitz: Das Erscheinen der Encyclopédie, S. 21, Z. 7), veranschaulicht die Wirkung dieses Werks.
- Beziehen sich mehrere Zitate hintereinander auf denselben Text, so kann anstelle des Titels ebd. (ebenda) geschrieben werden, z. B.:
  Wie das Erscheinen der „Encyclopédie" wahrgenommen wurde, zeigt Schwanitz' Aussage: „Als die ersten Bände erschienen, fiel der Zensor über sie her." (Schwanitz: ebd., Z. 1)
- **Indirektes Zitat** oder **Paraphrase (Umschreibung):** Eine Aussage eines Textes wird sinngemäß in eigenen Worten wiedergegeben und steht in der Regel im Konjunktiv. Paraphrasen werden in den Fließtext eingebunden und nicht extra hervorgehoben. Den Nachweis, woher die Aussage stammt, leitet man mit vgl. ein, z. B.:
  Laut Schwanitz versetzte das Erscheinen der „Encyclopédie" die Herrschenden und die katholische Kirche in großen Aufruhr (vgl. Schwanitz: ebd., Z. 6 f.).

2 Berichtige die folgenden fehlerhaften direkten und indirekten Zitate wie im Beispiel. Schreibe in dein Heft.

3 Zitiere die im Originaltext grau markierten Textstellen (5) und (6) jeweils als direktes und als indirektes Zitat.

4 Wähle drei markierte Passagen im Originaltext aus und paraphrasiere sie.

Die Feinde der Aufklärung *Jörg Friedrich (2012)*

(1) Viele Wissenschaftler und Politikberater haben Kant gründlich missverstanden. Es geht nicht darum, dem Rest der Welt die Augen zu öffnen, denn diese Aufgabe muss jeder Mensch für sich selbst erfüllen. (2) Die moderne Naturwissenschaft, ebenso wie die Berater der modernen politischen Institutionen, sehen sich gern als Erben Kants, sie sind aufgeklärt, säkular[1], denken jenseits aller Mythen oder nebulöser irrationaler und emotionaler Überzeugungen. (3) Jeder, der die Autorität ihrer Rationalität infrage stellt, läuft Gefahr, als Feind der Aufklärung bezeichnet zu werden. Das wäre allenfalls lustig, wenn es nicht ein bezeichnendes Licht darauf werfen würde, (4) in welch beklagenswertem Zustand sich das Projekt der Aufklärung inzwischen befindet. [...]

(5) Diejenigen aber, die heute so gern den Begriff der Aufklärung im Munde führen, meinen zunächst, sie seien bereits aufgeklärt und sie müssten nun die anderen, die Noch-nicht-Aufgeklärten, aufklären.

(6) Das Missverständnis über den Sinn von Aufklärung könnte größer nicht sein: Wenn ich meine, jemanden aufklären zu müssen, dann wird doch dieser gerade nicht in die Situation kommen, sich seines eigenen Verstandes ohne Leitung eines andern zu bedienen, der Aufklärer ist und bleibt dieser andere, der Leitende, dessen Wahlspruch wohl ist: „Aufgeklärt werden müssen immer nur die anderen."

1 säkular: weltlich geprägt (im Gegensatz zur kirchlichen Prägung durch den Glauben)

(1) Friedrich kritisiert, viele Wissenschaftler haben Kant missverstanden (Z. 1). (fehlerhaft)
→ (korrekt): Friedrich kritisiert, dass viele Wissenschaftler Kant missverstanden hätten (vgl. Z. 1 f.).

(2) Der Autor behauptet, „die Berater sehen sich gern als Erben Kants".

(3) Er kritisiert, jeder, der ihre Ansicht infrage stellt, läuft Gefahr, als Feind der Aufklärung bezeichnet zu werden. (vgl. Z. 11 ff.)

(4) Friedrich zufolge befinde sich das Projekt der Aufklärung „in beklagenswertem Zustand".

Den Schluss mit einer abschließenden Stellungnahme schreiben

1. Der Schluss eines materialgestützten informierenden Textes ist aufgabenabhängig. Lies noch einmal die zentrale Aufgabenstellung auf Seite 16 und kläre, wozu du Stellung nehmen sollst.
2. Notiere, welche Bedeutung die Aufklärung deiner Ansicht nach für uns heute hat.
3. a) Fasse die zentralen Thesen der folgenden Materialien zusammen.
   b) Notiere wichtige Textzitate, auf die du in deiner abschließenden Stellungnahme Bezug nehmen willst, auf Klebezetteln am Rand der beiden Texte.

Material 10 **Das Ende der Aufklärung?** *Jörg Lau (2010)*

Sind die Ideen der Aufklärung Geschichte? Nicht, solange wir uns über sie streiten. Ein Disput zwischen dem Schriftsteller Rüdiger Safranski und dem Publizisten Mathias Greffrath.

ZEIT Geschichte: Herr Greffrath, Herr Safranski, leben wir tatsächlich in einer so durch und durch aufgeklärten Zeit, wie oft behauptet wird?
Mathias Greffrath: Würde der Gott der Aufklärung ins Internet schauen, so würde er sehen, dass die Partie noch immer unentschieden ist. Einerseits zeigt sich dort sehr viel Vernunft – viele Pläne und Projekte, viel Welterklärung und Wissenschaft. Auf der anderen Seite blüht das Irrationale – Dogmen[1] und Idole, dass es nur so kracht. Da ist unsere Epoche nicht viel anders als die Welt vor 200 oder 300 Jahren.
Rüdiger Safranski: Mir scheint ein anderer Gegensatz wichtiger als der von Rationalität und Irrationalität[2]. Gegenwärtig ist etwas aufgebrochen, was schon in der historischen Aufklärung angelegt war. Einerseits sollte sich der Mensch seines Verstandes bedienen, um mündig zu werden. Andererseits wurde die Rakete der exakten Wissenschaft gezündet, und die spezialisierten Disziplinen entstanden. Jetzt haben wir das Problem, dass die institutionalisierten, instrumentellen Wissenschaften den Allgemeinverstand überfordern. Außer auf dem kleinen Gebiet, auf dem wir uns spezialisiert haben, sind wir ja durchweg Laien und dadurch gläubige Mitwisser von Dingen, die wir nicht wirklich verstehen. Das erzeugt ein großes Spannungsverhältnis: Einerseits sind wir eine aufgeklärte Gesellschaft, andererseits eine Gesellschaft von Mitgläubigen, die an einem Wissen, das sie selbst nicht erarbeitet haben, partizipieren[3] – und die von diesem Wissen auch beherrscht werden.

1 das Dogma: Lehrmeinung, die Anspruch auf absolute Gültigkeit erhebt, ohne diese zu beweisen
2 die Rationalität: Vorherrschaft der Vernunft; die Irrationalität: die Unvernunft; Gegenteil von Rationalität
3 partizipieren: teilhaben

Material 11 Aufklärung im 21. Jahrhundert

Sind die Fragen der Aufklärung heute noch relevant? Die heutige in Deutschland aufwachsende Generation junger Menschen hat – rechtlich und materiell betrachtet – Freiheit und Wohlstand wie kaum eine Generation vor ihr. Die Hürden für eine Formation des Bürgertums, die Kant zu seinen Lebzeiten mitdenken musste, scheinen heutzutage niedrig wie nie. Schließlich waren Bildungsangebote und Informationen nie freier zugänglich als im heutigen Zeitalter von interaktiven Massenmedien und Digitalisierung. Also: Alles altes Zeug? Die zentralen Fragen und Probleme der Aufklärung stellen sich heute anders: Nicht Informationsmangel, sondern Informationsüberfluss sind die Probleme, mit denen junge Menschen heute aufwachsen. Denn die individualisierte und sogenannte Berichterstattung, beispielsweise in sozialen Netzwerken, bedeutet allzu häufig Informationsunterdrückung und gefährliches Halbwissen. FakeNews und alternative Fakten sind also die neuen Gegner der Aufklärung. Das bedeutet, dass Aufklärung konsequenterweise nur als immer fortwährender Prozess verstanden werden kann. Das ist anstrengend und ernüchternd, macht diese Epoche und ihre monumentalen Texte aber zeitlos und nachhaltig relevant. Kants mahnender Zeigefinger ist nichts für die Geschichte.

4 Wähle eine der folgenden Überleitungen vom Hauptteil zum Schluss aus. Begründe.

- *Das Zeitalter der Aufklärung begann vor ungefähr 300 Jahren. Doch inwiefern spielt die Aufklärung für unsere heutige Gesellschaft noch eine Rolle?*
- *Doch sind heute, ungefähr 300 Jahre später, die Fragen und Themen der Aufklärung noch von Bedeutung?*
- *Die Aufklärung als Epoche gilt ungefähr mit dem Jahr 1800 als abgeschlossen. Doch sind die Fragen der Aufklärung auch für uns heute noch relevant?*

5 Formuliere im Schluss deines Textes deine Ansicht zu der in der Überleitung (→ Aufgabe 4) gestellten Frage. Beziehe dabei auch geeignete Zitate aus den Materialien 10 und 11 mit ein (→ Ausdruckstraining: Zitieren und paraphrasieren, S. 24 f.).
Tipps & Hilfen (→ S. 305)

Lernergebnisse präsentieren

Eine Präsentation vorbereiten – Einen Stichpunktzettel erstellen

Die literarische Epoche des Expressionismus		
Wort/Begriff „Expressionismus“: lateinisch „expressio“ = Ausdruck – literarische Epoche von ca. 1910–25	„In meinem Referat über den Expressionismus möchte ich zunächst den Begriff erläutern.“	Folie mit Gemälde von Ludwig Meidner: „Apokalyptische Stadt“
Ursprünge: – Kriegserlebnisse – Gefühl der Entfremdung in den Großstädten – Verunsicherung durch zunehmende Technisierung – ...	„Die Ursprünge der Epoche sind einerseits als Gegenbewegung zur Kunst der wilhelminischen Zeit zu sehen, andererseits ...	Gemälde einbeziehen Blickkontakt mit den Zuhörerinnen/Zuhörern

❶ Beschreibe, wie der Stichpunktzettel aufgebaut ist.

❷ Erarbeite jeweils eine Karteikarte zu folgenden Teilaspekten einer literarischen Epoche, z. B. der Epoche der Aufklärung, des Expressionismus (→ S. 226–229) oder der Romantik (→ S. 240 f.):
– Begriffsbestimmung und Ursprünge
– die wichtigsten Grundgedanken/Themen der Epoche
– wichtige Vertreter/-innen der Epoche.
Verwende Karteikarten im DIN-A5-Format

❸ a) Diskutiert, welche der folgenden Einstiegssätze besonders geeignet sind, die Aufmerksamkeit der Zuhörer/-innen zu gewinnen.

- *Heute möchte ich euch etwas über die Literaturepoche des Expressionismus erzählen.*
- *Jugendliche Außenseiter und Rebellen gegen den herrschenden Kulturbetrieb, das waren die Schriftsteller des Expressionismus am Anfang des 20. Jahrhunderts.*
- *„Fremde sind wir auf der Erde alle“, so lautet der Titel eines Gedichts des expressionistischen Dichters Franz Werfel aus dem Jahr 1915.*
- *Der Expressionismus ist eine der interessantesten Literaturepochen überhaupt.*

b) Notiere einen Einstiegssatz im Wortlaut auf einer gesonderten Karteikarte.

Eine Präsentation vorbereiten – Den Medieneinsatz planen

1. Sammelt drei Beispiele für Möglichkeiten, wie eine Folienpräsentation ein Referat aufwerten kann.
2. Erkläre, warum einige Experten empfehlen, während längerer Sprechphasen eine schwarze Folie in die Folienpräsentation einzufügen.
3. Überarbeite die folgende Folie nach der Faustregel „KISS“ („Keep it short and simple“). Beachte auch die Hinweise im Info-Kasten unten.

Die literarische Epoche des Expressionismus

„Expressionismus“:

lateinisch „expressio“ = Ausdruck

Ursprünge:

- *Kriegserlebnisse*
- *Gefühl der Entfremdung in den Großstädten (Anonymität)*
- *Verunsicherung durch Technisierung*

ca. 1910–1925

Ludwig Meidner: Apokalyptische Stadt, 1913, © Ludwig-Meidner-Archiv, Jüdisches Museum der Stadt Frankfurt am Main

4. Erstelle zu jeder deiner Karteikarten (→ S. 28, Aufgabe 2) eine Folie, mit der du deine Präsentation unterstützen kannst. Orientiere dich dabei an den Regeln im Info-Kasten.

Info: Medien zur Präsentation nutzen

Orientiere dich bei der Erstellung deiner Folienpräsentation an folgenden Regeln:

- Der **Inhalt** der Folien soll **nicht deckungsgleich mit deinem Vortrag** sein. Er soll nicht vom Wesentlichen ablenken oder bloß illustrieren.
- Deine Folien sollen so angelegt sein, dass sie einen **Mehrwert für die Zuhörer/-innen** darstellen, z. B. indem sie einen Sachverhalt durch ein Bild oder eine Grafik veranschaulichen oder ein besonders wichtiges Schlagwort bzw. eine zentrale These enthalten.
- Achte darauf, dass du deine Folien inhaltlich nicht überfrachtest. Berücksichtige das sogenannte **KISS-Prinzip** (KISS = Keep it short and simple). Dazu gehört, sich auf wenige relevante Informationen zu beschränken, eine oder maximal zwei Schriftarten zu verwenden und unnötige Effekte zu vermeiden.

Den Vortrag üben

❶ a) Trainiert zunächst eure Aussprache mithilfe der folgenden Zungenbrecher. Variiert dabei Lautstärke, Betonung und Pausen.
b) Legt euren Zeigefinger zwischen die Schneidezähne und wiederholt die Zungenbrecher. Versucht, trotzdem laut und deutlich zu sprechen.

Zungenbrecher

- Als wir noch in der Wiege lagen gab's noch keine Liegewagen. Jetzt kann man in den Wagen liegen und sich in allen Lagen wiegen.
- Hans hackt Holz hinterm Hirtenhaus.
- Renommierte Referenten referieren Referate ohne Referenzen.
- Der Metzger wetzt das Metzgermesser.
- Brautkleid bleibt Brautkleid, und Blaukraut bleibt Blaukraut.
- Herr von Hagen, darf ich's wagen, Sie zu fragen, welchen Kragen Sie getragen, als sie lagen, krank am Magen in der Stadt zu Kopenhagen?

❷ Stellt euch paarweise einander gegenüber und präsentiert den Inhalt eurer ersten Karteikarte. Vergrößert dabei nach und nach die Distanz und passt eure Lautstärke entsprechend an.

❸ Neben der gesprochenen Sprache ist auch der Einsatz von Körpersprache sehr wichtig für eine gelungene Präsentation.
Beschreibt die folgenden Körperhaltungen und erläutert ihre jeweilige Wirkung:

❹ Trainiert in Kleingruppen geeignete Körperhaltungen für eure Präsentation.

Den Vortrag präsentieren

1. a) Erstellt in Kleingruppen zehn goldene Regeln für eine besonders schlechte Präsentation. Probiert die „Negativ-Regeln" im Anschluss aus.
   b) Leitet von diesen Negativ-Regeln Regeln für eine gelungene Präsentation ab.
2. Halte deinen Vortrag mit Unterstützung deiner vorbereiteten Bildschirmpräsentation. Achte auf die Hinweise im Info-Kasten.
3. Lass dir im Anschluss an deine Präsentation Feedback von deinem Publikum geben:
   – Was ist besonders gut gelungen?
   – Was solltest du bei zukünftigen Vorträgen bedenken?

Info: Überzeugend vortragen

Beachte bei deinem Vortrag folgende Regeln:

Der Inhalt:
- Lege **besonderen Wert auf Einleitung und Schluss**. Formuliere beide aus und notiere sie im Wortlaut auf jeweils einer Karteikarte.
- Stelle den Inhalt so dar, dass man den **„roten Faden"** erkennt. Halte dich dabei an den vereinbarten Umfang deiner Präsentation (zeitlich und inhaltlich).

Die Sprache:
- Die **Lautstärke** deines Vortrags sollte **angemessen** sein. Versuche nicht, Unruhe im Publikum zu übertönen, sondern verschaffe dir durch Pausen, Blicke und Körpersprache die Aufmerksamkeit deiner Zuhörer/-innen.
- Achte auf eine **deutliche Aussprache**.
  Sprich **ruhig** und **langsam** und achte auf **Pausen**.

Mimik und Gestik:
- Stelle dich **aufrecht** hin und **wende dich deinen Zuhörerinnen/Zuhörern zu**. Versperre nicht den Blick auf deine Folienpräsentation, dein Plakat oder deinen Tafelanschrieb und drehe dich nicht nach hinten um, wenn du etwas auf deiner Folienpräsentation, deinem Plakat oder an der Tafel zeigen willst.
- Stehe nicht starr vor deinem Publikum, sondern **bewege dich beim Reden angemessen** im Raum. So erzeugst du Lebendigkeit.
- **Sprich frei** und **halte Blickkontakt** mit deinen Zuhörerinnen/Zuhörern.

Der Medieneinsatz:
- Lies deine Folien nicht vor, sondern **erläutere sie** deinen Zuhörerinnen/Zuhörern.
- Blende die jeweilige Folie erst in dem Moment ein, in dem du sie tatsächlich für deinen Vortrag benötigst. Ansonsten lenkt sie das Publikum von deinem Vortrag ab.
- Zeige mit dem Laserpointer die wesentlichen Informationen auf der Folie.

Zum Schmökern, Schauen, Weiterdenken

„Big Data ist die Aufklärung für das 21. Jahrhundert"

Interview von Vera Linß und Camilla Graupner mit Victor Mayer-Schönberger, Professor für „Internet Governance" an der Universität Oxford (2016)

Wie würden Sie Big Data definieren?

Mayer-Schönberger: Big Data ist eine neue Perspektive auf die Wirklichkeit, die auf der Analyse einer großen Menge an Datenpunkten fußt.

Was lässt sich aus den Datenmengen herauslesen – verglichen mit der Zeit vor Big Data?

Mayer-Schönberger: Im Kern geht es um ein besseres Verstehen der Welt. In Zeiten von Small Data sammelten und analysierten wir Daten, um damit konkrete Fragen zu beantworten, die wir uns stellten. Mit Big Data können wir uns durch die in den Daten festgestellten Muster zu neuen Fragen inspirieren lassen, von denen wir gar nicht wussten, dass wir sie stellen sollten. So konnte etwa die Informatikerin Dr. Carolyn McGregor in den Daten der Vitalfunktionen von Frühgeborenen Muster finden, die mit einer wahrscheinlichen späteren Infektion korrelieren[1]. Damit lässt sich eine mögliche Erkrankung vorhersagen – 24 Stunden vor dem Auftreten der ersten Symptome. Die Analyse großer Datenmengen kann Menschenleben retten, wie bei diesen Frühchen. Allgemeiner gesagt: Sie erlaubt uns, im Alltag bessere Entscheidungen zu treffen.

Inwieweit ist es wünschenswert, alles quantitativ[2] zu erfassen?

Mayer-Schönberger: Das ist höchst wünschenswert. Die Alternative wäre Ignoranz gegenüber der Welt, in der wir leben, und das Beharren auf Aberglauben, Stereotypen[3], Ideologien[4] und Befindlichkeiten. Diese Ignoranz hat schon zu viele Menschen das Leben gekostet. Europas zentraler Beitrag zur Menschheitsentwicklung ist ganz zu Recht die Aufklärung. So gesehen ist Big Data die Aufklärung für das 21. Jahrhundert.

„Bei Big Data geht es um das Was, nicht um das Warum", schreiben Sie in Ihrem Buch. Kann man Big Data also als Ergänzung zum klassischen wissenschaftlichen Arbeiten ansehen?

Mayer-Schönberger: Ja – und als Unterstützung. Wir Menschen werden weiterhin nach Ursachen forschen, aber diese Ursachenforschung ist höchst zeit- und geldaufwendig. Es ist daher sinnvoll, sie sehr bewusst

1 korrelieren: mit etwas in Zusammenhang stehen
2 quantitativ: mengenmäßig
3 das Stereotyp: vereinfachendes Vorurteil
4 die Ideologie: festgefügtes Weltanschauungssystem

einzusetzen. Das „Was" mithilfe von Big Data zu erkennen, erlaubt uns, die interessantesten Zusammenhänge für die Suche nach dem „Warum" auszufiltern und darüber hinaus pragmatisch[5] auch schon aus dem „Was" Handlungsanweisungen abzuleiten: etwa im Fall der Frühchen ihnen Medikamente zu geben, bevor die wahrscheinliche Infektion voll ausbricht.

[...]

Wie können wir sicherstellen, dass dem Einzelnen Handlungsspielraum bleibt? Dass er nicht durch Daten, die auf der Grundlage von Algorithmen[6] erhoben werden, vorverurteilt wird?

Mayer-Schönberger: Unter anderem, indem wir für bestimmte Fragen bewusst festlegen, dass wir unwissend bleiben wollen.

Vorurteile oder Annahmen gegenüber Entwicklungen und gegenüber Menschen gab es schon immer. Worin besteht die neue Qualität, wenn Erkenntnisse mithilfe von Algorithmen gewonnen werden?

Mayer-Schönberger: Es gibt keine neue Qualität der Algorithmen. Die Algorithmen sind dumm. Die Einsichten stecken in den Daten. Aber auch diesen kommt keine neue Qualität zu. Neu ist „lediglich" unsere Fähigkeit, die Daten viel umfassender zu sammeln und zu analysieren. Und die Gefahr ist, dass wir Menschen in der Interpretation der Analyseergebnisse versagen. Wir brauchen eine Ethik im Umgang mit und in der Verwendung von Daten.

5 pragmatisch: auf praktisches Handeln ausgerichtet
6 der Algorithmus: sich wiederholendes Schema zur Berechnung oder Auswertung bestimmter Sachverhalte, z. B., wenn es darum geht, den kürzesten Weg zu einem Ziel zu finden oder den passenden Partner auf einer Dating-Plattform

1. Arbeite die zentralen Thesen von Professor Mayer-Schönberger heraus.
2. „So gesehen ist Big Data die Aufklärung des 21. Jahrhunderts." (Z. 23 f.)
   Vergleiche den Aufklärungsbegriff von Professor Meyer-Schönberger mit den Vorstellungen Kants.
3. „Wir brauchen eine Ethik im Umgang mit und in der Verwendung von Daten." (Z. 50 f.)
   Erläutere anhand möglicher Beispiele, was mit dieser Forderung gemeint sein könnte.

Der Untergang der Fakten *Eva Bucher (2016)*

Das Netz verrät alles

Interview mit Sarah Spiekermann, Professorin für Wirtschaftsinformatik an der Wirtschaftsuniversität Wien

Werden erwiesene Fakten Ihres Themenfeldes in der Öffentlichkeit bestritten?

Sarah Spiekermann: Wenn es um Zukunftstechnologien geht, leugnen oder verdrängen viele die Rückschritte, die unsere Gesellschaft in gesundheitlichen, emotionalen, wirtschaftlichen und sozialen Bereichen gemacht hat, etwa durch die Art und Weise, wie sich das Internet entwickelt hat und derzeit genutzt wird. Einige behaupten, dass Privatsphäre für den modernen Menschen einfach keine Rolle mehr spiele, und sammeln Fakten für eine „Post Privacy"-Argumentation, die natürlich vor allem von Akteuren aufgegriffen wird, die vom Handel oder von der Nutzung persönlicher Daten profitieren. [...]

Was hat sich da verändert?

Die Polarisierung der Gesellschaft wird stärker, unterstützt und beschleunigt durch die „Filter Bubbles" im Internet. Hier suchen und bekommen wir zumeist nur noch Fakten, Argumente und News für das, was wir gerne hören möchten. Leider erhält dabei jeder unterschiedliche Informationen in seinem individualisierten Newsfeed. Das war früher nicht so, weil alle eine begrenzte Anzahl derselben Medien konsumierten und sich Meinungen auf diese Weise annähern konnten oder zumindest überschaubar blieben.

Wie gehen Sie persönlich damit um?

Ich lese keine News, sondern bilde mir meine Meinung fast nur auf Basis von ausgewählten langen Artikeln aus erstklassigen Medien oder Forschungspapieren. Und ich denke lieber nach und diskutiere mit klugen Menschen, als mich im Internet opportunistisch beschallen zu lassen.

Wie sollte die Wissenschaft reagieren?

Wissenschaftler sollten keine opportune Forschung betreiben, die dafür missbraucht werden könnte, eine bestimmte Meinung mit vermeintlichen Fakten zu unterlegen. Sie müssen möglichst autonom denken und vor allem auch danach handeln, wenn sie Forschungsgelder annehmen – oder ablehnen.

Wir verheizen unsere Erde

Interview mit Mojib Latif, Professor für Klimaforschung

Werden erwiesene Fakten Ihres Themenfeldes in der Öffentlichkeit bestritten?

Mojib Latif: Ja, vor allem im Internet. Da vertreten Menschen Thesen, mit denen sie praktisch alles infrage stellen, was der Weltklimarat an wissenschaftlichen Fakten zusammenträgt – obwohl sie selbst im Bereich Klima und Energie weder forschen noch veröffentlichen. Selbst die Erderwärmung, die eindeutig durch Messungen belegt ist, wird in Zweifel gezogen.

Woran liegt das?

Mojib Latif: Immer mehr Menschen informieren sich im Internet. Dort stehen Meinung, Gerücht und wissenschaftliches Ergebnis ununterscheidbar nebeneinander. Es fehlt an Orientierung und Qualitätskriterien. Die Aufmerksamkeit wird eher dem zuteil, der am schrillsten auftritt. Da kann (und will!) Wissenschaft nicht mithalten. Die traditionellen Medien, egal, ob Print, Hörfunk oder TV, berichten meist ausgewogen und würden so einen Unsinn nicht bringen.

Was hat sich da verändert?

Mojib Latif: Die Blogosphäre wird immer aktiver. Damit zerlegt sich der mediale Raum weiter. Ich glaube aber nicht, dass das auf politische Entscheidungen einen großen Einfluss hat. Dass sich politisch nicht viel bewegt, hat andere Ursachen – vor allem die kurzfristigen wirtschaftlichen Interessen.

Wie gehen Sie persönlich damit um?

Mojib Latif: Ich ignoriere diese Leute. Reagierte ich auf diese abstrusen Behauptungen, würde ich ihnen nur noch mehr Aufmerksamkeit verschaffen.

Wie sollte die Wissenschaft reagieren?

Mojib Latif: Sie sollte der Allgemeinheit selbst die besten Informationen zur Verfügung stellen, und zwar ansprechend und vor allem verständlich.

1. Gib anhand der Interviewaussagen wieder, was die Interviewpartner als „Untergang der Fakten“ bezeichnen und welche gesellschaftlichen Konsequenzen sie in dieser Entwicklung sehen.
2. Erkläre anhand des Kant'schen Begriffs der Aufklärung, welche Rolle gesicherte Fakten für die Mündigkeit der/des Einzelnen spielen.
3. Nimm Stellung zu der Frage: Ist das Internet tatsächlich hauptverantwortlich für den „Untergang der Fakten“?

Der Tanzbär *Gotthold Ephraim Lessing (1729–1781)*

Ein Tanzbär war der Kett' entrissen,
kam wieder in den Wald zurück
und tanzte seiner Schar ein Meisterstück
auf den gewohnten Hinterfüßen.
„Seht", schrie er, „das ist Kunst; das lernt man in der Welt.
Tut mir es nach, wenn's euch gefällt
und wenn ihr könnt!" – „Geh", brummt ein alter Bär,
„dergleichen Kunst, sie sei so schwer,
sie sei so rar sie sei,
zeigt deinen niedern Geist und deine Sklaverei."

Ein großer Hofmann sein,
ein Mann, dem Schmeichelei und List
statt Witz und Tugend ist;
der durch Kabalen steigt, des Fürsten Gunst erstiehlt,
mit Wort und Schwur als Komplimenten spielt,
ein solcher Mann, ein großer Hofmann sein,
schließt das Lob oder Tadel ein?

1. Fasse den Kerngedanken der Fabel in eigenen Worten zusammen.
2. Erläutere, inwiefern die in der Fabel enthaltene Gesellschaftskritik charakteristisch für die Epoche der Aufklärung ist.
3. Verfasse eine schriftliche Interpretation der Fabel. Beziehe dabei deine Kenntnisse zur Epoche der Aufklärung mit ein.

Materialgestützt informieren

Materialgestützt informieren	Beispiele
1. Schritt: Die Schreibaufgabe klären – Wie lautet das **Thema**? – Welche **Textsorte** und **-länge** wird verlangt? – Welchen **Zweck** soll der Text erfüllen? – Wer sind die **Adressatinnen/ Adressaten**?	***Aufgabe:*** *Verfasse auf einer DIN-A4-Seite einen informierenden Text über die Epoche des Expressionismus als Beitrag für ein Literaturepochen-Portfolio.* – *Thema: literarische Epoche des Expressionismus* – *Textsorte/-länge: Informationstext auf einer DIN-A4-Seite* – *kurze, sachliche Information über die Literaturepoche* – *Mitschülerinnen und Mitschüler, Lehrer/-in*
2. Schritt: Die Materialien auswerten – **Setze inhaltliche Schwerpunkte** und lege eine Mindmap dazu an. – **Werte die Materialien** anhand deiner inhaltlichen Schwerpunktsetzung **aus.** Nutze geeignete Lesestrategien. – **Notiere deine Ergebnisse** als Mindmap.	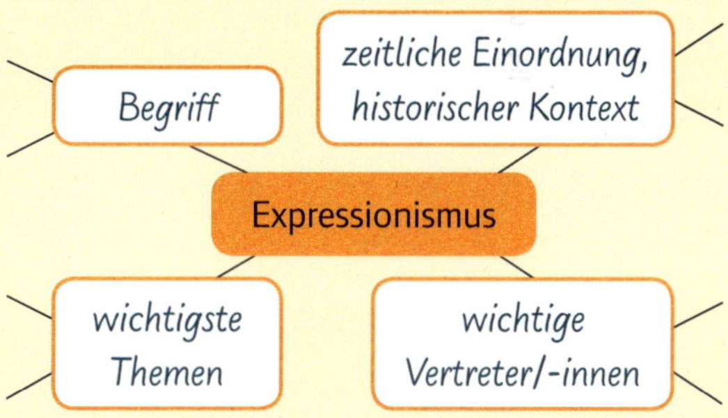
3. Schritt: Den Text planen – Überlege dir auf Grundlage der Aufgabe und der verfügbaren Informationen eine sinnvolle Gliederung für den Hauptteil. – Nummeriere die Aspekte deiner Mindmap für den Hauptteil und fasse sie, wenn möglich, zusammen.	– ***Einleitung:*** *Zitat aus einem expressionistischen Gedicht, zentrale Fragestellung, die im Text beantwortet wird* – ***Hauptteil:*** *Begriffsbestimmung, zeitliche Einordnung, die drei wichtigsten Themen der Epoche, drei wichtige Vertreter/-innen* – ***Schluss:*** *Fazit, persönlicher Bezug zur Epoche*
4. Schritt: Den Text verfassen – **Einleitung:** Formuliere einen interessanten Einstieg, der zum Weiterlesen motiviert. – **Hauptteil:** Stelle die Informationen nach den einzelnen Aspekten geordnet dar (→ 3. Schritt). – **Schluss:** Ziehe ein Fazit. Formuliere eine kurze persönliche Stellungnahme, wenn die Aufgabe dies erfordert.	– ***Einleitung:*** *„Der Mund eines Mädchens, das so lange im Schilf gelegen hatte, / sah so angeknabbert aus", so lauten die ersten beiden Verse von Gottfried Benns Gedicht „Schöne Jugend". … Doch ist dieses Gedicht charakteristisch für die literarische Epoche des Expressionismus?* – ***Schluss:*** *Die wichtigsten Merkmale der Epoche sind also … Besonders beeindruckend ist für mich vor allem …*

2 Chic oder schicklich?

Einen Kommentar materialgestützt verfassen

Tätowierter als die Polizei erlaubt?

Der Bayerische Verwaltungsgerichtshof hat entschieden, dass ein Polizeioberkommissar seine Tätowierung auf dem Unterarm nicht zeigen darf bzw. während seines Dienstes bedecken muss. In anderen Bundesländern ist man liberaler mit sichtbaren Tattoos. Entscheidend ist dort, dass die Motive nicht gegen die Grundsätze der freiheitlichen demokratischen Grundordnung verstoßen.

1. Lest die Texte und schaut euch die Fotos auf der Doppelseite an.
   Wie bewertet ihr Vorschriften zum äußeren Auftreten bestimmter Berufsgruppen, z. B. Einschränkungen bei Tattoos?
2. Diskutiert, ob ihr eine Kleiderordnung an Schulen für sinnvoll haltet.
3. Sammelt Argumente, die für oder gegen eine Kleiderordnung in bestimmten Bereichen sprechen.

Was ist „angemessene Kleidung" an der Schule?

In der Hausordnung des Gymnasiums Eppendorf (Hamburg) heißt es unter dem Punkt „Allgemeine Verhaltensregeln":

6. Kleidung: Alle Mitglieder der Schulgemeinschaft haben eine der Institution Schule und der Atmosphäre des Lernens und Lehrens angemessene Kleidung zu tragen. Dazu gehört unter anderem, dass Kapuzen, Mützen u. Ä. während des Unterrichts und in der Mensa abgelegt werden. Bei sommerlichen Temperaturen ist auf zu freizügige Kleidung zu verzichten. Darunter verstehen wir z. B. übertiefe Dekolletés, bauchfreie Shirts, pofreie Shorts, zu kurze Röcke usw.

In diesem Kapitel …

- erarbeitest du den Aufbau und die sprachlichen Merkmale eines Kommentars.
- lernst du, wie du zu einer Fragestellung das vorgegebene Material auswertest und eine Stoffsammlung anlegst.
- verfasst du auf der Grundlage deiner Stoffsammlung einen Kommentar.

Merkmale eines Kommentars erarbeiten

Zu den Verhaltensvorschriften für deutsche Polizisten gehörte lange, dass Tattoos zwar toleriert wurden, aber im Dienst nicht zu sehen sein durften. Die Entscheidung mehrerer Bundesländer, sichtbare Tattoos im Polizeidienst zuzulassen, führte zu heftigen Diskussionen.

Material 1 Wieso Tattoos und globaler Wandel zusammengehören *Susanne Dübber (2018)*

Die Zeiten ändern sich. Das weiß nicht nur Bob Dylan[1], sondern jedes Kind. So hat in der deutschen Bevölkerung die Akzeptanz von Tätowierungen im vergangenen Jahrzehnt zugenommen. Jeder Fünfte ist inzwischen tätowiert, so Wikipedia. Lange verschloss sich die Berliner Polizei dem Ästhetik-Wandel. Jetzt aber der Durchbruch. Mein Kollege Philippe Debionne berichtete unter „Tattoo-Polizisten sind menschlich" an dieser Stelle darüber: „Tätowierungen sind grundsätzlich zulässig, heißt es in einem neuen Erlass der Innenverwaltung." Daraufhin gab's was von unseren Lesern – holla, die sind sauer!

Allen voran schildert Michael Müller seine unangenehmen Gefühle beim Anblick von schwarz-bunten Händen, Armen, Dekolletés oder Nacken. „Ich empfinde Tätowierungen als bedrohlich und zutiefst unseriös. Ich fürchte, dass offene Tätowierungen eher zu einer Unberechenbarkeit und Brutalisierung der Polizei führen würden."

Rainer Ebert legt noch nach: „Menschlichkeit gewinnt man nicht durch Tätowierungen." Da hat er sicherlich recht, der Leser. Bedenkenswert ist auch, was Herr Ebert dann anführt, denn er fürchtet gesundheitliche Schäden durch die Tätowierfarbe. „Im Übrigen gelten für Beamte die sogenannte Gesunderhaltungspflicht und das Neutralitätsgebot." Ja, was tun, wenn der Polizist einen Fisch zur Schau stellt auf seiner Haut? Das Zeichen aus der Entstehungszeit des Christentums ist als Schmuckstück den Lehrern und Polizisten in Berlin aus Gründen religiöser Neutralität verboten. Ebenfalls sehr lange schon sind Tattoos in der Region zwischen Hawaii und Neuseeland verbreitet und total normal als Symbole für Zusammengehörigkeit, Schutz, Fruchtbarkeit und vieles mehr. Dem globalen Wandel sei Dank nun auch bei uns. Der jetzt Langsame wird später schnell sein, sagt Bob Dylan. Der muss es wissen, ist er doch preisgekrönt, nämlich Nobelpreisträger.

1 Bob Dylan: US-amerikanischer Musiker und Lyriker, erhielt 2016 als erster Musiker den Nobelpreis für Literatur

Material 2 Der Unterarm des Gesetzes *Rainer Wehaus (2017)*

Stuttgart – Tattoo, tattaa, die Polizei ist da! Werden Ordnungshüter in Baden-Württemberg bald auf die Art spöttisch begrüßt? Ausgeschlossen ist das nicht. Zwar sieht man im Fernsehen mittlerweile ständig tätowierte Menschen, aber das ist die Welt der Stars und Sternchen. Insbesondere auf dem flachen Land sieht die Wirklichkeit doch noch etwas anders aus. Der Anblick eines tätowierten Polizisten dürfte dort zumindest Irritationen auslösen, wenn nicht gar Befremden. Und das wäre nicht gut.

Verkehrte Welt: Ein SPD-Innenminister (Reinhold Gall) hat vor ein paar Jahren ein Tattoo-Verbot für die Polizei erlassen, das ein CDU-Innenminister (Thomas Strobl) nun lockern will. Da fragt sich der Konservative: Wer steht denn nun für Recht und Ordnung? Die geplante Lockerung fällt zudem in eine Zeit, in der die Respektlosigkeiten gegenüber Polizisten weiter zunehmen – und die gewalttätigen Übergriffe auch. Tattoos sind dabei sicher nicht das größte Problem. Aber sie könnten die Hemmschwelle senken. Die Frage ist: Muss der Staat jede Mode mitmachen? Oder wäre es nicht besser, er träte dem Bürger schmucklos gegenüber?

Not am Mann besteht jedenfalls nicht. Laut den Polizeigewerkschaften finden sich noch immer genügend Bewerberinnen und Bewerber, die keine Tätowierungen haben und in den Polizeidienst wollen. [...] Die Polizeiführung in Baden-Württemberg ist gut beraten, nicht vorschnell zu tolerant in der Frage zu werden. Tattoos auf dem Arm können grundsätzlich schön sein – auf dem Arm des Gesetzes aber haben sie womöglich unschöne Folgen.

1. Fasse den jeweiligen Standpunkt der Autorin / des Autors in den Materialien 1 und 2 mit Begründung in ein bis zwei Sätzen zusammen.
2. Erkläre mithilfe des Info-Kastens, was die beiden Texte zu Kommentaren macht.
3. Untersuche den Aufbau und die argumentative Entfaltung in beiden Texten.

Info: Der Kommentar

Der **Kommentar** ist eine journalistische Textsorte, mit der jemand die eigene Meinung zu einem Thema äußert. Oft ergänzt der Kommentar einen informierenden Artikel und **bewertet** Sachinformationen. Ein Kommentar soll Einfluss auf das Urteil oder Verhalten der Leserschaft nehmen; mit dieser Intention werden häufig **rhetorische Mittel** eingesetzt.

Aufbau eines Kommentars: Die Überschrift soll neugierig machen. Nach einem markanten Einstieg, z. B. mit einer These und einer kurzen Information zum Sachverhalt, werden Argumente angeführt, die zu einer **pointierten Schlussfolgerung** oder einer Forderung führen.

Eine Stoffsammlung anlegen

Stell dir folgende Situation vor:
An deiner Schule soll eine Kleiderordnung eingeführt werden, die das Tragen von Kleidungsstücken wie Hotpants, bauchfreien oder tief ausgeschnittenen Oberteilen, sehr kurzen Röcken, Jogginghosen und Käppis im Unterricht verbietet. Du sollst dazu einen Kommentar für eure Schülerzeitung verfassen.
Die folgenden Materialien helfen dir, eine Stoffsammlung für deine Argumentation anzulegen:

1. Überfliege die Texte und Schaubilder Material 3 bis Material 6 und prüfe, ob sie relevante Informationen und Argumente für deinen Schreibauftrag enthalten.
2. Lege in deinem Heft eine Mindmap zu inhaltlichen Aspekten an und notiere Stichpunkte aus den Materialien zu diesen Aspekten. Beziehe auch die Materialien 1 und 2 mit ein (→ S. 40 f.).
   Tipps & Hilfen (→ S. 306)

Material 3 Kleidungsvorschriften an der Schule

Liebe Eltern, liebe Schülerinnen und Schüler,
das Profil unserer Schule sieht gegenseitigen Respekt und Toleranz als zentrale Werte des Zusammenlebens vor. Diesen Werten sollen unsere Umgangsformen und auch die Kleidung im Unterricht entsprechen. Einerseits wollen wir uns in unserer Kleidung wohlfühlen; sie darf und soll unsere Individualität ausdrücken. Andererseits ist die Schule eine Institution, in der es einige grundsätzliche Anforderungen an das äußere Erscheinungsbild gibt. Deshalb sollten wir auf folgende Kleidungsstücke verzichten: sehr tief ausgeschnittene Tops und Shirts, tief sitzende und sehr kurze Hosen, transparente Oberteile sowie Kleidungsstücke mit Aussagen, die Persönlichkeitsrechte verletzen können oder gegen unsere demokratische Grundordnung verstoßen.
Unterzeichner: Schulleiterin, Schulelternbeiratsvorsitzender, Schulsprecher

Material 4 „Ein großer Teil meiner Schüler sagt sowieso: Jogginghosen sind assi“

Interview von Friederike-Zoë Grasshoff (2015)

Zur Diskussion über ein Verbot von Jogginghosen an einer Schule in Baden-Württemberg wurde die Schulleiterin interviewt:

Frau Vöhringer, sehen Ihre Schüler echt so schlimm aus? […]
Was heißt das denn: schlimm aussehen? Wir wollen uns einfach Gedanken über angemessene Kleidung machen. Und da geht es nicht nur um

Jogginghosen. Uns geht es um Haltung. Eine verdreckte Jeans ist ja auch nicht angemessen.

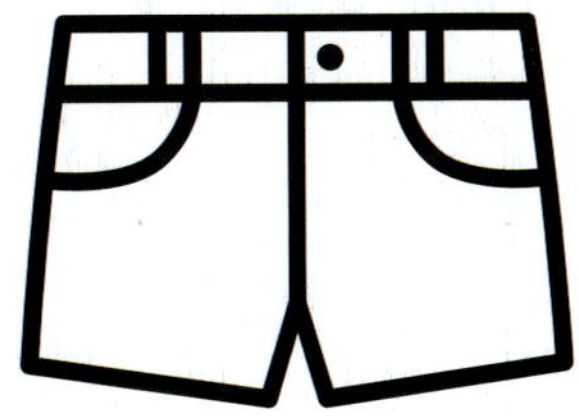

Dann müssten eigentlich auch Hotpants und tiefe Ausschnitte verboten werden.

Das muss die Arbeitsgruppe entscheiden. [...] Ab Dezember entwerfen Lehrer, Schüler und Eltern gemeinsam eine angemessene Kleiderordnung.

Wie läuft das? Der Stärkere gewinnt?

Nein, da soll ganz demokratisch abgestimmt werden. Welche Hosen sind für uns akzeptabel? Wenn die Arbeitsgruppe beschließt, Hotpants zu verbieten, wird das auch so gemacht.

Wenn die Schüler bis dahin nicht auf die Barrikaden gegangen sind.

Die Schüler gehen nicht auf die Barrikaden, im Gegenteil. Ein großer Teil meiner Schüler sagt sowieso: Jogginghosen sind assi, schau mal, wie der rumläuft. Es gibt hier einen Konsens darüber, dass diese Kleidung in den Sportunterricht gehört. Und die Jungs wollen nun auch über die Leggings der Mädchen diskutieren, das ist ja auch Sportkleidung.

Die Schüler finden das also total super?

Es war auch ihre Idee, über Kleidung zu diskutieren. Manche wünschen sich sogar eine Schuluniform. Natürlich werden Sie immer jemanden haben, der sich querstellt.

Material 5 Umfrage zur Angemessenheit der Kleidung

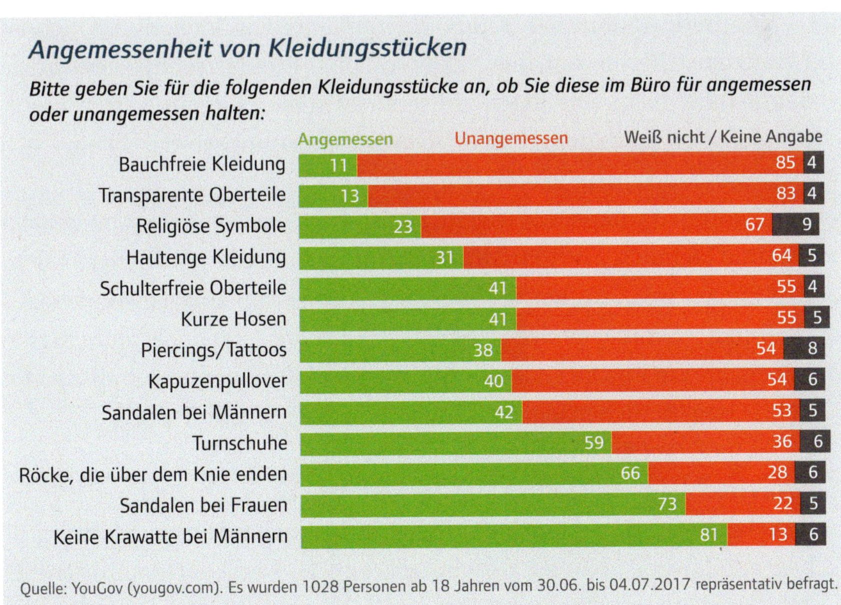

Material 6 Jogginghosen-Verbot: Dürfen Lehrer die Kleidung ihrer Schüler bestimmen? *Lena Müssigmann (2015)*

„Schule ist keine Chill-out-Zone": Eine Schulleiterin wehrt sich gegen Jogginghosen in Klassenzimmern. Auch Hotpants und enge Hosen standen mancherorts schon auf dem Prüfstand. Doch wie weit darf die Schule in Freiheitsrechte eingreifen?

Eine katholische Schule in Hamburg will bei ihren Schülern weder Unterwäsche noch zu viel nackte Haut sehen, eine Schule im Nordschwarzwald sorgte im Sommer mit einem Verbot für Hotpants für Aufsehen. Jetzt soll auch die Jogginghose im Klassenzimmer tabu sein: Ein Schulcampus im schwäbischen Schwieberdingen bei Stuttgart will die Schlabberhose verbannen.

In einigen Privatschulen sind Kleidervorschriften und Uniformen Alltag. Bildungsforscher und Lehrer sind sich jedoch nicht einig: Wie sinnvoll sind Dresscodes? Für manche sind Kleiderregeln ein passendes Mittel, um einen Markenfetischismus bei Jugendlichen einzudämmen. Für andere wiegt die Freiheit des Einzelnen schwerer.

Schulleiterin Ilse Riedl ist sich ihrer Sache aber sicher. Schon seit Jahren duldet sie keine Jogginghose an der Hermann-Butzer-Schule, die Grund-, Haupt- und Realschüler besuchen. „Die Schule ist keine Chill-out-Zone", sagt die Pädagogin. Die Schule sei ein Arbeitsplatz; das solle auch in der Schulordnung deutlich werden. [...]

Der Bildungsforscher Klaus Hurrelmann von der Hertie School of Governance Berlin sagt, die Diskussion über Kleiderregeln gehöre zu guter Schulkultur dazu. Die Jogginghose passt seiner Meinung nach nicht ins Klassenzimmer, in dem man ein gewisses Leistungsverhalten einübe.

„Dresscodes halte ich für sehr sinnvoll."

Debatten darüber, wer welche Hosen trägt, wirken bisweilen oberflächlich und kleinlich. Hurrelmann sieht darin aber einen Aufhänger für wichtige Fragen wie: „Wollen wir uns dirigieren lassen von der Modewelt, der Werbung?" Schüler genießen es seiner Einschätzung nach, klare Regeln zu haben, die sie im Optimalfall mitausgehandelt haben und mittragen können. „Das gibt Sicherheit, weil Gleichberechtigung herrscht."

Bildung ist Ländersache, doch für Schüler in ganz Deutschland gilt das Grundrecht auf freie Entfaltung der Persönlichkeit. Ein Verbot der Jogginghose lässt sich daher aus Sicht des Kultusministeriums in Stuttgart nicht begründen. Persönlicher Geschmack von Lehrern dürfe an öffentlichen Schulen nicht zum Richtwert für die Kleidung der Schüler werden.

Gerhard Brand aus dem Bundesvorstand des Verbandes Bildung und Erziehung (VBE) sagt: „Es ist wirklich ein Problem, dass Schüler häufig in provokanter Kleidung in der Schule auftauchen." Um das zu verhindern, könnten Schulen in ihrem Leitbild oder in der Schulkonferenz einen Konsens finden, welche Kleidungsstücke nicht gern gesehen sind. Am besten fruchte seiner Erfahrung nach aber noch das persönliche Gespräch, in dem man an die Vernunft des Schülers appelliere. Verbote könnten vor Gerichten keinen Bestand haben.

Der VBE-Landessprecher aus Baden-Württemberg, Michael Gomolzig, sagt: „Wenn man individuelles Lernen verfolgt, kann man nicht die Schüler in eine Uniform stecken." Die Absicht der Schule in Schwieberdingen sei verständlich, das Problem lasse sich aber nicht mit einem Regelkatalog lösen. Die Einsicht der Schüler sei wichtig. Auch der Landeselternvertreter in Baden-Württemberg, Carsten Rees, lehnt Dresscodes ab: „Was hat der Staat für ein Interesse, Ästhetik zu verordnen? Keines!" Mit solchen Vorschriften nähere man sich totalitären Systemen. [...]

Schulleiterin Riedl hat mit ihrem Bann gegen die Jogginghose allerdings weniger den Modewahn im Blick. Sie sieht es als ihre Aufgabe, ihren Schülern Rüstzeug fürs Leben mitzugeben. Sie fürchtet: Wer nie lerne, dass die Jogginghose am Arbeitsplatz nicht angebracht ist, gehe damit womöglich zum Vorstellungsgespräch und wundere sich, dass er keinen Ausbildungsplatz bekommt.

Pointiert formulieren

1 Überarbeite folgende Aussagen so, dass sie markanter und pointierter klingen und damit gut in einen Kommentar passen. Im Info-Kasten findest du Hinweise zu sprachlich-stilistischen Mitteln, die hierbei häufig verwendet werden.
Tipps & Hilfen (→ S. 306)

A *Nicht nur Jugendliche lassen sich tätowieren, sondern auch Erwachsene bzw. ältere Menschen besuchen Tätowierungsstudios, die vor allem in den Großstädten seit einigen Jahren einen regen Anstieg verzeichnen.*

B *Die Menschen in der Steinzeit bemalten sich aus unterschiedlichsten Gründen: um böse Geister abzuwehren, Insekten abzuhalten, sich zu tarnen, Feinde in Angst zu versetzen, Trauer zu bekunden oder ihre soziale Stellung zu zeigen.*

C *Mediziner warnen vor diesen Eingriffen, da nicht in allen Studios hautverträgliche Farben verwendet und Hygienevorschriften konsequent befolgt werden. Die Risiken und Kosten eines Lasereingriffs, der beispielsweise die Tätowierung einer verflossenen Liebe entfernen soll, verkennen die meisten.*

D *Wer auf Tattoos nicht verzichten will, sollte sich Alternativen überlegen, z. B. Klebetattoos. Sie sind weniger gesundheitsschädlich und können je nach Modetrend verändert werden.*

Info: Mittel eines Kommentars

- pointierte (zugespitzte) Formulierungen, z. B.: *Das geht gar nicht.*
- Wertungen (bestimmte Wörter, Modalverben, Gradpartikel), z. B.: *Ekelige Ritzereien, ganz schön kitschige Herzchen, was soll das bloß?*
- Übertreibungen, z. B.: *von Kopf bis Fuß übersät mit Tattoos*
- Ellipsen (unvollständige Sätze), z. B.: *Jeder Achte hat ein Tattoo, Tendenz steigend.*
- rhetorische Fragen, z. B.: *Ist das wirklich so schlimm?*
- Wortspiele, z. B.: *Das geht unter die Haut; tätowierter als die Polizei erlaubt; soll man seine Haut dafür hergeben?*
- Aufzählungen (z. B. von drei Aspekten), Steigerungen, z. B.: *frisch, farbig, frech*
- Satzreihen (statt Satzgefüge), parallele Satzkonstruktionen, z. B.: *Trends sind schnelllebig, nur der Tattoo-Wahn hält sich hartnäckig.*
- Ironie, z. B.: *bunt bemalte Ordnungshüter*
- Metaphern, Vergleiche, z. B.: *ein Körper wie ein Poesiealbum*
- Neologismen (Wortschöpfungen), z. B.: *zunehmende Tattooisierung*

2 Die pointierte Sprache eines Kommentars darf nicht verwechselt werden mit einer umgangssprachlichen, beleidigenden oder diskriminierenden Ausdrucksweise, wie sie in den folgenden Sätzen zu finden ist. Überarbeite die Sätze entsprechend.
Tipps & Hilfen (→ S. 307)

A *Also, ich finde Tattoos toll und lasse mir auch von keinem Gesetz vorschreiben, ob ich sie zeigen darf! Dann werde ich eben kein Bulle!*

B *Viele Jugendliche haben Bock auf ein Tattoo, aber ihre spießigen Eltern hindern sie daran. Dann gibt es ätzende Auseinandersetzungen und Verbote.*

C *Einen Polizisten mit Tattoos finde ich gleich doppelt so cool.*

D *Also, ganz ehrlich: Wenn man sich nicht spätere Berufschancen versauen will, sollte man von Tattoos lieber die Finger lassen.*

3 Im folgenden Kommentar wurde eine Vielzahl sprachlicher Mittel verwendet. Benenne sie mithilfe des Info-Kastens (→ S. 46) und erkläre ihre Funktion bzw. Wirkung.
Tipps & Hilfen (→ S. 307)

Formulierung	Sprachliches Mittel	Funktion/Wirkung
– *Urban-Hipster* – *gerade bärtig, vegan und berucksackt* – ...	– *Neologismus* – *Aufzählung* – ...	– *zeigt Modetrend* – *überspitzte Kurzcharakterisierung* – ...

Material 7 Geht der Tattoo-Trend endlich zu Ende? *Julia Friese*

Die trendbewussten Urban-Hipster – gerade bärtig, vegan und berucksackt – mögen es 2015 schlicht, schwarz und unausgemalt. Wenige Linien oder viele Tiere. Von Brooklyn bis Berlin-Mitte werden Oberkörper verziert wie eine Naturtafel aus dem Biologieunterricht. Ob einheimische Singvögel oder europäische Süßwasserfische, egal, alles darf es sein. Wer nur ein Mädchen ist und deswegen nur ein bisschen mutig, der trägt statt des bauchgroßen Wals nur ein kleines Sternchen im Nacken, Herzchen am Zeh, dazu in Schreibschrift „Liebe" – am Handgelenk.

Seit mindestens fünfzehn Jahren ist diese Poesiealbumifizierung des Körpers Trend. So versuchen die Mädchen der Außenwelt mitzuteilen: Ich bin zwar klein, fein und zart, aber ein bisschen wild bin ich doch auch.

Einen Kommentar verfassen

1 Bevor du deinen eigenen Kommentar für die Schülerzeitung verfasst, musst du zunächst die Schreibaufgabe (→ S. 42) klären. Beantworte folgende Fragen in Stichpunkten:
- Wie lautet das **Thema**, die strittige Frage, das Problem?
- Aus welchem **Anlass** verfasst du den Text (z. B. Erlass einer Vorschrift, Gerichtsurteil)?
- Welchen **Zweck** soll der Text erfüllen?
- Welche Merkmale hat die **Textsorte** Kommentar (→ Info-Kasten, S. 41, 46)?
- **Wo** wird dein Text veröffentlicht, für welchen **Adressatenkreis** (Alter, Bildungsgrad …)?

Tipps & Hilfen (→ S. 307)

2 Entscheide dich für einen Standpunkt zum Thema (→ S. 42). Markiere in deinen Notizen drei zentrale Argumente, mit denen du ihn vertreten möchtest. Ergänze gegebenenfalls Argumente.

3 Ergänze zu deinen Argumenten Belege (Beispiele, Expertenmeinungen oder Fakten), um sie zu untermauern.

4 Verfasse einen Schreibplan, indem du stichwortartig die Reihenfolge deiner Argumente notierst und die passenden Belege zuordnest.

Pro Kleiderordnung	Kontra Kleiderordnung
1. Konzentration auf Unterricht (Ablenkung durch kurze Tops, Käppis, tiefe Ausschnitte) *2. Leistungsverhalten (Zitat Hurrelmann, Material 6)* *3. Vorbereitung auf das Berufsleben …* *4. …*	*1. Persönlichkeitsrechte (Grundrecht auf freie Entfaltung der Persönlichkeit)* *2. Bevormundung …* *3. …*

5 Schreibe einen Kommentar mit etwa 150 bis 200 Wörtern. Nutze sprachliche Mittel aus dem Info-Kasten auf Seite 46. Du kannst einen der folgenden Anfänge verwenden:

A *Die Hitze ist da und mit ihr die hitzigen Debatten über Kleiderordnungen an den Schulen. Offenbar haben sie jetzt auch unsere Schule erreicht. Wollen wir wirklich, dass in der Schulordnung festgelegt wird, wie wir uns zu kleiden haben?*

B *Der Sommer bringt höhere Temperaturen und damit kürzere Röcke, dünnere Träger und luftigere Baggy Pants. Na und?*

C *Hotpants, bauchfreie Tops und Baggy Pants sind chic – auf jeder Party, aber nicht in der Schule.*

6 Formuliere den Hauptteil. Orientiere dich an deinem Schreibplan (→ Aufgabe 4), z. B.:

pro Kleiderordnung:

Warum gehen wir zu Schule? Um etwas zu lernen und nicht um möglichst viel nackte Haut zu zeigen oder unsere Mitmenschen zu provozieren. Wenn man sich im Unterricht gerade auf Mathematikaufgaben konzentrieren muss, dann stört ...

kontra Kleiderordnung:

Muss ich mir wirklich von der Schulordnung vorschreiben lassen, was ich morgens aus dem Kleiderschrank ziehe? Das geht gar nicht. Meine Kleidung ist ein Ausdruck meiner Persönlichkeit ...

7 Verfasse einen pointierten Schlusssatz für deinen Kommentar, z. B.:

pro Kleiderordnung:

Zeigt eure nackte Haut wem, wann und wie ihr wollt, aber vergesst nicht: Die Schule ist ein Ort des Lernens und kein Laufsteg.

kontra Kleiderordnung:

Lasst euch eure Kleidung nicht verbieten!

8 Gib deinem Kommentar eine passende Überschrift, die zum Weiterlesen anregt.

9 Überarbeite deinen Kommentar mithilfe der folgenden Checkliste:

Checkliste: ✓ Einen Kommentar überarbeiten

Die folgenden Fragen helfen dir, deinen Kommentar zu überarbeiten:

- ✓ Passt die **Überschrift** zum Text? Macht sie neugierig?
- ✓ Hat der Text einen **roten Faden**? Ist deine **Position** klar erkennbar?
- ✓ Wird die **strittige Frage** aufgegriffen und beantwortet?
- ✓ Ist die **Argumentation** pointiert und überzeugend?
- ✓ Werden **sprachliche Mittel** funktional eingesetzt (→ Info-Kasten, S. 46)?
- ✓ Enthält der Text passende und anschauliche **Beispiele**?
- ✓ Ist der Text **adressatengerecht**?

Zum Schmökern, Schauen, Weiterdenken

Material 8 Barfuß im Büro? Undenkbar *Nicola Holzapfel (2011)*

Bei 30 Grad verliert so mancher im Büro die Lust auf Anzug und Krawatte. Darf man bei dieser Hitze ausnahmsweise in Flipflops zur Konferenz schlappen? Zwei Knigge-Experten antworten.

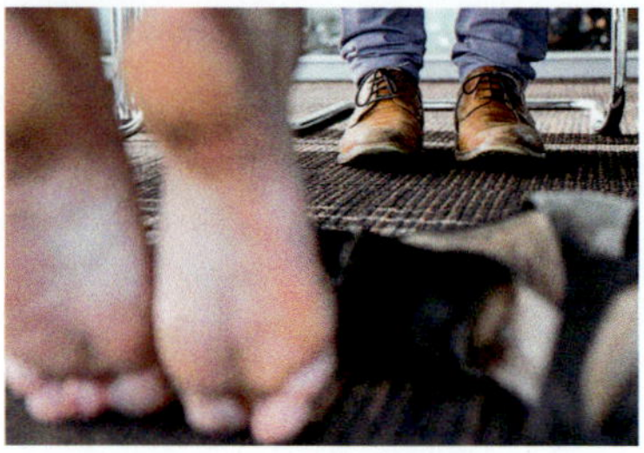

Der Schreck aller Etikette-Experten trägt keine Strümpfe. Die gehören zum deutschen Büroleben offenbar dazu wie der graue Schreibtisch und die Hydrokultur. Egal, wie hoch die Temperaturen steigen: Nackte Füße im Schuh sind tabu. Genauso wie zu kurze Hosen. Beides soll übrigens insbesondere für Männer gelten – aber nicht nur.

Dabei machen sogar Dresscode-Ratgeber Unterschiede und haben mit manchen und manchem ein Einsehen. „Es gibt nicht den einen Dresscode. Das hängt von der Umgebung ab", schickt Alexander Freiherr Knigge, der wegen seines Ururonkels oft um Rat zu Umgangsformen gefragt wird, vorweg. „Kleidung ist immer auch eine Frage des Geschmacks."

Und dann legt Knigge los: „Ich persönlich finde fürs Büro bei Männern kurzärmelige Hemden mit Krawatte furchtbar. Sie sind unangebracht, sobald es seriöser sein soll. Sandalen gehen nicht. Strümpfe sind klar."

Elisabeth Bonneau, Kommunikationstrainerin und Mitglied im Deutschen Kniggerat, sagt: „Kunden wünschen sich, dass man ihnen Wertschätzung entgegenbringt. Sie erwarten bei Männern ein Jackett, bei Frauen einen Blazer. Je höher in der Unternehmenshierarchie der Kunde sein Gegenüber sieht, desto formvollendeter wünscht er es sich. Die Erwartungen ändern sich nicht mit der Jahreszeit."

Wo der Kundenkontakt die Kleidersitten bestimmt, kann mehr Lockerheit höchstens von oben kommen: „Als Vorgesetzter kann ich mit meinen Mitarbeitern besprechen, ob alle zum Beispiel die Krawatte weglassen." Durch so eine Kleiderabsprache sei der Einzelne geschützt. Wer hingegen als Einziger unter lauter Anzugträgern im Polohemd zum Termin kommt, sei falschen Interpretationen ausgesetzt.

Heißt also auch: Wer morgens suchend vor dem Kleiderschrank steht, überlege erst einmal, was der Chef so trägt. Nichts anderes würde übrigens Alexander Freiherr Knigge empfehlen: Man orientiere sich bei der Kleiderwahl am besten am Vorgesetzten. [...]

Frauen rät Elisabeth Bonneau, allein aus Selbstschutz nicht zu wenig anzuziehen: „Eine Frau, die ihre weiblichen Reize zeigt, läuft Gefahr, dass man ihr einen Kompetenzmangel zuschreibt – nach dem Motto: Die will mit ihrem Aussehen ihre fehlende Kenntnis verdecken." Also gelte: „Nichts Nackiges." Spaghetti-Tops zum Beispiel hält Bonneau für „indiskutabel".

Und was meint Herr Knigge? „Bei Frauen sehe ich immer nur das Gesamtbild. Sie müssen nicht ganz so zugeknöpft sein wie die Männer." Aber: „Bauchfrei im Büro geht nicht – egal, wie der Bauch aussieht."

Und wie schaut's bei Männern mit kurzen Hosen aus? „Als Bademeister: ja", meint Bonneau.

Und Flipflops? „Die gehören nicht in den Beruf."

Sonnenbrillen im Haar? „Bei Männern eine Lachnummer."

Barfuß laufen? „Undenkbar."

Mehr Form also! Alexander Freiherr Knigge, der beim Gespräch einen hellen Anzug mit Hemd trägt, meint: „Die Selbstwahrnehmung ändert sich, wenn man einen Anzug anhat."

Und Bonneau erklärt: „Kleidung muss man immer unter dem Aspekt sehen: Was sieht der andere? Genauso wichtig ist es aber zu fragen: Wie will ich gesehen werden?"

1. Erläutere die Aussage von Elisabeth Bonneau am Ende des Textes.
2. Formuliere auf der Grundlage des Textes zehn Regeln für einen Dresscode im Büro.
3. Im Jahr 1788 erschienen die gesammelten Umgangsregeln des Adolph Freiherr Knigge unter dem Titel „Über den Umgang mit Menschen", oftmals kurz „Knigge" genannt. Recherchiere, welche Intention Knigge mit diesem Buch verfolgte. Inwieweit decken sich seine Ansichten mit unseren heutigen Vorstellungen von „Benimmregeln"?

Material 9 Stilsicher in den Urlaub: Welche Kleidung angemessen ist *Marlene Berger (2017)*

Weit mehr als der Hälfte (62 Prozent) der Deutschen waren ihre eigenen Landsleute im Ausland aufgrund ihrer Kleidung schon einmal richtig peinlich, wie eine aktuelle Umfrage von „Reader's Digest" herausgefunden hat. Getoppt wird das kollektive Fremdschämen nur noch von der herablassenden Art (69 Prozent), die manche Bundesbürger in der Ferne an den Tag legen, von Trunkenheit am Urlaubsort (67 Prozent) und übertriebenen Beschwerden (64 Prozent). [...]

Unabhängig davon, ob einem stilvolle Kleidung auf Reisen wichtig ist, sollte man als Gast in einem anderen Land gewissen Grundregeln folgen. Und eine davon lautet: Gut verpackt ist allemal besser als nicht verpackt. Leider zeigt sich in der Realität jedoch häufig, dass die Hüllen fallen, sobald die Sonne scheint. Doch vor allem in religiösen Ländern wie im erzkatholischen Italien und Polen oder in islamisch geprägten Staaten wie Dubai oder Malaysia kann ein allzu freizügiges Auftreten in der Öffentlichkeit und am Strand ernste Sanktionen bis hin zu Freiheitsentzug nach sich ziehen. Auch bei Städteurlauben, in denen Touristen sich gerne historische Kirchen oder Tempelanlagen anschauen, wird ihnen schnell der Zugang verwehrt, wenn Schultern, Beine und bei den Frauen das Dekolleté nicht bedeckt sind.

Kurze Hosen etwa in Form von Shorts, Spaghettiträger-Tops und -kleider bei den Frauen und Hawaii-Hemden bei den Männern gelten nach einhelliger Meinung von Stilexperten nur am Strand als angemessen, nicht aber etwa in Restaurants und Einkaufszentren. Bei der Wahl der richtigen Garderobe für den Urlaub ist folgender Leitsatz ratsam: Mit seinen Reizen sollte man geizen. Frauen und Mädchen machen beispielsweise nichts falsch, wenn sie am Strand über Bikini und Badeanzug eine luftige Tunika tragen. Damit können sie sich auch problemlos an der nächsten Strandbar zeigen. Für die Herren der Schöpfung sind helle, luftige Leinenhosen in warmen Regionen nicht nur angenehm zu tragen, sondern auch schön anzusehen. Die berühmten Socken in Sandalen sind leider mehr als nur ein Klischee, sondern noch allzu oft ein reales Bild. Wenn es schon Sandalen sein sollen, dann bitte ohne Socken. Deutlich stilsicherer als diese sind hingegen Loafer (auch Slipper oder College-Schuhe genannt) aus weichem, dünnem Leder.

In manchen Ländern ist neben langen Oberteilen und Hosen bzw. langen Kleidern und Röcken insbesondere an heiligen Stätten auch eine Kopfbedeckung Pflicht.

1. Formuliere anhand des Textes einen kurzen Regelkatalog für Urlaubskleidung.
2. Nenne die Kriterien, die für deine Urlaubsgarderobe wichtig sind.
3. Nicht nur in der Kleiderfrage sollte man die Regeln des Gastlandes ernst nehmen. Nenne weitere Verhaltensregeln und erkläre, wie du damit umgehst.

Material 10 Das Mittelalter in Multicolor: Eine Epoche im Rausch der Farben

Ulrike Rückert (für SWR2 Wissen); Felicitas Reichold, Ralf Kölbel (Internetfassung) (2014)

Leuchtende Seide und glänzende Brokatstoffe aus dem Orient. Schimmernder Samt aus Florenz, goldene Gewänder, bunt geteilte Röcke: Die höfischen Feste des Mittelalters waren ein einziger Rausch der Farben. An Qualität und Farbe der Kleidung ließen sich Status, Macht und Reichtum erkennen. In einer Zeit, in der die wenigsten lesen konnten, hatten Farben einen ganz besonderen Zeichen- und Symbolcharakter.

Von wegen grau und finster: Das Mittelalter war rot, blau, grün, gelb und noch viel farbiger – es war bunt. Farben bestimmten in wesentlicher Form den mittelalterlichen Alltag. Sie waren Zeichen und Symbole mit vielschichtiger Bedeutung, sie machten die Welt „lesbar".

Zum Beispiel die Kleidung: Die Farben der Kleider signalisierten, wie einer Person angemessen zu begegnen war. Eine wichtige Aufgabe in einer Gesellschaft, in der Ansehen und Ehre ganz von Stand und Rang abhingen. Die Kleidervorschriften waren unbedingt einzuhalten. Denn wer von Adel war und sich wie die Bauern kleidete, verwischte die Grenze zwischen Herren und Untertanen und verletzte damit die Ehre seines ganzen Standes.

Scharlachrot, Azurblau, Grasgrün, Goldgelb in vielerlei Nuancen: Leuchtende Farben waren im Mittelalter das Privileg des Adels. Die Welt der Bauern war das Gegenbild zur bunten Szene der Höfe. Ihre Farbe war vor allem Grau, das Grau von ungefärbter Wolle.

Innerhalb des Adels war die Hierarchie keineswegs eindeutig festgelegt, und im ständigen Gerangel um Status und Prestige spreizte man wie ein Pfau das schillernde Gefieder, um Rivalen auszustechen.

Der goldbestickte, himmelblaue Samtmantel bewies Reichtum, sein modischer Schnitt Weltkenntnis, die elegante Kombination mit zartgrauem Pelzfutter und veilchenfarbenen Strümpfen einen exquisiten Geschmack.

Die Textilbranche war der stärkste Wirtschaftszweig des Mittelalters und schon global organisiert. Flandern […] lieferte feinste Wolltuche; Italien und der Orient [lieferten] Seidenstoffe.

Nürnberger Kaufleute importierten Indigo[1] aus Indien, Kermes[1] für tiefe Rottöne aus der Levante, Purpur[1] aus Konstantinopel, Safran[1] aus Aragon und Koschenille[1] aus Polen. Als ein wahrer Blaurausch Europa erfasste, wurde die nötige Färberpflanze, der Waid, in Thüringen auf riesigen Feldern angebaut und spülte Goldstücke in die Taschen der Erfurter Bürger. Blau- und Rotfärber, Bunt-, Schön- und Schwarzfärber waren hoch bezahlte Fachleute.

Doch bestimmte Farben zog man sich im Mittelalter nicht freiwillig an. Sie waren zwangsverordnet. Ein mittelhochdeutsches Wort für Hure ist „gilwerinne", „Gelberin", weil sie in vielen Städten gelbe Schleier, Gürtel oder Ähnliches tragen mussten. Die Farbe verwies auf einen angeblich zweifelhaften Charakter. Auch Juden wurden an vielen Orten gelbe Kleidungsstücke oder gelbe Symbole auf dem Gewand aufgezwungen. So diente Farbe also auch dazu, aus der Gesellschaft auszugrenzen und bestimmte Gruppen zu stigmatisieren. [...]

Fürsten kleideten mitunter ihr ganzes Gefolge, vom adligen Vasallen bis zum Pferdeknecht, einfarbig ein – für einen eindrucksvollen Auftritt. Das „Hofgewand" als mittelalterliche Version einer „Corporate Identity". Die innere Hierarchie blieb dennoch gewahrt: Der Ritter trug den Mantel aus Seide, der Knecht das Wams aus einfachem Wolltuch.

Bei den vom Kaiser einberufenen Hoftagen kam es vor, dass verbündete Fürsten ihre Gefolge in gleicher Farbe auftreten ließen. Und bei Hochzeiten hielten sich mitunter auch die Gäste an die Farbe des Brautpaars. [...]

Im Mittelalter hatten Farben auch in der Religion eine ganz besondere Bedeutung. [...] Für die Feste und Heiligentage entwickelte sich ein Kanon der liturgischen[2] Farben. Wie der aussah, erklärt die Latinistin Christel Meier-Staubach: „Die Gewänder der Priester werden zu den Festen des Jahres und ihrem Charakter gewählt, also zum Beispiel Weiß für die Feste Christi oder der Jungfrauen oder Rot für Pfingsten, die Apostel und Ähnliches, Schwarz für die Tage, die Schmerz, Buße, Tod und so weiter ausdrücken. Grün ist die Farbe, die das Übrige ausfüllt." [...]

1 Indigo, Kermes, Purpur, Safran, Koschenille: Farbstoffe, die aus Pflanzen (Indigopflanze, Safran) oder Tieren (Purpur aus der Purpurschnecke, Kermes und Koschenille aus Schildläusen) gewonnen wurden
2 liturgische Farben: Farben von Gewändern und anderen Textilien, die bei bestimmten religiösen Zeremonien in Kirchen benutzt werden

Eine ganz eigene Farbpalette und Symbolik gab es im Mittelalter auch für die Liebe. Eine mittelalterliche Lovestory hat sechs Kapitel, so Professorin Meier-Staubach: „Das beginnt mit dem Grün für den Anfang der Liebe, dann geht's zum Weiß, dass man sich Hoffnung machen kann, also Hoffnung, dann zum Rot, die brennende Liebe, die auch schon bereit ist, etwas zu erleiden. Dann das Gelb der Erfüllung der Liebe, das Blau der Beständigkeit und der Treue – wir haben's ja heute noch – und schließlich das Schwarz, das Leid in der Liebe, Trennung oder Tod."

1. Erläutere die Rolle der Kleidung im Mittelalter und insbesondere die Bedeutung ihrer Farbe.
2. Der vollständige Text schließt mit der Feststellung, dass auch heute noch Farben Botschaften senden. Nenne Beispiele, etwa aus den Bereichen Sport, Schule, Beruf.
3. „Der goldbestickte, himmelblaue Samtmantel bewies Reichtum, sein modischer Schnitt Weltkenntnis, die elegante Kombination mit zartgrauem Pelzfutter und veilchenfarbenen Strümpfen einen exquisiten Geschmack." – Überlege, wie sich heutzutage Reichtum, Weltkenntnis und exquisiter Geschmack ausdrücken.

Material 11 Politik in der Mode: Proteststoff

Katharina Pfannkuch (2017)

„Schon im alten Rom, besonders aber vom Mittelalter bis ins Barock, war bestimmte Kleidung nur bestimmten Schichten vorbehalten", sagt Uta-Christiane Bergemann, Kunsthistorikerin mit Schwerpunkt Mode und Dozentin an der Ruhr-Universität in Bochum. Kleidung habe schon lange, bevor daraus Moden entstanden, etwas über die Stellung ihrer Träger in der Gesellschaft ausgesagt. [...]

Unsere Garderobe entspringt nicht selten einem Mix aus Politik und Pragmatik: „Vor der Französischen Revolution waren für Männer Kniebundhosen üblich, nur Matrosen trugen als Arbeitskleidung auf den Schiffen lange Hosen", so Bergemann. Dann übernahmen die Revolutionäre lange Hosen, um sich damit vom Adel abzusetzen – die „Sansculottes", also Hosen ohne Kniebund, wurden zum politischen Symbol. Später habe das gehobene Bürgertum entdeckt, dass lange Hosen gar nicht so unpraktisch sind, und sie fortan ganz ohne politische Hintergedanken getragen.

Bei langen Hosen denkt heute kaum noch jemand an Umsturz und Revolution. Auch der Choker, das eng anliegende Halsband, das schon in den Neunzigern so ziemlich jeden Hals zwischen Miami und Meppen schmückte und derzeit sein zweites Comeback erlebt, dürfte von seiner überwiegend jungen Fangemeinde nicht gerade als politisches Statement wahrgenommen werden.

Dabei war es genau das im späten 18. Jahrhundert: Angehörige der vom Robespierre-Regime Hingerichteten sollen damals geheime Bälle, die „bals des victimes", veranstaltet haben. Bei diesen Anlässen trugen junge Frauen rote Bänder um den Hals, um an die Opfer der Guillotine zu erinnern. Heute ist das einstige Zeichen politischer Solidarität in unzähligen Varianten für weniger als zehn Euro zu haben.

Sogar Socken können zum Politikum werden. Unter dem kommunistischen Regime in Polen imitierten Jugendliche den amerikanisch-westlichen Kleidungsstil. Zu dem gehörten neben Jeans und Lederjacken auch bunt gestreifte Socken. Das Regime sah darin offene Kritik: „Jedes Detail modischer Kleidung, durch das man die Zugehörigkeit Polens zu Europa betonte, diente als eine Waffe gegen die vorgeschriebene Sowjetisierung", schrieb Anna Pelka 2014 in einem Aufsatz für die Bundeszentrale für politische Bildung. […]

Dass gerade in Jugendmoden mehr als nur Trotz gegen Konventionen stecken kann, zeigt auch das Beispiel der Schlaghose. In den Siebzigern trugen die Hippies die ursprüngliche Arbeitshose von Cowboys und Handwerkern, um Solidarität mit der Arbeiterschicht und den Bruch mit dem Establishment auszudrücken.

Das bedruckte T-Shirt bleibt jedoch die deutlichste textile Protestnote. Hier wird auf den ersten Blick klar, wofür jemand steht. „Das ist aber keineswegs ein neues Phänomen", betont Bergemann: Die britische Designerin Vivienne Westwood etwa beziehe schon seit Jahren immer wieder auf und mit T-Shirts Position. Für die Umwelt, für den Frieden, für Julian Assange, gegen verschärfte Anti-Terror-Gesetze – was immer Westwood gerade notwendig erschien.

1. Mode als Aufbegehren gegen Konventionen – Mode als Zeichen von politischem Protest: Erkläre den Unterschied.
2. Diskutiert, ob – und wenn, ja welche – Kleidung heute noch „Proteststoff" sein kann.

Material 12 Faserland *Christian Kracht (1995)*

EINS

Also, es fängt damit an, dass ich bei Fisch-Gosch in List auf Sylt stehe und ein Jever aus der Flasche trinke. Fisch-Gosch, das ist eine Fischbude, die deswegen so berühmt ist, weil sie die nördlichste Fischbude Deutschlands ist. Am obersten Zipfel von Sylt steht sie, direkt am Meer, und man denkt, da käme jetzt eine Grenze, aber in Wirklichkeit ist da bloß eine Fischbude.

Also, ich stehe da bei Gosch und trinke ein Jever. Weil es ein bisschen kalt ist und Westwind weht, trage ich eine Barbourjacke mit Innenfutter. Ich esse inzwischen die zweite Portion Scampis mit Knoblauchsoße, obwohl mir nach der ersten schon schlecht war. Der Himmel ist blau. Ab und zu schiebt sich eine dicke Wolke vor die Sonne. Vorhin hab ich Karin wiedergetroffen. Wir kennen uns noch aus Salem, obwohl wir damals nicht miteinander geredet haben, und ich hab sie ein paar Mal im Traxx in Hamburg gesehen und im P1 in München.

Karin sieht eigentlich ganz gut aus, mit ihrem blonden Pagenkopf. Bisschen zu viel Gold an den Fingern für meinen Geschmack. Obwohl, so wie sie lacht, wie sie das Haar aus dem Nacken wirft und sich leicht nach hinten lehnt, ist sie sicher gut im Bett. Außerdem hat sie mindestens schon zwei Gläser Chablis getrunken. Karin studiert BWL in München. Das erzählt sie wenigstens. Genau kann man so was ja nicht wissen. Sie trägt auch eine Barbourjacke, allerdings eine blaue. Eben, als wir über Barbourjacken sprachen, hat sie gesagt, sie wolle sich keine grüne kaufen, weil die blauen schöner aussehen, wenn sie abgewetzt sind. Das glaube ich aber nicht. Meine grüne Barbour gefällt mir besser. Abgewetzte Barbourjacken, das führt zu nichts. Das erkläre ich später, was ich damit meine.

Karin ist mit dem dunkelblauen S-Klasse-Mercedes ihres Bruders hier, der in Frankfurt Warentermingeschäfte macht. Sie erzählt, dass der Mercedes ganz gut ist, weil der wahnsinnig schnell fährt und ein Telefon hat. Ich sage ihr, dass ich Mercedes aus Prinzip nicht gut finde. Dann sagt sie, dass es sicher heute Abend regnen wird, und ich sage ihr: Nein, ganz bestimmt nicht. Ich stochere mit der Gabel in den Scampis herum. Ich mag die nicht mehr aufessen. Karin hat ziemlich blaue Augen. Ob das gefärbte Kontaktlinsen sind?

Jetzt erzählt sie von Gaultier und dass der nichts mehr auf die Reihe kriegt, designmäßig, und dass sie Christian Lacroix viel besser findet, weil der so unglaubliche Farben verwendet oder so ähnlich. Ich höre nicht genau zu.

Andauernd ruft jemand von Gosch über das Mikrofon irgendwelche bestellten Muschelgerichte aus und das lenkt mich immer wieder ab, weil ich mir vorstelle, dass eine der Muscheln verseucht ist und heute Nacht irgendein chablistrinkender Prolet ganz schlimme Bauchschmerzen kriegt und ins Krankenhaus gebracht werden muss mit Verdacht auf Salmonellen oder irgend so was. Ich muss grinsen, wie ich mir das vorstelle, und Karin denkt, ich grinse über den Witz, den sie gerade erzählt hat, und grinst zurück, obwohl ich, wie gesagt, gar nicht zugehört hab.

Karin und der Ich-Erzähler fahren an die Küste zu einem Nacktbadestrand.

Die Sonne fängt an, vom Himmel zu stechen, und mir wird heiß und Karin offenbar auch, weil sie ihren Barbour auszieht und ihren Pullover auch. Der Pullover ist wirklich hübsch. Darunter trägt sie nur einen Body [...].

Ich ziehe mir auch die Barbourjacke aus und das Jackett und kremple die Hemdsärmel hoch. Gut, dass ich die Sonnenbrille dabeihab, denke ich. Der Seewind wirbelt meine zurückgegelten Haare nach vorne. Ich habe nämlich vorne ziemlich lange hellbraune Haare, und wenn ich mir sie runterziehe, dann gehen sie mir übers Kinn. In dem Moment fällt mir ein, dass ich in der Innentasche der Barbourjacke noch ein bisschen Haargel haben muss, und ich überlege, wann ich das Zeug benutzen könnte, ohne dass es gleich peinlich aussieht.

1. Formuliere für den Ich-Erzähler und für Karin jeweils zwei bis drei Denkblasen, in denen sie ihr Verhalten und ihre Einstellung gegenüber ihren Mitmenschen kommentieren.
2. Beschreibe das äußere Erscheinungsbild des Ich-Erzählers und seiner Bekannten.
3. In dem Text wird die Mode der 1990er-Jahre beschrieben. Aktualisiere ihn mit Blick auf heutige Mode.

Materialgestützt einen Kommentar verfassen

Materialgestützt einen Kommentar verfassen	Beispiele
1. Schritt: Kläre die Schreibaufgabe: – Wie lautet die **strittige Frage**? – Welche **Textsorte** wird verlangt? – Aus welchem **Anlass** soll der Text verfasst werden? – Wer sind die **Adressatinnen/Adressaten** deines Textes?	***Aufgabe:*** *Sollen Polizisten und Richter ihre Tätowierungen im Dienst verdecken? Verfasse einen Zeitungskommentar anlässlich eines neuen Gesetzes.* → ***Thema:*** *Tätowierung von Polizisten …,* ***Textsorte:*** *Kommentar,* ***Anlass:*** *Gesetzesänderung,* ***Adressatenkreis:*** *politisch Interessierte …*
2. Schritt: Lege eine Stoffsammlung an und werte die Materialien aus: **Werte** verschiedene Materialien aus und lege eine **Stoffsammlung** an. Halte beim Sichten fest, welche Aspekte das Thema hat. Sortiere nach Oberbegriffen.	***Tätowierungen als:*** *Ausdruck von Individualität, Körperkunst, Zeichen von Gruppenzugehörigkeit, sozialer Abgrenzung, Modetrend* ***Probleme:*** *diskriminierende Motive, Gesundheitsgefährdung, negatives Image, Kosten bei Beseitigung der Tattoos*
3. Schritt: Entscheide dich für einen Standpunkt und plane deinen Text: – Entscheide, welche **Position** zur strittigen Frage du vertreten möchtest. – **Markiere** in deiner Stoffsammlung Informationen, Argumente und Beispiele, die du verwenden möchtest. – **Notiere** stichwortartig die Reihenfolge der Argumente, nach Aspekten geordnet. – **Ergänze** Beispiele und Erläuterungen.	***Standpunkt:*** *Sichtbare Tätowierungen sollten kein Hindernis für die berufliche Karriere sein.* ***Argumente/Beispiele:*** *1. Tätowierungen bereits „gesellschaftsfähig"* *2. Liberalisierungen im beruflichen Bereich, v. a. auch in Berufen mit Vorbildfunktion …* *3. Verbote nur bei Diskriminierung oder Verstoß gegen das Grundgesetz …*
4. Schritt: Verfasse deinen Text: **Verwende sprachliche Mittel (→ S. 46, 343):** – pointierte (zugespitzte) Formulierungen – Wertungen – rhetorische Fragen – Ellipsen (unvollständige Sätze) – Aufzählungen (wirkungsvoll: Steigerung) – parallele Satzkonstruktionen – Übertreibungen – Ironie – Metaphern, Vergleiche Formuliere eine packende **Überschrift**.	 *Man klebt keinen Sticker auf einen Bentley.* *dilettantisches, unbeholfenes Gekritzel* *Wer steht denn nun für Recht und Ordnung?* *So weit, so gut.* *Vollbart, Veganer, Visionär* *Heute ist es das Tattoo, morgen sind es …* *Tattoos, wo man auch hinschaut!* *Tattoo, tattaa, die Polizei ist da!* *Der Körper wird zum lebenden Poesiealbum.* *Körperkunst oder Körperverletzung?*

3 Nur ein Streit um Wörter?

Eine textgebundene Erörterung schreiben

Ehrenfrau/Ehrenmann (Jugendwort des Jahres 2018)

Der Berliner Polizeikommissar Jeremy Jahn begründete in einem Interview mit dem rbb (Rundfunk Berlin-Brandenburg) die Jury-Entscheidung:

rbb: „Ehrenmann" und „Ehrenfrau" lautet das Jugendwort des Jahres[1]. Sonst braucht man für das Jugendwort oft eine Übersetzungshilfe, hier sieht es so aus, als würde das einfach bedeuten: Du bist in Ordnung. Stimmt das so?

Jeremy Jahn: Ja, du bist in Ordnung; du hast was Schönes für mich gemacht, vielen Dank – in diesem Zusammenhang könnte man das sagen. [...] Die Argumente waren, dass es ein stark verbreitetes Wort ist, das auch wirklich benutzt wird. Daran gab es in den letzten Jahren auch Kritik: Warum wurde dieses und jenes Wort gewählt, wenn es keiner benutzt? In diesem Jahr wurde ein Wort ausgezeichnet, das unserer Ansicht nach in ganz Deutschland auch wirklich verbreitet ist.

1 Die Wahl zum Jugendwort des Jahres wurde von einem Verlag ins Leben gerufen und soll den Wandel der Jugendsprache zeigen. In der Jury sitzen auch Jugendliche.

1. Lest die Texte auf dieser Doppelseite. Diskutiert dann in der Klasse: Ist die Wahl eines „Unwortes" und eines „Jugendwortes" sinnvoll?
2. Schlage ein „Unwort" und ein „Jugendwort" für dieses Jahr vor. Begründe deine Wahl.
3. Jedes Jahr wählt eine Jury aus den Bereichen Sprachwissenschaft und Journalismus ein „Unwort des Jahres" aus eingesandten Vorschlägen. Gib in eigenen Worten wieder, was die Jury bewogen hat, das Wort „Lügenpresse" für das Jahr 2014 zu wählen.

Lügenpresse (Unwort des Jahres 2014) *Nina Janich*

Das Wort „Lügenpresse“ war bereits im Ersten Weltkrieg ein zentraler Kampfbegriff und diente auch den Nationalsozialisten zur pauschalen Diffamierung[1] unabhängiger Medien. Gerade die Tatsache, dass diese sprachgeschichtliche Aufladung des Ausdrucks einem Großteil derjenigen, die ihn seit dem letzten Jahr als „besorgte Bürger“ skandieren[2] und auf Transparenten tragen, nicht bewusst sein dürfte, macht ihn zu einem besonders perfiden Mittel derjenigen, die ihn gezielt einsetzen. Dass Mediensprache eines kritischen Blicks bedarf und nicht alles, was in der Presse steht, auch wahr ist, steht außer Zweifel. Mit dem Ausdruck „Lügenpresse“ aber werden Medien pauschal diffamiert, weil sich die große Mehrheit ihrer Vertreter bemüht, der gezielt geschürten Angst vor einer vermeintlichen „Islamisierung des Abendlandes“[3] eine sachliche Darstellung gesellschaftspolitischer Themen und differenzierte Sichtweisen entgegenzusetzen.

1 diffamieren: abwerten
2 skandieren: rhythmisch und abgehackt sprechen/vortragen
3 Islamisierung des Abendlandes: politischer Kampfbegriff der rechtspopulistischen Organisation Pegida (Patriotische Europäer gegen die Islamisierung des Abendlandes)

In diesem Kapitel …

- erschließt du Sachtexte zu einem strittigen Thema.
- arbeitest du Argumente und die Argumentationsstruktur sowie die sprachlichen Besonderheiten eines argumentativen Textes heraus.
- verfasst du eine textgebundene Erörterung.
- lernst du, wie man eine sogenannte amerikanische Debatte führt.

Texte zu einem strittigen Thema erschließen

Material 1 Wie „gender“[1] darf die Sprache werden?

Mareike Knoke (2017)

Studenten und Studentinnen, Studierende, Studentx – in den vergangenen Jahrzehnten sind zahlreiche Versuche unternommen worden, die deutsche Sprache so zu verändern, dass sich alle Menschen gleichermaßen von ihr angesprochen fühlen. Doch die Debatte ist noch längst nicht zu Ende.

Lust auf einen kleinen Selbsttest? Hier die Geschichte: Vater und Sohn sind im Auto unterwegs und werden in einen schweren Autounfall verwickelt. Der Vater stirbt noch auf dem Weg ins Krankenhaus. Der Sohn wird, kaum im Krankenhaus angekommen, in den Notfall-Operationssaal gefahren, wo schon die diensthabenden Chirurgen warten. Als sie sich jedoch über den Jungen beugen, sagt jemand vom Chirurgenteam mit erschrockener Stimme: „Ich kann nicht operieren – das ist mein Sohn.“

Legt man diesen Text Studierenden vor, wenden die häufig spontan ein: „Moment mal, der Vater ist doch tot. Wieso steht der plötzlich als Chirurg im OP? Ist der andere gar nicht sein leiblicher Vater?“ Erst im zweiten Denkschritt ist die Lösung klar: Es gibt mindestens eine Chirurgin im Team, die Mutter des Jungen. Die Sprachwissenschaftlerin Annette Trabold bezeichnet das oben beschriebene Phänomen als prototypisches[2] Denken: „Bilder entstehen vor unserem inneren Auge: Hören wir ‚Chirurgen‘, denken wir oft zunächst an Männer, an ‚Onkel Doktor‘. ‚Arzt‘ als Berufsbezeichnung ist zwar hier nur das sogenannte generische Maskulinum, in diesem Fall aber auch Sexus[3], weil damit automatisch ein Mann verknüpft wird.“

Der Begriff des generischen Maskulinums bezeichnet die Verwendung eines maskulinen Substantivs oder Pronomens, wenn das Geschlecht der betreffenden Person unbekannt oder unwichtig ist oder wenn Männer und Frauen gleichermaßen gemeint sind. Umgekehrt gibt es auch das generische Femininum. Es begegnet uns häufiger bei Bezeichnungen für Tiere (zum Beispiel „die Spinne“ oder „die Katze“), im Bezug auf Menschen aber nur selten.

Spätestens seit den 1970er- und 1980er-Jahren stellt die feministische Linguistik[4] die gängige Praxis infrage: Warum eigentlich, so fragten sich

1 Gender: Geschlechtsidentität des Menschen als soziale Kategorie, im Gegensatz zum biologischen Geschlecht (Sex)
2 prototypisch: für eine bestimmte gesellschaftliche Gruppe typisch
3 der Sexus: natürliches Geschlecht (im Unterschied zum grammatischen Geschlecht, dem Genus)
4 die Linguistik: Sprachwissenschaft

Sprachforscherinnen und Medienschaffende, soll das generische Maskulinum als in Stein gemeißelt betrachtet werden?

Warum sprechen wir, wenn von einer Berufsgruppe die Rede ist, von „den Ärzten", „den Lehrern" oder „den Ingenieuren", obwohl es meist um Menschen beiderlei Geschlechts geht und doch auch die bekannten weiblichen Formen mit der Erweiterung „-in" zur Verfügung stehen? [...]

Susanne Günthner, Germanistin und Sprachwissenschaftlerin an der Universität Münster, spricht von einer „kodierten Asymmetrie" bei Personenbezeichnungen in der deutschen Sprache: „Die männliche Form markiert ‚Männer als Norm', die weibliche Form kodiert ‚Frauen als Abweichung' durch das an die unmarkierte (männliche) Form angehängte ‚-in' ". [...]

Susanne Günthner zieht den Vergleich zur englischen Sprache: Im Englischen verwende man zwar die für beide Geschlechter geltenden Begriffe wie „teacher" oder „doctor", eine genauere weibliche Form sei jedoch in den meisten Fällen nicht notwendig. „Denn im Englischen kann man problemlos nach ‚teacher' eine ‚she' oder ein ‚he' folgen lassen und somit die Frage nach dem Geschlecht sofort beantworten. Im Deutschen ist dies kaum möglich: Auf ‚der Arzt', würde man nicht ‚sie' folgen lassen – das wäre grammatikalisch falsch." [...]

In Deutschland haben Sprachwissenschaftler, Journalisten und Verwaltungen [...] verschiedene [...] Wege ersonnen, Gendergerechtigkeit herzustellen. Während jedoch sprachliche Abwandlungen wie „Doktormutter", „Begleitprogramm" statt „Damenprogramm", „Team" statt „Mannschaft" heute selbstverständlich sind, suchen Experten für die gendergerechte Ansprache von Personen und Personengruppen nach wie vor nach der perfekten Lösung.

Dem Journalisten Christoph Busch wird die erstmalige Verwendung des großen Binnen-„I“ (JournalistInnen, LeserInnen) zugeschrieben. Das war 1981, in Buschs Buch über freie Radios. Mitte der 1980er-Jahre fingen auch die Redakteure der Tageszeitung „taz“ an, es zu benutzen. Etliche tun es immer noch.

Damals sorgte das große „I“ für eine regelrechte Kontroverse, heute regt sich kaum noch jemand darüber auf. Dennoch bleiben die deutsche Sprache und Vorschläge zur Modifizierung und Modernisierung ein Minenfeld. Mittlerweile sorgen Gendersternchen (Bürger*innen), Unterstriche (Leser_innen), die konsequente Benutzung nur der weiblichen Form auf Formularen, das „Durchgendern“ unter Nennung der weiblichen wie der männlichen Form (Arbeitnehmerinnen und Arbeitnehmer) oder gar der komplette Verzicht auf eine Geschlechterzuweisung, indem man die Endung durch ein „x“ ersetzt (Professx) für Diskussionsstoff. [...]

Eine weitere Variante sind die substantivierten Partizipien wie „Studierende“, „Lehrende“, „Mitarbeitende“, deren Verwendung sich durchgesetzt hat, wenn man eine genaue Geschlechterzuweisung ganz vermeiden möchte. Für Peter Eisenberg, Linguist und emeritierter[5] Professor der Universität Potsdam, ist diese Lösung nicht nur inakzeptabel, sondern auch falsch. „Wenn wir das Prinzip verwenden, drücken wir damit aus, dass die betreffende Person gerade dabei ist, etwas zu tun. Studierende, Lehrende, Mitarbeitende oder – ganz schlimmes Beispiel – ‚Lkw-Fahrende‘ sind nicht permanent dabei, zu lehren, zu studieren, mitzuarbeiten oder Lkw zu fahren.“ [...] Ebenso furchtbar findet es Eisenberg, deutsches Liedgut zu gendern und etwa dem unverwüstlichen „Abendlied“ von Matthias Claudius („Der Mond ist aufgegangen“) neben den „Brüdern“, die sich niederlegen, auch noch „Schwestern“ dazuzudichten und weitere Liedzeilen um der Gendergerechtigkeit willen zu ändern. So geschehen beim Deutschen Kirchentag Ende Mai 2017. [...] Peter Eisenberg begründet seine Kritik: „Diese Dichtung von Matthias Claudius ist ein Kulturgut. Der Text des Liedes steht auch für die Zeit, in der es entstanden ist. Oder stellen Sie sich eine gegenderte Bibel vor; das ist einfach absurd.“ Ebenso abwegig findet Eisenberg den Gedanken, auch anderen Werken der Weltliteratur – von Goethe, Schiller oder Thomas Mann – solche Textänderungen aufzuzwingen. „Diese Texte sind auch in einem historischen Kontext zu betrachten, und der darf nicht verfälscht werden.“

5 emeritiert: altersbedingt von beruflichen Pflichten (*hier:* eines Professors) befreit, jedoch noch zu Forschungs- und Lehrtätigkeit berechtigt

Material 2 Grüne wollen den Gender-* ganz groß rausbringen *Annett Meiritz (2015)*

Egal, bei welchem Thema, das Sternchen ist überall. Die Grünen loben die Helfer*innen in der Flüchtlingskrise und wollen die Bürger*innengesellschaft stärken. [...]

Doch warum die Festlegung auf den Gender-Star? Schließlich ist das Sternchen nicht die einzige Möglichkeit, geschlechtssensibel zu formulieren – hier ein unvollständiger Blitz-Überblick:

Binnen-I: StudentInnen, Unterstrich oder Gender-Gap: Student_Innen, neutrale Form: Studierende, Gender-Sternchen: Student*innen.

„In der Vergangenheit haben wir auf Landes- und Bundesebene mit verschiedenen Varianten experimentiert", sagt Vorstandsmitglied Gesine Agena, die die Pro-Sternchen-Satzungsänderung federführend entwickelt hat. „Mal wurde das Binnen-I eingesetzt, mal das Sternchen, mal der Unterstrich. Oft kursierten in diesem Zusammenhang zahlreiche Änderungswünsche, die mal die eine, mal die andere Variante bevorzugten. Das kostete Nerven und Papier."

Mit dem Einsatz des Gender-Stars im Regelfall strebe man nun „ein einheitliches Gendern an", erklärt die frauenpolitische Sprecherin der Grünen. „Wir halten den Gender-Star für geeignet, weil er das gesamte Spektrum von Geschlechtern und Identitäten berücksichtigt." [...]

Die Grünen verwenden seit Jahren geschlechtergerechte Schreibweisen in Anträgen, Beschlüssen und Wahlprogrammen. Inzwischen kommt kaum eine Landesregierung, Behörde oder Universität ohne Empfehlungen zur geschlechtergerechten Formulierung aus. Auch die Bundesregierung hat entsprechende Leitlinien. Allerdings gibt es große Unterschiede, inwiefern die Empfehlungen umgesetzt werden. [...]

Nun soll das Sternchen also seinen endgültigen Durchbruch bekommen. „Um sicherzustellen, dass alle Menschen gleichermaßen genannt und dadurch mitgedacht werden, wird in unseren Beschlüssen ab jetzt der Gender-Star benutzt", begründet der Bundesvorstand seinen Vorstoß. „Transsexuelle[1], transgender[2] und intersexuelle[3] Personen werden so nicht mehr unsichtbar gemacht und diskriminiert."

1 Transsexuelle Menschen fühlen sich dem entgegengesetzten Geschlecht zugehörig, häufig verbunden mit dem Wunsch nach Geschlechtsumwandlung.

2 Transgender: Menschen, deren Geschlechterrolle oder Geschlechtsidentität nicht mit der übereinstimmt, die ihnen anhand ihrer körperlichen Geschlechtsmerkmale gesellschaftlich zugewiesen wird

3 Intersexuelle Menschen weisen genetisch und/oder anatomisch männliche und weibliche Geschlechtsmerkmale auf.

Im aktuellen Antragsbuch der Grünen führt das allerdings zu Wortkonstruktionen wie Beobachter*innenmission der OSZE[4] oder Telekommunikationsanbieter*innen. Kann man es also auch übertreiben mit der Geschlechtersensibilität?

Grünen-Politikerin Agena hält dagegen, sie sieht im Gendern ein politisches Statement für Geschlechtergerechtigkeit. „Sprache beeinflusst das Denken. Wer immer nur von Ärzten, Politikern etc. redet, erzeugt Bilder von erfolgreichen Männern, während Frauen und alle anderen Geschlechter ausgeschlossen sind."

4 OSZE: Organisation für Sicherheit und Zusammenarbeit in Europa

1 Fasse den Inhalt des ersten Textes (→ S. 62 ff.) zusammen. Übertrage dazu die Tabelle in dein Heft und gehe in drei Schritten vor:
- Unterteile den Text in drei Sinnabschnitte. → Spalte 1
- Gib den Inhalt jedes Abschnitts genau wieder. → Spalte 2
  Hinweis: Wenn du im Zusammenfassen geübt bist, wirst du diesen Schritt nur noch als gedanklichen Zwischenschritt benötigen.
- Verknappe die Inhalte jedes Abschnitts auf zwei treffende Sätze. → Spalte 3

Material 1: Wie „gender" darf die Sprache werden?

Textgliederung	Inhalt jedes Abschnitts (genau)	Knappe Zusammenfassung
Abschnitt 1 (Z. 1–29)	*Legt man Studierenden einen Text vor, in dem nur das generische Maskulinum verwendet wird, setzen sie dieses oft mit dem Sexus gleich: Sie verbinden mit der Bezeichnung „Arzt" gedanklich einen Mann, obwohl es im Text um eine Frau geht. Das generische Maskulinum wird verwendet, wenn ... Es gibt auch das generische Femininum, das jedoch nur selten in Bezug auf Menschen verwendet wird.*	*Der Gebrauch des generischen Maskulinums führt in der Regel dazu, dass durch prototypisches Denken mit der Bezeichnung eine männliche Person verknüpft wird.*
Abschnitt 2 (Z. ...–...)	...	...
...	...	...

2 Verfahre entsprechend mit dem zweiten Text (→ S. 65 f.).
Tipps & Hilfen (→ S. 308)

3 Wie beurteilst du das Bemühen, geschlechtergerecht zu formulieren? Nimm kurz Stellung.

Zentrale Aussagen eines Textes erarbeiten

Material 3 Liebe Leser, das folgende Interview ist auch für Frauen gedacht *Interview von Violetta Simon (2018)*

Eine Kundin will die Sparkasse Saarbrücken per Gerichtsurteil dazu verpflichten, sie in Formularen nicht als „Kunden“ und „Kontoinhaber“ anzusprechen, sondern als Kundin und Kontoinhaberin. Als Mann hat Anatol Stefanowitsch kein Problem mit dem generischen Maskulinum[1]. Als Sprachwissenschaftler schon: „Ich bin ja immer gemeint. Aber woher sollen die Frauen das wissen?“, sagt der Professor für Linguistik, der an der Freien Universität Berlin lehrt. Ein Gespräch über ein Problem, das erst existiert, seit Frauen gleichberechtigt sind.

Viele Frauen – aktuelles Beispiel: die 80-jährige Sparkassenkundin Marlies Krämer – fühlen sich durch die Verwendung der ausschließlich männlichen Form übergangen. Halten Sie die Debatte für angebracht?

Anatol Stefanowitsch: Auf jeden Fall. Ich habe mich sehr gewundert, dass es noch Organisationen wie diese Sparkasse gibt, die es bis zum Gerichtsverfahren kommen lassen. Als sei die Debatte an ihnen vorbeigegangen. Natürlich kann man davon ausgehen, dass die Kundin das versteht und weiß, wie die Anrede gemeint ist – diese Sichtweise hat sich schließlich seit dem 19. Jahrhundert eingebürgert. Dennoch ist die Klage berechtigt und die Debatte angebracht: Warum sollen sich nur die Frauen „mitgemeint“ fühlen?

Befürworter berufen sich auf das Argument, das generische Maskulinum sei eine seit 2000 Jahren historisch gewachsene Form.

Anatol Stefanowitsch: Von wegen. Lange existierte gar keine feminine Form, die von einer männlichen abgeleitet werden konnte. Bis dahin wurden meist wirklich nur Männer angesprochen, etwa bei Wahlen. Als dann auch Frauen wählen durften, hieß es: Also gut, ab jetzt sind sie mit „Wähler“ auch gemeint. Insofern ist diese vermeintliche Tradition – und damit die Verlegenheit, das Problem lösen zu müssen – erst entstanden, als Frauen mehr Rechte erhielten. Nicht das generische Maskulinum ist 2000 Jahre alt, sondern das Patriarchat.

1 Vom generischen Maskulinum spricht man, wenn eine grammatisch männliche Bezeichnung verallgemeinernd beispielsweise auch für gemischtgeschlechtliche Gruppen verwendet wird.

Aber ist Veränderung der Sprache nicht auch ein Teil der Geschichte?

Anatol Stefanowitsch: Sicher, und es ist auch irrelevant, wie lange eine Regel bereits existiert. Früher haben wir alles Mögliche getan, von dem wir mittlerweile erkannt haben, dass es falsch ist – oder diskriminierend. Deshalb sind rassistische oder behindertenfeindliche Wörter aus dem Alltag verschwunden. Oft hört man in dem Zusammenhang: „Das haben wir damals nicht böse gemeint, das hat man eben so gesagt." Das war aber nur möglich, weil man davon ausging, dass die Meinung dieser Gruppe nicht zählt.

Zum Beispiel gibt es im deutschen Wortschatz noch immer rein weiblich besetzte Ausdrücke wie Schlampe, Nymphomanin, Zicke, Bitch, Schreckschraube. Höchste Zeit, den gesellschaftlichen Wandel auch sprachlich zu manifestieren, oder?

Anatol Stefanowitsch: Ich glaube, das passiert bereits. In den Siebzigern war das generische Maskulinum ja noch relativ normal. Selbst 2005 nach der Wahl von Angela Merkel hat man sich gefragt, ob man sie nicht lieber weiterhin „Kanzler" nennen sollte. Inzwischen kommt uns der Ausdruck Kanzlerin normal vor. Solche Konflikte sind Rückzugsgefechte bislang privilegierter Gruppen, die nicht mehr exklusiv angesprochen werden. Gerade junge Menschen zeigen weniger Menschenfeindlichkeit und Toleranz gegenüber Diskriminierung, bei den Grünen ist es Pflicht, alle Anträge geschlechtergerecht zu formulieren. Insofern: Ja, das muss und wird sich ändern. Je selbstverständlicher es wird, dass Menschen gleich viel wert sind, desto deutlicher.

Ein beliebtes Argument für das generische Maskulinum ist der angebliche Mehraufwand. Legitimiert der vermeintliche praktische Vorteil das Übergehen der Frauen?

Anatol Stefanowitsch: Im Zeitalter von Textverarbeitungsprogrammen kann man das kaum als ernsthaftes Argument durchgehen lassen. [...] Diese Abwehrhaltung hat ausschließlich mit Gewohnheit zu tun.

1 a) Wie beurteilt Anatol Stefanowitsch den Gebrauch des generischen Maskulinums? Fasse seine Position zusammen und führe dabei die im Interview genannten Argumente an.

b) Prüfe, ob es sich bei den Argumenten um normative Argumente, Faktenargumente oder Autoritätsargumente handelt. Begründe deine Zuordnung.

Tipps & Hilfen (→ S. 308)

2 Nimm zu Stefanowitschs Position selbst kurz schriftlich Stellung. Führe Argumente aus allen bisherigen Materialien an, die deine Position stützen.

Tipps & Hilfen (→ S. 308)

Eine textgebundene Erörterung verfassen

Du erhältst folgende Aufgabe:
Setze dich in einer textgebundenen Erörterung mit dem Sachtext „Kontra: Fußgehendenampel" auseinander. Erörtere vom Text ausgehend die Frage: Ist eine geschlechtergerechte Sprache sinnvoll?

Material 4 Kontra: Fußgehendenampel

Ruprecht Skasa-Weiß (2014)

Als Gott den Mann schuf, übte sie bloß. Der alte Sponti-Spruch[1] entzückt mich, sooft ich ihn höre. Aber darum geht's hier nicht. Es geht, wenn man (nein, frau) so will, um die sogenannte geschlechtergerechte Sprache und wie man dieselbe organisiert – und zwar bitte sehr praktikabel. Von den Feministinnen kamen da in letzter Zeit diverse Einsprüche, Anträge, Petitionen, allesamt hochberechtigt, allesamt unpraktikabel. Ob Kolleg(inn)-en, TechnikerInnen, Mitarbeiter/innen: Viel Erfolg war denen kaum beschieden.

Das Trottoir ist ein Bürgersteig sogar dann, wenn dort Damen spazieren. Entschlossene Feministinnen wollten die deutsche Gesellschaft vor dieser Verirrung bewahren, sie rieten, den Bürgersteig zu ersetzen durch eine Vokabel mit großem I mittendrin, zum Zeichen unsexistischer Neutralität beim Formulieren: BürgerInnensteig. Daraus ist nichts geworden, gottlob. Aber der Umstand, dass wir hinfort beide Geschlechter aufzählen müssen, wenn wir Wählerinnen und Wähler, Kundinnen und Kunden ansprechen wollen – diese Umständlichkeit ist uns geblieben. Natürlich sind Doppelnennungen à la „Studentinnen und Studenten" ein Witz, sie machen die Sprache nur leiernder, leerer, formelhaft ausgedroschen. Weiß jeder.

1 Spontis (von „Spontaneität der Massen"): linksgerichtete Aktivisten in der BRD der 1970er- und 1980er-Jahre

Genus und Sexus sind zwei verschiedene Dinge

Ja, jeder. Semper sexus masculinus etiam femininum sexum continet: Stets schließt das männliche Geschlecht das weibliche Geschlecht mit ein, so wusstens schon die alten Römer. Wer also formuliert: „Jede(r) kann etwas tun", tut leider etwas Überflüssiges, weil das Pronomen und Zahlwort „jeder" bereits alle einzelnen Personen einer Gesamtheit miteinschließt. Jeder, Mensch, Zuschauer, Lehrer: lauter Ausdrücke, welche die Sprachwissenschaft als generische Maskulina bezeichnet, sprich, als Wortformen mit maskulinem Genus und unbestimmtem biologischem Geschlecht. Solche Wortformen sind im Deutschen überaus häufig, und ihr Zweck ist immer derselbe: Sie sollen Personen auf eine Art und Weise benennen, die als geschlechtsneutral durchgehen kann.

„Einspruch!", rufen hier die Feministinnen, denen schier jedes generische Maskulinum als sexistisch vorkommen will, weil darin (etwa bei den Studenten) die Frauen lediglich mitgemeint seien. Wer so argumentiert, verwechselt Genus und Sexus oder setzt beide gleich, außerdem übersieht er, dass auch die Männer in der Wortform „Studenten" bloß mitgemeint sind.

Sprache kann die Realität nicht verdecken

Fazit? Die deutsche Sprache, die viel mehr „die" hat als „der" (Kunststück, man bedenke „die" Pluralformen), schneidet im europäischen Sprachenvergleich überraschend geschlechtsgerecht ab, um nicht zu sagen: gendergerecht. Im Spanischen etwa heißen die Eltern „los padres", und dies sogar dann, wenn die Eltern zwei Frauen sind. Partizipialformen, wie sie vorliegen bei den Studierenden, führen grammatisch in Sackgassen, weil sie präzis nur einen gegenwärtigen Zustand bezeichnen: Schon als in einem Weiher Schwimmende sind sie keine Studierenden mehr.

Stehen Zufußgehende bald still vor Zufußgehendenampeln? Meine liebe Schwänin, dann sehen wir aber schwarz für die Christinnenheit! Sprache dient der Verständigung, sie muss benutzbar, griffig, praktikabel sein. Die Gendersprache ist alles andere: eine Nebelkerze, deren Wörterwolken die Realität verdecken – die Realität der faktischen Ungleichbehandlung, der schlechteren Löhne, der mieseren Karriereaussichten für die Frauen. Daran ändert die Gendersprache rein gar nichts.

Der Artikel erschien am 03.10.2014 auf der Online-Seite der „Stuttgarter Zeitung".

Inhalt und Argumentationsstruktur eines Textes untersuchen und wiedergeben

1 a) Benenne die zentrale These des Textes: Fasse in einem Satz zusammen, welche Behauptung der Autor in Bezug auf geschlechtergerechte Sprache aufstellt.
b) Formuliere die Aussageabsicht des Textes. Was soll er erreichen?
Tipps & Hilfen (→ S. 309)

2 Untersuche, wie der Autor vorgeht, um seine Leserschaft zu überzeugen.
a) Notiere Stichworte zum Textaufbau, z. B.:
- *Textbeginn: Autor nimmt Bezug auf ...*
- *zitiert Beispiele für ..., beruft sich auf Unterscheidung von ...*
- *dem Einwand ... widerspricht er durch den Hinweis ...*

b) Arbeite die angeführten Argumente und Beispiele heraus, z. B.:
- *Gendergerechte Formulierungen sind umständlich (vgl. Z. 4–8), Beispiel: Feministinnen haben vorgeschlagen, den Bürgersteig ... (vgl. Z. 10–13).*
- *...*

c) Prüfe, inwiefern der Autor überzeugend argumentiert und wie schlüssig seine Argumentation ist.
Tipps & Hilfen (→ S. 309)

3 Untersuche die Rolle sprachlicher Mittel in der Argumentation des Autors.
a) Bestimme bei den markierten Formulierungen die Art des verwendeten sprachlichen Mittels. Nutze die Hinweise im Wortspeicher. Schätze jeweils ein, welche Wirkung das betreffende sprachliche Mittel haben soll.
Tipps & Hilfen (→ S. 309)

„Als Gott den Mann schuf, übte sie bloß. Der alte Sponti-Spruch entzückt mich, sooft ich ihn höre. Aber darum geht's hier nicht. Es geht, wenn man (nein, frau) so will, um die sogenannte geschlechtergerechte Sprache und wie man dieselbe organisiert – und zwar bitte sehr praktikabel. Von den Feministinnen kamen da in letzter Zeit diverse Einsprüche, Anträge, Petitionen, allesamt hochberechtigt, allesamt unpraktikabel. Ob Kolleg(inn)en, TechnikerInnen, Mitarbeiter/innen: Viel Erfolg war denen kaum beschieden. Das Trottoir ist ein Bürgersteig sogar dann, wenn dort Damen spazieren."

Witz (→ unterhalten, neugierig machen)

Ironie

Witz · Kontrastierung (Gegenüberstellung von Gegensätzen) · Ironie · wertende Ausdrücke · negativ/positiv konnotierte Wörter · Übertreibung · gehäufter Gebrauch von Fremdwörtern

b) Setze deine Textanalyse fort. Nutze wieder Wortspeicher und Textkopie.

c) Triff eine Auswahl: Welche sprachlichen Mittel sind am wirkungsvollsten mit Blick auf die Intention des Autors? Notiere sie stichpunktartig in deinem Heft.

Z. 1: Einstiegswitz → unterhalten, neugierig machen

4 In der **Einleitung** deiner textgebundenen Erörterung informierst du zunächst über den Text, auf den du dich beziehst. Wähle einen der Textanfänge aus und setze ihn in deinem Heft fort. Nutze auch die Hinweise im Merkwissen (→ S. 83).

A *In dem Text „Kontra: Fußgehendenampel" von Ruprecht Skasa-Weiß, erschienen in der Online-Ausgabe der „... Zeitung" am ..., geht es um ... Dieses Thema ...*

B *In seinem Text „Kontra: Fußgehendenampel" greift Ruprecht Skasa-Weiß ein viel diskutiertes Thema der letzten Jahre auf: ... In seinem Kommentar, erschienen in der ... am ..., thematisiert der Autor die Forderungen und Vorschläge zu ...*

5 a) Fasse für den **ersten Teil (Textanalyse)** den Textinhalt knapp zusammen, z. B.:
Tipps & Hilfen (→ S. 309)

Skasa-Weiß vertritt die Position, dass ... Zu Beginn führt er verschiedene Vorschläge zur geschlechtergerechten Sprache an ... Der feministischen Kritik, dass Frauen beim gängigen Gebrauch des generischen Maskulinums lediglich mitgemeint seien, hält der Autor entgegen ... Er rechtfertigt ... Zum Schluss ...

b) Beschreibe, wie Skasa-Weiß seine Argumentation aufbaut. Beziehe die sprachlichen Mittel ein, insofern sie für die Wirkung der Argumentation relevant sind.

- Orientiere dich dafür an folgendem Textbeispiel.
- Berücksichtige deine Ergebnisse der Aufgaben 2 und 3 (→ S. 71 f.).

Die Argumentation des Autors zeichnet sich durch zahlreiche, zum Teil absurde Beispiele aus (vgl. Z. 46 f.), an denen er seine Kritik an der „Gendersprache" (Z. 49) festmacht.	Gesamteindruck
Mit negativ konnotierten Begriffen wie „Nebelkerze" (Z. 50) oder „Verirrung" (Z. 11) und mit rhetorischen Fragen (vgl. Z. 46) distanziert er sich kritisch von der Gegenposition. Mit dem lateinischen Zitat zur sprachwissenschaftlichen Unterscheidung von Genus und Sexus (vgl. Z. 20) und mit fremdsprachlichen Fachbegriffen (vgl. Z. 6, 26) verweist er auf sein Fachwissen. ...	für die Argumentation wichtige sprachliche Mittel (z. B. Zuspitzung, Kontrast, negativ konnotierte Begriffe) und deren Funktion/Wirkung

Zu den Argumenten eines Textes Stellung nehmen

1 Der Schwerpunkt deines Aufsatzes soll im **zweiten Teil (Erörterung)** liegen. Formuliere hier deine Meinung zu den vom Autor angeführten Argumenten.

- Du kannst den folgenden Textanfang sowie die Formulierungshilfen nutzen.
- Berücksichtige Argumente zum Thema, die du aus den bisher erarbeiteten Materialien abgeleitet hast (vgl. S. 68, Aufgabe 2).

Der Autor ist der Meinung, Doppelnennungen wie beispielsweise „Studentinnen und Studenten" seien „ein Witz" und machten die Sprache „nur leiernder, leerer, formelhaft ausgedroschen" (Z. 18). Denn das generische Maskulinum würde Frauen doch bereits miteinschließen (vgl. Z. 19 ff.).	Wiedergabe des Arguments im Text mit direkten und indirekten Zitaten
Dem ist teilweise zuzustimmen, denn tatsächlich müssten sich bei dem Wort „Studenten" – rein grammatisch betrachtet – auch Frauen mit angesprochen fühlen.	teilweise Zustimmung Begründung
Allerdings ist es so, dass sich viele Frauen bei der ausschließlichen Verwendung des generischen Maskulinums ausgeschlossen fühlen. Darauf weist z. B. Anatol Stefanowitsch hin (vgl. M3). Der Sprachwissenschaftler ...	Widerspruch Begründung, Belege

Im Text vertritt Skasa-Weiß die Ansicht …, weil … •
Dem ist einerseits zuzustimmen, denn … Andererseits … •
Das vom Autor vorgebrachte Argument … ist gut nachvollziehbar, da … •
Der Autor ist der Meinung, …, weil … Dem ist entschieden zu widersprechen, da … •
Das Argument des Autors, …, ist (gut/nicht/…) nachvollziehbar, denn … •
Skasa-Weiß ist der Meinung, …, da … • Das stimmt, denn … •
Natürlich kritisiert der Autor teilweise zu Recht, dass …
Allerdings …

2 Bringe zum **Schluss** deiner textgebundenen Erörterung deine eigene Position und deine wichtigsten Argumente zusammenfassend auf den Punkt. Du kannst dabei auch auf verwandte Themen eingehen oder einen Ausblick geben. Hier sind einige Anregungen:

Verwandte Themen:
- *Wie bei jeder Neuerung im Sprachgebrauch, etwa den vielen Anglizismen, ...*
- *Wie so oft bei Interessenkonflikten unterschiedlicher Gruppen ...*

Ausblick:
- *Vermutlich wird künftig/bald/demnächst ...*
- *Es bleibt zu hoffen, dass ...*

Sich mit der Argumentation eines Textes auseinandersetzen

1 Im Folgenden wird auf unterschiedliche Weise Bezug auf die Argumente eines Textes genommen. Verbessere die markierten Formulierungen (→ Wortspeicher, S. 75).
Tipps & Hilfen (→ S. 309)

A **Zustimmung** zu einem Argument:

Der Autor ist der Meinung, die feministische Kritik am generischen Maskulinum sei unhaltbar, weil auch Männer grundsätzlich damit nur mitgemeint seien (vgl. Z. 34 ff.). Na klar! Denn ...

B **Teilweise Zustimmung** zu einem Argument:

Ruprecht Skasa-Weiß ist der Ansicht, das Aufzählen beider Geschlechter sei umständlich (vgl. Z. 14 ff.). Das ist zu platt gesagt. Zwar ... Aber ...

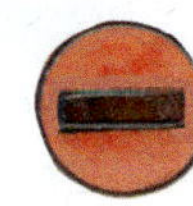

C **Widerspruch** gegen ein Argument:

Der Autor ist der Meinung, die feministische Kritik am generischen Maskulinum sei unhaltbar, weil auch Männer grundsätzlich damit nur mitgemeint seien (vgl. Z. 34 f.). Quatsch! Denn ...

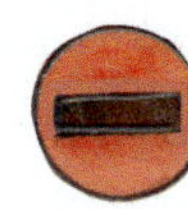

2 a) Arbeite heraus, wie hier eine **Zustimmung** zu einem Argument formuliert und **mit einer inhaltlichen Ergänzung** versehen wird.

Ruprecht Skasa-Weiß hat recht mit der Ansicht, die Doppelnennungen machten die Sprache „leiernder, leerer, formelhaft ausgedroschen" (Z. 18). Hinzu kommt, dass bei der ständigen Wiederholung etwa von „Bürgerinnen und Bürger" bei Reden oft ein Teil der Worte verschluckt wird, sodass es leiernd wirkt.

b) Wähle ein weiteres Argument aus dem Kommentar von Skasa-Weiß und formuliere eine Zustimmung mit einer inhaltlichen Ergänzung.

3 a) Arbeite heraus, wie hier ein **Widerspruch** formuliert, begründet und mit einem Beispiel gestützt wird.

Skasa-Weiß lehnt den Gebrauch von Partizipialformen im Rahmen einer gendergerechten Sprache ab, da sie nur einen gegenwärtigen Zustand bezeichnen würden (vgl. Z. 42 ff.). Das Argument überzeugt nicht, da die Verwendung doch immer in einem Kontext erfolgt. Ein Satz wie: „Studierende haben es schwer, eine bezahlbare Wohnung zu finden", wird daher kaum zu Verwirrung oder Missverständnissen führen.

b) Wähle ein weiteres Argument aus dem Text und formuliere einen Widerspruch mit Begründung und unterstützendem Beispiel.

4 Bei einer textgebundenen Erörterung verknüpft man die im Text genannten Argumente mit den eigenen.

a) Beschreibe, wie diese Verknüpfung beim folgenden Beispiel sprachlich erfolgt:

In seinem Text betont Skasa-Weiß an mehreren Stellen, wie überflüssig eine gendergerechte Sprache sei. Aus seiner Sicht schließt das generische Maskulinum von jeher beide biologischen Geschlechter ein, sodass alle sprachlichen Bemühungen zur Herstellung von Gendergerechtigkeit unnötig seien (vgl. Z. 22–36). Dem ist entschieden zu widersprechen, da mit dem generischen Maskulinum lange Zeit nur Männer angesprochen wurden. Erst als Frauen immer mehr Mitbestimmungsrechte (z. B. das Wahlrecht) bekamen, wurde die gängige sprachliche Praxis infrage gestellt. Deswegen ist es wichtig, dass ...

b) Wähle ein weiteres Argument aus dem Text und verknüpfe es mit einem eigenen Argument zum Thema.
Orientiere dich an den Formulierungen aus dem Beispiel oben.

Info: Argumente aufgreifen, verstärken oder entkräften und zu einem Argument eine inhaltliche Ergänzung formulieren

Mit diesen Formulierungen kannst du …

Argumente aufgreifen:
Die Autorin / Der Autor ist der Ansicht, …, weil …
In ihrem/seinem Text hebt sie/er hervor, dass … Hierbei führt sie/er … an, dass …

Argumente verstärken:
Es stimmt, dass … Besonders wichtig ist/erscheint … Entscheidend ist …
Befürworter/Gegner weisen zu Recht auf … hin.

Argumente entkräften:
Obwohl … der Ansicht ist/sind, dass … Viele meinen zwar, dass … Aber …
Es ist zwar nachvollziehbar, dass …, aber viel entscheidender ist, dass …

Argumente mit einer inhaltlichen Ergänzung formulieren:
Tatsächlich stimmt es, dass … Noch wichtiger ist aber …
Das kann man nur unterstreichen. Hinzu kommt jedoch …
Die Autorin / Der Autor spricht einen wichtigen Punkt an. Hierbei muss ergänzt werden, dass …

Eine amerikanische Debatte führen

Eine amerikanische Debatte vorbereiten

Die „amerikanische Debatte" ist eine Form der Pro-Kontra-Diskussion, bei der man übt, gezielt und kontrolliert Argumente auszutauschen.

1 a) Wählt eines der folgenden Themen für eine Debatte in der Klasse.
- Sollte bei euch an der Schule gendergerecht formuliert werden (z. B. auf Arbeitsblättern, in offiziellen Briefen, auf der Schulhomepage)?
- Sollte Musik mit diskriminierender und sexistischer Sprache verboten werden?
- An der Universität Leipzig wurde 2011 entschieden, für Männer und Frauen nur noch die weibliche Form zu verwenden. Männer wurden dann z. B. mit „Herr Professorin" angesprochen. Sollte dies für alle Universitäten gelten?.

b) Bildet in der Klasse eine Gruppe, die sich dafür ausspricht (Pro-Gruppe), und eine, die die Gegenposition vertritt (Kontra-Gruppe). Sammelt in euren Gruppen stichhaltige Argumente für euren Standpunkt. Recherchiert bei Bedarf zusätzlich im Internet (→ Orientierungswissen: Internetrecherche, S. 359).

2 a) Bildet gemischte Paare: Je ein Mitglied der Pro-Gruppe (A) setzt sich einem Mitglied der Kontra-Gruppe (B) gegenüber.

b) A trägt ein Argument zur Debattierfrage vor. Das Gegenüber (B) formuliert das Gehörte mit eigenen Worten, paraphrasiert es also. Falls A sein Argument unzutreffend wiedergegeben findet, wird dies thematisiert. Nutzt beim Wiedergeben folgende Wendungen:

> Du hast gerade gesagt, dass … • Ich habe von dir gehört, dass … •
> Wenn ich dich richtig verstanden habe, bist du der Meinung, dass … •
> Deine Position ist also, dass …

c) Nun ist B an der Reihe, knüpft an das gehörte Argument von A an und versucht, es zu entkräften. Nutzt die Formulierungshilfen.

> Du sagst, dass … Meine Ansicht ist jedoch, dass …
> Dem widerspreche ich nicht, aber …
> Diesen Punkt sehe ich ähnlich, aber man muss auch bedenken, …
> Dagegen möchte ich einwenden, dass …
> Selbst wenn man einräumt, dass …, folgt daraus nicht …
> Deine Meinung ist zwar nachvollziehbar, aber viel entscheidender ist …

d) Tauscht auf diese Weise zu zweit weitere Argumente und Gegenargumente aus.

Eine amerikanische Debatte durchführen

3 Führt in eurer Klasse eine amerikanische Debatte zu dem von euch gewählten Thema durch. Orientiert euch an den Schritten im Info-Kasten.

Info: Eine amerikanische Debatte führen

Erster Durchgang

– Setzt euch in euren Pro- und Kontra-Gruppen gegenüber.

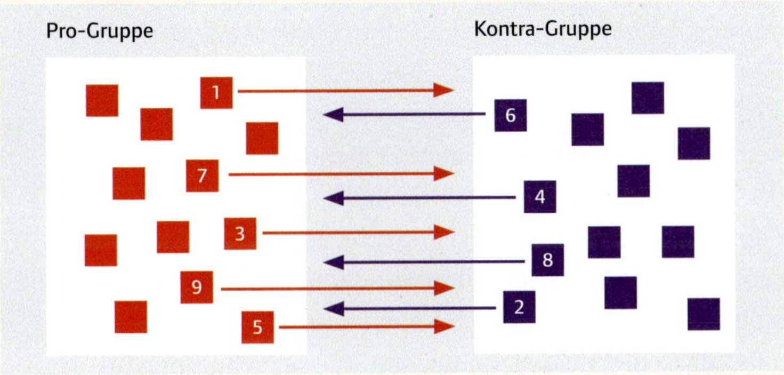

– Ein Mitglied der Pro-Gruppe trägt die eigene Meinung zur Debattierfrage und ein vorbereitetes Argument vor. Ein Mitglied aus der Kontra-Gruppe fährt fort.
– Setzt diesen Wechsel fort, bis alle Argumente genannt worden sind.

Zweiter Durchgang

– Setzt euch in euren Pro- und Kontra-Gruppen in Reihen gegenüber.

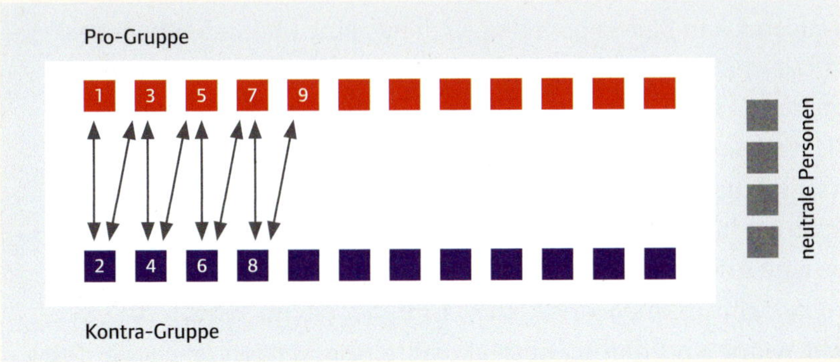

– Schüler/-in 1 aus der Pro-Gruppe trägt die eigene Meinung und ein Argument vor.
– Schüler/-in 2 aus der Kontra-Gruppe knüpft an und formuliert ein Gegenargument.
– Schüler/-in 3 aus der Pro-Gruppe schließt sich an. …

Feedback

Bestimmt vier „neutrale" Personen, die den zweiten Durchgang der Debatte beobachten und sich dazu Notizen machen. Wertet eure Debatte mithilfe ihrer Anmerkungen aus.

Zum Schmökern, Schauen, Weiterdenken

Material 5 Studie: Facebook fördert Hass auf Flüchtlinge

Sonja Álvarez (2018)

Gibt es einen Zusammenhang zwischen Hate Speech im Netz und realer Gewalt gegen Geflüchtete? Eine Studie zeigt, dass Facebook wie ein Brandbeschleuniger wirken kann.

Die Datensammlung ist gewaltig: Mehr als 176 000 Posts, 290 000 Kommentare und 500 000 Likes haben Carlo Schwarz, 27, und Karsten Müller, 30, auf Facebook analysiert und in Zusammenhang gesetzt mit mehr als 3000 Gewalttaten, die es in Deutschland gegen Flüchtlinge zwischen Januar 2015 und Anfang 2017 gab. Das Ergebnis ihrer Studie, verkürzt zusammengefasst: Wenn auf Facebook flüchtlingsfeindliche Kommentare gepostet werden, steigt auch die Zahl von flüchtlingsfeindlichen Übergriffen in den Gemeinden, in denen es eine hohe Facebook-Nutzung gibt.

Interessant ist, dass die beiden deutschen Wissenschaftler von der Universität Warwick auch den umgekehrten Effekt nachgewiesen haben: Bei Internet- oder Facebook-Ausfällen sank die Zahl der durch Hass motivierten Gewalttaten ab. Ebenso wenn andere Nachrichtenthemen die Anti-Flüchtling-Stimmung in den sozialen Medien überlagerten.

Einen entscheidenden Grund für den Zusammenhang sehen Schwarz und Müller im Effekt der sogenannten Echokammern: Die Nutzer würden sich bei Facebook in Blasen befinden, in denen eine Minderheit von hasserfüllten Usern (Nutzern) den Eindruck erzeuge, dass alle Menschen gegen Migranten seien. Dadurch würden sich einige Nutzer ermutigt fühlen, aus der Hate Speech im Netz reale Gewalt werden zu lassen. Zwar betonen die Wissenschaftler, dass hassmotivierte Gewaltdelikte viele Ursachen und Verstärker hätten, doch sehen sie es als nachweisbar an, dass Facebook wie eine Art Brandbeschleuniger wirkt. [...]

Allerdings gibt es auch Kritik an der Studie, die im Januar 2017 veröffentlicht wurde und nun in einer aktualisierten Version erscheint: Die Datenbasis sei zu klein, dadurch sei nicht nachvollziehbar, dass es tatsächlich einen Zusammenhang zwischen Hate Speech und Gewalt gegen Geflüchtete gebe, sagt Jonas Kaiser, der in Harvard zu politischer Kommunikation forscht.

Die Studie liegt auch Facebook vor; das US-Unternehmen werde sich damit beschäftigten, sagte eine Sprecherin auf Anfrage. Direkt kommentieren wollte sie die Ergebnisse aber vorerst nicht; sie teilte lediglich mit, dass Hassrede auf Facebook nicht erlaubt sei. „Wir entfernen Hassrede, sobald wir darauf aufmerksam werden", sagte sie. [...]

Doch genau das passierte aus Sicht der Politik bisher nicht oder nicht schnell genug. Deshalb trat im Januar das sogenannte Netzwerkdurchsetzungsgesetz (NetzDG) in Kraft. Betreiber sozialer Netzwerke müssen seither „offensichtlich rechtswidrige Inhalte innerhalb von 24 Stunden" nach Eingang einer Beschwerde löschen oder sperren. Bei wiederholten und systematischen Verstößen gegen das Gesetz droht ein Bußgeld von bis zu 50 Millionen Euro.

1 Fasse die wichtigsten Ergebnisse der zitierten Studie zusammen.

2 Im Text werden Maßnahmen gegen Hate Speech vorgestellt. Wie beurteilst du diese? Nimm begründet Stellung. Berücksichtige auch die Informationen aus der Grafik Material 6. (→ Orientierungswissen: Diagramme erschließen, S. 342).

Material 6 Wie die Deutschen mit Hate Speech im Netz umgehen

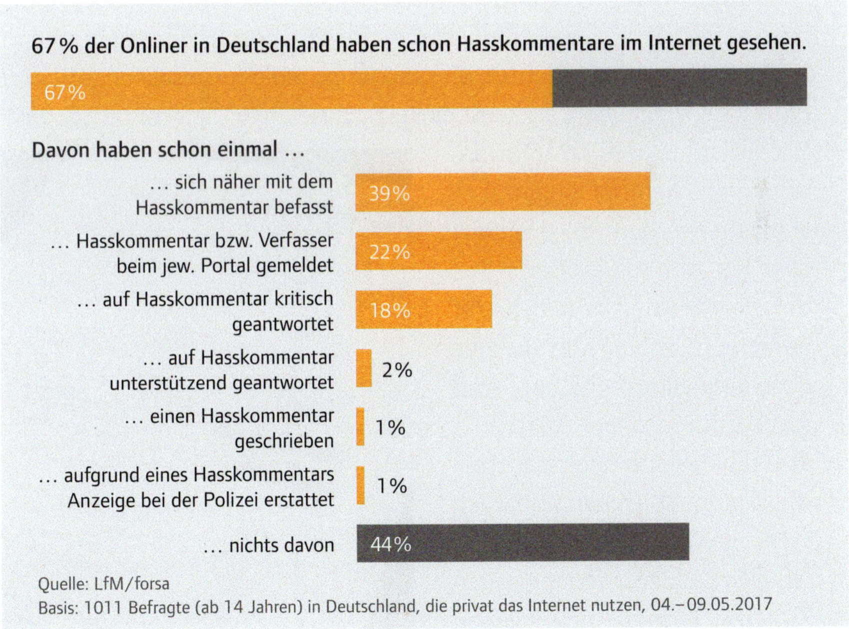

1 a) Welche Erfahrungen habt ihr selbst schon mit Hasskommentaren im Internet gemacht? Tauscht euch darüber aus.

b) Diskutiert anhand der Grafik Möglichkeiten, mit Hasskommentaren im Internet umzugehen.

Material 7 „Von Leichter Sprache profitieren fast alle“

Interview von Inken Schröder

Leichte Sprache soll Menschen mit geringer Lesefähigkeit das Verstehen von Texten erleichtern. An der Universität Hildesheim wird unter Leitung von Christiane Maaß der Aufbau und der Einsatz der Leichten Sprache wissenschaftlich erforscht. […]

Frau Prof. Maaß, wie definieren Sie Leichte Sprache?

Christiane Maaß: Leichte Sprache ist eine Form des Deutschen, die sich vom Standarddeutschen unterscheidet: Leichte Sprache ist in Satzbau und Wortschatz reduziert, und sie ist auch reduziert mit Bezug auf das Hintergrundwissen, das ein Text voraussetzt. Leichte-Sprache-Texte sind außerdem auf eine bestimmte Art visuell aufbereitet. Sie sehen anders aus als standardsprachliche Texte: Die Sätze sind kurz, die Schrift ist möglichst groß, der Text ist linksbündig ausgerichtet, jeder Satz beginnt mit einer neuen Zeile, es werden Symbole und Bilder verwendet. Das sind einige der formalen Regeln.

Wer ist die Zielgruppe der Leichten Sprache?

Christiane Maaß: Primär sind das Menschen mit Behinderung. Deutschland hat 2008 die UN-Behindertenrechtskonvention unterschrieben und sich damit dazu verpflichtet, diesen Menschen eine gesellschaftliche Teilhabe zu ermöglichen, so heißt es dort. Diese enge Zielgruppe hat also ein Recht darauf, dass ihr Informationen barrierefrei zugänglich gemacht werden. Es profitiert aber ein weitaus größerer Teil der Bevölkerung von Leichter Sprache, nämlich alle die, die Schwierigkeiten haben mit standarddeutschen Texten – also funktionale Analphabeten, Migranten, Touristen und auch viele ältere Menschen in der Gesellschaft, von denen es ja in Zukunft immer mehr geben wird. Bei richtig schwierigen Texten, etwa aus dem Bereich Recht oder Medizin, profitieren eigentlich fast alle.

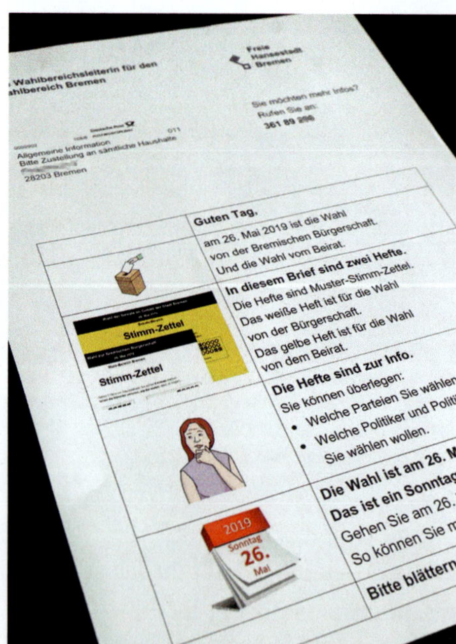

Leichte Sprache also als ein Mittel der Inklusion?

Christiane Maaß: Ja, Leichte Sprache ist ein sehr schönes Beispiel für Inklusion. Es gibt eine enge Zielgruppe, die hat qua Gesetz ein Anrecht auf leicht verständliche Texte, nämlich Menschen mit Behinderung. Es profitiert aber tatsächlich eine viel größere Gruppe davon. Damit ist auch dieses Gönnerhafte raus, denn Menschen mit Behinderung bringen etwas mit, sie tragen etwas in die Gesellschaft: Sie machen die Welt barrierefreier, und andere profitieren davon. [...]

In welchen Bereichen ist Leichte Sprache und somit gesellschaftliche Teilhabe besonders wichtig?

Christiane Maaß: Generell kann man sagen: in allen Bereichen! Denn wenn es um Teilhabe geht, darf man natürlich nicht werten oder zensieren. Es geht vielmehr darum, die Grundlagen dafür zu schaffen, dass die Zielgruppe selbst in der Lage ist zu entscheiden: In welchen Bereichen ist uns Teilhabe wichtig? Hier haben wir eine Bringschuld und müssen die Barrieren senken, um die Menschen in die Lage zu versetzen, selbst entscheiden zu können. Trotzdem kann man sagen, dass die Teilhabe in einigen Bereichen vielleicht besonders dringlich ist. Und da sehe ich den juristischen und den medizinischen Bereich ganz vorn. Denn hier werden Menschen in die Lage versetzt, über ihr Leben und ihren Körper zu bestimmen. Diese Texte sind auch meist besonders schwer, sodass das Übersetzen in Leichte Sprache eine besondere Herausforderung ist. Es profitieren dann aber auch ganz besonders viele Menschen: Wir haben am Institut zum Beispiel eine Erbrechtsbroschüre in Leichte Sprache übersetzt. Die wurde mit 30 000 Stück gedruckt und war innerhalb von wenigen Monaten vergriffen. [...]

Schauen wir in die Zukunft: Wie würde eine sprachlich barrierefreie Gesellschaft in Idealform aussehen?

Christiane Maaß: Klare Antwort: Idealerweise würden alle Texte auch in Leichter Sprache zur Verfügung stehen! Dann würden Menschen, die heute kaum Texte finden, die leicht genug für sie sind, genug Lesestoff haben. Aber zurück in die Gegenwart, und da muss uns allen klar sein: Barrierefreiheit kostet Geld, sei es nun für Rampen an Gebäuden oder für die Übersetzung von Texten. Inklusion ist nicht zum Nulltarif zu haben. Wir müssen einen gesellschaftlichen Diskurs darüber führen, wie viele Ressourcen wir bereit sind einzusetzen. Ganz wenig sollten es nicht sein, sonst wird das Projekt nicht gelingen.

1. Erkläre jemandem, der noch nie davon gehört hat, was es mit Leichter Sprache auf sich hat. Nutze dazu die Informationen aus dem Text.

Material 8 Politik und Öffentlichkeit[1] *(2013)*

Es ist Aufgabe und Ziel von Politik, die Angelegenheiten des Gemeinwesens bei einem möglichst weitgehenden Ausgleich unterschiedlicher Interessen zu regeln und damit zu einer Erhöhung des Gemeinwohls beizutragen. Dabei lassen sich drei Bereiche des politischen Wirkens unterscheiden:

- Der Staat mit seinem System der auf Wahlen beruhenden repräsentativen Demokratie, an denen sich alle Bürger in freier und gleicher Weise sowohl aktiv als auch passiv beteiligen können, ergänzt um Formen direkter Demokratie wie Bürgerbegehren oder Volksabstimmungen. Diesem Wirkungsbereich zuzuordnen sind auch die politischen Parteien mit ihrer Funktion, Interessen zu bündeln und zu organisieren.
- Der Wirtschaftsbereich [...]
- Die Zivilgesellschaft [...]

Material 9 Politik, Information und Mitbestimmung[1] *(2014)*

Politik machen bedeutet: Menschen sagen ihre Meinung.
Und sie setzen sich dafür ein, dass ihre Meinung auch für
andere Menschen wichtig ist.
Sie sagen zum Beispiel: Ich möchte, dass es ein neues Gesetz
für das Zusammenleben von Menschen in Deutschland gibt.
Oder sie fragen andere Menschen zum Beispiel:
Wie soll das Zusammenleben der Menschen in Deutschland
in Zukunft sein?
Politik wird in 3 Bereichen gemacht:

- **Der Staat und die Wahlen und die politischen Parteien.**
  Alle Bürgerinnen und Bürger können dabei mitmachen.
  Sie können wählen und von anderen gewählt werden.
- **Die Wirtschafts-Betriebe und der Arbeits-Markt [...]**
- **Vereine und Bürger-Initiativen [...]**

1 Material 8 ist dem „Teilhabebericht der Bundesregierung über das Leben von Menschen mit Beeinträchtigungen" entnommen, Material 9 der Zusammenfassung in Leichter Sprache. Die unterstrichenen Begriffe werden dort in einem Glossar erklärt.

1. Lies die Hinweise zu den beiden Textauszügen und vergleiche diese in Bezug auf Inhalt und Layout. Welche Vor- und Nachteile haben die Texte jeweils?
2. Schreibe zum Text „Von Leichter Sprache profitieren fast alle" (S. 80 f.) eine textgebundene Erörterung zur Frage: In welchem Rahmen sind Texte in Leichter Sprache sinnvoll?

Eine textgebundene Erörterung schreiben

Eine textgebundene Erörterung schreiben	Beispiele und Formulierungshilfen
Einleitung: – Mache Angaben zur **Textvorlage** (Autorin/ Autor, Titel, ggf. Textsorte, Datum, Thema, ggf. Textquelle wie Zeitung oder Zeitschrift). – Gehe gegebenenfalls auf den **aktuellen Bezug** des Themas ein.	*(vgl. Material 4, S. 69 f.)* *Der Text „Kontra: Fußgehendenampel" von Ruprecht Skasa-Weiß, erschienen im … am …, thematisiert die Schwierigkeiten beim Gebrauch …*
Hauptteil: 1. Textanalyse **Untersuche im ersten Teil** den Text. Gib die **zentrale Problemstellung** und die **Position des Autors** wieder. – Fasse den **Inhalt** knapp zusammen. – Beschreibe **Argumentationsstruktur** und **sprachliche Besonderheiten**. – Gib jeweils passende **Textstellen** an.	*Der Text beschreibt verschiedene Möglichkeiten, geschlechtergerecht zu formulieren, die nach Ansicht des Autors …* *Im ersten Abschnitt (Z. 1–8) führt der Autor ins Thema ein, indem er an bisherige Bemühungen um eine geschlechtergerechte Sprache erinnert. Mit dem Einstiegssatz „Als Gott den Mann schuf, übte sie bloß" (Z. 1) …*
2. Erörterung **Nimm im zweiten Teil Stellung** zu den im Text angeführten Argumenten. – Stimme vollständig oder teilweise zu oder formuliere einen Widerspruch. – Führe **eigene Beispiele, Belege und Erläuterungen** an.	*Der Autor führt als Argument …* *Dem ist nur teilweise zuzustimmen, denn …* *Das Argument … überzeugt nicht, da …* *Am Beispiel … sieht man, dass …*
Schluss: – **Bringe deine Position** und deine wichtigsten Argumente noch einmal zusammengefasst **auf den Punkt**. – Du kannst auf **verwandte Themen oder zukünftige Entwicklungen** eingehen.	*Zum Schluss muss man noch einmal betonen, dass …* *Vor allem wäre es wichtig, …* *Wenn wir zum Beispiel künftig in sozialen Netzwerken … , müssen wir …*

Beachte:

Der **Schwerpunkt der textgebundenen Erörterung** liegt auf dem zweiten Aufgabenteil, also auf der Erörterung. Umgekehrt verhält es sich bei der Sachtextanalyse; hier steht die Auseinandersetzung mit dem Text im Mittelpunkt.

4 Der Mensch ist, was er isst?

Essayistisch schreiben

Wenn ihr gegessen und getrunken habt, seid ihr wie neu geboren, seid stärker, mutiger, geschickter zu eurem Geschäft.
Johann Wolfgang von Goethe (1749–1832)

Vielen Menschen ist es einerlei, was sie essen, oder zumindest tun sie so. Das ist töricht. Ich selbst bin sehr besorgt um meinen Magen und nehme ihn ernst. Wem der Magen nichts bedeutet, dem ist wohl auch alles andere ziemlich gleichgültig.
Samuel Johnson (1709–1784)

Wenn der Mensch sein Fleisch in Maßen nährt, dann ist auch sein Betragen fröhlich und umgänglich. Wenn er aber im Übermaß der Schmausereien und Gelage dahinlebt, dann legt er zu jedem schändlichen Fehler den Keim. Und wer andererseits seinen Körper durch unterwürfige Enthaltsamkeit schädigt, der geht immer zornig einher.
Hildegard von Bingen (1098–1179)

Albert Auguste Fourie (1854–1937): Das Hochzeitsmahl in Yport (1886)

Sage mir, was du isst,
und ich sage dir, wer du bist.
Jean Anthelme Brillat-Savarin (1755–1826)

1. Formuliere assoziativ, was du mit dem Thema Essen verbindest.
2. Beschreibe die inhaltlichen Unterschiede zwischen den beiden Bildern.
3. Formuliere unterschiedliche Standpunkte zum Essen, wie sie in den Zitaten zum Ausdruck kommen, und ergänze sie um eigene Gedanken.
4. „Essen ist Ausdruck der Kultur eines Landes." – Nimm Stellung zu dieser Aussage.
Tipps & Hilfen (→ S. 310)

In diesem Kapitel …

- lernst du den Essay als eigenständige Schreibform kennen.
- wertest du unterschiedliche Materialien zielgerichtet aus.
- schreibst du einen Essay zu einem bestimmten Thema.

Die Schreibform „Essay“ kennen lernen

Essay über den Essay *Michael Hamburger[1] (1965)*

Schon das stimmt nicht ganz: Ein Essay darf eigentlich nichts behandeln, nichts bestimmen oder definieren. Ein Essay ist ein Spaziergang, ein Lustwandeln, keine Handelsreise. Wenn hier also „über“ steht, kann es nur bedeuten, dass der Spaziergang über das genannte Feld geht – aber ohne jede Absicht, es zu vermessen. Dieses Feld wird nicht umgepflügt, auch nicht bebaut. Es soll Wiese bleiben, wild. Der eine Spaziergänger interessiert sich für die Blumen, ein anderer für die Aussicht, ein dritter sucht Insekten. Die Jagd nach Schmetterlingen ist erlaubt. Alles ist erlaubt – außer den Absichten des Vermessers, des Bauers, des Spekulanten. Auch ist jedem Spaziergänger erlaubt, von einem Feld zu berichten, was er gerade gesehen hat – wenn es auch nur die Vögel waren, die es überflogen, nur die Wolken, die noch weniger dazugehören, nur die Abwandlungen von Vögeln oder Wolken im eigenen Kopf. Wer aber im Auto hinfuhr, im Auto sitzen blieb und dann sagt, er sei da gewesen, ist kein Essayist. Darum ist der Essay eine veraltete Gattung (fast hätte ich „Form“ geschrieben, aber der Essay ist keine Form, hat keine Form, er ist ein Spiel, das seine eigenen Regeln schafft).

Der Essay ist ebenso veraltet wie die Form des Briefschreibens, wie die Kunst des Gesprächs, wie das Lustwandeln. [...]

Der Essay ist keine Form, sondern vor allem ein Stil; von der reinen, absoluten oder autonomen Kunst unterscheidet er sich durch seinen Individualismus. Der Witz des Essays, wie auch seine Berechtigung und sein Stil, liegt in der Persönlichkeit des Autors, weist immer auf sie zurück. Um die reine, unpersönliche Kunst geht es dem Essayisten so wenig wie um die Sache. Da die große Mehrzahl der sogenannten kritischen Essays das Übergewicht auf die Sache legt, also Antworten und Urteile bietet, beweist die Fortdauer dieser Gattung kein Überleben des Essays. Die meisten kritischen Essays sind kurze Abhandlungen. Beim echten Essay ist es gleichgültig, ob sein Titel auf ein literarisches Thema deutet oder nicht, ob auf den Ursprung des Trauerspiels oder den Ursprung des Schweinebratens.

1 Michael Hamburger (1924–2007): deutsch-britischer Essayist, Literaturkritiker, Lyriker und Übersetzer

August Macke (1913): Spaziergang auf der Brücke

1. Fasse den Text von Michael Hamburger zusammen (→ S. 86). Erläutere die Metapher des Spaziergangs und beziehe hierbei auch das Gemälde von Macke mit ein.
2. Zeige mithilfe des Info-Kastens, dass Hamburgers Text selbst ein Essay ist.
3. Inwiefern ist Essen ein ergiebiges Thema für Essays? Beziehe hier deine Erkenntnisse aus Aufgabe 1 von Seite 85 mit ein.

Info: Was ist ein Essay (nicht)?

Der Essay ist eine Schreibform, die schwierig zu definieren ist, da sie gerade von der Offenheit und Kreativität lebt. Am einfachsten ist es zu sagen, was ein Essay nicht ist: Er ist

- kein objektiver Text. Er gibt deutlich eine bestimmte Meinung wieder und informiert dabei auch über andere Standpunkte.
- keine Erörterung. Im Gegensatz zu dieser Textform setzt er sich deutlich lockerer und sprunghafter mit einem Thema auseinander.
- nicht „vollständig“. Er erfasst nicht unbedingt alle Aspekte eines Themas, sondern kann es „umkreisen“ und sich assoziativ verschiedenen Positionen nähern.
- nicht abgeschlossen. Er soll auf die Leserschaft wirken, Denkanstöße geben, auch provozieren.
- nicht im immer gleichen Stil geschrieben. Er lebt von der sprachlichen Eleganz. Typisch sind die Verwendung unterschiedlicher Sprachstile (ironisch-satirisch, paradox …), das Spiel mit Sprachebenen sowie Mischformen, jeweils mit einem inhaltlichen Bezug.
- nicht völlig frei. Der Essay bleibt bei aller Offenheit auf ein bestimmtes Thema konzentriert und folgt einem meist lockeren roten Faden.
- nicht langweilig. Der Essay darf vieles – nur langweilig darf er nicht sein!

Essayistische Texte untersuchen

Besser als Sex! *Sibylle Berg (2016)*

Warum essen wir Fleisch? Weil wir es können. Und wir machen es, obwohl es uns umbringt. Zeit für eine Entwöhnung.

Immer wieder fragen mich Wirtschaftsmathematiker und Robotikexpertinnen: Warum sollte die nicht menschliche, uns überlegene Intelligenz in naher Zukunft an der Ausrottung der Menschheit interessiert sein? Die Antwort, die ich immer gebe, ist denkbar einfach: Weil sie es kann.

Um diese simple Logik zu zementieren, verwende ich gerne ein simples Beispiel: die Grillsaison. Jetzt, wo der Geruch einer noch lebendwarmen Babykuh von Ihrer Terrasse ... Halt. Moment. So gewinnt man keine Freunde, so überzeugt man nicht. Lesen Sie weiter, auch wenn Sie jetzt schon kommentieren wollten, irgendwas von militanten Veganern oder: Haben wir Menschen schon immer so gemacht. Bitte. Wir Menschen waren auch in der Vergangenheit so richtige Hirnis, seien Sie ehrlich. Wir haben an Gott geglaubt und Frauen durch Einführen von Gegenständen in Körperöffnungen von Hysterie[1] heilen wollen.

Die meisten Tiere, die bei vielen in den Bauch wandern, sind nicht blöder als Babys. Sie haben mehr Gefühle als einige Menschen, und sie haben keinen Bock zu sterben. Genauso wenig wie ich zum Beispiel. Ich möchte 576 Jahre alt werden, damit wir zusammen noch viel Spaß haben können. Wiese riechen, Sommer sehen, Regen lecken.

Geht den Tieren ähnlich, aber sie sterben, weil wir Menschen uns einfach daran gewöhnt haben. Weil viele denken, das war schon immer so, ich brauch das Zeug, und Tofu schmeckt scheiße. Mit Gewohnheiten zu brechen, eines meiner Lieblingsthemen, ist verdammt schwer. Vermutlich fällt Menschen, die Fleisch essen, die langsame Entwöhnung so schwer wie einem Raucher der Verzicht auf Zigaretten.

1 Hysterie: Nervenkrankheit, die man mit dem weiblichen Körper in Verbindung brachte; als medizinische Diagnose heute veraltet

Darum bringt es wenig, Fleisch essende Menschen zu beschimpfen und ihnen zu erzählen, wie ungesund der Verzehr von Tieren ist [...]. Wie viele Raucher werden schließlich von ihrer Sucht durch Krebsbildchen geheilt? Es muss ein Schalter im Kopf umgelegt werden, bis man sich vor sich selbst ekelt. Vermutlich wäre das leicht, wenn viele statt eines Hundes oder einer Katze eine Kuh, ein Schwein oder einen Tintenfisch bei sich zu Hause hätten. Die wenigsten machen Würstchen aus Bello.

Aber – wohin stellt man eine Kuh in einer Kleinraumwohnung? Ich weiß nicht, ob es hilft, sich zu sagen, dass viele Tiere genauso klug und emphatisch sind wie weniger kluge und mitfühlende Menschen. Wer würde nicht gerne ab und zu einen Nazi auf dem Teller haben? Oder einen Antisemiten[2]. Eine Homophobe[3] oder einen „Daesh"-Honk[4].

Ich habe keine Ahnung, warum viele mit ihren Kindern in den Streichelzoo gehen und danach ein Lämmchen verzehren. Da ich aber fest davon überzeugt bin, dass sich auf dieser Seite die absolut intelligente Elite der deutschsprachigen Länder versammelt, kann ich nur leise raunen, dass das Leben auch ohne Fleisch Spaß machen kann.

Es gibt Nahrungsmittel, die besser schmecken, dem Menschen weniger schaden, die Welt langsamer in den Abgrund reiten. Und es geht nichts über das Gefühl, ein moralisch überlegener Mensch zu sein. Es ist eigentlich sogar das schärfste Gefühl, ein wenig wie Sex. Guter Sex. Ich weiß, wovon ich rede, denn kaum jemand fühlt sich mehr im Recht als ich.

Wir essen Tiere, weil wir es können. Die Roboter werden uns auslöschen, weil sie in der Lage dazu sind. So logisch. So einfach.

2 Antisemitismus: Feindseligkeit gegen Juden
3 Homophobie: Feindseligkeit gegen Lesben und Schwule
4 gemeint: islamistischer Fanatiker, Terrorist

1 Arbeite aus dem Text essayistische Merkmale heraus (→ Info-Kasten, S. 87).
Tipps & Hilfen (→ S. 310)

2 Berg setzt gezielt rhetorische Mittel ein, vor allem Ellipsen und rhetorische Fragen. Nenne Beispiele im Text und beschreibe, welche Stimmung dadurch vermittelt wird.
Tipps & Hilfen (→ S. 310)

3 Schreibe im essayistischen Stil eine kurze Antwort mit maximal 140 Wörtern, in der du dich für den Genuss von Fleisch aussprichst.

Über das Wort Brot *Hermann Hesse (1959)*

Was unseren Sprachen in den letzten zwei Jahrhunderten an neuen Vokabeln zugewachsen ist, ist an Zahl ungeheuer und staunenswert, aber an Gewicht und Ausdruckskraft, an sprachlicher Substanz[1], an Schönheit und echtem Goldgehalt ist es jämmerlich arm, es ist dieser scheinbare Reichtum eine Art von Inflationszauber[2].

Nehmen wir eine beliebige Seite einer beliebigen Zeitung in die Hand, so stoßen wir auf Dutzende von solchen Vokabeln, die es vor kurzem noch nicht gab und von denen wir nicht wissen, ob es sie übermorgen noch geben werde. Solche Wörter, ganz ohne Tendenz einem Zeitungsblatt entnommen, lauten etwa so: Tochtergesellschaft[3] – Dividendenausschüttung – Rentabilitätsschwankung – Atombombe – Existentialismus[4]. Es sind komplizierte, lange und anspruchsvolle Vokabeln, aber sie haben alle den selben Fehler, es mangelt ihnen eine Dimension, sie bezeichnen zwar, aber sie beschwören nicht, sie kommen nicht von unten, aus der Erde und dem Volk, sondern von oben, aus den Redaktionsstuben, den Kontoren der Industrie, den Amtsstuben der Behörden.

Alte, echte, gewachsene, goldene, gediegene, vollwertige Wörter aber sind: Vater, Mutter, Ahnen, Erde, Baum, Berg, Tal. Jedes von ihnen wird vom Hirtenbuben ebenso verstanden wie vom Professor oder Bundesrat, jedes von ihnen spricht nicht nur zu unsrem Verstand, sondern auch zu unsern Sinnen, jedes ruft einer Wolke von Erinnerungen, Vorstellungen und Anklängen, jedes meint etwas Ewiges, Unentbehrliches, Nicht Wegzudenkendes.

Zu diesen guten, bedeutungsschweren Wörtern gehört auch das Wort *Brot*. Man braucht es nur auszusprechen und das in sich einzulassen, was es enthält, so sind schon alle unsre Lebenskräfte, die des Leibes wie die der Seele, angerufen und in Tätigkeit versetzt: Magen, Gaumen, Nase, Zunge, Zähne, Hände sprechen mit […], es fällt uns der Eßtisch im Vaterhause ein, rundum sitzen die lieben vertrauten Gestalten der Kindheit, Vater

1 Substanz: *hier:* Gehalt
2 Inflation: Geldentwertung
3 Tochtergesellschaft, Dividendenausschüttung, Rentabilitätsschwankung: Begriffe aus der (Finanz-)Wirtschaft
4 Existentialismus: Richtung der Philosophie

oder Mutter schneidet vom großen Laib die Stücke und bemißt ihre Größe und Dicke je nach dem Alter oder Hunger des Empfängers, in den Tassen duftet die warme Morgenmilch. Oder es überfällt uns mit heftigem Reiz die Erinnerung, wie es ganz früh am Morgen, noch bei halber Nacht, vom Haus des Bäckers her gerochen hat, warm und nahrhaft, anregend und begütigend, Hunger weckend und ihn halb auch schon stillend. [...]

Und weiter erinnern wir uns, durch die ganze Weltgeschichte hindurch, der tausend Szenen und Bilder, in denen das Brot eine Rolle spielt, die Worte von Dichtern melden sich und viele Worte der Bibel, und überall hat das Brot neben der derben nahrhaften Bedeutung des Alltags auch noch eine höhere, bis hinauf zu jenem Gleichnis des Heilands bei der Stiftung des Abendmahls, wir werden der Anklänge und Erinnerungen gar nicht mehr Herr, sie fluten uns aus hundert Bildern großer Maler zu und aus allen Bezirken menschlicher Dankbarkeit und Frömmigkeit bis zu dem mystischen Klang in Sebastian Bachs Passion: „Nehmet, esset, das ist mein Leib".

Statt einer so kleinen Betrachtung könnte man über das Wort Brot auch ein ganzes Buch schreiben. R

1. Fasse zusammen, welche Bedeutung das Wort „Brot" für Hesse hat. Erläutere seine Aussage, dieses Wort habe „neben der derben nahrhaften Bedeutung des Alltags auch noch eine höhere".
2. Skizziere die Abschnitte von Hesses essayistischem „Spaziergang". Unterscheide dabei zwischen beschreibenden und wertenden Passagen und gib jeweils an, welchen Zweck diese erfüllen.

3. Schreibe selbst eine kurze essayistische Betrachtung über eines der von Hesse genannten „vollwertigen Wörter" (Z. 18: Vater, Mutter, Ahnen, Erde, Baum ...).

Einen Essay vorbereiten

Du erhältst folgende Aufgabe:
Schreibe einen Essay zum Thema „Brot". Die Materialien helfen dir, verschiedene Aspekte des Themas zu erschließen und die aus deiner Sicht relevanten Inhalte aufzubereiten.

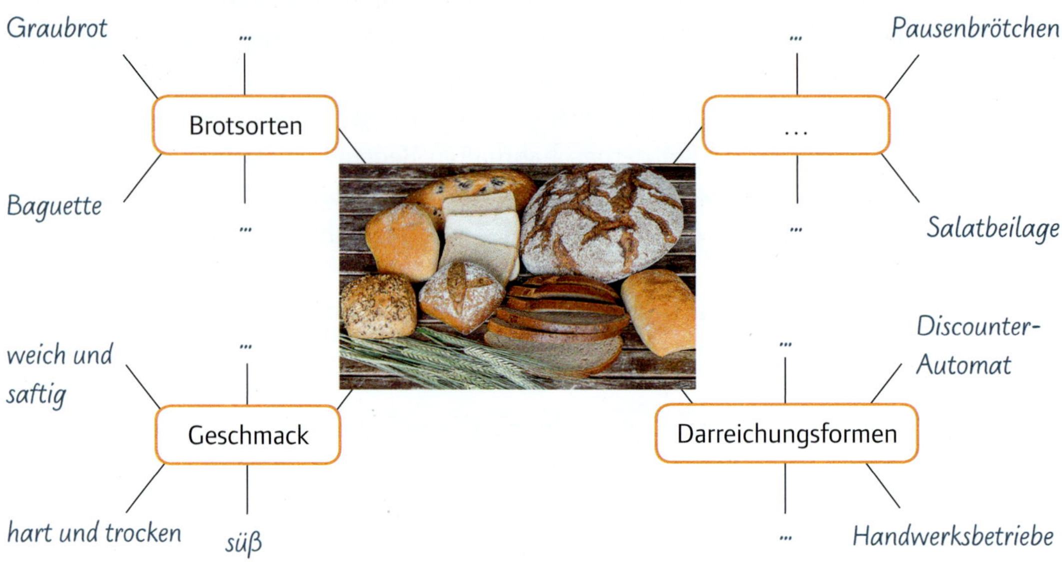

1. Übertrage die Mindmap in dein Heft und ergänze sie um weitere Aspekte.
   Tipps & Hilfen (→ S. 311)
2. Schildere präzise den Verzehr einer Scheibe Brot. Gehe auf alle Sinneseindrücke ein.

Material 1 Das deutsche Brot – bedrohtes Kulturerbe?

Zu Deutschland gehört das Abendbrot, kaum ein Frühstückstisch kommt ohne Backwerk aus, und die Lebensmittelregale bieten unzählige Brotsorten an. Urlauber sehnen sich nach zwei Wochen Costa del Sol nach Graubrot und Laugenknoten. Da wundert es kaum, dass die UNESCO[1] die deutsche Brotkultur 2014 in das Verzeichnis des immateriellen Kulturerbes aufgenommen hat. Die jahrhundertealte Tradition kleiner Manufakturen ist dennoch in Gefahr: So sank die Zahl der traditionellen Betriebe allein zwischen 2010 und 2016 von 14 594 auf 11 737. Die Zahl der Auszubildenden ging im gleichen Zeitraum sogar von 32 928 auf 17 874 zurück.

1 UNESCO: Organisation der Vereinten Nationen für Bildung, Wissenschaft und Kultur

3. Erläutere die negativen Entwicklungen der Brotkultur.
4. Formuliere, was für dich persönlich „deutsches Brot" auszeichnet.

Material 2 Brotsorten in Deutschland (2016)

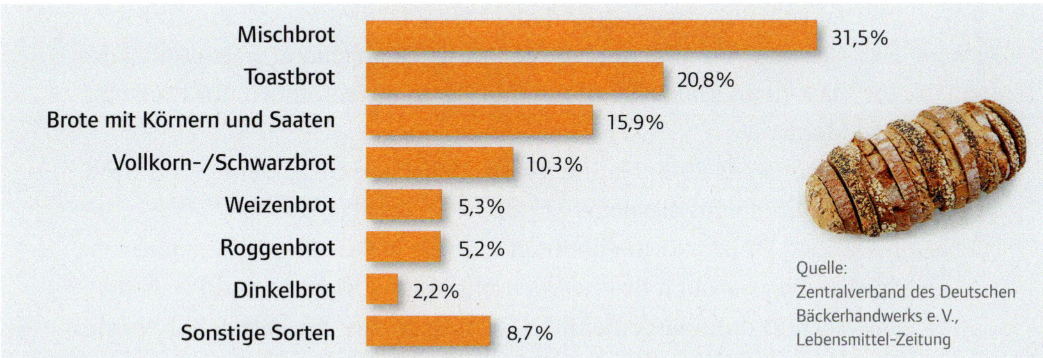

Material 3 Entwicklung des Brotkonsums (2016)

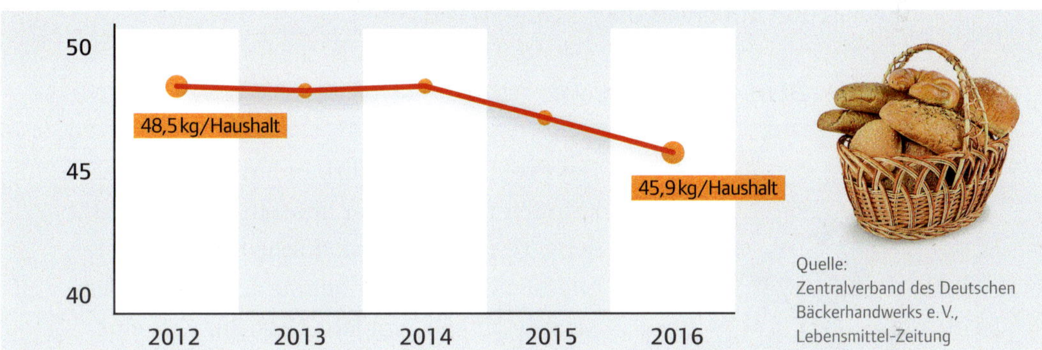

Material 4 Wer verdient am Brotverkauf? (2016)

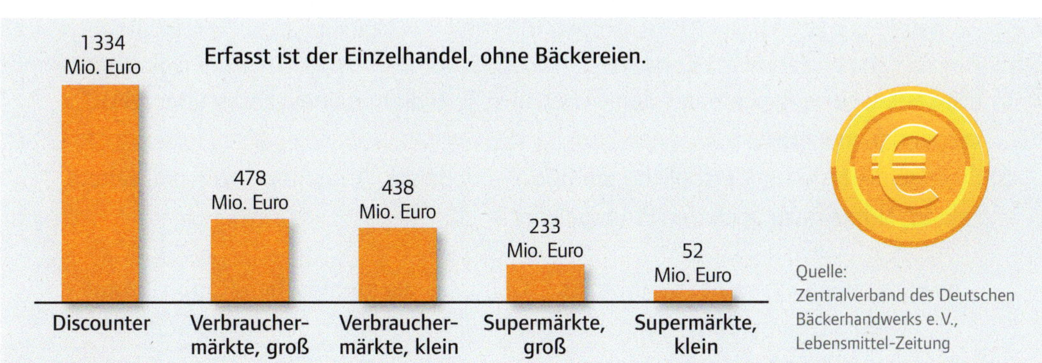

5 Werte die Grafiken aus, indem du jeweils in wenigen Sätzen die Kernaussage formulierst.

6 Notiere Fragen, die offenbleiben.

Material 5 Fakten zum Brot

- Im Deutschen Brotregister sind mehr als 3000 Brotspezialitäten gelistet.
- Der Umsatz von Brot und Brötchen in Deutschland betrug im Jahr 2013 fast neun Milliarden Euro, das waren etwa 18 Euro pro Haushalt und Monat.
- Seit mindestens 30 000 Jahren essen Menschen Getreidebrei; seit rund 22 000 Jahren wird dieser gebacken.
- Etwa 5500 Weizenkörner benötigt man für 500 Gramm Weizenbrot.
- Sowohl Bier als auch Brot werden mit Wasser, Getreide und Hefe hergestellt und durchlaufen einen Gärungsprozess. Im Mittelalter wurde Bier deshalb auf der Basis von Brot hergestellt. Deshalb heißt es im Märchen Rumpelstilzchen: „Heute back' ich, morgen brau' ich …"
- Ein durchschnittliches Weißbrot hat rund 235 Kalorien (rund 1000 kJ) und enthält pro 100 Gramm rund 50 Gramm Kohlenhydrate, 7,5 Gramm Eiweiß und nur etwas über 1 Gramm Fett.

Material 6 Brot *Käthe Kollwitz (1924)*

Das Brot hat durch Jahrhunderte viele Künstlerinnen und Künstler auf sehr unterschiedliche Weise inspiriert. Käthe Kollwitz veröffentlichte die Lithografie „Brot" in der Mappe „Hunger" im Jahr 1924, zur Zeit einer schweren Wirtschaftskrise.

Käthe Kollwitz (1867–1945): Brot!

7 a) Liste auf, welche Aspekte aus den Materialien 1–6 du in deinem Essay über „Brot" verwenden möchtest.

b) Ergänze die Liste um persönliche Eindrücke, Erlebnisse, Ansichten sowie um weitere Fakten. Nutze dazu auch den Wortspeicher.

> Nährmittelangaben eines Weißbrotes • Genuss eines ofenfrischen Roggenbrotes • Weltkulturerbe Brot • lange Schlange beim Bäcker am Sonntagmorgen • Rezept für Vollkornbrötchen • Brotkrumen bei „Hänsel und Gretel" • Omas Sauerteig • Bäcker- oder Tiefkühlbrötchen? • Salami oder Marmelade? • Brotbacken seit 22 000 Jahren

Schreibübungen zum Essay

Einen Schreibplan anlegen

1 Die Stichpunktliste für deinen Essay über das Brot (→ S. 94, Aufgabe 7) könnte so beginnen wie unten. Ergänze die Sinneinheiten um weitere Etappen eines „Spaziergangs". Achte auf einen roten Faden.
Tipps & Hilfen (→ S. 311)

Einstieg: lange Warteschlange beim Bäcker (beschreibend, subjektiv)

Backvorgang beim Brötchen, Nachdenken über uralte Tradition des Brotbackens

Überleitung: Zeitvorstellung (Wartezeit – Backzeit – Zeit kultureller Reifung)

Überleitung: Kulturgut (Brot als UNESCO-Kulturerbe)

Heimweg mit der gefüllten Brötchentüte für die Familie, assoziative Auseinandersetzung mit Ausstreuen der Brotkrumen in „Hänsel und Gretel"

...

Überleitungen formulieren und sprachliche Mittel einsetzen

Unser Brot: Vom Feld über den Ofen bis auf den Tisch

Schrill ist kein Ausdruck, weder für die knallige Neonreklame an der Außenfassade der Bäckerei noch für die lila-gelben Shorts des Joggers vor mir in der Warteschlange. Ich will meine Familie mit Backwerk für das sonntägliche Frühstück versorgen, und wie jeden Sonntag ist der Verkaufsraum der Backstube „Kriemelschmidt" ein Stelldichein ganz unterschiedlicher Gestalten aus der Nachbarschaft: Hier wartet der verschwitzte Jogger neben der älteren Frau mit Mops und dem Studenten, bei dem unklar ist, ob er noch immer oder schon wieder wach ist. Langsam bewegt sich die Schlange vorwärts. Wehe, wenn nachher alle Laugenknoten ausverkauft sind. Mist, ich hätte früher lossollen! Und jetzt warte ich hier gefühlt schon zwanzig Minuten.

Zwanzig Minuten brauchen auch gute Vollkornbrötchen bei mindestens 200 Grad im Ofen. Das Mehl, das vorher mit Salz und ein paar Nüssen – wer es mag – vermischt wurde, wird mit einer Hefe-Wasser-Lösung vermischt und so lange geknetet, bis der Teig an den Händen kleben bleibt und keine Risse mehr hat. Das ist echt echte Handarbeit. Den Teig dann in kleine Portionen teilen und ab in den Ofen. Und 20 Minuten später kann ich die Brötchen genießen. Nein – könnte ich, wenn sich Frau Paschulke von gegenüber endlich entscheiden würde.

Aber eigentlich – was sind schon 20 Minuten? 22 000 Jahre hat die hohe Brotkultur auf uns gewartet. 22 000 Jahre, seit irgendein Höhlenmensch auf die Idee kam, einen Getreidebrei zu backen, und so das Brot erfand. Andächtig vor den Brotauslagen dieser Welt stehend (immerhin gibt es 3000 verschiedene Brotsorten), kann man nicht anders, als wie die UNESCO die deutsche Brotkunst zum Kulturerbe zu erklären. ...

1. Lies den Entwurf für einen Essay. Benenne sprachliche und syntaktische Besonderheiten und bestimme ihre Wirkung.
2. Beschreibe, wie die Textbausteine miteinander verwoben sind und welche Wirkung durch die jeweiligen Übergänge erzielt wird.

Den Anfang gestalten

Knust oder Knifte? – Wie das Brot zur Sprache kam

Wiglaf Droste (2008)

„Wer möchte den Knust?", fragte meine Mutter, denn der Knust, das harte Endstück des Brotes, hatte in der Familie mehrere Verehrer. Mein Vater, meine Brüder und ich hatten kräftige Zähne im Mund, nur Omma musste den Knust aus Gebissensgründen verschmähen. Knust klang nicht nur gut, Knust schmeckte auch ganz besonders rustikal und gemütlich.

Das galt auch für die Kniften, die uns in die Schule mitgegeben wurden. Knifte ist ein anderes schönes Wort für Klappstulle – stulle, als Adjektiv, heißt schließlich stumpf, gaga, matt und blöde. Das erfuhr ich allerdings erst später, etwa zu der Zeit, als ich lernte, dass eine Schnitte nicht notwendigerweise eine Scheibe Brot sein muss [...].

1. Bestimme die Perspektive dieses Textanfangs zum Thema Brot.
2. Formuliere einen eigenen Anfang, in dem du ein Erlebnis in Zusammenhang mit Brot aufgreifst.

Darstellungsweisen ausprobieren

Typisch für einen Essay sind unterschiedliche sprachliche Darstellungsweisen. So können argumentativ-wertende Passagen nach schillernd-poetischen oder neutral beschreibenden stehen. Die Ebenen können den Inhalt unterstützen oder kontrastieren, sodass mit ihrer Wirkung gespielt werden kann. So unterschiedlich kann „Ein Ei kochen" dargestellt werden:

Darstellung	Inhalt
neutral beschreibend	*Je nach Kochdauer wird das Ei weicher oder härter, gerinnt das Eigelb oder bleibt es flüssig. Die Vorlieben gehen hier deutlich auseinander.*
schillernd-poetisch	*Zäh wie Quecksilber ergießt sich das Gold des einstigen Dotters über die schimmernde Oberfläche des Perlmuttlöffels beim Anstich der porösen Schale nach dem exakt fünfminütigen Kochvorgang.*
argumentativ-wertend	*Was sind das für Menschen, die Eier essen, bei denen das Weiß noch flüssig ist? Gefahren wie Salmonellen scheinen ihnen fremd zu sein.*

Lexikon: Tomate

w [von aztekisch tomatl], *Liebesapfel, Paradiesapfel, Solanum lycopersicum, Lycopersicon esculentum,* einjähriges, bis ca. 150 cm hohes, drüsig behaartes und durch ätherisches Öl charakteristisch riechendes Nachtschattengewächs mit großen, unterbrochen gefiederten Blättern sowie in Wickeln stehenden gelben Blüten mit 5- oder mehrzipfliger Krone. [...] Die [...] Frucht ist eine meist rote, vielsamige Beere. [...] Tomaten enthalten nur 5–8 % Trockensubstanz, sind jedoch reich an Mineralstoffen, Vitaminen [...], Carotinoiden [...] sowie organischen Säuren, die den Geschmack entscheidend mitbestimmen. [...]

Die Tomate [...] gelangte im 16. Jahrhundert [von Mittel- und Südamerika aus] nach Europa [...]. Erst zu Beginn des 20. Jahrhunderts wurde die Tomate zu einer allgemein geschätzten Gemüsepflanze, deren Anbau sich rasch ausdehnte.

1. Erkläre die unterschiedliche Wirkung der verschiedenen Darstellungsweisen.
2. Übertrage den Lexikontext „Tomate" in eine andere Darstellungsweise.
3. Übertrage eigene Textpassagen in unterschiedliche Darstellungsweisen, z. B.: Beobachtung einer älteren Frau am Gemüsestand, Essen des Pausenbrots, Stimmung in der Mensa am Pizza-Tag, Zutatenliste eines Energy-Drinks.
   Tipps & Hilfen (→ S. 311)

Zum Schmökern, Schauen, Weiterdenken

Vom Essen und Trinken überall *Stefan aus dem Siepen (2017)*

Man stelle sich an eine beliebige Straßenecke und warte ab, bis jemand vorüberkommt, der isst oder trinkt: Man wird nicht lange warten müssen. All die Bierflaschen, Pappbecher, Burgerschachteln, die hungrige und durstige Deutsche in ihren Händen umhertragen, werden später einmal als das schaurig-amüsante Erkennungsmerkmal unserer Epoche gelten. Zumal das Trinken aus der Flasche ist ubiquitär[1] geworden. Früher sah man es bei Leuten, die sich auf Baugerüsten betätigten, bei Fußballspielern, die sich die Wade massieren ließen, sowie auf Partys zu vorgerückter Stunde. Heute benehmen sich alle wie Fußballspieler und Bauarbeiter, und eine latente Dauerpartylaune grassiert, die das Ende der Spaßgesellschaft überlebt hat.

Generation Babyfläschchen. Früher saßen sie im Kinderwagen und bekamen von der Mutter, sobald sich das kleinste Zeichen von Weinerlichkeit einstellte, das Fläschchen in den Mund geschoben. Heute schieben sie sich es selbst in den Mund, damit die Stimmung nie ins Wanken gerät. Jedes Bedürfnis muss gestillt werden, gleich, wo es sich regt, der Zustrom der Zerstreuungen darf nie versiegen. Riesensäuglinge!

Kultur hat etwas mit freiwillig übernommener Umständlichkeit zu tun. Man sollte nicht den direkten schönen Weg wählen, um ein Bedürfnis zu befriedigen, sondern den indirekten und schönen – wobei die Pointe darin besteht, dass man für den Umweg belohnt wird, denn die mittelbare Befriedigung verschafft den größeren, subtileren Genuss. Wer sich fürs Essen nicht zu Tisch setzt, Gläser als störend empfindet, hat wenig verstanden. „Coffee to go“. „Fast food“. „Burger take-away“. „Döner Station“. Die unerfreuliche Sprache folgt dem unerfreulichen Tun. [...]

In manchen Lokalen Berlins wird Bier ohne Glas serviert. Man will die Freiheit, die man sich draußen erobert hat, drinnen nicht preisgeben. Immerhin, Gläser sind vorhanden, sie werden im Einzelfall herausgegeben, zumal an Gäste der angestaubten Sorte. Letztens wurde ich in einem Lokal gefragt: „Möchten Sie ein Glas?“ Ich gebe zu, das macht mich ein wenig stolz.

1 ubiquitär: überall verbreitet

1. Fasse den Standpunkt des Autors in ein bis zwei Sätzen zusammen.
2. Erkläre, was diesen Text zu einem Essay macht.
3. Formuliere einen Gegentext. Setze bewusst sprachliche Mittel ein.

Eintopf *Vincent Klink (2014)*

Was die deutschen Eintöpfe anbetrifft, so kommen diese aus einer ziemlich genussfeindlichen Ecke. Die Lieblingsspeise des preußischen Generals Scharnhorst war der Eintopf. Im Jahre 1807 rief er aus: „Warum viele Töpfe, wenn einer genügt?“ Tja, wenn die Militärs die Küche übernehmen, obsiegt das Pragmatische. [...]

Der Eintopf ist seither ein Synonym für Chaos, für wildes Durcheinander. Er rangiert in der Hierarchie der Speisen ganz unten, weil „Vermischtes“ noch nie in gutem Ruf stand. Was woanders, ich denke an den „Irish Stew“[1] oder den Rindertopf der Gauchos[2], ein nationales Kulturgut sein kann, wurde mit dem Eintopfsonntag der Nazizeit[3] zum kollektiven Mittagsgrausen. Diese Schrecken hängen immer noch bleischwer im deutschen Gemüt. Soll in meinem Restaurant ein Eintopf auf die Speisekarte, so bin ich inzwischen gerne geneigt, diesen „Pot-au-feu“ zu nennen. Eintopf, beispielsweise vom Kürbis, bestellt kein Gast, aber Pot-au-feu vom Muskatkürbis ist der Renner.

In Deutschland gibt es grob gerechnet über siebzig verschiedene Eintöpfe, während Frankreich sich nur auf sechs beschränkt und Italien mit

1 Irish Stew: als irisches Nationalgericht geltender Eintopf mit Fleisch, Kartoffeln, Petersilie und Zwiebeln. Hauptzutat war früher das Fleisch von Schafen, die zu alt für die Woll- und Milchproduktion geworden waren.

2 Gaucho: Viehzüchter in Südamerika

3 Eintopfsonntag der Nazizeit: Die nationalsozialistische Regierung rief die Bevölkerung dazu auf, in den Wintermonaten einmal monatlich Eintopf anstelle eines „Sonntagsgerichts“ zu essen und das gesparte Geld dem „Winterhilfswerk“ für Bedürftige zu spenden. Dies entlastete den Staatshaushalt von Sozialausgaben und wurde als Ausdruck der „Volksgemeinschaft“ propagiert.

nur vier „Stufati“ zurechtkommen muss. Man könnte das Gericht als die kulinarische Erkennungsmelodie der Deutschen bezeichnen. Vor einigen Jahrzehnten befand sich die deutsche Küche aber trotz guter und zahlreicher Eintopfrezepte keineswegs auf euphorischem Höhenflug.

Man könnte sogar behaupten, dass wir gerade wegen der Eintöpfe, dem Stampf und Mampf von der Nordsee bis zum Bodensee, von unseren Nachbarländern bemitleidet wurden. Eigentlich rührte die berechtigte Diffamierung nicht von den Eintöpfen her. Wie so oft bei Ungenießbarem waren nicht die Zutaten am schlechten Leumund schuld, sondern Küchenschlamperei fauler Köchinnen und Köche.

Kulinarisch sollte man den Eintopf ganz und gar nicht als Niete einordnen. Er muss auch nicht nur aus billigen Zutaten komponiert sein. Vielleicht kommt er in unseren Tagen wieder zu Ehren, weil wir Besseres in den Topf geben und dem Kochen allgemein mehr Aufmerksamkeit schenken als bisher. Ja, Aufmerksamkeit, das benötigen dieses Gericht und der Eintopf ganz besonders. Mögen die Ingredienzien preiswert sein, die exakten Garzeiten sind entscheidend. […]

Gemüseeintöpfe erfordern weit mehr Aufmerksamkeit als Fleischtöpfe. Da jedes Gemüse eine andere Garzeit hat, muss es auch in zeitlichen Abständen in den Topf befördert werden. Zuerst das Harte, die Karotte, dann die Sellerieknolle und die Petersilienwurzel. Wenig später die Kartoffeln und kurz vor dem Anrichten dann erst der Lauch und der Schnittlauch. Kurz gekochter Lauch, das haben wir mit der asiatischen Küche gelernt, behält seine Farbe, bleibt in frischem Aroma und ist leichter bekömmlich als weich gematschtes Nato-Oliv. Kurz und gut, am Schluss noch dünne, feste Spätzle dazu, und fertig wäre beispielsweise der „Gaisburger Marsch“, der auch ohne Fleisch, jedoch mit reichlich gerösteten Zwiebeln zum Kulturerbe der Menschheit erkoren sein müsste.

Solche Speisen köcheln unter dem Großbegriff „einfache Küche“, und da „steckt die Möhre im Dreck“! Eintopf ist alles andere als einfache Küche. Viel leichter ist es, einen Hummer fünf Minuten in heißes Wasser zu halten, zu halbieren, mit Limonen-Trüffel-Olivenöl zu beträufeln und sich dann als „Koch des Jahres“ feiern zu lassen. Küche diente leider immer auch als Statussymbol und der Demonstration von Fallhöhe. Der Eintopf machte da stets eine schlechte Figur, und das muss anders werden.

1. Arbeite die sprachlichen Ebenen des Textes heraus und erläutere ihre Wirkung.
2. Diskutiert die Aussagekraft der Gegenüberstellung in den Zeilen 47–52.
3. Verfasse den inneren Monolog des Kartoffeleintopfs auf der Speisekarte eines Luxusrestaurants.

Vegan ist auch keine Lösung *Sarah Wiener (2015)*

Essen ist etwas Kostbares. Ein Genuss! Allerdings haben heute viele das Genießen verlernt. Weil wir mit unserem Körper, mit unserer Seele nicht mehr verbunden sind, essen wir oft nebenbei. Wir kauen viel zu wenig, wir schlingen. Und denken nicht darüber nach, was wir essen, sondern stopfen uns voll mit hochverarbeitetem Fast Food. So mancher hat zu seinem Auto ein innigeres Verhältnis als zu seinem Körper. Billigbenzin, das dem Motor schadet, will keiner in sein Fahrzeug pumpen. Aber das Billigindustrieöl im Essen: Nur rein damit!

Der nächste Punkt ist: Wir essen zu viel Fleisch. In den Industrieländern ist das die größte Ernährungssünde. Denn dieses Fleisch kommt ganz überwiegend aus tierquälerischer Haltung. Und wir unterstützen so ein Massentierhaltungssystem, das die Würde der Tiere mit Füßen tritt und der Umwelt massiv schadet. Zudem spitzt unser hoher Fleischkonsum die globale Ernährungsungerechtigkeit weiter zu. Die Menschen in Südamerika zum Beispiel leiden unter unserem immensen Fleischhunger, denn die Felder, auf denen Getreide und Früchte wachsen sollten, dienen nur dem Anbau von Futtermitteln. Machen wir so weiter mit dem Fleischessen, brauchen wir bald eine zweite Erde. [...]

In den letzten Monaten habe ich vegetarisch gelebt. Ich esse generell schon wenig Fleisch, aber zuletzt, während einer Auszeit in Südamerika, habe ich ganz auf Tierisches verzichtet. Bis auf den einen oder anderen Milchbrei, den ich mir ab und zu gemacht habe. Und hier und da ein Löffelchen Honig.

Warum mein Verzicht auf Fleisch und Tierprodukte? Ganz einfach: Ich konnte mir nicht sicher sein, dass die Tiere artgerecht gehalten wurden. Was sie zu fressen bekamen. Bio steckt in Südamerika noch in den Anfangsschühchen, Transparenz in der Lebensmittelkette ist dort noch ein Fremdwort. Für mich ist es kein Genuss, in den Schenkel eines Huhns zu beißen, das weder Sonne noch Wind gespürt hat, dessen Schnabel amputiert wurde und das schon nach wenigen Tagen sein Körpergewicht kaum mehr tragen konnte. In ihrem kurzen Leben bekommen Hähnchen bis zu acht verschiedene Antibiotika – bei einer 40-tägigen Mast also statistisch gesehen jeden vierten Tag! Solches Fleisch will ich nicht essen, aus ethischen Gründen. [...]

Was mich aber stört, ist die Haltung vieler, die glauben, allein der Verzicht auf alle tierischen Produkte sei die richtige Antwort. Vegane Ernährung ist keine Lösung des Grundproblems! So mancher Veganer baut sich da schlicht eine Parallelwelt auf. Er lässt zwar keine Tiere melken, schreddern oder schlachten. Aber durch seinen Verzicht verbessert er auch nichts an den üblen Verhältnissen in der Nahrungsmittelproduktion. Denn: Vegan zu leben fördert weder die Nachfrage nach Produkten aus einer anständigen Tierhaltung noch die nach natürlichen, ökologisch erzeugten Lebensmitteln aus der eigenen Region. Im Gegenteil: Auch vegane Industrieprodukte lassen Böden erodieren, versauen das Klima und vergiften das Wasser. Das System, in dem sie entstehen, ist ebenso grundlegend falsch wie das System der Fleischproduktion. Natürlich gibt es auch unter Veganern Menschen, die auf Fertigprodukte und industrielle Lebensmittel verzichten, die sich biologisch und regional ernähren. Aber auf dem Trendmarkt Veganismus boomen eben auch all die Kunstprodukte vom Seitan-Truthahn bis zum Soja-Hamburger.

Komplett veganes Grillgut mit Seitan-Speck usw.

Ich glaube, dass sich viel Angst und Unsicherheit in unseren Essgewohnheiten ausdrückt. Nahrung wird uns zur Ersatzreligion. Wir stellen strenge, zum Teil absurde Essensregeln auf, durchleuchten Speisepläne bis ins letzte Molekül, unterwerfen uns Verboten für bestimmte Nahrungsmittelgruppen – nur um zumindest ein bisschen Kontrolle über unser zunehmend komplexes Leben zu gewinnen. Die Nahrungsmittelindustrie seziert unser Essen wie Frankenstein seine Leichen. […] Es fängt schon bei einer schlichten Sojamilch an. Kochen und drücken Sie Sojabohnen einmal aus – die Brühe ist kaum trinkbar, die möchte sich niemand in seine Latte macchiato kippen. Die Sojamilch, die heute in jedem Supermarkt steht, ist ein hochverarbeitetes Industrieprodukt und in etwa so künstlich wie eine Cola.

1. Die bekannte Köchin Sarah Wiener beschreibt und wertet abwechselnd in ihrem Text. Benenne die entsprechenden Passagen.
2. Die vegan lebende Autorin Julia Akra-Laurien antwortete auf Wieners Essay unter anderem mit der Aussage: „Wir brauchen keinen Tofu und keine Sojamilch, um uns pflanzlich zu ernähren." Erörtere diese These.
3. Schreibe einen Essay zum Thema „Fleischkonsum oder Veganismus?".

Wo wird die Kakerlakenmilch gemolken? *Udo Pollmer (2018)*

Unsere Supermärkte führen immer weniger bewährte Produkte, sie setzen lieber auf „Superfood". Statt Lebensmittel, die der Kunde zum Leben braucht, gibt's nun Kaufähiges, welches das aktuelle Glaubenssystem der Kundschaft bedient.

Nachdem viele traditionelle Erzeugnisse bis an den Rand der Ungenießbarkeit verbessert wurden, salzarm, fettarm, kalorienarm, dafür mit geschmeidigen Pflanzenfasern, sucht der Handel nun händeringend nach Alternativen. Doch das neue Sortiment an Superfood aus rohen Kakaobohnen, bitteren Wiesenkräutern und komischen Beeren, die laut Werbung „super sauer schmecken", ergibt noch kein Menü.

Zum Glück gibt es noch halbwegs echte Produkte, zum Beispiel Vollmilch. Doch die Milch fördere Krebs, verschleime Kinder und sorge, wie ein populäres Gesundheitsportal verbreitet, für einen „frühen Tod". Das Grundnahrungsmittel aller Säugetiere ist für die zarten Pflänzchen, die zum Licht der Erkenntnis emporstreben, eine leicht durchschaubare Bedrohung von Leib und Leben.

Nachdem inzwischen schon Kinderärzte vor Sojamilch warnen, gibt es nun neue Hoffnung. Am Horizont der Kurzsichtigen erscheint ein neuer Stern: die Kakerlakenmilch. Sie haben richtig gehört. In Indien, heißt es auf einer Website, die sich der gesunden Ernährung verschrieben hat, in Indien sähe man „in der Kakerlakenmilch bereits eine günstige und zudem umweltfreundliche Alternative zu Milch". In Südafrika, schreibt der Experte weiter, „hat sich zudem eine Firma [...] bereits auf die Herstellung von Milch aus Insekten spezialisiert". Laut Internetauftritt offeriert diese Speiseeis mit Insektenmilch. Obwohl gewisse Zweifel an der Existenz von Zitzen bei Käfern und Eutern bei Schmetterlingen herrschen, erfährt niemand, was die Firma tatsächlich hineinmixt. Ist vielleicht auch besser so. Sie beschränkt sich auf die Nachricht, dass sie frisches Geld gut gebrauchen könnte.

Schließlich dämmert dem Autor obiger Zitate, laut Selbstdarstellung ein Weltverbesserer, eine ganz neue Einsicht: „Kakerlakenmilch ist noch nicht marktreif." Potz Blitz! Er hat herausgefunden, „dass es wohl gar nicht so einfach sein wird, die Kakerlaken in großem Umfang zu melken". Vor die Weltverbesserung hatten die Götter früher lediglich den Schweiß gesetzt. Jetzt kommt vor dem Schweiß noch der gesunde Menschenverstand. In der von ihm zitierten Quelle ging es übrigens darum, per Gentechnik das Kakerlakeneiweiß von Hefen produzieren zu lassen. Vermutlich für Forschungszwecke. In Indien leben genug Rinder, um die Menschen mit Milch zu versorgen. Dort ist niemand so trunken, zu glauben, er müsse davon sterben. Was die Inder von Kakerlaken und ihren Exkreten halten, bedarf keiner weiteren Erörterung.

1. Beschreibe, wie der Autor unterschiedliche sprachliche Ebenen für seine Argumentation nutzt.
2. Erörtere die Eingangsthese, dass Supermärkte immer weniger bewährte Produkte führten.
3. Diskutiert die im Text formulierte Kritik.

Essayistisch schreiben

Mit diesen sieben Arbeitsschritten verfasst du einen unterhaltsamen und informativen Essay, hier am Beispiel des Themas „Schokolade".

Arbeitsschritte	Inhalt
1. Schritt: Durchdringe die Fragestellung und das Thema.	Nutze dein Vorwissen und sammle deine Assoziationen zum Thema. Überlege, welche Richtung dein Essay haben soll, um auf dieser Grundlage einen roten Faden zu entwickeln (→ Schritt 3), z. B.: *Herkunft (Kakao bei den Maya), Anbaubedingungen, Fair Trade, Schokoladensorten …*
2. Schritt: Werte das Material aus.	Werte das Material für deinen Essay aus. Prüfe dabei, welche Informationen angeboten werden und ob/wie du diese im Essay verwenden kannst/möchtest. Am besten fasst du die Materialien kurz zusammen, z. B.: *M 1: Bei den Maya wurde Kakao mit Gewürzen und Kräutern vermengt anstatt mit Zucker und Milch. → gesund*
3. Schritt: Entwickle einen roten Faden.	Gerade wegen seiner lockeren, offenen Form benötigt der Essay einen roten Faden, der die Beobachtungen verbindet. Das kann ein Gegenstand, eine Erfahrung oder auch eine bestimmte Formulierung sein, z. B.: *roter Faden: Gegensätze (Superfood – Gesundheitsgefahr; Seelentrost – Suchtstoff; Luxusgut – schlechte Bedingungen für die Kakaobauern …).*
4. Schritt: Entwirf eine Struktur.	Lege grob fest, welche Aspekte und Inhalte du in welcher Reihenfolge ansprichst, damit der rote Faden erhalten bleibt. Aus deinen Inhalten ergibt sich dann auch die passende Darstellungsweise, z. B. neutral beschreibend *(Geschichte der Schokolade)*, schillernd-poetisch *(heiß geliebter Seelentröster, zart schmelzendes Etwas)*, argumentativ-wertend *(unmoralische Bedingungen beim Kakaoanbau und -handel …).*
5. Schritt: Wähle einen Einstieg.	Ziel ist, deine Leser/-innen von Beginn an zu „fesseln". Dazu kannst du einen ganz unterschiedlichen Einstieg wählen, z. B. ein persönliches Erlebnis, eine alltägliche Beobachtung, ein Zitat oder eine provokante These, z. B.: *Erinnerung: nächtliche Lesestunden mit Schokolade nach dem Zähneputzen.*
6. Schritt: Gestalte den Schluss.	Aus dem roten Faden in deinem Text entwickelst du auch den Schluss. Hier kannst du z. B. ein Fazit ziehen, eine Forderung oder einen Appell formulieren oder auf offene Fragen hinweisen, z. B.: *Daher ein dringender Appell an die Süßwarenindustrie: Bezahlt endlich die Kakaobauern anständig! Mischt außerdem nicht tonnenweise billigen Zucker …*
7. Schritt: Schreibe deinen Essay auf.	Plane genügend Zeit für Niederschrift und Überarbeitung ein. Diese benötigst du für die sprachliche Gestaltung in einem individuellen Stil und das Spiel mit verschiedenen sprachlichen Ausdrucksformen.

5 Franz Kafka

Unterschiedliche Interpretationsansätze für kurze Erzählungen nutzen

Franz Kafka: Mann, eingezäunt
(Skizze um 1905)

Kleine Fabel *Franz Kafka (1920)*

„Ach", sagte die Maus, „die Welt wird enger mit jedem Tag. Zuerst war sie so breit, dass ich Angst hatte, ich lief weiter und war glücklich, dass ich endlich rechts und links in der Ferne Mauern sah, aber diese langen Mauern eilen so schnell aufeinander zu, dass ich schon im letzten Zimmer bin, und dort im Winkel steht die Falle, in die ich laufe." – „Du musst nur die Laufrichtung ändern", sagte die Katze und fraß sie.

www.nachgefragt.de

Frage *von Simon05:* Wir müssen in der Schule Kafkas „Kleine Fabel" analysieren und interpretieren. Verstehe 0,0. Kann mir jemand helfen? Tipps zu Textsorte, Sprache, Deutung wären super. DANKE!!!

Antwort *von Anlisa / vor 1 Jahr:* Der Weg der Maus könnte das Leben sein. Die Suche nach Orientierung (Mauern und so) und das Scheitern am Ende. Sicher bin ich mir aber nicht.

Porträt von Franz Kafka (1910)

Antwort *von Neunmalklug1 / vor 1 Jahr:* Das war auch mein Albtraum damals, diese Mäusegeschichte. Ich glaube, der hatte einen echt strengen Vater, der ihn einmal wie einen Fisch zerreißen wollte. Die Katze könnte der Vater sein.

Antwort *von Kafkaistkrass / vor 1 Jahr:* Unser Pfarrer hat in einer Predigt mal von der Fabel gesprochen. Soweit ich mich erinnere, hat er das Ändern der Laufrichtung als Buße gedeutet.

Antwort *von Moinmoin / vor 1 Jahr:* Ich denke, es geht um Freiheit und dass die Gesellschaft (oder der Staat) auf den Weg achten muss, für den sie sich entscheidet. Die Einschränkung der Freiheit ist der Preis, um sich sicherer zu fühlen. Leider ist das Ende tödlich …

1. Gib die unterschiedlichen Interpretationstipps in eigenen Worten wieder.
2. Welche Aussagen zum Text sind für dich nachvollziehbar und welche nicht? Begründe.
3. Verfasse selbst eine Antwort auf die Frage von „Simon05". Berücksichtige dabei sowohl die Textsorte als auch sprachliche Auffälligkeiten.

In diesem Kapitel …

- lernst du unterschiedliche Texte eines berühmten Autors kennen.
- wiederholst du Gattungsmerkmale von Parabeln.
- erprobst du unterschiedliche interpretatorische Zugänge zu Texten.
- verfasst du eine Textinterpretation, indem du textimmanente und textexterne Interpretationsansätze nutzt.

Merkmale einer Parabel wiederholen

Gib's auf! *Franz Kafka (1922)*

Es war sehr früh am Morgen, die Straßen rein und leer, ich ging zum Bahnhof. Als ich eine Turmuhr mit meiner Uhr verglich, sah ich, dass es schon viel später war, als ich geglaubt hatte, ich musste mich sehr beeilen, der Schrecken über diese Entdeckung ließ mich im Weg unsicher werden, ich kannte mich in dieser Stadt noch nicht sehr gut aus, glücklicherweise war ein Schutzmann in der Nähe, ich lief zu ihm und fragte ihn atemlos nach dem Weg. Er lächelte und sagte: „Von mir willst du den Weg erfahren?" „Ja", sagte ich, „da ich ihn selbst nicht finden kann." „Gib's auf, gib's auf", sagte er und wandte sich mit einem großen Schwunge ab, so wie Leute, die mit ihrem Lachen allein sein wollen.

1. Erläutere dein Verständnis des Textes.
2. Handelt es sich bei dieser Erzählung um eine Parabel? Begründe mit den Informationen im Info-Kasten.
3. Versuche, die Sachebene des Textes zu erschließen. Übertrage dazu die Tabelle in dein Heft und ergänze sie in Stichpunkten.

Bildebene: Die Geschichte	Sachebene: Die Bedeutung
– *Suche des Ich-Erzählers*	– *Suche des Menschen nach ...*
– *Der Weg ... zum Bahnhof*	– ...
– *(früher) Morgen*	– ...
– *Straßen ... rein und leer*	– ...
– ...	– ...

Info: Merkmale einer Parabel

Parabeln sind kurze Erzählungen, die eine allgemeine Erkenntnis oder Lebensweisheit bildhaft verdeutlichen. Im Unterschied zur Fabel fehlt der Parabel die „Moral". Dadurch wird sie **rätselhaft** und lässt **mehrere Deutungen** zu.

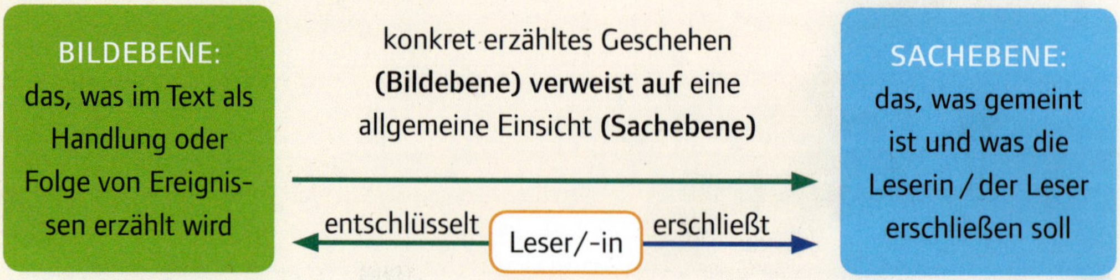

Eine Parabel textimmanent interpretieren

Auf der Galerie *Franz Kafka (1919)*

Wenn irgendeine hinfällige, lungensüchtige Kunstreiterin in der Manege auf schwankendem Pferd vor einem unermüdlichen Publikum vom peitschenschwingenden erbarmungslosen Chef monatelang ohne Unterbrechung im Kreise rundum getrieben würde, auf dem Pferde schwirrend, Küsse werfend, in der Taille sich wiegend, und wenn dieses Spiel unter dem nicht aussetzenden Brausen des Orchesters und der Ventilatoren in die immerfort weiter sich öffnende graue Zukunft sich fortsetzte, begleitet vom vergehenden und neu anschwellenden Beifallklatschen der Hände, die eigentlich Dampfhämmer sind – vielleicht eilte dann ein junger Galeriebesucher die lange Treppe durch alle Ränge hinab, stürzte in die Manege, riefe das: Halt! durch die Fanfaren des immer sich anpassenden Orchesters.

Da es aber nicht so ist; eine schöne Dame, weiß und rot, hereinfliegt, zwischen den Vorhängen, welche die stolzen Livrierten vor ihr öffnen; der Direktor, hingebungsvoll ihre Augen suchend, in Tierhaltung ihr entgegenatmet; vorsorglich sie auf den Apfelschimmel hebt, als wäre sie seine über alles geliebte Enkelin, die sich auf gefährliche Fahrt begibt; sich nicht entschließen kann, das Peitschenzeichen zu geben; schließlich in Selbstüberwindung es knallend gibt; neben dem Pferde mit offenem Munde einherläuft; die Sprünge der Reiterin scharfen Blickes verfolgt; ihre Kunstfertigkeit kaum begreifen kann; mit englischen Ausrufen zu warnen versucht; die reifenhaltenden Reitknechte wütend zu peinlichster Achtsamkeit ermahnt; vor dem großen Salto mortale das Orchester mit aufgehobenen Händen beschwört, es möge schweigen; schließlich die Kleine vom zitternden Pferde hebt, auf beide Backen küsst und keine Huldigung des Publikums für genügend erachtet; während sie selbst, von ihm gestützt, hoch auf den Fußspitzen, vom Staub umweht, mit ausgebreiteten Armen, zurückgelehntem Köpfchen ihr Glück mit dem ganzen Zirkus teilen will – da dies so ist, legt der Galeriebesucher das Gesicht auf die Brüstung und, im Schlussmarsch wie in einem schweren Traum versinkend, weint er, ohne es zu wissen.

1 Formuliere dein erstes Textverständnis schriftlich und notiere Fragen, die du an diesen Text hast.

In der Erzählung „Auf der Galerie“ von Franz Kafka geht es um ...

Marc Chagall: „Le Cirque" (Der Zirkus), 1967

Ernst Ludwig Kirchner: Zirkusreiterin, 1913

2 Beschreibe die beiden Bilder.

3 Welches Bild passt deiner Ansicht nach besser zum Text? Begründe deine Wahl.

4 a) Die folgenden Markierungen im ersten Absatz der Parabel „Auf der Galerie" heben sprachliche Besonderheiten hervor.
Erläutere diese Markierungen mithilfe der Begriffe im Wortspeicher:

Indikativ · Konjunktiv · Konditionalgefüge · Konjunktion · Partizip · Adjektiv · Hauptsatz · Gliedsatz

Wenn irgendeine hinfällige, lungensüchtige Kunstreiterin in der Manege auf schwankendem Pferd vor einem unermüdlichen Publikum vom peitschenschwingenden erbarmungslosen Chef monatelang ohne Unterbrechung im Kreise rundum getrieben würde, auf dem Pferde schwirrend, Küsse werfend, in der Taille sich wiegend, und wenn dieses Spiel unter dem nicht aussetzenden Brausen des Orchesters und der Ventilatoren in die immerfort weiter sich öffnende graue Zukunft sich fortsetzte, begleitet vom vergehenden und neu anschwellenden Beifallklatschen der Hände, die eigentlich Dampfhämmer sind – vielleicht eilte dann ein junger Galeriebesucher die lange Treppe durch alle Ränge hinab, stürzte in die Manege, riefe das: Halt! durch die Fanfaren des immer sich anpassenden Orchesters.

b) Erläutere die sprachlichen Besonderheiten wie im Beispiel.

schwarzer Rahmen: →	wenn …, dann → Konditionalgefüge →	Formuliert eine Bedingung („wenn“) und etwas, das eintritt, wenn die Bedingung erfüllt ist („dann“).
grüne Unterstreichung: →	… →	…
grüne Markierung →	… →	…

5 Markiere die sprachlichen Auffälligkeiten im zweiten Abschnitt des Textes entsprechend und erläutere sie wie in Aufgabe 4.
Arbeite mit einer Kopie oder einer Überdeckfolie.

6 Untersuche das Verhältnis von Inhalt und Form in dieser Parabel. Gehe dabei auch auf die Rolle und die Darstellung der einzelnen Figuren ein.
Tipps & Hilfen (→ S. 312)

7 Diskutiert die folgende Deutungsthese: „Kafka spielt in seiner Parabel mit Sein und Schein“. Bezieht auch euer erstes Textverständnis (→ S. 111, Aufgabe 1) mit in die Diskussion ein.

8 Verfasse eine schriftliche Interpretation der Erzählung „Auf der Galerie“. Orientiere dich dabei an den Hinweisen im Info-Kasten.

Info: Textimmanent interpretieren

Bei dem **textimmanenten Interpretationsansatz** interpretiert man einen literarischen Text nur anhand der Merkmale des Textes selbst, ohne auf andere Faktoren, wie z. B. die Biografie der Autorin / des Autors, das historische Umfeld zur Zeit der Entstehung des Werkes oder Bezüge zu anderen Texten, einzugehen.
Neben dem Inhalt betrachtet man bei diesem Interpretationsansatz vor allem die sprachlichen Besonderheiten wie Syntax, Interpunktion, Wortbedeutungen, Wortfelder, sprachliche Mittel, Sprachebene und die Rolle der Erzählerin / des Erzählers (→ Info-Kasten, S. 167).

Gehe bei der Interpretation einer Parabel so vor:
- **Einleitung:**
  Nenne **Titel, Textsorte, Autor/-in, Jahr** der Entstehung oder Veröffentlichung das Thema der Parabel und formuliere eine **Deutungsthese**.
- **Hauptteil:**
  Gib kurz den **Inhalt des Textes** wieder und erläutere dann den **Zusammenhang zwischen Bild- und Sachebene**. Beziehe auch die **sprachlichen Merkmale** des Textes mit ein und belege deine Deutung am Text.
- **Schluss:**
  Stelle einen Bezug zur Deutungsthese her und ziehe ein kurzes Fazit.

Unterschiedliche Zugänge zu Texten kennen lernen

Eine Parabel textimmanent interpretieren

1. Was verbindest du mit dem Begriff „Heimkehr“? Notiere deine spontanen Assoziationen.

Heimkehr *Franz Kafka (1920)*

Ich bin zurückgekehrt, ich habe den Flur durchschritten und blicke mich um. Es ist meines Vaters alter Hof. Die Pfütze in der Mitte. Altes, unbrauchbares Gerät, ineinander verfahren, verstellt den Weg zur Bodentreppe. Die Katze lauert auf dem Geländer. Ein zerrissenes Tuch, einmal im Spiel um eine Stange gewunden, hebt sich im Wind. Ich bin angekommen. Wer wird mich empfangen? Wer wartet hinter der Tür der Küche? Rauch kommt aus dem Schornstein, der Kaffee zum Abendessen wird gekocht. Ist dir heimlich, fühlst dich zu Hause? Ich weiß es nicht, ich bin sehr unsicher. Meines Vaters Haus ist es, aber kalt steht Stück neben Stück, als wäre jedes mit seinen eigenen Angelegenheiten beschäftigt, die ich teils vergessen habe, teils niemals kannte. Was kann ich ihnen nützen, was bin ich ihnen und sei ich auch des Vaters, des alten Landwirts Sohn. Und ich wage nicht, an der Küchentür zu klopfen, nur von der Ferne horche ich, nur von der Ferne horche ich stehend, nicht so, dass ich als Horcher überrascht werden könnte. Und weil ich von Ferne horche, erhorche ich nichts, nur einen leichten Uhrenschlag höre ich oder glaube ihn vielleicht nur zu hören, herüber aus den Kindertagen. Was sonst in der Küche geschieht, ist das Geheimnis der dort Sitzenden, das sie vor mir wahren. Je länger man vor der Tür zögert, desto fremder wird man. Wie wäre es, wenn jetzt jemand die Tür öffnete und mich etwas fragte. Wäre ich dann nicht selbst wie einer, der sein Geheimnis wahren will.

2. Formuliere – ausgehend von den Ergebnissen von Aufgabe 1 – ein erstes Textverständnis.
3. Diskutiert: Handelt es sich bei dem Text um eine Parabel?

4 Unterteile den Text in drei Teile. Begründe deine Einteilung.
Tipps & Hilfen (→ S. 312)

5 a) Betrachte die Figuren:
- Welche Figuren kommen in der Erzählung vor?
- Was erfährst du über sie?

b) Erläutere, welche Bedeutung der Vater auf der Bildebene hat.

6 Untersuche die Rolle des Erzählers und die sprachlichen Auffälligkeiten des Textes und deute sie.
Tipps & Hilfen (→ S. 312)

7 Diskutiert, welche Bedeutung „Heimkehr" auf der Sachebene haben könnte.

8 Verfasse nun eine schriftliche Interpretation des Textes (→ Info-Kasten, S. 113). Gehe so vor:

a) Verfasse eine Einleitung für deine Interpretation und fasse anschließend die Handlung auf der Bildebene zusammen.

b) Schreibe den Hauptteil deiner Textinterpretation. Ergänze dazu den folgenden Interpretationstext und setze ihn fort.

> *Die Situation des Ich-Erzählers ist bildhafter Ausdruck eines Fremdseins. Es bildet somit den Gegenpol zur Heimkehr im Titel der Parabel. Alle Hindernisse auf dem Weg, wie die Pfütze, das ineinander verfahrene Gerät, die lauernde Katze (vgl. Z. 4–7), verdeutlichen dieses Fremdsein sinnbildlich. Heimat als Ziel von Heimkehr existiert nur im Raum der Küche, die* _____ *Durch die Adjektive* _____ *wirkt das Haus des Vaters* _____.

c) Verfasse den Schluss. Fasse darin noch einmal dein Verständnis des Textes zusammen. Nutze die folgenden Textbausteine bei Bedarf.

> A *Die Antwort auf die Frage, welche Bedeutung die Parabel auf der Sachebene hat, ist ...*
>
> B *Zusammenfassend lässt sich sagen, dass Kafkas „Heimkehr" ...*
>
> C *Bei Kafkas Text „Heimkehr" handelt es sich also um ...*

Biografische Informationen für die Interpretation nutzen

Material 1 Brief an den Vater (Auszug) *Franz Kafka (1919)*

Liebster Vater,
Du hast mich letzthin einmal gefragt, warum ich behaupte, ich hätte Furcht vor Dir. Ich wusste Dir, wie gewöhnlich, nichts zu antworten, zum Teil eben aus der Furcht, die ich vor Dir habe, zum Teil deshalb, weil zur Begründung dieser Furcht zu viele Einzelheiten gehören, als dass ich sie im Reden halbwegs zusammenhalten könnte. Und wenn ich hier versuche, Dir schriftlich zu antworten, so wird es doch nur sehr unvollständig sein, weil auch im Schreiben die Furcht und ihre Folgen mich Dir gegenüber behindern und weil die Größe des Stoffs über mein Gedächtnis und meinen Verstand weit hinausgeht.

Dir hat sich die Sache immer sehr einfach dargestellt, wenigstens soweit Du vor mir und, ohne Auswahl, vor vielen andern davon gesprochen hast. Es schien Dir etwa so zu sein: Du hast Dein ganzes Leben lang schwer gearbeitet, alles für Deine Kinder, vor allem für mich, geopfert, ich habe infolgedessen „in Saus und Braus" gelebt, habe vollständige Freiheit gehabt zu lernen, was ich wollte, habe keinen Anlass zu Nahrungssorgen, also zu Sorgen überhaupt gehabt; Du hast dafür keine Dankbarkeit verlangt, Du kennst „die Dankbarkeit der Kinder", aber doch wenigstens irgendein Entgegenkommen, Zeichen eines Mitgefühls; stattdessen habe ich mich seit jeher vor Dir verkrochen, in mein Zimmer, zu Büchern, zu verrückten Freunden, zu überspannten Ideen; offen gesprochen habe ich mit Dir niemals, in den Tempel[1] bin ich nicht zu Dir gekommen, in Franzensbad[2] habe ich Dich nie besucht, auch sonst nie Familiensinn gehabt, um das Geschäft und Deine sonstigen Angelegenheiten habe ich mich nicht gekümmert, die Fabrik habe ich Dir aufgehalst und Dich dann verlassen, Ottla[3] habe ich in ihrem Eigensinn unterstützt, und während ich für Dich keinen Finger rühre (nicht einmal eine Theaterkarte bringe ich Dir), tue ich für Freunde alles. Fasst Du Dein Urteil über mich zusammen,

1 der Tempel: gemeint ist hier die Synagoge, ein jüdisches Gotteshaus
2 Franzensbad: Kurort im heutigen Tschechien
3 Ottla: jüngste Schwester von Franz Kafka, die sich ihrem Vater widersetzte und einen Katholiken heiratete

so ergibt sich, dass Du mir zwar etwas geradezu Unanständiges oder Böses nicht vorwirfst (mit Ausnahme vielleicht meiner letzten Heiratsabsicht), aber Kälte, Fremdheit, Undankbarkeit. Und zwar wirfst Du es mir so vor, als wäre es meine Schuld, als hätte ich etwa mit einer Steuerdrehung das Ganze anders einrichten können, während Du nicht die geringste Schuld daran hast, es wäre denn die, dass Du zu gut zu mir gewesen bist.

Diese Deine übliche Darstellung halte ich nur so weit für richtig, dass auch ich glaube, Du seist gänzlich schuldlos an unserer Entfremdung. Aber ebenso gänzlich schuldlos bin auch ich. Könnte ich Dich dazu bringen, dass Du das anerkennst, dann wäre – nicht etwa ein neues Leben möglich, dazu sind wir beide viel zu alt, aber doch eine Art Friede, kein Aufhören, aber doch ein Mildern Deiner unaufhörlichen Vorwürfe. [...]

Ich sage ja natürlich nicht, dass ich das, was ich bin, nur durch Deine Einwirkung geworden bin. Das wäre sehr übertrieben (und ich neige sogar zu dieser Übertreibung). Es ist sehr leicht möglich, dass ich, selbst wenn ich ganz frei von Deinem Einfluss aufgewachsen wäre, doch kein Mensch nach Deinem Herzen hätte werden können. Ich wäre wahrscheinlich doch ein schwächlicher, ängstlicher, zögernder, unruhiger Mensch geworden, weder Robert Kafka[4] noch Karl Hermann[5], aber doch ganz anders, als ich wirklich bin, und wir hätten uns ausgezeichnet miteinander vertragen können. Ich wäre glücklich gewesen, Dich als Freund, als Chef, als Onkel, als Großvater, ja selbst (wenn auch schon zögernder) als Schwiegervater zu haben. Nur eben als Vater warst Du zu stark für mich, besonders da meine Brüder klein starben, die Schwestern erst lange nachher kamen, ich also den ersten Stoß ganz allein aushalten musste, dazu war ich viel zu schwach. [...]

Franz

Kafka hat diesen „Brief an den Vater" nie abgeschickt. Anlass des im Original fast hundertseitigen Briefs war ein Konflikt Kafkas mit seinem Vater wegen einer jungen Frau, die Kafka heiraten wollte und die sein Vater aus moralischen Gründen ablehnte. Der Brief stellt einen Höhepunkt in der angespannten Beziehung zwischen Vater und Sohn dar.

❶ a) Fasse zusammen, wie Kafka in diesem Brief das Verhältnis zu seinem Vater darstellt.
b) Diskutiert, inwiefern euch der „Brief an den Vater" beim Verständnis der Parabel „Heimkehr" hilft.

❷ Formuliere zwei Interpretationsaussagen zur Parabel „Heimkehr", bei denen du dein Wissen aus dem Brief mit einbeziehst.

4 Robert Kafka: Cousin Franz Kafkas
5 Karl Hermann: Ehemann von Franz Kafkas Schwester Elli, von Beruf Handelsagent

Material 2 **Das Gleichnis vom verlorenen Sohn** *Lukasevangelium*

Alle Zöllner und Sünder kamen zu ihm, um ihn zu hören. Die Pharisäer und die Schriftgelehrten empörten sich darüber und sagten: Dieser nimmt Sünder auf und isst mit ihnen. Da erzählte er ihnen dieses Gleichnis und sagte: [...] Ein Mann hatte zwei Söhne. Der jüngere von ihnen sagte zu seinem Vater: Vater, gib mir das Erbteil, das mir zusteht! Da teilte der Vater das Vermögen unter ihnen auf. Nach wenigen Tagen packte der jüngere Sohn alles zusammen und zog in ein fernes Land. Dort führte er ein zügelloses Leben und verschleuderte sein Vermögen. Als er alles durchgebracht hatte, kam eine große Hungersnot über jenes Land und er begann Not zu leiden. Da ging er zu einem Bürger des Landes und drängte sich ihm auf; der schickte ihn aufs Feld zum Schweinehüten. Er hätte gern seinen Hunger mit den Futterschoten gestillt, die die Schweine fraßen; aber niemand gab ihm davon. Da ging er in sich und sagte: Wie viele Tagelöhner meines Vaters haben Brot im Überfluss, ich aber komme hier vor Hunger um. Ich will aufbrechen und zu meinem Vater gehen und zu ihm sagen: Vater, ich habe mich gegen den Himmel und gegen dich versündigt. Ich bin nicht mehr wert, dein Sohn zu sein; mach mich zu einem deiner Tagelöhner! Dann brach er auf und ging zu seinem Vater. Der Vater sah ihn schon von Weitem kommen und er hatte Mitleid mit ihm. Er lief dem Sohn entgegen, fiel ihm um den Hals und küsste ihn. Da sagte der Sohn zu ihm: Vater, ich habe mich gegen den Himmel und gegen dich versündigt; ich bin nicht mehr wert, dein Sohn zu sein. Der Vater aber sagte zu seinen Knechten: Holt schnell das beste Gewand und zieht es ihm an, steckt einen Ring an seine Hand und gebt ihm Sandalen an die Füße! Bringt das Mastkalb her und schlachtet es; wir wollen essen und fröhlich sein. Denn dieser, mein

Sohn, war tot und lebt wieder; er war verloren und ist wiedergefunden worden. Und sie begannen, ein Fest zu feiern. Sein älterer Sohn aber war auf dem Feld. Als er heimging und in die Nähe des Hauses kam, hörte er Musik und Tanz. Da rief er einen der Knechte und fragte, was das bedeuten solle. Der Knecht antwortete ihm: Dein Bruder ist gekommen und dein Vater hat das Mastkalb schlachten lassen, weil er ihn gesund wiederbekommen hat. Da wurde er zornig und wollte nicht hineingehen. Sein Vater aber kam heraus und redete ihm gut zu. Doch er erwiderte seinem Vater: Siehe, so viele Jahre schon diene ich dir und nie habe ich dein Gebot übertreten; mir aber hast du nie einen Ziegenbock geschenkt, damit ich mit meinen Freunden ein Fest feiern konnte. Kaum aber ist der hier gekommen, dein Sohn, der dein Vermögen mit Dirnen durchgebracht hat, da hast du für ihn das Mastkalb geschlachtet. Der Vater antwortete ihm: Mein Kind, du bist immer bei mir und alles, was mein ist, ist auch dein. Aber man muss doch ein Fest feiern und sich freuen; denn dieser, dein Bruder, war tot und lebt wieder; er war verloren und ist wiedergefunden worden.

1. Erkläre die Bedeutung des Gleichnisses vom verlorenen Sohn.
2. Vergleiche Handlung, Figurengestaltung und Botschaft von Kafkas „Heimkehr" und dem „Gleichnis vom verlorenen Sohn".
   Tipps & Hilfen (→ S. 313)
3. Diskutiert: Welche Beziehung hat das biblische Gleichnis zu Kafkas Erzählung? Begründet eure Einschätzung.
4. Formuliere zwei bis drei vergleichende Interpretationsaussagen zu Kafkas Parabel und dem biblischen Gleichnis.
   Tipps & Hilfen (→ S. 313)

Info: Einen Text mithilfe textexterner Informationen interpretieren

Bei der Interpretation eines Textes geht man in der Regel von einer textimmanenten Interpretation (→ S. 113) aus. Zusätzlich kann man aber auch auf **textexterne Informationen** zurückgreifen. Dazu gehören beispielsweise biografische Informationen zur Autorin / zum Autor (z. B. zu Elternhaus, Schule, historischem und gesellschaftlichem Umfeld), Bedingungen, unter denen der Text entstanden ist, oder Bezüge zu anderen Texten. All diese Informationen können ein Schlüssel zum Text sein.
Dabei ist es wichtig zu beachten, dass **die Autorin / der Autor nicht identisch mit der Erzählerin / dem Erzähler oder einer bestimmten Figur** eines Textes ist und daher nicht mit diesen verwechselt werden darf. Trotzdem haben die Erfahrungen oder die Denkweise einer Autorin / eines Autors Auswirkungen auf ihr/sein Werk.

Unterschiedliche Textzugänge für eine Interpretation nutzen

Poseidon *Franz Kafka (1920)*

Poseidon saß an seinem Arbeitstisch und rechnete. Die Verwaltung aller Gewässer gab ihm unendliche Arbeit. Er hätte Hilfskräfte haben können, wie viel er wollte, und er hatte auch sehr viele, aber da er sein Amt sehr ernst nahm, rechnete er alles noch einmal durch und so halfen ihm die Hilfskräfte wenig. Man kann nicht sagen, dass ihn die Arbeit freute, er führte sie eigentlich nur aus, weil sie ihm auferlegt war, ja, er hatte sich schon oft um fröhlichere Arbeit, wie er sich ausdrückte, beworben, aber immer, wenn man ihm dann verschiedene Vorschläge machte, zeigte es sich, dass ihm doch nichts so zusagte wie sein bisheriges Amt. Es war auch sehr schwer, etwas anderes für ihn zu finden. Man konnte ihm doch unmöglich etwa ein bestimmtes Meer zuweisen; abgesehen davon, dass auch hier die rechnerische Arbeit nicht kleiner, sondern nur kleinlicher war, konnte der große Poseidon doch immer nur eine beherrschende Stellung bekommen. Und bot man ihm eine Stellung außerhalb des Wassers an, wurde ihm schon von der Vorstellung übel, sein göttlicher Atem geriet in Unordnung, sein eherner[1] Brustkorb schwankte. Übrigens nahm man seine Beschwerden nicht eigentlich ernst; wenn ein Mächtiger quält, muss man ihm auch in der aussichtslosesten Angelegenheit scheinbar nachzugeben versuchen; an eine wirkliche Enthebung Poseidons von seinem Amt dachte niemand, seit Urbeginn war er zum Gott der Meere bestimmt worden und dabei musste es bleiben.

1 ehern: eisern

Am meisten ärgerte er sich – und dies verursachte hauptsächlich seine Unzufriedenheit mit dem Amt –, wenn er von den Vorstellungen hörte, die man sich von ihm machte, wie er etwa immerfort mit dem Dreizack durch die Fluten kutschiere. Unterdessen saß er hier in der Tiefe des Weltmeeres und rechnete ununterbrochen, hie und da eine Reise zu Jupiter war die einzige Unterbrechung der Eintönigkeit, eine Reise übrigens, von der er meistens wütend zurückkehrte. So hatte er die Meere kaum gesehn, nur flüchtig beim eiligen Aufstieg zum Olymp, und niemals wirklich durchfahren. Er pflegte zu sagen, er warte damit bis zum Weltuntergang, dann werde sich wohl noch ein stiller Augenblick ergeben, wo er knapp vor dem Ende nach Durchsicht der letzten Rechnung noch schnell eine kleine Rundfahrt werde machen können.

1 a) Was erfährst du in der Erzählung über die Figur Poseidon? Benenne Textstellen als Beleg.
b) Versuche zu erklären, warum sich Poseidons Situation nicht ändert. Begründe mit dem Text.

2 Erläutere, wofür Poseidon und seine Situation auf der Sachebene stehen könnten und welche Haltung Kafka mit dieser Parabel kritisiert.
Tipps & Hilfen (→ S. 313)

3 a) Untersuche die sprachliche Gestaltung des Textes und die Rolle des Erzählers (→ Info-Kasten, S. 167). Arbeite mit einer Kopie oder einer Überdeckfolie.
b) Deute die inhaltlichen und sprachlichen Besonderheiten.

Poseidon <u>saß</u> an seinem Arbeitstisch und <u>rechnete</u>.	– <u>Präteritum</u> → berichtend
Die Verwaltung aller Gewässer gab <u>ihm</u> unendliche	– <u>Betonung der Menge</u>
Arbeit. Er hätte Hilfskräfte haben können, wie viel er	– Konjunktiv (Möglichkeit)
wollte, und er hatte auch sehr viele, aber da er sein	– Indikativ (Realität)
Amt sehr ernst nahm, rechnete er alles noch einmal	
durch und so halfen ihm die Hilfskräfte wenig. Man	– „man“ = unpersönlich →
kann nicht sagen, dass ihn die Arbeit freute …	unpersönliche Masse

Material 1 Lexikon der griechischen und römischen Mythologie

Poseidon *(Poseidon), Sohn des Kronos*[1] *und der Rheya, griechischer Gott des Meeres*

P. ist Bruder des Zeus[2], des Hades[3] und der Hera[4] und Gemahl der Amphitrite[5]. Seine Herrschaft über das Meer übt er als „Erderschütterer" aus. Mit seinem Dreizack spaltet er Felsen und wühlt das Meer auf. Wie P. Seesturm und Erdbeben hervorrufen kann, so liegt auch die Beruhigung der Meeresoberfläche in seiner Hand. Bei Homer[6] fügt sich P. zumeist den Befehlen seines älteren Bruders Zeus. Trotzdem stellt er einmal fest, dass die drei Reiche Himmel, Meer und Unterwelt unter drei gleichberechtigte Brüder (Zeus, P., Hades) verteilt wurden und die Erde sowie der Olymp allen gemeinsam blieben.

P. kämpft vor Troja[7] wie die anderen Götter und hält sich auch lange im Olymp[8] auf. Sein eigentliches Heim aber ist der Palast, den er mit Amphitrite in den Tiefen des Ägäischen Meeres bewohnt.

1 Kronos: jüngster Sohn der Gaia (Erde) und des Uranos (Himmel), Vater des Göttervaters Zeus
2 Zeus: Göttervater in der griechischen Mythologie
3 Hades: Herrscher über die Unterwelt
4 Hera: Gattin und gleichzeitig Schwester von Zeus
5 Amphitrite: Göttin der Meere
6 Homer: Dichter der griechischen Epen „Odyssee" und „Ilias". Seine genauen Lebensdaten sind ungeklärt. Vermutlich lebte er, wenn es ihn tatsächlich gab, im 8. oder 7. Jahrhundert v. Chr.
7 Troja: antike Stadt in der heutigen Türkei. Der Trojanische Krieg ist eines der wichtigsten Ereignisse in der griechischen Mythologie und wird in Homers „Ilias" geschildert.
8 der Olymp: höchstes Gebirge Griechenlands; in der griechischen Mythologie die Heimat der Götter

4 Erkläre, welche Bedeutung Poseidon in der griechischen Mythologie hatte.

5 Notiere alle Informationen des Lexikonartikels, die dir bei der Interpretation von Kafkas Erzählung helfen könnten.

6 Vergleiche den mythologischen Poseidon mit der Figur in Kafkas Erzählung.

Material 2 **Der Beamte** *Alfred Weber (1910)*

Die unteren Schichten der Bevölkerung [gemeint sind hier die Arbeiter] haben es verstanden, als Menschen aus der Zerstörung ihrer Arbeitswerte sich zu retten, indem sie den entwerteten Beruf, die Arbeit, die sie tun, als das behandeln, was sie nur noch ist: „Gegebenheit", nicht mehr; indem sie im Übrigen sich von ihr distanzieren und außerhalb des Arbeitsmechanismus, in dem sie stehn, den geistigen Schwerpunkt ihres Daseins legen; indem sie im Leben suchen, was es in der Arbeit nicht oder nur noch teilweise gibt: Persönlichkeit und Freiheit. [...]

Die zu Beamten und Angestellten transformierten[1] mittleren und oberen Schichten der Gesellschaft aber? Man sucht sie mit allen Mitteln, die es gibt, an den Apparat[2] und den Beruf zu ketten, sodass sie in ihm aufgehn. Man bietet ihnen Sicherheit, Bequemlichkeit der Existenz statt ruhelosem, unsicherem Kampf im Strom des Lebens: – Dafür aber verlangt man Lebensbindung an den Apparat: „Gehorsam" in ihm. Man bietet ihnen die Möglichkeit im Apparat von Platz zu Platz zu steigen, die Aussicht auf „Karriere" und auf künftige Macht; – verlangt dann aber als Entgelt[3] die ganze Arbeitskraft. Man bietet ihnen „Achtung" und soziale Stellung, wenn man Staat und Kommune ist, hübsche Titel; – verlangt dafür aber zusätzlich zur Arbeitskraft auch noch jeden Menschen selber – seine „Seele".

Und was tun die so in den Apparat hineingesogenen Menschen? Beantworten wir das später. Sagen wir zunächst: Die Gefahr besteht, dass sie vergessen zu tun, was die viel ungebildeteren, aber kräftigeren unteren Schichten taten, dass sie vergessen, sich von dem Apparat zu distanzieren [...].

1 transformierten: umgeformten, umgewandelten
2 der Apparat: Gemeint ist der Staat bzw. das „System".
3 das Entgelt: die Bezahlung, das Gehalt

7 a) Formuliere mit eigenen Worten, wie der Soziologe Alfred Weber die Situation der Beamten zur Zeit Kafkas darstellt.
Tipps & Hilfen (→ S. 313)
b) Welche Unterschiede sieht Weber zwischen Arbeitern und Beamten? Begründe.

8 Diskutiert: Verhält sich Kafkas Poseidon wie ein von Alfred Weber beschriebener „typischer Beamter"? Begründet mit entsprechenden Textbelegen.

9 a) Formuliere mögliche Deutungsthesen zu Kafkas „Poseidon" (→ S. 120 f.). Nutze hierbei den Lexikonauszug und den Text von Alfred Weber als Hintergrundwissen.
b) Verfasse auf der Grundlage deiner Deutungsthese eine schriftliche Interpretation der Parabel „Poseidon" (→ S. 120 f.).

Eine Interpretation überarbeiten

1 Erläutere den Aufbau der Einleitung zu einer Interpretation von Kafkas Parabel „Kleine Fabel" (→ S. 108) und ergänze eine kurze Inhaltswiedergabe der Bildebene.

Die Parabel „Kleine Fabel" von Franz Kafka entstand um 1920, wurde aber erst nach Kafkas Tod von dessen Freund und Herausgeber Max Brod veröffentlicht. Der Titel des kurzen Textes stammt ebenfalls von Max Brod und nicht von Kafka selbst. Die Protagonisten des Textes sind sprechende und handelnde Tiere, eine Maus und eine Katze. Die Situation der Maus . Die Katze dagegen .

2 Formuliere die folgende Aussage zur Sachebene der Parabel als Deutungsthese und schließe sie an die ersten Sätze der Einleitung an.
Nutze die Formulierungshilfen im Wortspeicher.

Weg der Maus: Sinnbild für den Lebensweg des Menschen

Die Handlung der „Kleine[n] Fabel" kann gedeutet werden als … • Die Beziehung zwischen den Protagonisten ist geprägt von …, was darauf hindeutet, dass … • Das Leben der Maus in diesem Text ist Sinnbild für … • Die Grundbotschaft des Textes ist … • Der Text kann verstanden werden als …

3 a) Im folgenden Text wird die Deutungsthese entfaltet. Suche geeignete Textbelege aus der Parabel „Kleine Fabel" (→ S. 108), mit denen die Deutung gestützt werden kann. Verwende bei Bedarf Formulierungen aus dem Wortspeicher:

Das zeigt sich beispielsweise an der Aussage: … • Die Aussage: … zeigt, … • So heißt es in Zeile …: … • Deutlich wird das … • Das sprachliche Mittel … verdeutlicht … • Die Erwähnung von … macht deutlich … • Die Wirkung wird noch unterstützt durch … • An mehreren Stellen im Text wird deutlich …, z. B. …

Dass der Lebensweg der Maus vorherbestimmt und unausweichlich ist, zeigt sich an den Mauern, die ihr Leben begrenzen und ihren Weg in immer engere Bahnen lenken. Obwohl die Aussicht auf Begrenzung der großen Welt die Maus zunächst mit Glück erfüllt, fühlt sie sich nach und nach eingeengt und bedroht. Durch das Bild der heraneilenden Mauern wird das Gefühl der Maus unterstützt, passiv und ihrer Welt ausgeliefert zu sein. Am Ende des Weges, der als Bild für den Lauf des Lebens gesehen werden kann, steht die Falle. Auch der Versuch der Maus, ihrem unvermeidlichen Schicksal auszuweichen, indem sie auf den Rat der Katze hin umdreht, kann sie nicht vor ihrem Schicksal bzw. dem Tod retten.

Interessant für die Aussage ist auch die Zeitgestaltung der Parabel. Sie beginnt mit wörtlicher Rede im Präsens, wechselt dann ins Präteritum und schließlich zurück ins Präsens. Die beiden Zeitstufen entsprechen der Gegenwart und der Vergangenheit im Leben der Maus. So befindet sich die Maus am Beginn der Parabel am Ende ihres Lebens. Dass sie ihre Situation bedauert, wird bereits mit der klagenden Feststellung im ersten Satz deutlich.
Der anschließend im Präteritum formulierte Rückblick kann auf der Sachebene gedeutet werden als der Blick auf vergangene Lebensphasen. Die Weite der Welt am Anfang des Lebens könnte als Bild für die Offenheit und Unbegrenztheit der Möglichkeiten in der Jugendphase stehen: Die Welt bietet eine Fülle von möglichen Wegen in das Erwachsenenleben. Die Auswahl zwischen diesen Wegen engt sich, je älter man wird, immer mehr ein. Wie im Leben der Maus …
Durch die Rückkehr zum Präsens am Ende der Parabel …

b) Setze die Interpretation fort.

4 Untersuche den folgenden Abschnitt der Interpretation, der sich auf den Titel der Erzählung bezieht. Prüfe, an welchen Stellen der Verfasser textimmanent arbeitet und wo er sich auf textexterne Quellen stützt.

Dass der Text als „Fabel" betitelt wird, scheint angesichts der Tatsache, dass die Protagonisten – Maus und Katze – sprechende und menschlich handelnde Tiere sind, zunächst plausibel. Auch das Merkmal der Rede und Gegenrede (vgl. Z. 1–5 und Z. 5 f.) deutet auf eine Fabel hin. Dennoch handelt es sich nicht um eine typische Fabel, denn es fehlt ihr sowohl die für die Fabel charakteristische Festlegung der Tiere auf ihre „typ[ischen] feststehenden, allg[emein] anerkannten Charaktereigenschaften" (Gero von Wilpert, Sachwörterbuch der Literatur, Artikel Fabel, S. 254) als auch die in der Fabel vermittelte Moral, die „allg[emein] „anerkannte Wahrheit" oder „prakt[ische] Lebensweisheit" (ebd.). Kafkas „Kleine Fabel" ist, wie die Interpretation gezeigt hat, vielmehr eine Parabel, welche die Leserin / den Leser auffordert, sich selbst Gedanken über die Sachebene zu machen.

5 Formuliere einen Schluss für die Interpretation, indem du einen Bezug zur Deutungsthese (→ S. 124, Aufgabe 2) herstellst und ein kurzes Fazit ziehst.
Du kannst die Formulierungshilfen im Wortspeicher nutzen:

> Die Parabel kann also als Bild für … verstanden werden, indem … • Ebenso wie die Unausweichlichkeit des Schicksals für die Maus kann … betrachtet werden • Die Parabel bringt also zum Ausdruck, dass … • Die Parabel kann als Ausdruck von Kafkas Bild vom menschlichen Leben gelesen werden, da … • Besonders plausibel ist die Deutung der Fabel als …

Zum Schmökern, Schauen, Weiterdenken

Vor dem Gesetz *Franz Kafka (1915)*

Vor dem Gesetz steht ein Türhüter. Zu diesem Türhüter kommt ein Mann vom Lande und bittet um Eintritt in das Gesetz. Aber der Türhüter sagt, dass er ihm jetzt den Eintritt nicht gewähren könne. Der Mann überlegt und fragt dann, ob er also später werde eintreten dürfen. „Es ist möglich", sagt der Türhüter, „jetzt aber nicht." Da das Tor zum Gesetz offen steht wie immer und der Türhüter beiseitetritt, bückt sich der Mann, um durch das Tor in das Innere zu sehn. Als der Türhüter das merkt, lacht er und sagt: „Wenn es dich so lockt, versuche es doch, trotz meines Verbotes hineinzugehn. Merke aber: Ich bin mächtig. Und ich bin nur der unterste Türhüter. Von Saal zu Saal stehn aber Türhüter, einer mächtiger als der andere. Schon den Anblick des dritten kann nicht einmal ich mehr ertragen." Solche Schwierigkeiten hat der Mann vom Lande nicht erwartet; das Gesetz soll doch jedem und immer zugänglich sein, denkt er, aber als er jetzt den Türhüter in seinem Pelzmantel genauer ansieht, seine große Spitznase, den langen, dünnen, schwarzen tatarischen[1] Bart, entschließt er sich, doch lieber zu warten, bis er die Erlaubnis zum Eintritt bekommt. Der Türhüter gibt ihm einen Schemel und lässt ihn seitwärts von der Tür sich niedersetzen. Dort sitzt er Tage und Jahre. Er macht viele Versuche, eingelassen zu werden, und ermüdet den Türhüter durch seine Bitten. Der Türhüter stellt öfters kleine Verhöre mit ihm an, fragt ihn über seine Heimat aus und nach vielem andern, es sind aber teilnahmslose Fragen, wie sie große Herren stellen, und zum Schlusse sagt er ihm immer wieder, dass er ihn noch nicht einlassen könne. Der Mann, der sich für seine Reise mit vielem ausgerüstet hat, verwendet alles, und sei es noch so wertvoll, um den Türhüter zu bestechen. Dieser nimmt zwar alles an, aber sagt dabei: „Ich nehme es nur an, damit du nicht glaubst, etwas versäumt zu haben." Während der vielen Jahre beobachtet der Mann den Türhüter fast ununterbrochen. Er vergisst die andern Türhüter, und dieser erste scheint ihm das einzige Hindernis für den Eintritt in das Gesetz. Er verflucht den unglücklichen Zufall, in den ersten Jahren rücksichtslos und laut, später, als er alt wird, brummt er nur noch vor sich hin. Er wird kindisch, und da er in dem jahrelangen Studium des Türhüters auch die Flöhe in seinem Pelzkragen erkannt hat, bittet er auch die Flöhe, ihm zu helfen und den Türhüter umzustimmen. Schließlich wird sein Augenlicht schwach, und er weiß nicht, ob es um ihn wirklich dunkler wird oder ob ihn nur seine Augen

1 tatarisch: Tataren sind Angehörige eines Volkes, das in Südrussland, Westsibirien und der Ukraine beheimatet ist.

täuschen. Wohl aber erkennt er jetzt im Dunkel einen Glanz, der unverlöschlich aus der Türe des Gesetzes bricht. Nun lebt er nicht mehr lange. Vor seinem Tode sammeln sich in seinem Kopfe alle Erfahrungen der ganzen Zeit zu einer Frage, die er bisher an den Türhüter noch nicht gestellt hat. Er winkt ihm zu, da er seinen erstarrenden Körper nicht mehr aufrichten kann. Der Türhüter muss sich tief zu ihm hinunterneigen, denn der Größenunterschied hat sich sehr zu ungunsten des Mannes verändert. „Was willst du denn jetzt noch wissen?", fragt der Türhüter. „Du bist unersättlich." „Alle streben doch nach dem Gesetz", sagt der Mann, „wieso kommt es, dass in den vielen Jahren niemand außer mir Einlass verlangt hat?" Der Türhüter erkennt, dass der Mann schon an seinem Ende ist, und um sein vergehendes Gehör noch zu erreichen, brüllt er ihn an: „Hier konnte niemand sonst Einlass erhalten, denn dieser Eingang war nur für dich bestimmt. Ich gehe jetzt und schließe ihn."

Laura Schmidbauer: Franz Kafka – Vor dem Gesetz

David Zane Mairowitz (Text) und Robert Crumb (Illustration): Kafka (Reprodukt 2013)

❶ Mit dem Wissen um den Ausgang der Parabel: Welchen Rat würdest du dem Mann vom Lande am Anfang der Parabel geben?

❷ Deute die Parabel, indem du die Bildebene auf eine mögliche Sachebene überträgst.

③ Vergleiche die beiden zeichnerischen Umsetzungen des Parabel-Endes. Welche Darstellung ist deiner Ansicht nach besser gelungen? Begründe deine Wahl.

Boulter's Lock, Sunday Afternoon *Edward John Gregory (1885)*

1. Mit welchen Adjektiven würdest du die Wirkung des Bildes beschreiben? Begründe.
2. Verfasse eine detaillierte Bildbeschreibung.

Tagebucheintrag vom 02.02.1920 *Franz Kafka*

Er erinnert sich an ein Bild, das einen Sommersonntag auf der Themse darstellte. Der Fluss war in seiner ganzen Breite weithin angefüllt mit Booten, die auf das Öffnen einer Schleuse warteten. In allen Booten waren fröhliche junge Menschen in leichter heller Kleidung, sie lagen fast, frei hingegeben der warmen Luft und der Wasserkühle. Infolge alles dieses Gemeinsamen war ihre Geselligkeit nicht auf die einzelnen Boote eingeschränkt, von Boot zu Boot teilte sich Scherz und Lachen mit.

Er stellte sich nun vor, dass auf einer Wiese am Ufer – die Ufer waren auf dem Bild kaum angedeutet, alles war beherrscht von der Versammlung der Boote – er selbst stand. Er betrachtete das Fest, das ja kein Fest war, aber das man doch so nennen konnte. Er hatte natürlich große Lust, sich daran zu beteiligen, er langte förmlich danach, aber er musste sich offen sagen, dass er davon ausgeschlossen war, es war für ihn unmöglich, sich dort einzufügen, das hätte eine so große Vorbereitung verlangt, dass darüber nicht nur dieser Sonntag, sondern viele Jahre und er selbst dahingegangen wäre, und selbst wenn die Zeit hier hätte stillstehn wollen, es hätte sich doch kein anderes Ergebnis mehr erzielen lassen, seine ganze Abstammung, Erziehung, körperliche Ausbildung hätte anders geführt werden müssen.

So weit war er also von diesen Ausflüglern, aber damit doch auch wieder sehr nahe, und das war das schwerer Begreifliche. Sie waren doch auch Menschen wie er, nichts Menschliches konnte ihnen völlig fremd sein, würde man sie also durchforschen, müsste man finden, dass das Gefühl, das ihn beherrschte und ihn von der Wasserfahrt ausschloss, auch in ihnen lebte, nur dass es allerdings weit davon entfernt war, sie zu beherrschen, sondern nur irgendwo in dunklen Winkeln geisterte.

❶ Vergleiche die Stimmung von Kafkas Text mit deiner Wahrnehmung der Stimmung des Gemäldes. Beziehe deine Ergebnisse aus Aufgabe 1 (→ S. 128) mit ein.

② Erläutere, inwiefern sich Kafkas Text von deiner Bildbeschreibung unterscheidet.

③ Beschreibe mit eigenen Worten, was in dem Text mit dem „schwerer Begreiflichen" gemeint ist.

Das Schweigen der Sirenen *Franz Kafka (1917)*

Beweis dessen, dass auch unzulängliche, ja kindische Mittel zur Rettung dienen können:

Um sich vor den Sirenen zu bewahren, stopfte sich Odysseus Wachs in die Ohren und ließ sich am Mast festschmieden. Ähnliches hätten natürlich seit jeher alle Reisenden tun können, außer denen, welche die Sirenen schon aus der Ferne verlockten, aber es war in der ganzen Welt bekannt, dass dies unmöglich helfen konnte. Der Sang der Sirenen durchdrang alles, und die Leidenschaft der Verführten hätte mehr als Ketten und Mast gesprengt. Daran aber dachte Odysseus nicht, obwohl er davon vielleicht gehört hatte. Er vertraute vollständig der Handvoll Wachs und dem Gebinde Ketten und in unschuldiger Freude über seine Mittelchen fuhr er den Sirenen entgegen.

Nun haben aber die Sirenen eine noch schrecklichere Waffe als den Gesang, nämlich ihr Schweigen. Es ist zwar nicht geschehen, aber vielleicht denkbar, dass sich jemand vor ihrem Gesang gerettet hätte, vor ihrem Schweigen gewiss nicht. Dem Gefühl, aus eigener Kraft sie besiegt zu haben, der daraus folgenden alles fortreißenden Überhebung kann nichts Irdisches widerstehen.

Und tatsächlich sangen, als Odysseus kam, die gewaltigen Sängerinnen nicht, sei es, dass sie glaubten, diesem Gegner könne nur noch das Schweigen beikommen, sei es, dass der Anblick der Glückseligkeit im Gesicht des Odysseus, der an nichts anderes als an Wachs und Ketten dachte, sie allen Gesang vergessen ließ.

Odysseus aber, um es so auszudrücken, hörte ihr Schweigen nicht, er glaubte, sie sängen, und nur er sei behütet, es zu hören. Flüchtig sah er zuerst die Wendungen ihrer Hälse, das tiefe Atmen, die tränenvollen Augen, den halb geöffneten Mund, glaubte aber, dies gehöre zu den Arien, die ungehört um ihn verklangen. Bald aber glitt alles an seinen in die Ferne gerichteten Blicken ab, die Sirenen verschwanden förmlich vor seiner Entschlossenheit, und gerade als er ihnen am nächsten war, wusste er nichts mehr von ihnen.

Sie aber – schöner als jemals – streckten und drehten sich, ließen das schaurige Haar offen im Winde wehen und spannten die Krallen frei auf den Felsen. Sie wollten nicht mehr verführen, nur noch den Abglanz vom großen Augenpaar des Odysseus wollten sie so lange als möglich erhaschen.

Hätten die Sirenen Bewusstsein, sie wären damals vernichtet worden. So aber blieben sie, nur Odysseus ist ihnen entgangen.

Es wird übrigens noch ein Anhang hierzu überliefert. Odysseus, sagt man, war so listenreich, war ein solcher Fuchs, dass selbst die Schicksalsgöttin nicht in sein Innerstes dringen konnte. Vielleicht hat er, obwohl das mit Menschenverstand nicht mehr zu begreifen ist, wirklich gemerkt, dass die Sirenen schwiegen, und hat ihnen und den Göttern den obigen Scheinvorgang nur gewissermaßen als Schild entgegengehalten.

❶ a) Warum ist das Schweigen der Sirenen schrecklicher als ihr Gesang? Begründe.
b) Erläutere die letzten beiden Absätze der Erzählung (Z. 43–50).

② Informiere dich über die mythologische Bedeutung der Sirenen.

③ Verfasse eine schriftliche Interpretation der Parabel.

Kafkas Sätze: Entzauberung der Antike *Sabine Doering (2008)*

Zum 125. Geburtstag Franz Kafkas 2008 erschienen in der „Frankfurter Allgemeinen Zeitung“ 73 Artikel, in denen bekannte Autorinnen und Autoren ihren Lieblingssatz aus Kafkas Werk deuteten. Die Professorin für deutsche Literatur der Neuzeit, Sabine Doering, wählte den folgenden Satz aus „Das Schweigen der Sirenen“:

Odysseus aber, um es so auszudrücken, hörte ihr Schweigen nicht, er glaubte, sie sängen, und nur er sei behütet, es zu hören.

Mit einem reizvollen Gedankenspiel entzaubert Kafka fast beiläufig einen der größten Helden der Antike. Wie oft hat man die Geschichte gehört, wie es dem listenreichen Odysseus gelingt, sein Schiff sicher an der Insel der Sirenen vorbeizulenken, die mit ihrem unwiderstehlichen Gesang alle Männer ins Verderben stürzen. Odysseus indes, so erzählt es Homer, habe in einer Mischung aus Pragmatismus und aufgeklärter Vernunft seinen Männern die Ohren mit Wachs verstopft, sich selbst aber an den Mast seines Schiffes binden lassen und so das Wunder vollbracht, sich und seine Mannschaft sicher vor der tödlichen Verführung zu bewahren – ein Vorbild an männlicher Entschlusskraft und Widerstand gegen weibliche Verlockung.

Nichts davon sei allerdings wahr, lässt der Entzauberer Kafka uns wissen, denn die vermeintliche Heldentat des Odysseus sei nichts anderes als eine grandiose Selbsttäuschung. In Kafkas Version des Mythos verklebt Odysseus sich selbst die Ohren, um sich gegen den verführerischen Gesang der Sirenen zu wappnen. In „unschuldiger Freude“ habe er diesem unwirksamen „Mittelchen“ vertraut, weiß sein Erzähler, der den Helden mit derselben freundlichen Nachsicht betrachtet, wie man etwa die anrührenden, ernsten Spiele unerfahrener Kinder beobachtet. Überlebt hat Odysseus die gefährliche Schiffspassage dann auch nur deshalb, weil die Sirenen, diese „gewaltigen Sängerinnen“, ausnahmsweise geschwiegen haben, als der Schiffsmann mit den lächerlichen Wachspfropfen in den Ohren an ihnen vorbeigefahren ist. Wie aber soll ein gehörloser Mensch wissen, ob es wirklich still um ihn ist oder ob nur er vor den verführerischen Stimmen bewahrt bleibt?

Kafkas Odysseus, eingehüllt in das große, ungetrübte Bewusstsein seiner Einzigartigkeit und seines Heldentums, ist sich seiner Sache sicher: Allein die eigene Findigkeit ist es, die ihn vor der Gewalt der Sirenen bewahrt hat. Was Kafka uns hier also vorführt, ist die Geburt des modernen Heldentums aus subjektiver Überzeugung. Nicht der Wettbewerb mit anderen oder ein messbarer Rekord erschaffen den Helden, sondern seine Einmaligkeit entsteht allein in der Wahrnehmung seiner selbst. Auf dieser Einsicht beruht heute das Geschäftsprinzip einer expandierenden Trainer-Branche, die ihren Klienten unverdrossen zu vermitteln versucht, allein der Glaube an sich und die eigenen Kräfte sei der Schlüssel zu beruflichem, finanziellem und erotischem Erfolg. Aber taugt Kafka wirklich als Prophet des modernen Coachings, das aus Durchschnittstypen heldenhafte Manager und unwiderstehliche Liebhaber zu formen versucht?

Als skeptischer Erzähler misstraut er vielmehr der Schlüssigkeit der eigenen Deutung des antiken Mythos und fügt seiner Geschichte über das Schweigen der Sirenen am Ende eine aufregende Überlegung an: Hat Odysseus vielleicht doch gemerkt, dass die Sirenen geschwiegen haben, und hat er trotzdem seine Rolle als Held vor den Gefährten und Göttern weitergespielt? Das wäre in der Tat eine Haltung, die ihn, „um es so auszudrücken“, zu einem außergewöhnlichen Menschen machte.

1. Erkläre, warum Sabine Döring Kafka einen „Entzauberer“ nennt.
2. Erläutere, was die Autorin unter „modernem Heldentum“ versteht und inwiefern sie Kafkas Odysseus als „modernen Helden“ betrachtet.
3. Wähle aus den Erzählungen Kafkas in diesem Kapitel deinen Lieblingssatz aus und deute ihn in vergleichbarer Weise.

Unterschiedliche Interpretationsansätze nutzen

Für die Interpretation eines Textes kann man unterschiedliche Interpretationsansätze nutzen. In der Regel geht man von einer **textimmanenten Interpretation** aus.
Zusätzlich können **textexterne Informationen** hinzugezogen werden, um sie in die Interpretation mit einzubeziehen, z. B. **wann** und **unter welchen Umständen** ein Text entstanden ist. Dabei darf die Autorin / der Autor nicht mit der Erzählerin / dem Erzähler oder einer Figur gleichgesetzt werden.

Interpretationsansätze	**Beispiel** *Franz Kafka: Vor dem Gesetz (→ S. 126 f.)*
Textimmanente Interpretation: Bei der textimmanenten Interpretation geht man von folgenden Textmerkmalen aus: – **inhaltlicher Aufbau** (Zeit und Ort der Handlung, Ablauf der Handlung, Figuren und Figurenkonstellation, Konflikte) – **Form** (Gattung, äußere Form) – **Rolle der Erzählerin / des Erzählers** (→ S. 167) – **sprachlichen Besonderheiten** (Syntax, Interpunktion, Wortbedeutung, verwendete Wortfelder, Sprachebene, sprachliche Mittel)	*In Kafkas Parabel „Vor dem Gesetz" geht es um einen Mann vom Lande, der vom Türhüter des Gesetzes nicht vorgelassen und auf einen späteren Zeitpunkt vertröstet wird. Der Mann wartet bis zu seinem Lebensende auf Einlass. Erst da erfährt er, dass …* *Das Gesetz wird als Gebäude mit verschiedenen Räumen geschildert (vgl. Z. 9 ff.), vor denen jeweils ein Türhüter steht. Bereits der erste Türhüter wird mit den Adjektiven „…" (Z. 15) als bedrohlich dargestellt.* *Erzählt wird die Parabel aus der Sicht eines personalen Erzählers.* *Die Sprache ist einfach …*
Textexterne Interpretationsansätze: Zu textexternen Informationen, die man zur Interpretation eines Textes heranziehen kann, gehören: – **biografische Informationen** zur Autorin / zum Autor (Elternhaus, Schule, persönliches Umfeld …) – **historische, gesellschaftliche** oder **religiöse Bedingungen** (wichtige Ereignisse wie Krieg oder Revolution, Einfluss der Kirche …) – **Epochenbezug** – **Einfluss prägender Personen oder Texte** (biblische Texte, mythologische Texte …)	*„Vor dem Gesetz" ist im Jahr 1915 entstanden. Die Erzählung ist gleichzeitig auch Teil von Kafkas Roman „Der Prozess". Im Kapitel „Im Dom" erzählt ein Geistlicher der Hauptfigur Josef K. diese Parabel. Dies lässt den Rückschluss auf eine mögliche religiöse Deutung zu. Das Gesetz kann hier als Reich Gottes verstanden werden, das durch die Türhüter vor Unwürdigen geschützt wird. …* *Die Tatsache, dass Kafka Jura studiert hat, lässt weitere Deutungsmöglichkeiten zu …*

6 Was darf Satire?

Satirische Texte verstehen und schreiben

Denken Sie groß! *Deichkind (2015)*

[...]
Ich geb' Ihnen einen Tipp: Denken Sie groß
Was zweifeln Sie so? Übernehmen Sie die Show!
Mit dem richtigen Riecher sind Sie der Leader
Und spielen schon bald in der obersten Liga
Trinken Sie den Baikalsee auf ex
Zum Frühstück Blattgold auf die Smacks
Starten Sie durch, wie die Antonow
Denken Sie an Dollars und entfliehen dem Moloch
Denken Sie Trump Tower – da steht er
Ich bau' ihn höher – zwei Kilometer
Flugzeugträger-Leasing-Rate
Bezahl' ich mit der schwarzen Kreditkarte
Fahrn Sie durch die Stadt mit 'nem Monstertruck
Jagen Sie die Bräute wie ein Raubtier
Scheffeln Sie Milliarden, darin könn'n Sie baden
Gewinnen Sie jetzt genau hier
Heute ist der Tag, jetzt geht es endlich los
Sie erreichen Ihre Ziele – denken Sie groß

Ein bisschen Größenwahnsinn kann nicht schaden
Und auf einmal könn'n Sie fliegen – denken Sie groß
Geben Sie nicht auf und leben Sie den Traum
Dafür muss man kein Genie sein – denken Sie groß
In jedem Menschen steckt ein Visionär
Setzen Sie die Energie frei – denken Sie groß
[...]

1. Erkläre, was mit dem Titel „Denken Sie groß!" gemeint ist.
2. Diskutiert, welcher gesellschaftliche Missstand mit dem Cartoon oben aufgegriffen wird.
3. Schreibe den Text weiter.
4. Sammelt Texte, Cartoons, Videos oder Hörbeiträge, in denen eine menschliche Schwäche oder ein gesellschaftlicher Missstand humorvoll dargestellt wird. Vergleicht die Beiträge.

In diesem Kapitel ...

- liest du satirische Texte.
- untersuchst du Merkmale des satirischen Schreibens.
- verfasst du einen satirischen Text.

Was ist Satire?

Sinn und Wesen der Satire *Erich Kästner (1959)*

Über dem geläufigen Satze, dass es schwer sei, *keine* Satire zu schreiben, sollte nicht vergessen werden, dass das Gegenteil, nämlich das Schreiben von Satiren, auch nicht ganz einfach ist. Das Schwierigste an der Sache wird immer die Vorausberechnung der Wirkung bleiben. Zwischen dem Satiriker und dem Publikum herrscht seit alters Hochspannung. Sie beruht im Grunde auf einem ebenso einseitigen wie resoluten Missverständnis, das der fingierte Sprecher eines Vierzeilers von mir, eben ein satirischer Schriftsteller, folgendermaßen formuliert:

Ich mag nicht länger drüber schweigen,
weil ihr es immer noch nicht wisst:
Es hat keinen Sinn, mir die Zähne zu zeigen, –
Ich bin gar kein Dentist! [...]

Dem Satiriker ist es verhasst, erwachsenen Menschen Zucker in die Augen und auf die Windeln zu streuen. Dann schon lieber Pfeffer! Es ist ihm ein Herzensbedürfnis, an den Fehlern, Schwächen und Lastern der Menschen und ihrer eingetragenen Vereine – also an der Gesellschaft, dem Staat, den Parteien, der Kirche, den Armeen, den Berufsverbänden, den Fußballklubs und so weiter, Kritik zu üben. Ihn plagt die Leidenschaft, wenn irgend möglich das Falsche beim richtigen Namen zu nennen. Seine Methode lautet: übertriebene Darstellung negativer Tatsachen mit mehr oder weniger künstlerischen Mitteln zu einem mehr oder weniger außerkünstlerischen Zweck. Und zwar nur im Hinblick auf den Menschen und dessen Verbände, von der Ein-Ehe bis zum Weltstaat. Andere, anders verursachte Missstände – etwa eine Überschwemmung, eine schlechte Ernte, ein Präriebrand – reizen den Satiriker nicht zum Widerspruch. Es sei denn, er brächte solche Katastrophen mit einem anthropomorph vorgestellten Gott oder einer Mehrzahl vermenschlichter Götter in kausale Zusammenhänge.

Der satirische Schriftsteller ist, wie gesagt, nur in den Mitteln eine Art Künstler. Hinsichtlich des *Zwecks*, den er verfolgt, ist er etwas ganz anderes. Er stellt die Dummheit, die Bosheit, die Trägheit und verwandte Eigenschaften an den Pranger. Er hält den Menschen einen Spiegel, meist einen Zerrspiegel, vor, um sie durch Anschauung zur Einsicht zu bringen. [...]

Die Satire gehört, von ihrem Zweck her beurteilt, nicht zur Literatur, sondern in die Pädagogik! Die satirischen Schriftsteller sind Lehrer. Pauker. Fortbildungsschulmeister.

Nur – die Erwachsenen gehören zur Kategorie der Schwerererziehbaren. Sie fühlen sich in der Welt ihrer Gemeinheiten, Lügen, Phrasen und längst verstorbenen Konventionen „unheimlich" wohl und nehmen Rettungsversuche außerordentlich übel. Denn sie sind ja längst aus der Schule und wollen endlich ihre unverdiente Ruhe haben. Rüttelt man sie weiter, speien sie Gift und Galle.

1. Notiere, welche sprachlichen Bilder Kästner für den Satiriker und für sein „Publikum" nutzt. Überlege, warum er diese Bilder gewählt haben könnte.
   Tipps & Hilfen (→ S. 314)
2. Erläutere, was Kästner meint mit „Menschen Zucker in die Augen und auf die Windeln zu streuen. Dann schon lieber Pfeffer!" (Z. 13 f.): Welche Aufgabe hat der Satiriker?
   Tipps & Hilfen (→ S. 314)
3. Arbeite heraus, welche Methoden der Satiriker nach Kästner nutzt.
   Tipps & Hilfen (→ S. 314)
4. Erläutere anhand von gesammelten Beispielen, was die Comedy von der Satire unterscheidet. Nutze den Info-Kasten.

Info: Merkmale der Satire

Als **satirisch** bezeichnet man einen Text, der
- menschliche Schwächen, gesellschaftliche oder politische Missstände verspottet
- mit dem Ziel, etwas zum Positiven zu verändern.

Die Satire arbeitet vor allem mit Übertreibung, Kontrastierung und Ironie.

Im Gegensatz zur **Comedy**, die vor allem unterhalten soll, ist die Satire schärfer und deutlicher in ihrer (Gesellschafts-)Kritik.

Im Gegensatz zur **Parodie** (als Genre) ist die Satire immer spöttisch-kritisch gemeint (→ Merkwissen, S. 157). Die Satire kann sich jedoch einer parodistischen Schreibweise bedienen und in kritischer Absicht eine Person, ein Genre oder ein Werk nachahmen.

Satirische Texte untersuchen

Die Akte Topinambur *Hazel Brugger (2016)*

Ich weiß nicht, wie oft meine Eltern sich schon fast scheiden ließen. Zwanzig, vierzig, hundert Mal.

Irgendwann in den späten Neunzigerjahren grub – scharrte, pflügte, wühlte auf allen vieren – mein Vater die hintere linke Ecke unseres Gärtchens um. Ich glaube, er wollte sich und allen anderen beweisen, dass auch Akademiker ab und zu mit dreckigen Fingernägeln einem tieferen, naturgegebenen Ruf folgen sollten. Und dass Väter, die für ihre Familie im fruchtbaren Dreck graben, keine furchtbaren Väter sind.

Nach stundenlanger Arbeit hatte der Vater neben Tierskeletten vor allem esoterische Überreste des Mobiliars der Vorbesitzer („Wenn ein Spiegel auf dem Rasen liegt, wird er den Regen abwehren!“) und ein paar erdverkrustete Knollen zutage gefördert. Die Knollen sahen so aus wie das, was rauskäme, wenn ein Albino-Ingwer einen Nacktmull schwängern würde. Topinambur. Jerusalem-Artischocke, Erdbirne, die total bekloppte, sozial schwache Cousine der Sonnenblume. Zwittriger Blütenstand, dünne Haut, temperaturbeständig bis zu minus dreißig Grad. Angeblich reichen schon winzig kleine Brocken davon aus, dass diese Pflanze im Boden erhalten bleibt. Topinambur wird man so schnell nicht wieder los, nein, Topinambur ist der Herpes des Reihenhausgartens.

Der Vater kochte die Wurzeln dann und verarbeitete sie zu einem kleinen, selbst gefangenen Gaumenschmaus. Breiig, schleimig, faserig. Erwärmter Ohrenschmalz mit Stückchen, eine Plörre, die verstörte und gleichzeitig neugierig machte. Die Masse sah aus, als hätten alle räudigen Hauskatzen der Region uns aufs Tellerset gekotzt und ihr Œuvre anschließend mit einem Stückchen Petersilie garniert. Der Vater war stolz, wir Kinder schockiert, die Mutter hin- und hergerissen zwischen „Oh, ich wurde bekocht!“ und „Oh … Ich wurde bekocht …“.

Zwanzig, vierzig, hundert Mal. Es war nie nur schlecht, wenn meine Eltern sich fast scheiden ließen. Einer dieser Fälle war, als sich der mittlere Bruder schließlich weinend über den halben Esstisch hinweg erbrach. Die Akte Topinambur. Es war ein beeindruckender Schwall des rosaroten

Entsetzens, man hörte Schluchzen, Schmatzen und Röcheln. Er war unser Held, ein Märtyrer, der sich nicht mehr alles gefallen lassen wollte. Einer, der mit allen Eingeweiden gegen die elterliche Unterdrückung rebellierte. Er war unser Reich-Ranicki, er nahm dieses Abendmahl nicht an. Liter für Liter, Knolle für Knolle zeigte er seine Missgunst. Gut, zugegeben, vielleicht war die Menge auch gar nicht so furchtbar beeindruckend gewesen, aber in einem Alter, in dem es mir Mühe bereitete, auf einen Stuhl zu klettern, konnten Mengenverhältnisse schon mal durcheinandergeraten.

Er solle es mit Himbeersirup hinunterspülen, so schlimm sei das nicht, hatte der Vater noch gesagt, bevor es losging. Es wurde schließlich gegessen, was auf den Tisch kam – verdammt noch mal. Der Vater schimpfte über das System, die Welt und die Familie als kleine Version einer eigenen Gesellschaft. Die Mutter sorgte sich um die Kinder, um den Haussegen und schimpfte mit dem Vater. Es war ja schließlich kein Krieg mehr, und Zwang macht keine gute Liebe. Der große Bruder und ich lachten, und der mittlere weinte und weinte, worüber wir natürlich noch mehr lachen mussten. Denn Geschwister hat man ja hauptsächlich, um das eigene Leid in der Familie weniger absolut wirken zu lassen.

Zwanzig, vierzig, hundert Mal. Es gibt Dinge, die sollte man nicht ausgraben. Und schon gar nicht auftischen.

1 Welcher Missstand oder welche menschliche Schwäche wird in dem Text kritisiert?

2 a) Untersuche die sprachliche Gestaltung, indem du die Tabelle in dein Heft übernimmst und ergänzt.
Tipps & Hilfen (→ S. 314)

Sprachgestaltung	**Beispiel**
– *Übertreibung*	– *Z. 1 f. Scheidungsabsicht der Eltern: „Zwanzig, vierzig …“*
– *Untertreibung*	– …
– *Kontrastierung*	– …
– *Metapher*	– …
– *Ironie*	– …
– *Mehrdeutigkeit*	– …

b) Erläutere, welche Funktion das Stilmittel der Übertreibung im genannten Beispiel hat. Ziehe gegebenenfalls noch weitere Beispiele aus dem Text heran.

3 Überprüfe, ob der Text satirisch ist. Ziehe dazu Kästners Merkmale der Satire (→ S. 136) und den Info-Kasten (→ S. 137) heran.

4 Schreibe selbst einen satirischen Text zum Thema „Familie“.

Die Erfindung des Briefbeschwerers *Max Goldt (2015)*

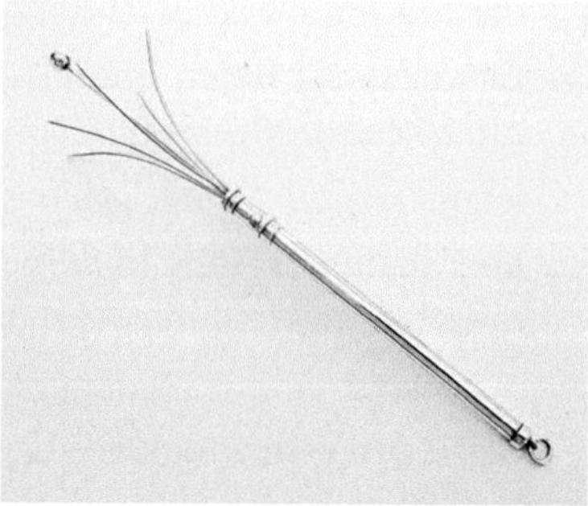

Während eines Streifzuges durch das Kaufhaus des Westens sprang mir neulich ein Set von sechs vergoldeten Sektquirlen für 98 Mark ins Auge.

Einen Moment lang liebäugelte ich mit der Idee, mir vom Verkaufspersonal eine Obstkiste bringen zu lassen, mich auf sie zu stellen und eine gesellschaftliche Rede zu halten, in welcher ich Begriffe wie „Somalia" und „Pelzmantelschlampe" aufs Gekonnteste miteinander kontrastiert hätte. Ich bevorzugte jedoch ein heiteres Stillbleiben, währenddessen ich mich vergeblich an den Sinn nicht nur von Sektquirlen, sondern auch von Nussspendern und Grapefruitlöffeln heranzutasten versuchte. Warum soll man Sekt verquirlen? Damit die Damen nicht rülpsen? Ich meine, auch der Kehle einer nicht quirlenden Dame entfahren keine gesellschaftsunfähigen Geräusche, und Herren trinken ohnehin kaum klebrige Getränke. Und warum soll man Nüsse spenden? In meiner Kindheit gab es ein Onkel-Tante-Gefüge, in dessen Haushalt sich ein Nussspender befand. Das war ein brauner Kasten mit zwei Öffnungen und einem Knopf. Oben tat man die Nüsse herein, dann drückte man auf den Knopf, und unten kam eine Nuss heraus. Nicht etwa geknackt oder gewürzt, sondern im gleichen Zustand, in dem sie oben hineingegeben wurde. Des Weiteren mag ich nicht vertuschen, dass ich im Besitz eines Grapefruitlöffels bin. Ein solcher Löffel hat vorn kleine Zähne, die vermeiden helfen sollen, dass einem Saft in die Augen spritzt beim Ausbaggern der Frucht. Natürlich spritzt es trotzdem. Es weiß doch aber eh jeder, dass man, wenn man sich mit einer Grapefruit befassen will, vorher seine Tapezierhosen anzieht und eine Sonnenbrille aufsetzt. Ich möchte jetzt nicht sämtliche Narreteien aufzählen, welche von Spezialversandhäusern angeboten werden, also keinesfalls jenen Papierkorb erwähnen, der, sobald man etwas hineinwirft, gesampelte Beifallsgeräusche von sich gibt, auch nicht den beinahe legendären Göffel, eine Kreuzung aus Löffel und Gabel, den eine Münchner Designerin mit dem Gleichgewichtsstörungen verursachenden Namen Bib Hoisak-Robb entwarf. Lieber möchte ich die Aufmerksamkeit auf die klassischste Überflüssigkeit richten, nämlich den Briefbeschwerer. Warum in aller Welt soll man einen Brief beschweren? Wohnte sein Erfinder in einer windigen Wohnung? Ich will mir kurz was denken.

Ich denke mir einen Erfinder, und der hatte eine rülpsende Gemahlin. „Das liegt an dem Sekt, den die den ganzen Tag säuft", dachte er und erfand den Sektquirl. Er ließ ihn patentieren, und bald gab es ihn überall zu kaufen. Der Bund kritischer Verbraucher fühlte sich wie vor den Kopf gestoßen.

„Wir benötigen keine Anti-Rülps-Quirle, während in der Dritten Welt ... etc. ... Gerade wir als eines der reichsten Länder der Welt sollten endlich mal ... etc.", riefen seine Mitglieder, schmissen des Erfinders Fensterscheiben ein und schrieben Drohbriefe. Nun herrschten in der Wohnung des Ingenieurs zugige Zustände, und die Drohbriefe flatterten in seiner Stube umher wie das herbstliche Laubwerk, wenn dem Jahr die Puste knapp wird.

„Wie soll ich denn die Briefe lesen, wenn sie durchs Zimmer schunkeln wie herbstliches Laubwerk?", brüllte da der Erfinder. Seiner betrunkenen Frau missfiel das Gebrüll so sehr, dass sie sich einen der Pflastersteine griff, mit denen die Fensterscheiben zerschmettert worden waren, um ihn gegen ihren cholerischen Mann anzuwenden. Wegen ihrer Angeschickertheit verfehlte sie aber seinen Kopf und knallte den Stein auf den Rauf-und-runter-kurbel-Wohnzimmertisch, über welchem gerade besonders viele Drohbriefe wirbelten, und so kam es, dass zwischen Tischplatte und Pflasterstein ein Brief eingeklemmt wurde. Plötzlich ganz schweigsam, verharrte das Ehepaar vor dem Tisch. Die Geburt einer großen Idee hatte Suff und Zorn die Tür gewiesen.

1 a) Welche der folgenden Aussagen gibt das Thema des Textes am besten wieder? Begründe. Achtung: Unterscheide zwischen Thema und Inhalt des Textes.

A *Es geht um einen Ich-Erzähler, der sich anlässlich eines Kaufhausbesuchs mit nutzlosen Gegenständen wie dem Briefbeschwerer befasst.*

B *Es geht um den Erfinder des Briefbeschwerers, der diesen anlässlich einer Auseinandersetzung mit seiner Frau zufällig entdeckt.*

C *Es geht um die Kritik an der Wohlstandsgesellschaft, die konsumiert, ohne an diejenigen zu denken, die materiell schlechtergestellt sind.*

b) Fasse den Textinhalt kurz zusammen. Nutze deine Ergebnisse aus Aufgabe 1a.

2 Analysiere folgende Textstellen mit Blick auf die sprachliche Gestaltung:

A Zeilen 5–12: Einen Moment lang [...] jedoch ein heiteres Stillbleiben ...

B Zeilen 14–17: Warum soll man Sekt verquirlen? [...] klebrige Getränke.

C Zeilen 26–28: Natürlich spritzt es trotzdem. [...] Sonnenbrille aufsetzt.

Tipps & Hilfen (→ S. 314)

Satirisch schreiben

Mann erfindet Doppel-Selfie-Stange, um sich beim Selfie-Fotografieren filmen zu können

Bernhard Pöschla (2015)

Berlin (dpo) – Mit einem ganz besonderen Foto-Hilfsmittel sorgte am Wochenende ein Tourist in der Berliner Innenstadt für Aufsehen: Der Mann aus dem US-amerikanischen Wisconsin filmte sich mithilfe einer Doppel-Selfie-Stange dabei, wie er Selfie-Fotos aufnahm. [In sozialen Netzwerken] wird rege über die Neuerung diskutiert; mehrere Unternehmen sollen bereits an der Erfindung interessiert sein.

Der passionierte Städtereisende John Barkusky zog vor dem Brandenburger Tor und unter dem Fernsehturm mit seiner „Double-Selfie-Stick" genannten Vorrichtung alle Blicke auf sich.

Der 34-Jährige hat dazu an einer herkömmlichen Selfie-Stange neben seinem Fotohandy eine weitere Stange im 90-Grad-Winkel befestigt, an die wiederum ein zweites Smartphone montiert ist. Dieses wird über eine eigens programmierte App automatisch aktiviert, sowie Barkusky am Griff der Stange den Foto-Auslöser für das erste Handy drückt.

„Bislang wollte man mir zu Hause oft nicht glauben, dass ich alle Bilder selbst aufgenommen habe", erklärt Barkusky, der sich überall auf der Welt vor Wahrzeichen, Denkmälern und mit Prominenten fotografiert. „Jetzt kann ich beweisen, dass ich nicht einfach nur jemand anderem mein Handy in die Hand gedrückt habe."

Allerdings ist der Weltenbummler mit seiner Erfindung noch nicht vollends zufrieden: Um auch dem letzten Zweifler zu beweisen, dass er sich beim Selfie-Fotografieren selbst filmt, arbeitet er an einer Selfie-Drohne. Die soll bald über dem Doppel-Selfie-Stick schweben und per Livestream stets dokumentieren, wie sich Barkusky beim Selfie-Fotografieren selbst filmt.

Um Kosten zu sparen: Ryanair-Passagiere müssen ab sofort mit dem Fallschirm landen

Sebastian Wolking, Dan Eckert, Stefan Sichermann (2018)

Dublin (dpo) – Ryanair tritt weiter auf die Kostenbremse. Die irische Billig-Fluggesellschaft will aus Spargründen ab sofort bei all ihren Linienflügen auf die Landung verzichten. Stattdessen werden die Passagiere künftig mit einem Fallschirm über dem Zielflughafen abgeworfen. Nur so seien die spottbilligen Ticketpreise auf Dauer zu halten, betonte ein Ryanair-Sprecher.

„Eine herkömmliche Landung und der danach wieder notwendige Start verbrauchen enorm viel Treibstoff, Zeit und Ressourcen", so der Sprecher. „Diese Kosten werden künftig eingespart." Auf diese Weise kann jede Ryanair-Maschine mehrere Ziele nacheinander anfliegen oder eine Schleife drehen und nonstop wieder den Heimatflughafen ansteuern.

Die Fluggäste können beim Deboarding frei wählen, ob sie Koffer und Handgepäck während des Fallschirmsprungs in der Hand halten oder diese an einem eigenen Fallschirm befestigen wollen. In der Regel, so der Sprecher, sei in jeder Maschine eine ausreichende Zahl an Fallschirmen für alle Fluggäste mit an Bord. Dafür gebe es aber keine Gewähr. „First come first serve", so Ryanair.

Damit jeder Fluggast auf die Benutzung eines Fallschirms vorbereitet ist, wird das Passagierbriefing zu Beginn jedes Fluges entsprechend erweitert. „Wir raten jedem, sich das auch wirklich anzuschauen und nicht aufs Handy zu starren", mahnt der Sprecher. „Damit das dann auch klappt mit dem Ausstieg."

Säuglinge und Kleinkinder springen im Tandem mit einem Elternteil, Kinder ab drei Jahren springen alleine.

Die Fallschirme will Ryanair seinen Kunden kostenlos auf Leihbasis bereitstellen. Allerdings rät die Fluggesellschaft dazu, auch die Reißleine dazu zu buchen (Aufpreis: 49,97 Euro), um die Landung angenehmer zu gestalten.

1 Überlege, ob und inwiefern die beiden Texte satirisch sind. Auf welches gesellschaftliche Phänomen oder auf welche menschliche Schwäche wird jeweils Bezug genommen? Begründe.

2 Untersuche Aufbau und Sprache der Texte:
- Welche Textsorte und welcher Sprachstil werden hier nachgeahmt?
- Welche sprachlichen Mittel der Satire werden verwendet?

Tipps & Hilfen (→ S. 315)

3 a) Um welchen Missstand geht es im folgenden Entwurf für einen satirischen Text? Notiere Stichpunkte.

b) Formuliere den Entwurf mithilfe sprachlicher Mittel so um, dass die satirische Wirkung verstärkt wird (→ Info-Kasten, S. 137).

Tipps & Hilfen (→ S. 315)

Die Deutsche Bahn ließ über ihre Pressestelle verlauten, dass es in den letzten Monaten zu einigen Verspätungen gekommen ist. Fahrgäste konnten deshalb unter anderem von ihnen gebuchte Anschlusszüge nicht erreichen oder waren gezwungen, auf andere Verkehrsmittel umzusteigen. Die Deutsche Bahn bedauert ferner, dass nicht in allen Zügen ausreichend Zugpersonal anwesend war, um die Reisenden zu betreuen. In einigen Fällen konnten leider Handgreiflichkeiten nicht verhindert werden; zu diesen kam es, als Reisende ihren gebuchten Platz einnehmen wollten, der jedoch bereits besetzt war.

4 a) Ordne die folgenden Sätze, mit denen der satirische Text beginnen könnte, den sprachlichen Mitteln im Wortspeicher zu.

A *Das ist ja mal etwas ganz Neues: ...*
B *Unübersehbare Massen drängen sich ...*
C *Wer hätte das gedacht? ...*
D *Es ist wie ein Albtraum: ...*
E *Wunderbar, so eine Bahnreise.*

Ironie · Spott · Übertreibung · Metapher · Vergleich · rhetorische Frage

b) Formuliere einen Anfang für deinen umformulierten Text aus Aufgabe 3.

5 Schreibe ein mögliches Ende zum satirischen Text über Probleme im Bahnverkehr. Nutze eine der folgenden Möglichkeiten oder entwickle eine ganz eigene Idee:

A rhetorische Frage · B Ausblick auf die Zukunft · C ironisches Lob für die Verantwortlichen

Tipps & Hilfen (→ S. 315)

6 Verfasse einen satirischen Text. Du kannst die folgenden Anregungen nutzen:

A *An Hamburger Schulen wird es bunt: Hamburg ersetzt als erstes Bundesland Schulnoten durch Emojis.*
B *Handy-Hacker legen das öffentliche Leben lahm: Über mehrere Stunden fallen alle Mobiltelefone in Nordrhein-Westfalen aus.*

Sprachliche Mittel der Satire nutzen

Lieber Unordnung als Stille *Evelyn Holst (2016)*

Ich würde mal schätzen, dass ich bis jetzt rund 4 657 893 Stunden in gebückter Haltung verbracht habe. Hauptsächlich in den Zimmern meiner Kinder. Wo ich mit schmerzendem Kreuz Spielzeug wieder verstaut, mit spitzen Fingern stinkige, schmutzige Wäscheteile aufgesammelt und mit Würgegefühl im Hals verschimmelte Essensreste in die Mülltonne entsorgt habe. Natürlich habe ich alles versucht, um meine Kinder – sie sind inzwischen 20 und 24 Jahre alt – zur Ordnung zu erziehen, aber da ich leider ein ungeduldiger Mensch bin, habe ich anfangs alles falsch gemacht: Statt meine Kinder aufräumen zu lassen, habe ich das mit ein paar schnellen Handgriffen lieber gleich selbst erledigt.

Schimpfen, pädagogisch einknicken, schimpfen, einknicken, in der Reihenfolge. Und das ist jetzt die Strafe – meine Kinder wohnen zwar nicht mehr zu Hause, aber wenn sie mich besuchen, dauert es maximal zwei Minuten, bis aus ihren sauberen, aufgeräumten Zimmern verräucherte Messie-Höhlen geworden sind.

1 a) Arbeite heraus, welche sprachlichen Mittel in dem Text dominieren. Nenne Beispiele.
b) Erkläre, was die sprachlichen Mittel bewirken.
Tipp: Formuliere die ersten drei Sätze in einen sachlichen Stil um. Vergleiche die Wirkung.

2 Schreibe eine Antwort aus Sicht eines der Kinder, in der es den aus seiner Sicht übertriebenen Ordnungssinn der Mutter aufs Korn nimmt.

a) Formuliere die folgenden sachlichen Sätze mit dem Stilmittel „Übertreibung" um.
A *Du hast viel Zeit in meinem Zimmer verbracht. → Du hast Millionen Stunden ...*
B *Mein Zimmer war tatsächlich unaufgeräumt. → ...*
C *Damals habe ich nicht verstanden, wozu Ordnung gut sein soll.*

b) Formuliere die folgenden Sätze mit dem Stilmittel „Ironie" um.
A *Ich fand es störend, wenn du bei mir aufgeräumt hast. → Ich habe es geliebt, ...*
B *Es gab so viel Wichtigeres für mich als Ordnung. → ...*

c) Schreibe den satirischen Antwortbrief mit den Mitteln „Übertreibung" und „Ironie".

Zum Schmökern, Schauen, Weiterdenken

Der Mensch *Kurt Tucholsky (1931)*

Der Mensch hat zwei Beine und zwei Überzeugungen: eine, wenn's ihm gut geht, und eine, wenn's ihm schlecht geht. Die Letztere heißt Religion.

Der Mensch ist ein Wirbeltier und hat eine unsterbliche Seele sowie auch ein Vaterland, damit er nicht zu übermütig wird.

Der Mensch wird auf natürlichem Wege hergestellt, doch empfindet er dies als unnatürlich und spricht nicht gern davon. Er wird gemacht, hingegen nicht gefragt, ob er auch gemacht werden wolle.

Der Mensch ist ein nützliches Lebewesen, weil er dazu dient, durch den Soldatentod Petroleumaktien in die Höhe zu treiben, durch Bergmannstod den Profit der Grubenherren zu erhöhen sowie Kultur, Kunst und Wissenschaft.

Der Mensch hat neben dem Trieb der Fortpflanzung und dem, zu essen und zu trinken, zwei Leidenschaften: Krach zu machen und nicht zuzuhören. Man könnte den Menschen geradezu als ein Wesen definieren, das nie zuhört. Wenn er weise ist, tut er damit recht: Denn Gescheites bekommt er nur selten zu hören. Sehr gern hören Menschen: Versprechungen, Schmeicheleien, Anerkennungen und Komplimente. Bei Schmeicheleien empfiehlt es sich, immer drei Nummern gröber zu verfahren, als man es gerade noch für möglich hält.

Der Mensch gönnt seiner Gattung nichts, daher hat er die Gesetze erfunden. Er darf nicht, also sollen die anderen auch nicht.

Um sich auf einen Menschen zu verlassen, tut man gut, sich auf ihn zu setzen; man ist dann wenigstens für diese Zeit sicher, dass er nicht davonläuft. Manche verlassen sich auch auf den Charakter.

Der Mensch zerfällt in zwei Teile:

in einen männlichen, der nicht denken will, und in einen weiblichen, der nicht denken kann. Beide haben sogenannte Gefühle: Man ruft diese am sichersten dadurch hervor, dass man gewisse Nervenpunkte des Organismus in Funktion setzt. In diesen Fällen sondern manche Menschen Lyrik ab.

Der Mensch ist ein pflanzen- und fleischfressendes Wesen; auf Nordpolfahrten frisst er hier und da auch Exemplare seiner eigenen Gattung; doch wird das durch den Faschismus wieder ausgeglichen.

Der Mensch ist ein politisches Geschöpf, das am liebsten zu Klumpen geballt sein Leben verbringt. Jeder Klumpen hasst die anderen Klumpen, weil sie die anderen sind, und hasst die eigenen, weil sie die eigenen sind. Den letzteren Hass nennt man Patriotismus.

Jeder Mensch hat eine Leber, eine Milz, eine Lunge und eine Fahne; sämtliche vier Organe sind lebenswichtig. Es soll Menschen ohne Leber, ohne Milz und mit halber Lunge geben; Menschen ohne Fahne gibt es nicht.

Schwache Fortpflanzungstätigkeit facht der Mensch gern an, und dazu hat er mancherlei Mittel: den Stierkampf, das Verbrechen, den Sport und die Gerichtspflege.

Menschen miteinander gibt es nicht. Es gibt nur Menschen, die herrschen, und solche, die beherrscht werden. Doch hat noch niemand sich selber beherrscht, weil der opponierende Sklave immer mächtiger ist als der regierungssüchtige Herr. Jeder Mensch ist sich selber unterlegen.

Wenn der Mensch fühlt, dass er nicht mehr hinten hoch kann, wird er fromm und weise; er verzichtet dann auf die sauren Trauben der Welt. Dieses nennt man innere Einkehr. Die verschiedenen Altersstufen des Menschen halten einander für verschiedene Rassen: Alte haben gewöhnlich vergessen, dass sie jung gewesen sind, oder sie vergessen, dass sie alt sind, und Junge begreifen nie, dass sie alt werden können.

Der Mensch möchte nicht gern sterben, weil er nicht weiß, was dann kommt. Bildet er sich ein, es zu wissen, dann möchte er es auch nicht gern, weil er das Alte noch ein wenig mitmachen will. Ein wenig heißt hier: ewig.

Im Übrigen ist der Mensch ein Lebewesen, das klopft, schlechte Musik macht und seinen Hund bellen lässt. Manchmal gibt er auch Ruhe, aber dann ist er tot.

Neben den Menschen gibt es noch Sachsen und Amerikaner, aber die haben wir noch nicht gehabt und bekommen Zoologie erst in der nächsten Klasse.

1. Nenne das Thema des Textes. Handelt es sich um eine Satire? Begründe.
2. Welche sprachlichen Mittel verwendet Tucholsky? Nenne Beispiele aus dem Text.
3. Ist der Text noch aktuell? Begründe.

Erstes komplett essfreies Restaurant eröffnet

Jean Gnatzig (2019)

Darauf haben ernährungsbewusste Feinschmecker, die sich gleichermaßen um die Umwelt, die Ressourcen unseres Planeten, das Tierwohl und die Reinheit von Lebensmitteln sorgen, lange warten müssen! Jetzt ist es endlich so weit: Im bayerischen Bad Conschenz hat mit dem „NIX“ ein Restaurant eröffnet, in das man guten Gewissens gehen kann, ohne irgendjemandem Schaden zuzufügen.

„Das größte Problem an der Ernährung sind die dafür benötigen Lebensmittel“, weiß Restaurantleiter Konstantin „Consi“ Quenz und verweist auf den alarmierenden Sonderreport des Weltklimarats IPC. „Fleisch geht gar nicht, der Soja-Anbau zerstört Wälder und Savannen, das Gemüse ist belastet, und selbst die Lutschsteine mit Torfmoosgeschmack, die man derzeit in vielen Szenegourmettempeln serviert bekommt, sind voller Feinstaub.“

Deshalb kam Quenz auf die ebenso einfache wie geniale Idee: In seinem neuen Restaurant wird konsequent auf alles Essbare verzichtet. „Ich nenne das Clean Eating 4.0“, sagt der Top-Gastronom, der schon reichlich Erfahrungen in einer ganzen Reihe angesagter In-Restaurants sammeln konnte. […]

Aber nicht nur für Nullitarer und Menschen, die sich fragen, was man überhaupt noch essen darf, dürfte sich das Lokal zur Top-Adresse entwickeln. „Auch Allergiker können bedenkenlos unser gesamtes zwölfgängiges Non-Food-Menü genießen, das darin besteht, diverse leere Teller anzuschauen. Begleitend dazu servieren wir selbstverständlich auch nichts zu trinken.“

Probleme bereiten dem Gastronomen nur die Massen an Interessenten, die vor seinem Restaurant Schlange stehen, um einen der begehrten Tische zu ergattern: „Aus Rücksicht auf die Umwelt bedienen wir leider keine Menschen“, seufzt Quenz, „es weiß doch schließlich jeder, dass sie im Vergleich zu Lebensmitteln eine noch viel größere Bedrohung für den Planeten darstellen!“

1. Erläutere, wie in diesem Text Lösungswege zu ernsthaften Problemen satirisch auf die Spitze getrieben werden.
2. Gehe ähnlich vor wie der Autor und schreibe einen satirischen Text, zum Beispiel zum Thema „Erste komplett autofreie Autobahn eröffnet“.
3. „Satire soll gesellschaftliche Missstände verändern.“ Inwiefern trifft dies auf Gnatzigs Text zu? Nimm Stellung.

Hey, ihr Süßen, habt einen megaschönen Tag!

Ronja von Rönne (2017)

Algenmasken, drapierte Sofakissen und Selfies beim Work-out: Wer sein Leben auf Instagram, Snapchat und YouTube inszeniert, gilt als oberflächlich. Dabei ist das alles Arbeit am Ich. Ein Selbstversuch.

Elf Uhr morgens. Ich lasse mir auf YouTube von Laura, einer 19-Jährigen mit Mops und gesundem Body-Mass-Index, erklären, wie man einen perfekten Start in den Tag hinbekommt. „Hi, ihr Süßen, Ich beginne meinen Tag gern mit einem Work-out", lacht sie in die Kamera, und man denkt: „Ich nicht."

Schnitt, man sieht die junge, schöne Frau fröhlich auf einer Wiese herumhopsen. Die Sonne scheint. Als Nächstes sagt die Frau, dass sie gerne Chia-Samen in ihren selbst gemachten Smoothie schüttet, und man denkt: „Ich nicht." [...]

Danach schreibt Laura in ihr Dankbarkeitstagebuch, „weil es einfach so krass megaviele Dinge gibt, für die ich dankbar bin", und man denkt: „Jaja, ich auch, aber deshalb habe ich noch lange keine Lust, mich morgens bei einem Büchlein dafür zu bedanken, dass gestern der hasserfüllte Köter vom Stockwerk drüber endlich frontal in einen Achtzehntonner gelaufen ist."

Dann sieht man Laura, wie sie ihrem gut gelaunten Freund einen Gute-Morgen-Kuss gibt, und schämt sich ein bisschen, dass man selbst nur dankbar für einen toten Hund ist. [...]

Im Internet geben junge Frauen Tipps, wie man genauso penetrant gut gelaunt und hypergesund werden kann. Und noch immer will ich ihnen zusehen, und noch immer erscheint das eigene Leben dagegen etwas zu unordentlich, etwas zu verregnet und viel zu wenig mit seichter Popmusik unterlegt. [...]

Mich machen die Bilder von perfekten veganen Snacks und Videos, in denen Teenager Beziehungstipps geben, aber nicht unglücklich, sondern neidisch. [...]

Ich möchte nicht gegen den Positiv-Fetischismus wettern. Ich will genauso sein und finde daran wenig verwerflich. Ich finde, Menschen, die gute Laune per se für naiv halten, sollen Nietzsche heißen und mich in Ruhe lassen. Ich möchte ein Leben wie ein solches YouTube-Video haben, provokativ harmlos bis ans Ende, eine Existenz in Pastelltönen.

Ich-Sein stört nach einem Viertelleben, Quarterlifekrise, 25 Jahre, ich erfinde mich jetzt neu als glückliche Oberfläche und fange mit einer Algenmaske an, wie die glücklichen Mädchen in den sozialen Netzwerken. Algenmasken machen schöne Haut für schöne Selfies. Selfies sind wichtig, sonst wissen andere nicht, wie schöne Haut man hat. [...]

Es ist 20 Uhr, ich mache trotzdem mein Bett und befolge Sarinas Tipps für einen perfekten Morgen. Auf sich selbst achten. Es sich schön machen. Ich drapiere also zwei Sofakissen auf meiner Fensterbank und fotografiere das Ergebnis. Helligkeit, Altbau.

Die völlige Sinnlosigkeit dieser Aktion und das schöne Foto machen mich kurz und völlig ironiefrei glücklich. Das sieht schön aus, wie das Licht zwischen die Kissen fällt. Man hat Lust, dort ein „gutes Buch" zu lesen und sich bei dem Begriff, „mal ein gutes Buch lesen", nicht doof, sondern froh zu fühlen. Ich bin Herr über die Kargheit geworden. Ohne Intellektualität, ohne Ergebnisorientierung. Das Fenster sieht toll aus.

So sieht mein Leben aus

Vielleicht ist es zu kurz gegriffen, inszenierte Leben auf Instagram und Facebook als oberflächlich zu verurteilen. Vielleicht geht es gar nicht so sehr um die Likes anderer wie darum, ein Narrativ für das eigene Leben zu finden. Wer Fotos von aufwendigen Frühstückskreationen, gut belichtete Selbstaufnahmen und kompliziert inszenierte Bilder vom Brunch teilt, erzählt ja damit nicht nur anderen, sondern vor allem sich selbst: So sieht mein Leben aus.

Die Auswahl der geteilten Fotos mag unauthentisch scheinen, vielleicht sind sie aber eine selbsterfüllende Prophezeiung. Vielleicht haben die glücklichen Fabiennes also viel mehr recht, als man denkt: Glück als Trainingssache.

1. Erläutere, welche Schwäche oder welchen Missstand die Autorin satirisch darstellt.
2. Schreibe einen satirischen Text über Konsum und Internet, zum Beispiel über eine Influencerin oder einen Influencer. Nutze Mittel wie Ironie und Übertreibung.
3. Schreibe einen satirischen Text zum Thema Medien, zum Beispiel:
   – Ein Tag ohne Smartphone
   – Im Netz der sozialen Netzwerke

Auf dem Supermarkt *Ephraim Kishon (1961)*

Man kann nie wissen, ob ein Schiff, das mit Waren nach Israel unterwegs ist, auch wirklich ankommen wird. Vielleicht läuft es auf eine Sandbank auf oder wird durch eine Meuterei oder sonst etwas am Ankommen gehindert. So erklärt sich die frenetische[1] Kaufhysterie, die unter der Bevölkerung ausbrach, als der erste Supermarkt – ein weiteres Zeichen unserer kulturellen Verbundenheit mit dem Westen – in Tel Aviv eröffnet wurde.

Drei Tage lang übten meine Frau und ich heroische Zurückhaltung. Dann war es vorbei. Wir hatten gerade noch die Kraft zu einer letzten Vorsichtsmaßregel: Um dem Schicksal einiger unserer Nachbarn zu entgehen, die an einem einzigen Einkaufsnachmittag Bankrott gemacht hatten, ließen wir unsere Brieftaschen zu Hause und nahmen stattdessen unseren Erstgeborenen, den allgemein als „Rafi“ bekannten Knaben, auf den Supermarkt mit.

Gleich am Eingang herrschte lebensgefährliches Gedränge. Wir wurden zusammengepresst wie tatsächlich, da war es auch schon: „Sardinen!“, rief meine Frau mit schrillem Entzücken und machte einen sehenswerten Panthersatz direkt an den strategisch postierten Verkaufstisch, um den sich bereits zahllose Hausfrauen mit Zähnen und Klauen balgten. Man hätte anhand der dort aufgestapelten Sardinenbüchsen eine kleine Weltreise zusammenstellen können: Es gab französische, spanische, portugiesische, italienische, jugoslawische, albanische, cypriotische und heimische Sardinen, es gab Sardinen in Öl, in Tomatensauce, in Weinsauce und in Lebenija. (Lebenija ist ein in Israel hergestelltes Milchprodukt, auf das wir uns sehr viel zugutehalten. Auch andere Völker stellen es her. Aber wer außer uns nennt es „Lebenija“?)

1 frenetisch: stürmisch, leidenschaftlich

Meine Frau entschied sich für norwegische Sardinen und nahm noch zwei Dosen von ungewisser Herkunft dazu.

„Hier ist alles so viel billiger", sagte sie.

„Aber wir haben doch kein Geld mitgenommen?"

„In meiner Handtasche war zufällig noch eine Kleinigkeit." Und damit bemächtigte sie sich eines dieser handlichen Einkaufsgestelle auf Rädern, um die elf Sardinenbüchsen hineinzutun. Nur aus Neugier, nur um zu sehen, was das eigentlich sei, legte sie eine Dose mit der Aufschrift „Gold-Sirup" dazu. Plötzlich erbleichte sie und begann zu zittern: „Rafi! Um Himmels willen – wo ist Rafi?!"

Der geneigte Leser ist gebeten, sich die Panik zweier Eltern auszumalen, deren knapp achtzehn Monate altes Kind unter den Hufen einer einhertrampelnden Büffelherde verschwunden ist. So ungefähr war uns zumute.

„Rafi!", brüllten wir beide aus vollem Hals. „Rafael! Liebling!"

„Spielwarenabteilung zweiter Block links", informierte uns ein erfahrenes Mitglied des Verkaufsstabes.

Im nächsten Augenblick zerriss ein betäubender, explosionsartiger Knall unser Trommelfell. Der Supermarkt erzitterte bis in die Grundfesten und neigte sich seitwärts. Wir seufzten erleichtert auf. Rafi hatte sich an einer kunstvoll aufgerichteten Pyramide von etwa fünfhundert Kompottkonserven zu schaffen gemacht und hatte mit dem untrüglichen Instinkt des Kleinkindes die zentrale Stützkonserve aus der untersten Reihe herausgezogen. Um unseren kleinen Liebling für den erlittenen Schreck zu trösten, kauften wir ihm ein paar Süßigkeiten, Honig, Schweizer Schokolade, holländischen Kakao, etwas pulverisierten Kaffee und einen Beutel Pfeifentabak. Während ich den Überschuss auf unserem Einkaufswägelchen verstaute, sah ich dort noch eine Flasche Parfüm, ein Dutzend Notizbücher und zehn Kilo rote Rüben liegen.

„Weib!", rief ich aus. „Das ist nicht unser Wagen!" – „Nicht? Na, wenn schon."

Ich muss gestehen, dass diese Antwort etwas für sich hatte. Es war im Ganzen kein schlechter Tausch, den wir da machten. Außer den bereits genannten Objekten enthielt unser neuer Wagen noch eine erkleckliche Anzahl freundlich gerundeter Käsesorten, Kompotte in verschiedenen Farben, Badetücher und einen Besen.

„Können wir alles brauchen", erklärte meine Frau. „Fragt sich nur, womit wir's bezahlen sollen."

„So ein Zufall." Ich schüttelte verwundert den Kopf. „Eben habe ich in meiner Hosentasche die Pfundnoten entdeckt, die ich neulich so lange gesucht hatte."

Von Gier getrieben, zogen wir weiter, wurden Zeugen eines mitreißenden Handgemenges dreier Damen, deren Laufkarren in voller Fahrt zusammengestoßen waren, und mussten dann aufs Neue nach Rafis Verbleib forschen. Wir fanden ihn am ehemaligen Eierverkaufsstand.

„Wem gehört dieser Wechselbalg[2]?", schnaubte der Obereierverkäufer, gelb vor Wut und Eidotter. „Wer ist für dieses Monstrum verantwortlich?!"

Wir erteilten ihm die gewünschte Auskunft via facti[3], indem wir unseren Sohn eilig abschleppten, kauften noch einige Chemikalien für Haushaltszwecke und kehrten zu unserem Wagen zurück, auf den irgendjemand in der Zwischenzeit eine Auswahl griechischer Weine, eine Kiste Zucker und mehrere Kannen Öl aufgehäuft hatte. Um Rafi bei Stimmung zu halten, setzten wir ihn zuoberst auf den Warenberg und kauften ihm ein japanisches Schaukelpferd, dem wir zwei Paar reizende Hausschuhe für Rafis Eltern unter den Sattel schoben.

„Noch!", stöhnte meine Gattin mit glasigen Augen. „Mehr!"

Wir angelten uns einen zweiten Wagen, stießen zur Abteilung „Fleisch und Geflügel" vor und erstanden mehrere Hühner, Enten und Lämmer, verschiedene Wurstwaren, Frankfurter, geräucherte Zunge, geräucherte Gänsebrust, Rauchfleisch, Kalbsleberpastete, Gänseleberpastete, Dorschleberpastete, Karpfen, Krabben, Krebse, Lachs, einen Mosche Rabenu[4], einen Alexander den Großen, einen halben Wal und etwas Lebertran. Nach und nach kamen verschiedene Eierkuchen hinzu, Paprika, Zwiebeln, Kapern, eine Fahrkarte nach Capri, Zimt, Vanille, Vaselin, vasomotorische[5] Störungen, Bohnen, Odol, Spargel, Speisesoda, Äpfel, Nüsse, Pfeffer-

2 Wechselbalg: hässliches, missgestaltetes Kind
3 via facti: *hier:* durch Handeln, mittels Taten
4 Mosche Rabbenu: Moses, zentraler jüdischer Prophet
5 vasomotorisch: die Gefäßnerven betreffend

kuchen, Feigen, Datteln, Langspielplatten, Wein, Weib, Gesang, Spinat, Hanf, Melonen, einen Carabinieri[6], Erdbeeren, Himbeeren, Brombeeren, Blaubeeren, Haselnüsse, Kokosnüsse, Erdnüsse, Nüsse, Mandarinen, Mandolinen, Mandeln, Oliven, Birnen, elektrische Birnen (sechzig Watt), ein Aquarium, Brot, Schnittlauch, Leukoplast, einen Flohzirkus, einen Lippenstift, ein Mieder, Ersatzreifen, Stärke, Kalorien, Vitamine, Proteine, einen Sputnik und noch ein paar kleinere Anschaffungen.

Unseren aus sechs Wagen bestehenden Zug zur Kasse zu dirigieren, war nicht ganz einfach, weil das Kalb, das ich an den letzten Wagen angebunden hatte, immer zu seiner Mutter zurückwollte. Schließlich waren wir so weit, und der Kassier begann schwitzend die Rechnung zusammenzustellen. Ich nahm an, dass sie ungefähr dem Defizit[7] der israelischen Handelsbilanz entsprechen würde, aber zu meinem Erstaunen belief sie sich auf nicht viel mehr als viertausend Pfund. Was uns am meisten beeindruckte, war die Geschicklichkeit, mit der die Verkäufer unsere Warenbestände in große braune Papiersäcke verpackten. Nach wenigen Minuten war alles fix und fertig. Nur Rafi fehlte.

„Haben Sie nicht irgendwo einen ganz kleinen Buben gesehen?", fragten wir in die Runde. Einer der Packer kratzte sich nachdenklich am Hinterkopf.

„Augenblick ... Einen blonden Buben?"

„Ja. Er beißt."

„Da haben Sie ihn." Der Packer öffnete einen der großen Papiersäcke. Drinnen saß Rafi und kaute zufrieden an einer Tube Zahnpasta.

„Entschuldigen Sie", sagte der Packer. „Ich dachte, Sie hätten den Kleinen hier gekauft."

Wir bekamen für Rafi zweitausendsiebenhundert Pfund zurückerstattet und verließen den Supermarkt. Draußen warteten schon die beiden Lastautos.

6 Carabinieri: italienische Polizei
7 Defizit: *hier:* Minus, negativer Kontostand

1. Charakterisiere den Ich-Erzähler und seine Frau.
2. Schreibe einen satirischen Text zu einem der folgenden Themen:
   – Das Verhalten von Kunden aus der Sicht eines Verkäufers oder einer Kassiererin
   – Wie Menschen sich beim Online-Shopping verhalten
3. Recherchiere nähere Informationen zum Autor Ephraim Kishon und stelle ihn in einem kurzen Vortrag vor.

Aus Angst vor Greta & Co. – NASA dementiert Mondlandung *Peter Schwall-Lemur (2019)*

Ein Treibstoffverbrauch wie 1500 Düsenjäger, und das für nur drei Mann: Die Umweltbilanz einer Mondlandung wäre katastrophal gewesen. Zum Glück hat die NASA jetzt zugegeben, dass alles nur Fake war.

Gute Nachrichten für Klimaaktivisten, „Fridays for Future"-Demonstranten und Verschwörungstheoretiker! Die US-Raumfahrtbehörde NASA räumte pünktlich zum vermeintlichen 50. Jubiläum ein, dass die Mondlandung am 20. Juli 1969 nicht stattgefunden hat.

„Bei einer genaueren Untersuchung haben wir festgestellt, dass eine echte Mondlandung die größte Umweltsauerei aller Zeiten gewesen wäre", erklärte NASA-Chef Jim Bridenstine zerknirscht bei einer Pressekonferenz im Space Center Houston: Fast eine Million Liter Kerosin hätte es gebraucht, um gerade mal drei mittelalte weiße Männer 60 Kilometer in die Höhe fliegen zu lassen, so Bridenstine. „Der ökologische Fußabdruck wäre niederschmetternd katastrophal gewesen!"

Mondlandung schlecht fürs Image bei der Jugend

Jahrzehntelang habe die Welt die Geschichte von technologischem Wagemut, Heldenhaftigkeit und Pioniergeist durchaus gern gehört, räumte Bridenstine bei der Präsentation der nicht gephotoshoppten Bilder der „Mondlandung“ ein, auf der noch die im Sand vergessenen Schäufelchen, Eimer und Spielzeugbagger der Kinder der Filmcrew zu sehen sind. Mit dem Narrativ einer geglückten Mondlandung käme man heute bei der jüngeren Generation, die inzwischen sogar Flugverbote innerhalb von Industrienationen wie Deutschland fordere, aber einfach nicht mehr durch, begründete der Nasa-Administrator die Entscheidung, den Erfolg der „Apollo 11“-Mission zu leugnen und ins Reich der Fabeln zu verweisen.

Um einen wütenden Proteststurm von jungen Klimaschützern auf die NASA zu verhindern, der die geplante Attacke von 1,5 Millionen Menschen auf das sagenumwobene Sperrgebiet „Area 51“ locker in den Schatten stellen könnte, spielt die Raumfahrtbehörde endlich mit offenen Karten.

Neil Armstrong strampelte

Neil Armstrong, Buzz Aldrin und Michael Collins seien klimaneutral mit dem Fahrrad zum Dreh der Mondlandung in einem mit Sonnenkraft betriebenen Fernsehstudio angereist, so Bridenstine, außerdem habe man die in den Sandboden gerammte amerikanische Flagge nach den Film- und Fotoaufnahmen wieder eingepackt und mit nach Hause genommen.

Die Reaktion des Netzes auf das überraschende Geständnis der NASA ließ nicht lange auf sich warten: Bei Bridenstines Ausführungen handele es sich um dreiste Lügen, so der allgemeine Tenor. Inzwischen machen sogar abstruse Verschwörungstheorien die Runde, wonach die Amerikaner tatsächlich auf dem Mond gelandet seien.

1. Erkläre, was diesen Text zur Satire macht. Nenne beispielhafte sprachliche Mittel.
2. Recherchiere einige echte Nachrichtentexte zum historischen Ereignis der Mondlandung. Vergleiche die Bewertung des Ereignisses und seiner Folgen.
3. Schreibe einen satirischen Text über ein anderes historisches Ereignis.

Satirische Texte verstehen und schreiben

Merkmale der Satire

Satirische Texte verspotten und kritisieren menschliche Schwächen, gesellschaftliche oder politische Missstände, und zwar mit dem Ziel der Veränderung. Satire soll also nicht vorrangig witzig und unterhaltsam sein, wie es bei der Comedy der Fall ist. Typische Merkmale der Satire sind Übertreibung, Untertreibung, Ironie und Kontrastierung.

Sprachliches Merkmal	Beispiel
Übertreibung (Stilmittel: Hyperbel, Wiederholung, Klimax u. a.)	*Trinken Sie den Baikalsee auf ex* (Deichkind, S. 134, V. 5)
Untertreibung	*[...] zu meinem Erstaunen belief sie [die Rechnung] sich auf nicht viel mehr als viertausend Pfund* (Kishon, S. 154, Z. 102 f.)
Ironie (spöttisch gemeinter Widerspruch zwischen Gesagtem und Gemeintem)	*Alles kaputt ... Das ist ja ein wunderbares Ergebnis, vielen Dank!*
Kontrastierung (Gegenüberstellung von Gegensätzlichem)	*Der Mensch ist ein nützliches Lebewesen, weil er dazu dient, durch den Soldatentod Petroleumaktien in die Höhe zu treiben ...* (Tucholsky, S. 146, Z. 9 f.)
Metapher (Übertragung eines Worts / einer Wortgruppe in einen anderen Bedeutungszusammenhang)	*Topinambur. Jerusalem-Artischocke, Erdbirne, die total bekloppte, sozial schwache Cousine der Sonnenblume.* (Brugger, S. 138, Z. 14 f.)
Wortschöpfung (Neologismus)	*Anti-Rülps-Quirle; Rauf-und-runter-kurbel-Wohnzimmertisch* (Goldt, S. 141, Z. 43, 54 f.)

Zur Abgrenzung von der Parodie:

- Parodie als Genre:
  Eine Parodie, d. h. eine verspottende oder übertreibende Nachahmung (z. B. eines Werks, einer Person/Gruppe, einer Textsorte), ist nicht immer kritisch gemeint, sondern kann auch komisch-unterhaltsam oder gar als Würdigung des Originals gemeint sein.
- Parodie als Schreibweise:
  Die Satire bedient sich manchmal der parodistischen Schreibweise, d. h., sie ahmt in kritischer Absicht verspottend oder übertreibend nach, z. B. die Sprechweise einer bestimmten Gruppe: „so krass megaviele Dinge" (von Rönne, S. 149, Z. 14).

7 „Jugend ohne Gott“

Romane untersuchen

Verfilmung von „Jugend ohne Gott“ von Michael Knof, 1991

1. „Jugend ohne Gott“ ist der Titel eines Romans von Ödön von Horváth aus dem Jahr 1937. Was assoziierst du mit diesem Titel?
2. Beschreibe, wie auf den Screenshots aus zwei unterschiedlichen Verfilmungen dieses Romans die Jugendlichen dargestellt werden.
3. a) Lies das Zitat von Ulrich Beck aus dem Jahr 1997 auf Seite 159 und erläutere es.
   b) Bist du der Meinung, dass Jugendliche in diesem Textauszug angemessen beschrieben werden? Begründe.

Verfilmung von „Jugend ohne Gott" von Alain Gsponer, 2017

„Es gibt keine Ziele, Gewissheiten mehr, die den Jugendlichen ‚eingeimpft' werden könnten. Entsprechend werden die Vorgaben der Jugendphase unscharf und widersprüchlich. [...] Die Individualisierung der Jugend hat ein freundliches, gleichgültiges, konsumistisches[1], hedonistisches[2], aggressives, verzweifeltes und verzagtes Gesicht, aber auch ein gewalttätiges, dem Gewalt um ihrer selbst willen zum letzten Beweis wird dafür, dass überhaupt etwas ist und nicht nichts."

Ulrich Beck (1997)

1 konsumistisch: konsumorientiert 2 hedonistisch: am maximalen Lustgewinn orientiert

In diesem Kapitel …

- interpretierst du Textauszüge aus einem Romanklassiker und aus modernen Romanen.
- analysierst du Merkmale des Erzählens, die Figurengestaltung, die Handlungsführung und die sprachliche Gestaltung von Romanen.
- lernst du, Filmbilder zu analysieren und zu interpretieren.
- setzt du dich mit zwei unterschiedlichen Verfilmungen eines Romans auseinander und vergleichst diese miteinander.

Den Anfang des Romans lesen

Jugend ohne Gott *Ödön von Horváth (1937)*

Die Neger[1] (1. Kapitel)

25. März

Auf meinem Tische stehen Blumen. Lieblich. Ein Geschenk meiner braven Hausfrau[2], denn heute ist mein Geburtstag.

Aber ich brauche den Tisch und rucke die Blumen beiseite und auch den Brief meiner alten Eltern. Meine Mutter schrieb: „Zu Deinem vierunddreißigsten Geburtstage wünsche ich Dir, mein liebes Kind, das Allerbeste. Gott der Allmächtige gebe Dir Gesundheit, Glück und Zufriedenheit!" Und mein Vater schrieb: „Zu Deinem vierunddreißigsten Geburtstage, mein lieber Sohn, wünsche ich Dir alles Gute. Gott der Allmächtige gebe dir Glück, Zufriedenheit und Gesundheit!"

Glück kann man immer brauchen, denke ich mir, und gesund bist du auch, gottlob! Ich klopfe auf Holz. Aber zufrieden? Nein, zufrieden bin ich eigentlich nicht. Doch das ist ja schließlich niemand.

Ich setze mich an den Tisch, entkorke eine rote Tinte, mach mir dabei die Finger tintig und ärgere mich darüber. Man sollt endlich mal eine Tinte erfinden, mit der man sich unmöglich tintig machen kann!

Nein, zufrieden bin ich wahrlich nicht. Denk nicht so dumm, herrsch ich mich an. Du hast doch eine sichere Stellung mit Pensionsberechtigung und das ist in der heutigen Zeit, wo niemand weiß, ob sich morgen die Erde noch drehen wird, allerhand! Wie viele würden sich sämtliche Finger

1 der Neger: abwertende Bezeichnung für Menschen mit dunkler Hautfarbe, die aber zur Zeit der Entstehung des Romans allgemein gebräuchlich war

2 Vermieterin eines möblierten Zimmers

ablecken, wenn sie an deiner Stelle wären?! Wie gering ist doch der Prozentsatz der Lehramtskandidaten, die wirklich Lehrer werden können! Danke Gott, daß du zum Lehrkörper eines Städtischen Gymnasiums gehörst und daß du also ohne wirtschaftliche Sorgen alt und blöd werden darfst! Du kannst doch auch hundert Jahre alt werden, vielleicht wirst du sogar mal der älteste Einwohner des Vaterlandes! Dann kommst du an deinem Geburtstag in die Illustrierte und darunter wird stehen: „Er ist noch bei regem Geiste." Und das alles mit Pension! Bedenk und versündig dich nicht!

Ich versündige mich nicht und beginne zu arbeiten.

Sechsundzwanzig blaue Hefte liegen neben mir, sechsundzwanzig Buben, so um das vierzehnte Jahr herum, hatten gestern in der Geographiestunde einen Aufsatz zu schreiben, ich unterrichte nämlich Geschichte und Geographie.

Draußen scheint noch die Sonne, fein muß es sein im Park! Doch Beruf ist Pflicht, ich korrigiere die Hefte und schreibe in mein Büchlein hinein, wer etwas taugt oder nicht.

Das von der Aufsichtsbehörde vorgeschriebene Thema der Aufsätze lautet: „Warum müssen wir Kolonien haben?" Ja, warum? Nun, lasset uns hören! [...]

Jetzt weiß ich nur, daß ich wieder mal sechsundzwanzig Aufsätze durchlesen muß, Aufsätze, die mit schiefen Voraussetzungen falsche Schlußfolgerungen ziehen. Wie schön wärs, wenn sich „schief" und „falsch" aufheben würden, aber sie tuns nicht. Sie wandeln Arm in Arm daher und singen hohle Phrasen. Ich werde mich hüten, als städtischer Beamter, an diesem lieblichen Gesange auch nur die leiseste Kritik zu üben! Wenns auch wehtut, was vermag der Einzelne gegen alle? Er kann sich nur heimlich ärgern. Und ich will mich nicht mehr ärgern!

Korrigier rasch, du willst noch ins Kino! Was schreibt denn da der N?

„Alle Neger sind hinterlistig, feig und faul."

Zu dumm! Also das streich ich durch!

Und ich will schon mit roter Tinte an den Rand schreiben: „Sinnlose Verallgemeinerung!" – da stocke ich. Aufgepasst, habe ich denn diesen Satz über die Neger in letzter Zeit nicht schon mal gehört? Wo denn nur? Richtig: Er tönte aus dem Lautsprecher im Restaurant und verdarb mir fast den Appetit. Ich lasse den Satz also stehen, denn was einer im Radio redet, darf kein Lehrer im Schulheft streichen.

Und während ich weiterlese, höre ich immer das Radio: Es lispelt, es heult, es bellt, es girrt, es droht – und die Zeitungen drucken es nach und die Kindlein, sie schreiben es ab. Nun hab ich den Buchstaben T verlassen und schon kommt Z. Wo bleibt W? Habe ich das Heft verlegt? Nein, der W war ja gestern krank – er hatte sich am Sonntag im Stadion eine Lungenentzündung geholt, stimmt, der Vater hats mir ja schriftlich korrekt mitgeteilt. Armer W! Warum gehst du auch ins Stadion, wenns eisig in Strömen regnet?

Diese Frage könntest du eigentlich auch an dich selbst stellen, fällt es mir ein, denn du warst ja am Sonntag ebenfalls im Stadion und harrtest treu bis zum Schlußpfiff aus, obwohl der Fußball, den die beiden Mannschaften boten, keineswegs hochklassig war. Ja, das Spiel war sogar ausgesprochen langweilig – also: Warum bliebst du?

Und mit dir dreißigtausend zahlende Zuschauer?

Warum?

Wenn der Rechtsaußen den linken Half[3] überspielt und zentert, wenn der Mittelstürmer den Ball in den leeren Raum vorlegt und der Tormann sich wirft, wenn der Halblinke seine Verteidigung entlastet und ein Flügelspiel forciert, wenn der Verteidiger auf der Torlinie rettet, wenn einer unfair rempelt oder eine ritterliche Geste macht, wenn der Schiedsrichter gut ist oder schwach, parteiisch oder parteilos, dann existiert für den Zuschauer nichts auf der Welt außer dem Fußball, ob die Sonne scheint, obs regnet oder schneit. Dann hat er alles vergessen.

Was „alles“?

Ich muß lächeln: die Neger, wahrscheinlich – R

3 der Half: der Mittelfeldspieler

1 a) Lies den Anfang des Romans „Jugend ohne Gott“. Was erfährst du über den Ich-Erzähler? Lege einen Figurensteckbrief an.
Tipps & Hilfen (→ S. 316)
b) Besprecht, welcher Konflikt sich in diesem ersten Kapitel des Romans andeutet.

2 Wähle eine der folgenden Aufgaben:
a) Informiere dich über den Inhalt des Romans und stelle ihn deiner Klasse vor.
b) Recherchiere die Biografie von Ödön von Horváth und fertige ein Autorenporträt an.
c) Erstelle eine Bildschirmpräsentation mit den wichtigsten politischen Ereignissen der 1930er-Jahre in Deutschland, der Entstehungszeit des Romans „Jugend ohne Gott“.

Die Erzählweise und die Rolle des Erzählers untersuchen

Die reichen Plebejer[4] (3. Kapitel)

Von 10–11 hatte ich Geographie. In dieser Stunde mußte ich die gestern korrigierte Schulaufgabe betreffs der kolonialen Frage drannehmen. Wie bereits erwähnt, hatte man gegen den Inhalt der Aufsätze vorschriftsgemäß nichts einzuwenden.

Ich sprach also, während ich nun die Hefte an die Schüler verteilte, lediglich über Sprachgefühl, Orthographie und Formalitäten. So sagte ich dem einen B, er möge nicht immer über den linken Rand hinausschreiben, dem R, die Absätze müßten größer sein, dem Z, man schreibt Kolonien mit e und nicht Kolonihn mit h. Nur als ich dem N sein Heft zurückgab, konnte ich mich nicht zurückhalten: „Du schreibst", sagte ich, „daß wir Weißen kulturell und zivilisatorisch über den Negern stehen, und das dürfte auch stimmen. Aber du darfst doch nicht schreiben, daß es auf die Neger nicht ankommt, ob sie nämlich leben könnten oder nicht. Auch die Neger sind doch Menschen."

Er sah mich einen Augenblick starr an und dann glitt ein unangenehmer Zug über sein Gesicht. Oder hatte ich mich getäuscht? Er nahm sein Heft mit der guten Note, verbeugte sich korrekt und nahm wieder Platz in seiner Bank.

Bald sollte ich es erfahren, daß ich mich nicht getäuscht hatte.

Bereits am nächsten Tage erschien der Vater des N in meiner Sprechstunde, die ich wöchentlich einmal abhalten mußte, um mit den Eltern in Kontakt zu kommen. Sie erkundigten sich über die Fortschritte ihrer

4 die Plebejer: Angehörige des gemeinen Volks im antiken Rom; hier verwendet für ungebildete und ungehobelte Menschen

Kinder und holten sich Auskunft über allerhand, meist recht belanglose, Erziehungsprobleme. Es waren brave Bürger, Beamte, Offiziere, Kaufleute. Arbeiter war keiner darunter.

Bei manchem Vater hatte ich das Gefühl, daß er über den Inhalt der diversen Schulaufsätze seines Sprößlings ähnlich denkt wie ich. Aber wir sahen uns nur an, lächelten und sprachen über das Wetter. Die meisten Väter waren älter als ich, einer war sogar ein richtiger Greis. Der jüngste ist vor knapp zwei Wochen achtundzwanzig geworden. Er hatte mit siebzehn Jahren die Tochter eines Industriellen verführt, ein eleganter Mensch. Wenn er zu mir kommt, fährt er immer in seinem Sportwagen vor. Die Frau bleibt unten sitzen und ich kann sie von droben sehen. Ihren Hut, ihre Arme, ihre Beine. Sonst nichts. Aber sie gefällt mir. Du könntest auch schon einen Sohn haben, denke ich dann, aber ich kann mich beherrschen, ein Kind in die Welt zu setzen. Nur damits in irgendeinem Krieg erschossen wird!

Nun stand der Vater des N vor mir. Er hatte einen selbstsicheren Gang und sah mir aufrecht in die Augen. „Ich bin der Vater des Otto N." „Freut mich, Sie kennenzulernen, Herr N", antwortete ich, verbeugte mich, wie es sich gehört, bot ihm Platz an, doch er setzte sich nicht. „Herr Lehrer", begann er, „mein Hiersein hat den Grund in einer überaus ernsten Angelegenheit, die wohl noch schwerwiegende Folgen haben dürfte. Mein Sohn Otto teilte mir gestern Nachmittag in heller Empörung mit, daß Sie, Herr Lehrer, eine schier unerhörte Bemerkung fallen gelassen hätten –"

„Ich?"

„Jawohl, Sie!"

„Wann?"

„Anlässlich der gestrigen Geographiestunde. Die Schüler schrieben einen Aufsatz über Kolonialprobleme und da sagten Sie zu meinem Otto: Auch die Neger sind Menschen. Sie wissen wohl, was ich meine?"

„Nein."

Ich wusste es wirklich nicht. Er sah mich prüfend an. Gott, muß der dumm sein, dachte ich.

„Mein Hiersein", begann er wieder langsam und betont, „hat seinen Grund in der Tatsache, daß ich seit frühester Jugend nach Gerechtigkeit strebe. Ich frage Sie also: Ist jene ominöse[5] Äußerung über die Neger Ihrerseits in dieser Form und in diesem Zusammenhang tatsächlich gefallen oder nicht?"

„Ja", sagte ich und mußte lächeln: „Ihr Hiersein wäre also nicht umsonst –"

5 ominös: bedenklich

„Bedauere bitte", unterbrach er mich schroff, „ich bin zu Scherzen nicht aufgelegt! Sie sind sich wohl noch nicht im Klaren darüber, was eine derartige Äußerung über die Neger bedeutet?! Das ist Sabotage am Vaterland! Oh, mir machen Sie nichts vor! Ich weiß es nur zu gut, auf welch heimlichen Wegen und mit welch perfiden[6] Schlichen das Gift Ihrer Humanitätsduselei[7] unschuldige Kinderseelen zu unterhöhlen trachtet!" Nun wurds mir aber zu bunt!

„Erlauben Sie", brauste ich auf, „das steht doch bereits in der Bibel, daß alle Menschen Menschen sind!"

„Als die Bibel geschrieben wurde, gabs noch keine Kolonien in unserem Sinne", dozierte[8] felsenfest der Bäckermeister. „Eine Bibel muß man im übertragenen Sinn verstehen, bildlich oder gar nicht! Herr, glauben Sie denn, daß Adam und Eva leibhaftig gelebt haben oder nur bildlich?! Na also! Sie werden sich nicht auf den lieben Gott hinausreden, dafür werde ich sorgen!"

„Sie werden für gar nichts sorgen", sagte ich und komplimentierte ihn hinaus. Es war ein Hinauswurf. R

6 perfide: hinterlistig
7 Humanitätsduselei: Abwertung humanen (menschlichen) Verhaltens; Sprachgebrauch der Nationalsozialisten
8 dozieren: *hier* belehren

1 Erläutere, in welcher Situation sich der Ich-Erzähler hier befindet. Beschreibe sein Verhalten und begründe es mit ausgewählten Textstellen.

Das Brot (4. Kapitel)

Als ich zur nächsten Stunde die Klasse, in der ich mir erlaubte, etwas über die Neger zu sagen, betrete, fühle ich sogleich, daß etwas nicht in Ordnung ist. Haben die Herren meinen Stuhl mit Tinte beschmiert? Nein. Warum schauen sie mich nur so schadenfroh an?

Da hebt einer die Hand. Was gibts? Er kommt zu mir, verbeugt sich leicht, überreicht mir einen Brief und setzt sich wieder.

Was soll das?

Ich erbreche den Brief, überfliege ihn, möchte hochfahren, beherrsche mich jedoch und tue, als würde ich ihn genau lesen. Ja, alle haben ihn unterschrieben, alle fünfundzwanzig, der W ist immer noch krank.

„Wir wünschen nicht mehr", steht in dem Brief, „von Ihnen unterrichtet zu werden, denn nach dem Vorgefallenen haben wir Endesunterzeichneten kein Vertrauen mehr zu Ihnen und bitten um eine andere Lehrkraft."

Ich blicke die Endesunterzeichneten an, einen nach dem anderen. Sie schweigen und sehen mich nicht an. Ich unterdrücke meine Erregung und frage, wie so nebenbei:

„Wer hat das geschrieben?"

Keiner meldet sich.

„So seid doch nicht so feig!"

Sie rühren sich nicht.

„Schön", sage ich und erhebe mich, „es interessiert mich auch nicht mehr, wer das geschrieben hat, ihr habt ja alle unterzeichnet. – Gut, auch ich habe nicht die geringste Lust, eine Klasse zu unterrichten, die zu mir kein Vertrauen hat. Doch glaubt mir, ich wollte nach bestem Gewissen" – ich stocke, denn ich bemerke plötzlich, dass einer unter der Bank schreibt.

„Was schreibst du dort?"

Er will es verstecken.

„Gibs her!"

Ich nehme es ihm weg und er lächelt höhnisch. Es ist ein Blatt Papier, auf dem er jedes meiner Worte mitstenographierte.

„Ach, ihr wollt mich bespitzeln?"

Sie grinsen.

„Grinst nur, ich verachte euch. Hier hab ich, bei Gott, nichts mehr verloren. Soll sich ein anderer mit euch raufen." [...]

Da sitzen sie nun vor mir. Sie hassen mich. Sie möchten mich ruinieren, meine Existenz und alles, nur weil sie es nicht vertragen können, daß ein Neger auch ein Mensch ist. Ihr seid keine Menschen, nein!

Aber wartet nur, Freunde! Ich werde mir wegen euch keine Disziplinarstrafe zuziehen, geschweige denn mein Brot verlieren – nichts zum Fressen soll ich haben, was? Keine Kleider, keine Schuhe? Kein Dach? Würde euch so passen! Nein, ich werde euch von nun ab nur mehr erzählen, daß es keine Menschen gibt, außer euch, ich will es euch so lang erzählen, bis euch die Neger rösten! Ihr wollt es ja nicht anders! R

2 a) Ergänze den Steckbrief für den Ich-Erzähler (→ S. 162, Aufgabe 1a). Notiere alles, was du bisher über ihn erfahren hast.

b) Untersuche, wie das Verhältnis zwischen dem Lehrer und seinen Schülern in den bisher gelesenen Kapiteln dargestellt wird. Begründe mit dem Text.

c) Verfasse eine kurze Bewertung des Lehrers. Arbeite mit geeigneten Textbelegen.
Tipps & Hilfen (→ S. 316)

3 Untersuche die Erzählweise und die Rolle des Erzählers in den bisher gelesenen Kapiteln:
- Aus wessen Sicht wird erzählt?
- Wie verhält sich der Erzähler und welche Haltung hat er zum Erzählten?
- Erzählt er aus der Situation heraus oder mit zeitlichem Abstand?
- Überwiegen Erzählerbericht oder Figurenrede?

Orientiere dich an den Informationen im Info-Kasten und belege deine Aussagen.

④ Stell dir vor, der Roman soll in einer modernen Fassung verfilmt werden.
Schreibe ein kurzes Exposé, in dem du deutlich machst, wie die Handlung, die Figuren und die Konflikte in die heutige Zeit verlegt werden könnten.

Info: Die Erzählweise und die Rolle des Erzählers untersuchen

Die Handlung eines Erzähltextes, z. B. eines Romans, wird durch eine **Erzählerin** / einen **Erzähler** vermittelt. Man unterscheidet z. B.:
- **Ich-Erzähler/-in:** Die Erzählerin / Der Erzähler ist gleichzeitig Handelnde/-r und Erzählende/-r. Sie/Er kann aus der Situation heraus oder mit zeitlichem Abstand erzählen.
- **Sie-Erzählerin/Er-Erzähler:** Sie/Er tritt nicht als Figur in Erscheinung und erzählt aus der Sicht einer Beobachterin / eines Beobachters in der dritten Person (sie/er).

Erzählverhalten:
- **auktoriales Erzählen:** Die Erzählerin / Der Erzähler verhält sich auktorial, indem sie/er außerhalb der erzählten Welt steht, das gesamte Geschehen überblickt (**Außensicht**) und Einblick in die Gedanken- und Gefühlswelt der Figuren hat (**Innensicht**). Man erkennt sie/ihn z. B. an Vorausdeutungen, Kommentaren oder an der Ansprache der Leser/-innen.
- **personales Erzählen:** Die Erzählerin / Der Erzähler ist Teil der erzählten Welt und erzählt aus der Sicht einer beteiligten Figur. Sie/Er weiß nur so viel, wie diese Figur wissen kann.

Erzählhaltung:
Durch die Erzählhaltung wird deutlich, welche **Einstellung** die Erzählerin / der Erzähler **zum Erzählten** hat. Sie/Er kann die Personen und Ereignisse z. B. **ironisch, humorvoll, distanziert, neutral** oder mit **emotionaler Ergriffenheit** darstellen.

Erzählerbericht und Figurenrede:
- **Erzählerbericht:** Die Erzählerin / Der Erzähler behält das Wort.
- **Figurenrede:** Die Figuren kommen in **direkter oder indirekter Rede** selbst zu Wort. Zur Figurenrede gehören außerdem die **erlebte Rede** (eine Mischform zwischen Monolog und Bericht in der Sie-/Er-Form) und der **innere Monolog** (Einblick in die Gedanken- und Gefühlswelt der Figur in der Ich-Form).

Zeitgestaltung:
Ein wichtiges Mittel des Erzählens ist die Zeitgestaltung. Beim Verhältnis von Erzählzeit zu erzählter Zeit unterscheidet man zwischen **Zeitdeckung, Zeitdehnung** und **Zeitraffung**.

Ausgewählte Romankapitel interpretieren

Obwohl die Klasse in einem Brief gefordert hat, dass der Lehrer aus dem Unterricht abgezogen wird, darf er weiter unterrichten. In den Osterferien muss er mit seinen Schülern ein paramilitärisches Camp besuchen. Dort beobachtet er, wie der Schüler Z heimlich einen Brief von einem Jungen entgegennimmt, der gemeinsam mit anderen Jugendlichen eine alte Frau aus dem Dorf überfallen hat. Auch im Camp werden immer wieder Dinge geklaut. Der Lehrer verdächtigt daraufhin Z, gemeinsame Sache mit diesen Jugendlichen zu machen, und beschließt, der Sache auf den Grund zu gehen. Als er an einem Tag allein im Camp zurückbleibt, liest er heimlich das Tagebuch von Z. Dort erfährt er von einer Liebesgeschichte zwischen Z und Eva, der Anführerin der Diebesbande. Als Z nach seiner Rückkehr bemerkt, dass jemand sein Kästchen mit dem Tagebuch aufgebrochen hat, verdächtigt er seinen Mitschüler N, mit dem er schon zuvor wegen des Tagebuchs in Streit geraten war. Obwohl N den Lehrer um Hilfe bittet, verschweigt dieser, dass er es gewesen ist, der das Kästchen geöffnet hat. Um mit Z und dem Mädchen zu sprechen, folgt der Lehrer in der Nacht heimlich seinem Schüler zu einem Treffen mit Eva ...

Der Mann im Mond (19. Kapitel)

[...]

Um zirka halb drei erschien endlich das Mädel, und zwar derart lautlos, daß ich sie erst bemerkte, als sie bereits bei ihm stand. Wo kam sie her?

Sie war einfach da.

Jetzt umarmt sie ihn und er umarmt sie.

Sie küssen sich.

Das Mädel steht mit dem Rücken zu mir und ich kann ihn nicht sehen. Sie muß größer sein als er –

Jetzt werde ich hingehen und mit den beiden sprechen. Ich erhebe mich vorsichtig, damit sie mich nicht hören. Denn sonst läuft mir das Mädel weg.

Und ich will doch auch mit ihr reden. Sie küssen sich noch immer.

Es ist Unkraut[9] und gehört vertilgt, geht es mir plötzlich durch den Sinn.

Ich sehe eine blinde Alte, die stolpert und stürzt.

Und immer muß ich an das Mädel denken, wie sie sich reckt und über die Hecke schaut.

9 Die Aussage bezieht sich darauf, dass Eva in Kapitel 10 eine blinde alte Frau ausgeraubt hat und anschließend von ihr als „Unkraut" bezeichnet wird. Auch diese Situation hat der Lehrer beobachtet.

Sie muß einen schönen Rücken haben.

Ihre Augen möchte ich sehen –

Da kommt eine Wolke und alles wird finster.

Sie ist nicht groß, die Wolke, denn sie hat einen silbernen Rand. Wie der Mond wieder scheint, gehe ich hin. Jetzt scheint er wieder, der Mond.

Das Mädel ist nackt.

Er kniet vor ihr.

Sie ist sehr weiß.

Ich warte.

Sie gefällt mir immer mehr.

Geh hin! Sag, daß du das Kästchen erbrochen hast! Du, nicht der N! Geh hin, geh!

Ich gehe nicht hin.

Jetzt sitzt er auf einem Baumstamm und sie sitzt auf seinen Knien.

Sie hat herrliche Beine.

Geh hin!

Ja, sofort –

Und es kommen neue Wolken, schwärzere, größere. Sie haben keine silbernen Ränder und decken die Erde zu. Der Himmel ist weg, ich sehe nichts mehr.

Ich lausche, aber es gehen nur Schritte durch den Wald.

Ich halte den Atem an.

Wer geht?

Oder ist es nur der Sturm von droben?

Ich kann mich selber nicht mehr sehen. Wo seid ihr, Adam und Eva?

Im Schweiße eueres Angesichts solltet ihr euer Brot verdienen[10], aber es fällt euch nicht ein. Eva stiehlt einen photographischen Apparat und Adam drückt beide Augen zu, statt zu wachen – –

10 Anspielung auf die Worte Gottes im Alten Testament bei der Vertreibung von Adam und Eva aus dem Paradies

Ich werd es ihm morgen sagen, diesem Z, morgen in aller Frühe, daß ich es war, der sein Kästchen erbrach. Morgen lass ich mich durch nichts mehr hindern!

Und wenn mir der liebe Gott tausend nackte Mädchen schickt! –

Immer stärker wird die Nacht.

Sie hält mich fest, finster und still.

Jetzt will ich zurück. Vorsichtig taste ich vor – Mit der vorgestreckten Hand berühre ich einen Baum. Ich weiche ihm aus.

Ich taste weiter – da, ich zucke entsetzt zurück!

Was war das?!

Mein Herz steht still.

Ich möchte rufen, laut, laut – aber ich beherrsche mich.

Was war das?!

Nein, das war kein Baum!

Mit der vorgestreckten Hand fasste ich in ein Gesicht.

Ich zittere.

Wer steht da vor mir?

Ich wage nicht mehr, weiterzugehen.

Wer ist das?!

Oder habe ich mich getäuscht?

Nein, ich hab es zu deutlich gefühlt: die Nase, die Lippen –

Ich setze mich auf die Erde.

Ist das Gesicht noch dort drüben?

Warte, bis das Licht kommt!

Rühre dich nicht! – [...] R

5 a) Fasse den Inhalt des Kapitels „Der Mann im Mond" kurz zusammen.

b) Wie wirkt das Verhalten des Lehrers auf dich? Begründe.
Tipps & Hilfen (→ S. 317)

c) Notiere, welche weiteren Aspekte du bei der Analyse und Interpretation dieses Romanauszugs betrachten kannst. Untersuche das Kapitel anhand dieser Aspekte.
Tipps & Hilfen (→ S. 317)

d) Formuliere drei Interpretationsaussagen zu dem Kapitel „Der Mann im Mond". Probiere dabei die folgenden beiden Möglichkeiten aus:

A 1. Zitat – 2. Erläuterung – 3. Schlussfolgerung

B 1. These (Aussage/Behauptung) – 2. Zitat – 3. Erläuterung

Tipps & Hilfen (→ S. 317)

6 Erzähle die Ereignisse aus der Sicht eines weiteren Beobachters, der nicht nur den Schüler Z und das Mädchen Eva, sondern auch den Lehrer ganz genau beobachtet und dessen Verhalten beschreibt und gegebenenfalls kommentiert.

Einen Musteraufsatz ergänzen

Interpretation des Kapitels „Der Mann im Mond“ aus „Jugend ohne Gott“ von Ödön von Horváth

In Ödön von Horváths Roman „Jugend ohne Gott“ aus dem Jahr 1937 geht es um einen Lehrer und seine Schüler in einem totalitären System. Der Lehrer, der gleichzeitig der Ich-Erzähler des Romans ist, ist zerrissen zwischen Auflehnung gegen das System auf der einen Seite und Anpassung an das System aus Angst um seine eigene Existenz auf der anderen Seite. Auch in dem vorliegenden Kapitel „Der Mann im Mond“ geht es um die innere Zerrissenheit des Lehrers – hier zwischen seinem moralischen Anspruch an Gerechtigkeit und Wahrheit und der eigenen Feigheit und Schwäche.

Nachdem der Lehrer heimlich das Tagebuch seines Schülers Z gelesen und dort von einer Liebesgeschichte zwischen Z und Eva, einem Mädchen aus dem Dorf, erfahren hat, folgt er Z heimlich zu einem nächtlichen Treffen der beiden. Sein Plan ist zum einen, das Mädchen zur Rede zu stellen, weil er beobachtet hat, wie sie zusammen mit anderen Kindern aus dem Dorf eine alte Frau überfallen hat, und zum anderen, Z zu beichten, dass er es war, der das geheime Kästchen aufgebrochen und das Tagebuch gelesen hat. Immer wieder zögert der Lehrer sein Vorhaben jedoch hinaus, bis er sich am Ende entschließt, sein Schuldeingeständnis auf den nächsten Tag zu verschieben.

Der Zwiespalt, in dem sich der Lehrer befindet, wird sowohl im Inhalt als auch in der Sprache und der Erzählweise des Kapitels deutlich. Durch den Ich-Erzähler und die damit einhergehende Innensicht erhalten wir Einblicke in die Gefühls- und Gedankenwelt des Lehrers. Dieser möchte sich einerseits für Gerechtigkeit einsetzen, indem er Eva wegen ihrer Diebestouren zur Rede stellen will, andererseits ist er zu feige, sein eigenes Vergehen – das heimliche Lesen des Tagebuchs – zu gestehen. Sein ursprünglicher Plan wird vor allem durch die Faszination, die der Lehrer bei der Beobachtung der Liebeszene zwischen den beiden Jugendlichen entwickelt, durchkreuzt: (1) „___.“ Der Ich-Erzähler wechselt hier permanent zwischen Erzählerbericht und innerem Monolog, zwischen Beschreibung der Situation und seinen eigenen Gedanken und Gefühlen: „Das Mädel steht mit dem Rücken zu mir, und ich kann ihn nicht sehen. Sie muss größer sein als er – jetzt werde ich hingehen und mit den beiden sprechen“ (S. 168, Z. 7 ff.). Mit dem Eingeständnis des Lehrers: „Sie ist sehr weiß. Ich warte. Sie gefällt mir immer mehr“ (S. 169, Z. 25 ff.) und der genauen Beschreibung von Evas Körper (2) (vgl. ___) wird deutlich, dass er sich stark von Eva angezogen fühlt. Es drängt sich der Verdacht auf, dass der Lehrer in erster Linie an der voyeuristischen Beobachtung der Jugendlichen interessiert ist und seine moralischen Bedenken nur als Vorwand für die nächtliche Aktion nutzt. Doch sofort nach dieser Erkenntnis ruft er sich selbst zur Ordnung und zur Vernunft, indem er an sich selbst den Appell richtet: (3) „____“ (Z. ____), um sich kurz darauf einzugestehen: „Ich gehe nicht hin“ (S. 169, Z. 30). Die zahlreichen Imperative, z. B. (4) „____“, mit denen der Lehrer sich selbst zum Handeln auffordert, lassen erkennen, dass er sich zur Wahrheit zwingen will. Gleichzeitig ist er schwach und lässt sich immer wieder von äußeren Vorgängen ablenken: „Jetzt scheint er wieder, der Mond“ (S. 169, Z. 22) oder (5) „____“ (Z. ____). Auch hier wird die Hin- und Hergerissenheit des Ich-Erzählers durch den Wechsel zwischen Erzählerbericht und innerem Monolog verstärkt.

Trotz mehrfacher Anläufe bleibt der Ich-Erzähler letztlich passiv und bis zum Schluss gefangen in seiner Situation. Dies wird auch am Ende des Textausschnitts deutlich, wenn es heißt: „Immer stärker wird die Nacht. Sie hält mich fest, finster und still“ (S. 170, Z. 50).

Als der Lehrer beim Zurückgehen ins Lager im Dunkeln ein menschliches Gesicht berührt (vgl. Z. 54–70), realisiert er, dass er nicht der einzige Beobachter der Szene war, sondern auch selbst beobachtet wurde. Dies führt zur vollständigen Lähmung des Lehrers – innerlich wie äußerlich: „Warte, bis das Licht kommt! Rühre dich nicht!“ (S. 170, Z. 69 f.).

Das Kapitel „Der Mann im Mond“ zeigt also ...

1 Untersuche, wie die einzelnen Teile der Textinterpretation aufgebaut sind. Nutze die folgenden Begriffe zur Beschreibung:

Einleitung · Deutung mit Textbelegen · Deutungsthese · Hauptteil · Inhaltswiedergabe des Textausschnitts/Kapitels · Einbettung des Ausschnitts/Kapitels in die Gesamthandlung · Schluss

2 Im Text fehlen zum Teil passende Textbelege. Ergänze sie in deinem Heft.

3 Formuliere ein Fazit für die Interpretation, die folgende Elemente enthält:
- Rückbezug auf die Deutungsthese
- abschließende Einordnung der Deutung in die Romanhandlung

Am letzten Tag im Lager wird die Leiche des Schülers N gefunden. Eva gilt als Hauptverdächtige, erklärt aber, dass im Wald ein fremder Junge aufgetaucht und N gefolgt sei. Der Lehrer wird als Zeuge befragt und gesteht vor Gericht, das Tagebuch gelesen zu haben, woraufhin er vom Dienst suspendiert wird. Der Lehrer ist der Meinung, dass N von T umgebracht wurde. Er nimmt sich vor, diesen zu überführen, was ihm jedoch zunächst nicht gelingt. Dies ändert sich, als der Schüler B ihn besucht.

Einer von fünf (32. Kapitel)

[...]
Der Schüler tritt ein und verbeugt sich.

Ich erkenne ihn nicht sogleich – richtig, das ist der eine B!

Ich hatte fünf B's in der Klasse, aber dieser B fiel mir am wenigsten auf. Was will er? Wie kommt es, daß er draußen nicht mitmarschiert?

„Herr Lehrer", beginnt er, „ich hab es mir lange überlegt, ob es vielleicht wichtig ist – ich glaube, ich muß es sagen."

„Was?"

„Es hat mir keine Ruh gelassen, die Sache mit dem Kompaß."

„Kompaß?"

„Ja, ich hab es nämlich in der Zeitung gelesen, daß bei dem toten N ein Kompaß gefunden worden ist, von dem niemand weiß, wem er gehört –"

„Na und?"

„Ich weiß, wer den Kompaß verloren hat."

„Wer?"

„Der T."

Der T?!, durchzuckt es mich. [...]

„Woher weißt du es, daß der Kompaß dem T gehört?", frage ich den B und befleißige mich, gleichgültig zu scheinen.

„Weil er ihn überall gesucht hat, wir schliefen nämlich im selben Zelt."

„Du willst doch nicht sagen, daß der T mit dem Mord irgendwas zu tun hat?"

Er schweigt und blickt in die Ecke.

Ja, er will es sagen.

„Du traust das dem T zu?"

Er sieht mich groß an, fast erstaunt.

„Ich traue jedem alles zu", sagt er.

„Aber doch nicht einen Mord!"

„Warum nicht?"

Er lächelt – nein, nicht spöttisch. Eher traurig.

„Aber warum hätte denn der T den N ermorden sollen, warum? Es fehlt doch jedes Motiv!"

„Der T sagte immer, der N sei sehr dumm."

„Aber das wär doch noch kein Grund!"

„Das noch nicht. Aber wissen Sie, Herr Lehrer, der T ist entsetzlich wissbegierig, immer möcht er alles genau wissen, wie es wirklich ist, und er hat mir mal gesagt, er möcht es gern sehen, wie einer stirbt."

„Was?!"

„Ja, er möchte es sehen, wie das vor sich geht – er hat auch immer davon phantasiert, daß er mal zuschauen möcht, wenn ein Kind auf die Welt kommt."

Ich trete ans Fenster, ich kann momentan nichts reden. Draußen marschieren sie noch immer, die Eltern und die Kinder.

Und es fällt mir plötzlich wieder auf, wieso dieser B hier bei mir ist.

„Warum marschierst du eigentlich nicht mit?", frage ich ihn. „Das ist doch deine Pflicht!"

Er grinst. „Ich habe mich krank gemeldet."

Unsere Blicke treffen sich. Verstehen wir uns?

„Ich verrate dich nicht", sage ich.

„Das weiß ich", sagt er.

Was weißt du?, denke ich.

„Ich mag nicht mehr marschieren und das Herumkommandiertwerden kann ich auch nicht mehr ausstehen, da schreit dich ein jeder an, nur weil er zwei Jahre älter ist! Und dann die faden Ansprachen, immer dasselbe, lauter Blödsinn!"

Ich muß lächeln.

„Hoffentlich bist du der Einzige in der Klasse, der so denkt!"

„Oh nein! Wir sind schon zu viert!"

Zu viert? Schon?

Und seit wann?

„Erinnern Sie sich, Herr Lehrer, wie Sie damals die Sache über die Neger gesagt haben, noch im Frühjahr vor unserem Zeltlager? Damals haben wir doch alle unterschrieben, daß wir Sie nicht mehr haben wollen – aber ich tats nur unter Druck, denn Sie haben natürlich sehr recht gehabt mit den Negern. Und dann allmählich fand ich noch drei, die auch so dachten."

„Wer sind denn die drei?"

„Das darf ich nicht sagen. Das verbieten mir unsere Satzungen."

„Satzungen?"

„Ja, wir haben nämlich einen Club gegründet. Jetzt sind noch zwei dazugekommen, aber das sind keine Schüler. Der eine ist ein Bäckerlehrling und der andere ein Laufbursch."

„Einen Club?"

„Wir kommen wöchentlich zusammen und lesen alles, was verboten ist. [...] Und dann reden wir halt, wie es sein sollte auf der Welt."

Ich horche auf. Wie es sein sollte?

Ich sehe den B an und es fällt mir der Z ein.

Er sagt zum Präsidenten: „Der Herr Lehrer sagt immer nur, wie es auf der Welt sein sollte, und nie, wie es wirklich ist."

Und ich sehe den T.

Was sagte Eva in der Verhandlung?

„Der N fiel hin. Der fremde Junge beugte sich über den N und betrachtete ihn. Dann schleifte er ihn in den Graben."

Und was sagte vorhin der B?

„Der T möchte immer nur wissen, wie es wirklich ist."

Warum?

Nur um alles verhöhnen zu können?

Ja, es kommen kalte Zeiten. –

„Ihnen, Herr Lehrer", höre ich wieder die Stimme des B, „kann man ja ruhig alles sagen. Drum komme ich jetzt auch mit meinem Verdacht zu Ihnen, um es mit Ihnen zu beraten, was man tun soll."

„Warum gerade mit mir?"

„Wir haben es gestern im Club alle gesagt, als wir Ihre Zeugenaussage mit dem Kästchen in der Zeitung gelesen haben, daß Sie der einzige Erwachsene sind, den wir kennen, der die Wahrheit liebt." R

Nach diesem Gespräch beschließen der Club und der Lehrer, den Mörder zu überführen. Als T erkennt, dass der Lehrer ihm auf der Spur ist, erhängt er sich und gesteht in einem Abschiedsbrief seine Tat. Eva wird freigesprochen.

4 Fasse den Inhalt des Kapitels „Einer von fünf" in eigenen Worten zusammen. Gehe auch darauf ein, welche Bedeutung das Kapitel für die Handlung des Romans hat.

5 Untersuche die Figurengestaltung und die Figurenkonstellation in diesem Kapitel. Inwiefern ändert sich hier der Blick auf die Schüler und auf den Lehrer?
Tipps & Hilfen (→ S. 317)

6 Untersuche die Rolle des Erzählers: Wann berichtet oder beschreibt er? Wo reflektiert und kommentiert er? Welche Rolle spielen Figurenrede, innerer Monolog und Erzählerkommentar? Informiere dich bei Bedarf im Info-Kasten auf Seite 167.

7 Verfasse eine schriftliche Interpretation des Kapitels (→ S. 171 f.).

Verfilmungen vergleichen

Jugend ohne Gott – *Verfilmung von Michael Knof (1991)*

Verfilmung von „Jugend ohne Gott“ von Michael Knof, 1991

1 Die Filmbilder stammen aus zwei verschiedenen Verfilmungen von Ödön von Horváths Roman „Jugend ohne Gott“.

a) Erläutere, wie die dargestellten Figuren auf dich wirken.

b) Beschreibe und vergleiche die Gestaltung der Filmbilder. Nutze dabei auch die dir bekannten Begriffe zur Beschreibung der Filmsprache, z. B. Kameraperspektive, Einstellungsgröße oder Mise en Scène (→ Info-Kasten, S. 183).

Jugend ohne Gott – *Verfilmung von Alain Gsponer (2017)*

Verfilmung von „Jugend ohne Gott“ von Alain Gsponer, 2017

2. Sieh dir die ersten fünf Minuten der beiden Verfilmungen an und achte dabei besonders auf die Erzählerfigur:
   Mit welchen Mitteln wird erreicht, dass man einmal den Lehrer und das andere Mal den Schüler Zach als Hauptfigur identifiziert und von beiden sowohl eine Außen- als auch eine Innensicht erhält?
3. Informiere dich im Internet über die beiden Verfilmungen von „Jugend ohne Gott“ durch Michael Knof und Alain Gsponer: Inwiefern unterscheiden sich Situation, Handlung und Figuren?

„Es sollte sehr nah an unserer Realität sein" – Regisseur Alain Gsponer im Gespräch mit Susanne Burg

Susanne Burg: Es ist ein Klassiker der Schulbuchlektüre: Ödön von Horváths „Jugend ohne Gott". Die Antifaschismus-Parabel aus dem Jahr 1937, bei der die Nationalsozialisten zwar nicht genannt werden, aber klar erkennbar sind. Mehrfach ist der Roman bereits verfilmt worden, nun kommt die vierte Verfilmung ins Kino – eine sehr freie Adaption[1]. Der Regisseur Alain Gsponer verlegt die Handlung in die nahe Zukunft, in die Berge. Hier sollen ehrgeizige Schüler in einer Art Assessment-Center darum kämpfen, in eine Eliteschule aufgenommen zu werden. [...]

Ich habe den Schweizer Regisseur Alain Gsponer zum Interview getroffen und ihn erst mal dazu gefragt, warum er die Handlung in die Zukunft verlegt und aus dem nationalsozialistischen Kontext herausgehoben hat.

Alain Gsponer: Es gab ein paar Gründe dafür. Also ich habe mich wirklich damit beschäftigt, wie viele lesen das Buch überhaupt noch in der Jugend und was können die damit anfangen, und zu meiner Überraschung, im Gegensatz zu mir, können die Jugendlichen sehr wenig mit diesem Roman anfangen, was eher enttäuschend war. [...] Dann ist es der Ansatz gewesen: Was machen wir? Wir haben uns darüber unterhalten und gesagt, wir müssen es mehr in die Realität der Jugendlichen bringen. Hier gibt es keinen Faschismus mehr bei uns in diesem System. Der Faschismus, der in unserer Verfilmung da ist, ist ein selbst gemachter Faschismus, also Sachen, die durch ständigen Wettkampf und Wettbewerb, in dem man steht, entstehen. Was passiert gesellschaftlich mit Menschen, die keinen Freiraum mehr haben, überhaupt Fehler zu begehen? Wen fördert die Gesellschaft nach oben?

1 die Adaption: *hier* Umarbeitung eines literarischen Werks

„... ein Roman, der nach einer Verfilmung schreit" – Regisseur Michael Knof über seine Arbeit an „Jugend ohne Gott" – *Reiner Niehoff*

Wie kamen Sie auf den Gedanken, Horváths Roman zu verfilmen?

Michael Knof: Als ich mir Anfang der Achtzigerjahre die beiden erstmals hier erschienenen Horváth-Bände kaufte, fand ich im Nachwort, dass Horváth sich 1938 mit dem deutsch-amerikanischen Regisseur Robert Siodmak getroffen hatte, um über die Verfilmung von „Jugend ohne Gott" zu reden. Siodmaks Frau wollte ihn dann in sein Hotel fahren, aber da er abergläubisch war und nie ein Auto bestieg, ging er zu Fuß, wurde vom

Gewitter überrascht, und der Ast einer Platane erschlug ihn. Mit einem leisen Erschauern las ich also erst einmal „Jugend ohne Gott“ und stellte fest: Wenn ich jemals Prosa gelesen habe, die in ihrer dramatischen, sprachlichen und gedanklichen Struktur geradezu nach Film schreit, dann ist es dieser Roman. [...]

Wie frei bzw. werkgetreu sind Sie mit der Vorlage umgegangen?

Das Erstaunliche für mich beim Schreiben war, dass die Originaltexte und Dialoge dramatisch und lyrisch so beschaffen sind, dass sie sich unverändert für die Filmsprache anbieten. Ich habe ausschließlich mit dem Material von Horváth gearbeitet. Bei diesen 107 Minuten Film sind etwa neun Sätze von mir erdacht, lediglich um Überleitungen und Kürzungen möglich zu machen.

Was macht diesen Roman von 1937 für heutige Fernsehzuschauer interessant?

Ich behaupte, dass letztendlich jeder Mensch in einem solchen Konflikt steht wie dieser Lehrer bei Horváth, der zunächst darauf bedacht ist, zu funktionieren und seine Karriere zu sichern in einem Wohlverhalten zum Staat. Und wenn die Geschichte heißt „Jugend ohne Gott“, so könnte sie genauso gut heißen „Erwachsene ohne Gewissen“, was ja ein ähnliches Phänomen umschreibt. Heute werden Heranwachsende über Erziehungsprozesse ebenso entfremdet wie in Zeiten der Weimarer Republik oder des Nationalsozialismus. Und diese Erziehung zum Opportunismus beginnt im frühesten Kindesalter, geht natürlich vorwiegend über schulische Formungsprozesse, bis der Mensch eben auf den Weg gebracht ist, für die Gesellschaft zu funktionieren und sich selbst dabei zurückzunehmen. Darin steckt für mich das Aktuelle des Stoffes. Und ich habe bewusst vermieden, dem Zuschauer etwa mit Hinweisen auf den Rechtsruck oder die Orientierungslosigkeit der Jugend heute eine Aktualisierung zu oktroyieren.“

4 Erläutert in eigenen Worten, welche Gedanken sich die beiden Regisseure bei ihren Verfilmungen jeweils gemacht haben und welche Absichten sie mit der filmischen Umsetzung des Romans verfolgen.

5 Betrachtet von jeder der beiden Verfilmungen die ersten zehn Minuten. Welchen Film würdet ihr lieber bis zum Ende anschauen? Begründet.

Jugend ohne Gott – Drehbuch für die Verfilmung von Alain Gsponer (2017)

JUGEND OHNE GOTT
Ein Film über die Liebe
Von
Alex Buresch & Matthias Pacht
Nach dem Roman von Ödön von Horváth
-- SHOOTING SCRIPT --
Fassung April 2016

Rücksprung in die Zeit vor dem Camp. […]

INT.[1] – STADT / 1. WOHNUNG DES LEHRERS – TAG
Die 2-Zimmer-Wohnung des Lehrers wirkt nicht so, als würde hier jemand „leben". Es ist mehr ein Unterbringungsort. Es gibt keine Bücher mehr, nirgends. Auf einem Tisch steht ein Laptop. Breite Fensterflächen geben den Blick frei auf die Hochhäuser der wohlhabenden Innenbezirke in der Ferne.
Der LEHRER strampelt auf einem Hometrainer. Auf einem Display vor ihm das Gesicht der DIREKTORIN, ein Videotelefonat.

DIREKTORIN (OFF)
Ihre Klasse weigert sich geschlossen, gemeinsam mit dem Schüler Wladim ins Camp zu fahren. Konnten Sie das nicht in der Klasse regeln?

LEHRER
Bernardt ist noch nicht lange genug in der Klasse. Das hab ich den Schülern so gesagt. Und die Klasse ist stark genug, um so jemand wie Wladim mitzutragen.

Die Direktorin wirkt ernst. Komplizierte Situation für sie.

DIREKTORIN
Die Klasse möchte auch nicht mehr von Ihnen unterrichtet werden.

LEHRER
Bitte?

1 INT: Innenaufnahme

Der Lehrer hört für einen Moment auf zu strampeln.

DIREKTORIN

Ich leite Ihnen die Mail gerne weiter. (Sie zitiert.) Die Klasse habe das Vertrauen in Ihre Unvoreingenommenheit verloren, da Sie einzelne Schüler bevorzugen.

LEHRER

Das stimmt doch nicht!

DIREKTORIN

Nicht nur die Schüler haben sich beschwert. Ich hatte auch Gespräche mit Eltern, darunter welche, die unsere Schule seit Jahren großzügig unterstützen. Sie sind der Ansicht, dass Bernardt viel eher das Leistungsniveau der Klasse im Camp anhebt.

Der Lehrer beginnt wieder zu strampeln.

LEHRER

Die Listen sind raus. Jetzt ist es zu spät.

DIREKTORIN

Es liegt im Ermessensspielraum des Lehrkörpers, Empfehlungen für einzelne Schüler auszusprechen. Unsere Sponsoren haben ein Interesse daran, dass die besten Schüler gefördert werden.

LEHRER

Und was passiert mit Wladim?

Die Direktorin blickt den Lehrer vom Display aus fest an. Hat er's endlich kapiert.

Der Lehrer hört auf zu strampeln.

LEHRER

Wenn wir Wladim rausnehmen, dann war's das für ihn, obwohl er ausreichend Punkte für die Teilnahme am Camp gesammelt hat. Wir sprechen darüber, die Regularien der Schule außer Kraft zu setzen, nur weil sich ein paar Schüler darüber beschweren, dass er Gewichtsprobleme hat?

Die Direktorin wird so langsam verärgert. Wie deutlich muss sie werden?

DIREKTORIN

Wenn Sie sich für die qualifiziertesten Schüler einsetzen, dann werde ich mich dafür einsetzen, dass diese Beschwerde nicht zu hohe Wellen schlägt. Es wäre schade, wenn wir Sie aus unserem Kollegium verlieren würden.

Der Lehrer fängt trotzig an, wieder zu radeln.

DIREKTORIN

Und sorgen Sie für eine hohe Zulassungsquote am Ende des Camps. Unsere Sponsoren lieben das. Und für Ihre Jahresbewertung wäre es auch von Vorteil. Danke.

Die Direktorin verschwindet vom Bildschirm, sie hat die Verbindung getrennt.

Jetzt hört der Lehrer ganz auf zu treten. Er hat verstanden: Es geht um seinen Job und um seine Existenz.

Der Lehrer kramt eine versteckte Zigarette hervor und zündet sie an.

6 Lies den Auszug aus dem Drehbuch der Verfilmung von 2017. Um welches Romankapitel handelt es sich hier? Begründe.

7 Untersuche, inwiefern die Handlung des Kapitels hier verändert wurde.

8 Diskutiert: Kann man den Film von Alain Gsponer von 2017 noch als Verfilmung von Horváths Roman betrachten oder handelt es sich um ein komplett anderes Werk?

9 Verfasst für eines der Kapitel aus dem Roman selbst ein Drehbuch.

Info: Die Filmsprache analysieren

Erzählerische Mittel des Films:
- **Mise en Scène** (franz. für „In-Szene-Setzen“): Als Mise en Scène bezeichnet man die Bildkomposition von Filmbildern. Man unterscheidet dabei, **was** dargestellt wird, z. B. Zeit und Ort der Handlung, handelnde Figuren, und **wie** es dargestellt wird, z. B. Bildkomposition, Einstellungsgrößen, Kameraperspektiven, Licht- und Farbgestaltung.
- **Point of View:** Der Point of View bezeichnet den Erzählerstandort im Film. Deckt sich der Blick der Kamera mit dem einer Figur, entsteht ein personales Erzählverhalten (subjektive Perspektive, Innensicht). Überblickt die Kamera dagegen das Geschehen, entsteht ein auktoriales Erzählverhalten (objektive Perspektive, Außensicht).
- **Kamerabewegungen:** Durch das Auge der Kamera betrachten die Zuschauer/-innen das Filmgeschehen. Wichtige Kamerabewegungen sind die **Kamerafahrt** (Bewegung der Kamera durch den Raum) und der **Kameraschwenk** (vergleichbar mit dem Drehen des Kopfes und dem Wandern des Blicks).
- **Schnitt und Montage:** Schnitt und Montage sind wichtige Mittel filmischen Erzählens. So bestimmt z. B. der Schnittrhythmus das Tempo eines Films: Viele Schnitte und kurze Einstellungen erhöhen das Tempo und erzeugen Hektik. Wenige Schnitte und lange Einstellungen verlangsamen das Erzähltempo.

Einstellungsgrößen:
Mit der **Einstellungsgröße** wird der Bildausschnitt gewählt, und es wird deutlich, in welcher Distanz sich die Zuschauer/-innen zum Geschehen befinden. Man unterscheidet:
- **Panoramaeinstellung:** Sie vermittelt den Betrachterinnen und Betrachtern einen Überblick über das Geschehen und zeigt z. B. Landschaften oder Stadtsilhouetten. Menschen werden nur sehr klein und eher nebenbei dargestellt.
- **Totale:** Sie zeigt eine Person oder eine Gruppe in ihrer Umgebung. Die Zuschauer/-innen erhalten so einen Überblick über den Schauplatz.
- **Halbtotale:** Hier stehen mehrere Figuren im Mittelpunkt, die das Bild vollständig ausfüllen. Die Umgebung ist eher unwichtig.
- **Nahaufnahme:** Die Kamera zeigt nur das Gesicht und den Oberkörper einer Person.
- **Detailaufnahme:** Ein Teil einer Figur oder eines Gegenstands wird vergrößert dargestellt.

Kameraperspektiven:
- **Froschperspektive (Untersicht):** Die Kamera steht unterhalb des gefilmten Objekts und zeigt schräg nach oben. Gegenstände und Figuren wirken so häufig mächtig und bedrohlich.
- **Vogelperspektive (Aufsicht):** Die Kamera befindet sich oberhalb des gefilmten Objekts und zeigt nach unten. Gegenstände und Figuren erscheinen so klein und unterlegen.
- **Normalsicht:** Die Kamera befindet sich auf Augenhöhe der handelnden Figuren.

Zum Schmökern, Schauen, Weiterdenken

Auerhaus *Bov Bjerg (2015)*

Turnschuh[1] schob die Tafel hoch und schrieb über dem Kopf mit kurzen, heftigen Hieben, sodass der Kreidestaub runterrieselte auf die Haarstreifen[2]: STURM UND DRANG.

Sturm und Drang, Klassik, Romantik, ich konnte mir die Reihenfolge nie merken. Ich verstand nicht, wie das funktionierte mit diesen Epochen. Hatte sich Goethe irgendwann mal vorgenommen, so, genug Klassik geschrieben, das wird mir langweilig, jetzt schreibe ich Sturm und Drang? Außerdem war der Epochen-Name völlig bescheuert. „Sturm und Drang", das klang wie so eine christliche Teenie-Band.

Jedenfalls: Goethe, Werther[3].

Turnschuh war knallhart. Ob eine unglückliche Liebe denn tatsächlich ein hinreichender Grund sei, sich das Leben zu nehmen. „Andere Mütter haben auch schöne Töchter, nicht wahr?"

Die anderen sagten nichts. Das Merkwürdige war: Ich konnte sehen, dass es ihnen nicht egal war, was Turnschuh da redete.

Ich konnte sehen, dass sie wirklich nachdachten.

Irgendwas war hier faul.

Ob es denn für Selbstmord sonst irgendeinen guten Grund geben könne, fragte Turnschuh. Sein Blick pendelte durch die Sitzreihen. Bei mir blieb er hängen. Ich schaute so konzentriert wie möglich zur Tafel.

„Herr Höppner?"

Woher sollte ich das wissen? Manche Leute brachten sich um. Blöde Sache. Aber warum? Das wusste kein Mensch. Man konnte sie ja nicht mehr fragen. Jedenfalls die, bei denen es geklappt hatte. Die, bei denen es nicht geklappt hatte, die konnte man noch fragen. Aber zählte das, was die sagten? Vielleicht gab es für einen Selbstmordversuch, der schiefging, ganz andere Gründe als für einen Selbstmordversuch, der gelang?

1 Turnschuh: *hier* Spitzname des Lehrers
2 Anspielung auf die langen Haarsträhnen, die der Lehrer über seine Glatze kämmt
3 „Werther": Titel eines Briefromans von J. W. Goethe, indem der Ich-Erzähler Selbstmord begeht

Ich fand das ganze Buch langweilig. Ein Brief nach dem anderen, immer vom gleichen Typen. Erst verknallte er sich in eine Frau, obwohl er genau wusste, dass die schon einen anderen hatte. Und dann jammerte er die ganze Zeit rum, dass sie schon einen anderen hatte. Es war echt erstaunlich, wie kindisch die Erwachsenen zu Goethes Zeiten waren.

Turnschuh sagte noch mal: „Herr Höppner?"

Ich sagte: „Das ist ja Literatur, also ausgedacht. Den Selbstmord am Schluss hätte Goethe auch weglassen können. Den hat er vielleicht bloß hingeschrieben, damit das Ende gut knallt."

Turnschuh neigte den Kopf zur Seite und sagte: „Interessant."

Für den spöttischen Ton, in dem er das sagte, hätte er in der Hauptschule eins aufs Maul bekommen. Aber hier waren wir auf dem Gymnasium.

Die Haarstreifen bewegten sich. Erst war es kaum zu sehen, dann rutschten sie von der Glatze, dann hingen sie übers Ohr wie ein sinnloser Fadenvorhang.

Turnschuh fragte: „Frau Schreiner?"

Cäcilia begann zu flüstern. Normalerweise hätten jetzt welche getuschelt und gekichert. Aber heute machte sich niemand darüber lustig, dass sie immer so leise sprach. Normalerweise hätte Turnschuh längst mit einem zackigen Kopfruck die drei Streifen wieder auf die Platte zurückgeschleudert. Jetzt hingen sie einfach runter. Turnschuh sagte: „Etwas lauter, bitte." Cäcilia sprach schneller.

Turnschuh sagte ganz sanft, als ob er sie beruhigen wollte: „Frau Schreiner."

Dann wurde Cäcilia doch noch laut. Dass sie das einfach nicht verstehen würde. Sie weinte. Ich dachte, dass das doch ein bisschen übertrieben war, wegen so einem Adligen von vor zweihundert Jahren das Heulen anzufangen.

Cäcilia rief: „Das mit Frieder! Das tut mir so leid! Warum hat er das gemacht?"

Etwas später gehen der Ich-Erzähler, der mit Frieder befreundet ist, und Frieder wieder gemeinsam zur Schule.

Birth, school, work, death.[4] Kurse, Pausen. Klausuren, der Mechanismus war noch immer derselbe. Dem Anschein nach.

Denn die Lehrer behandelten uns völlig anders als vorher. Sie ließen Frieder und mich einfach in Ruhe. Wir lasen, was wir wollten, ganz ungeniert auf dem Tisch. Ich las Comics, Frieder irgendwelche Philosophen,

4 „Birth, school, work, death": Song der Band „The Godfathers" aus dem Jahr 1988

Psychologen oder Suizidanleitungen. Alfred Adler[5]: „Wozu leben wir?" Alfred Adler, das klang wie eine Figur aus Donald Duck.

Ich fragte Frieder leise: „Und, weiß er's?"

Frieder flüsterte: „Zum Heiraten und zum Kinderkriegen." Er wieherte lautlos, aber noch heftiger als sonst.

Wenn wir uns mal meldeten, kamen wir sofort dran. Als ob das, was wir zu sagen hatten, wahnsinnig dringend wäre und unverzüglich gehört werden müsste. Entweder hielten uns die Lehrer auf einmal für erleuchtet, oder sie hatten Schiss, dass Frieder noch mal versuchen könnte, sich das Leben zu nehmen, wenn sie nicht nett zu ihm waren.

Birth, school, work, death. [...] Seltsam waren die anderen in der Klasse. Die, für die alles weiterging wie immer.

Hätte man sie vor einer Klausur gefragt: „Wozu lebst du eigentlich?", hätten sie geantwortet: „Das kommt nicht dran, das müssen wir nicht wissen."

5 Alfred Adler: Arzt und Psychologe (1870-1937); sein Buch „Wozu leben wir" erschien 1931

Spieltrieb *Juli Zeh (2004)*

Von Prinzessinnen und Marionetten und der Möglichkeit, sich mit wenigen Worten Respekt zu verschaffen

Ada war ein junges Mädchen und nicht schön. In jenem Augenblick, den der Scheinwerfer dieser Erzählung ins Licht taucht, war sie vierzehn Jahre alt, blond und kräftig gebaut. Ihr Mund war breit, die Handgelenke stark. Über der Nase lag ein löchriger Teppich aus Sommersprossen und wusste bei passender Beleuchtung ein paar Notlügen von gepflückten Wildblumen und Kinderspielen im hohen Gras an den Mann zu bringen. In Wahrheit sah Ada älter aus, als sie war. Ihre Brust war stark entwickelt. Im Sommer 2002 wurde sie in die zehnte Klasse des Ernst-Bloch-Gymnasiums zu Bonn eingeschult, nachdem sie aus einem Grund, der sich in Kürze im Rahmen einer musikalischen Rückblende offenbaren wird, ihre alte Schule hatte verlassen müssen. Auf Ernst-Bloch erregte sie zu Anfang wenig Aufmerksamkeit.

In allen Klassen ab der siebenten gab es samt- und seidenweiche Mädchen, deren Geburt durch langsam anschwellende Musik begleitet worden war wie das hochfahrende Windowsbetriebssystem von seiner Begrüßungsouvertüre. Sie kamen als Miniaturprinzessinnen zur Welt, erreichten bereits in der Unterstufe das erste, fohlenhafte Stadium der Vollendung und wuchsen gleichmäßig in die Frau hinein, die sie einmal werden sollten. Ihre Entwicklung vollzog sich routiniert und fehlerlos, als hätten sie die Aufgabe des Älterwerdens schon etliche Male zuvor bewältigt. Jene Pubertätsprofis unterschieden sich auf den ersten Blick von den Dilettanten. Sie hatten das gepflegte, schulterlange Haar erwachsener Frauen, trugen ihre Hüfthosen, breiten Gürtel und knappen Hemdchen mit wohltemperierter Lässigkeit und ließen ihre Kinderhaut und aufgeworfenen Kindermünder zu Mädchenhaut und Mädchenmündern werden, ohne dass Pickel, Schweißausbrüche oder Wachstumslaunen zu irgendeinem Zeitpunkt die Harmonie ihrer Erscheinungen gestört hätten. Die Aura hochnäsiger Sauberkeit, die sie umgab, ließ sich weder von Regengüssen noch von feuchter Sommerhitze beeindrucken. Alles zierte die Prinzessinnen, nasse Haare, rote Nasen und selbst die Staubschicht, die sich im Sportunterricht beim Sprung in die alte Sandgrube über alle Körper legte.

Weil sie daran gewöhnt waren, alles umsonst zu bekommen, besaßen diese menschlichen Rehkitze keinen Ehrgeiz. Männliche Mitschüler bemühten sich um sie, auch jene, zu denen eine Freundin mit Innenleben besser gepasst hätte. Manche betrieben leichten Sport oder lasen leichte Literatur. Ihre Schulnoten waren mittelmäßig; als Lieblingsfächer nannten sie Deutsch oder Kunst und Biologie, ohne erklären zu können, was ihnen daran gefalle. Während der Oberstufenjahre standen sie bereits im Zenit des Lebens. Sie besaßen die stärkste Ausstrahlung, empfingen ein Höchstmaß an Bestätigung und erlebten Tag für Tag eine Art farblosen Wohlbefindens, um nicht zu sagen: Glück. Nach dem Abitur würde es gemächlich abwärtsgehen. Erfreulicherweise war ihnen der Spannungsbogen ihrer persönlichen Geschichte egal. Vielleicht ahnten sie etwas. Vielleicht rührte von jener Ahnung der melancholische Hauch, der ihren anmutigen Bewegungen etwas Tragisches und der Tragik besondere Anmut verlieh. Mit dieser Beschreibung sind alle Eigenschaften genannt, die Ada nicht anhafteten. Sie war das Gegenteil einer Prinzessin, sofern Prinzessinnen ein Gegenteil besitzen. Seit Ada im Alter von zwölf Jahren auf den Gedanken verfallen war, dass Sinnsuche nichts als ein Abfallprodukt der menschlichen Denkfähigkeit sei, galt sie als hochbegabt und schwer erziehbar. Als ihr neuer Klassenlehrer sie aufforderte, sich den anderen Schülern vorzustellen, sagte sie ihren Vornamen und wusste sonst nichts zu berichten. Er bat um ein paar persönliche Sätze, um irgendeine Aussage, die Gültigkeit für sie besitze, und verstand ihr Lachen nicht. Der Schulwechsel bedeute einen Glücksfall für sie, sagte Ada schließlich, sie habe sich auf Ernst-Bloch gefreut. […] „Und was", fragte eine Prinzessin mit spiraligen Locken, „ist an Ernst-Bloch das Besondere?" „Mir war so, als sei dies ein Ort für wirklich kluge, wirklich kaputte, wirklich kategorische Menschen." Einige johlten Zustimmung, andern schnitten Gesichter. Die Prinzessinnen lehnten sich zurück und zogen mit beiden Händen das lange Haar hinter dem Rücken hervor, um es über die Stuhllehne zu werfen. Ada hatte sich wirklich auf Ernst-Bloch gefreut. [...] ‚Mir war so, als sei.' Danach sprach Ada wenig im Jahr 2002. Im Unterricht meldete sie sich nie. Wurde sie aufgerufen, begann sie ihre Sätze nicht mit ‚Meiner Meinung nach' oder ‚Ich glaube'. Sie sagte: ‚Das ist Unsinn.' Oder: ‚Es gibt nur eine Lesart für diese Stelle.' Oder: ‚Es ist unerheblich, wer was und wie viel gewusst hat.'

Diesen Stil behielt sie auch Höfi gegenüber bei. Höfi hatte sich einen Ruf als Bluthund erworben, der Dummheit auf hundert Meter gegen den Wind roch und gnadenlos verfolgte. Aus Misanthropie[6] hatte er sich gegen eine akademische Karriere und für die Schullaufbahn entschieden. Seine Sympathie verhielt sich aufsteigend proportional zum Intelligenzquotienten eines Gegenübers. Wie alle frei kreisenden Felsbrocken im Universum besaß auch er einen warmen, flüssigen Kern, den er jedoch mit allen Mitteln der Ratio zu verteidigen wusste. Höfi vertrat die empirisch belegte Auffassung, dass selbst Sahne hart werde, wenn man sie lange genug schlage. Die Prinzessinnen hassten ihn. Er betrachtete sie niemals anders als mit ironisch verzogener Unterlippe.

Seit Anfang des neuen Schuljahres zeigte ihm sein träger Röntgenblick in jeder Geschichtsstunde bei der 10 B ein neues Kuckuckskind, das starrköpfig in einem quirligen Nest bunter Jungvögel hockte. Eines Tages im September, draußen ging ein feiner Nieselregen nieder, baute er seine quasimodisch[7] verwachsene Gestalt vor Ada auf, die am rechtshinteren Winkel der u-förmigen Tischformation saß, griff nach einem Kugelschreiber und richtete ihn wie ein Messer auf ihre Nasenspitze.

Er schätze Meinungsstärke, verkündete Höfi, aber es gebe auf alles im Leben mindestens zwei mögliche Perspektiven, von der keine absolute Geltung beanspruchen könne. Das solle sie sich mit diesem Stift hinter die Ohren schreiben und den Mund erst wieder aufmachen, wenn sie es begriffen habe. Ende der Durchsage. Ada nahm ihm den Stift aus der Hand und passte ihn exakt in die Position ein, an der er zwischen Heft und Buch gelegen hatte. Dabei erwiderte sie geradeaus Höfis Blick, sah ihm aber nicht in die Augen, sondern fixierte jene kleine Stelle auf seiner Stirn, die nach glattem Durchmarsch einer Pistolenkugel sofortigen und sicheren Tod versprach. „Sind Sie verheiratet?" „Gewiss", sagte Höfi, während die Stille im Raum ein totalitäres Ausmaß erreichte. „Lieben Sie Ihre Gemahlin?" „Gewiss. Sogar sehr." „Haben Sie jemals darüber nachgedacht, dass Sie diese Frau ebenso gut hassen könnten?" „Nein." Ada senkte den Blick

6 die Misanthropie: *franz.* Menschenfeindlichkeit
7 quasimodisch: wie Quasimodo, der missgebildete Glöckner von der Pariser Kathedrale Notre-Dame

von Höfis Stirn auf ihre vernarbten Fingerspitzen. Im Unterricht vertrieb sie sich die Zeit, indem sie die Haut rund um die Fingernagel vom Fleisch kratzte und in schmalen Streifen bis zur Mitte der Finger abzog. „Wenn das so ist", sagte sie leise, „hören Sie auf mit dem Quatsch von zwei möglichen Sichtweisen auf alle Dinge." Höfi öffnete den Mund und schloss ihn wieder. Er nickte, als hätte er eine im Grunde nebensächliche, aber unverzichtbare und seit Längerem erwartete Information erhalten, und setzte seinen Unterricht fort. Vierundzwanzig Stunden später wussten alle siebenhundertzweiundvierzig Schüler auf Ernst-Bloch, dass eine von ihnen gegenüber Höfi das letzte Wort behalten hatte. Es hieß, Höfi habe zum ersten Mal in seiner langjährigen Tätigkeit als tyrannischer Geschichtslehrer einen ebenbürtigen Gegner gewittert.

Klassenbuch *John von Düffel (2017)*

Ich setze mich auf die Schulmauer und spucke die Umrisse meiner Schuhe auf die Gehwegplatten. Dann ist Deutsch bei Frau Höppner, von der alle munkeln, sie hatte was machen lassen während der Sommerferien, Brustvergrößerung oder Nasenverkleinerung. Aber ich sehe keinen Unterschied, außer dass sie nicht mehr so dicke Augen hat, was man mit Schminke hinkriegt, Mama wenigstens. Ich kenne alle ihre Tricks. Abends schminkt sie sich, um irgendwas hervorzuheben, rote Lippen, rosa Wangen, morgens, um von irgendwas abzulenken, vor allem, wenn sie verheult ist, die Augen verquollen und die Tränensäcke sackig. Eigentlich müssten sie leer sein, leer geflennt nach solchen Nächten. Aber Biologie funktioniert anders: Je mehr Tränen fließen, desto dicker der Sack. Im Grunde sind Drüsen und Säcke wie Muskeln. Ein Bizeps nutzt sich ja auch nicht ab durch Gebrauch, sondern wird immer größer, je mehr man trainiert. Frau Höppner und meine Mutter haben echt gut trainierte Heulmuskeln und auch sonst eine Menge gemeinsam. Obwohl bei Frau Höppner momentan die Glücksmuskeln im Kommen sind, ich sehe das. Seit dem Sommer lächelt sie, wenn sie sich unbeobachtet fühlt, lächelt zum Fenster hinaus und vergisst ihr Gesicht, auch das sehe ich. Der Glücksmuskel ist viel zarter als der Heulmuskel, eher so eine Art Geflecht bis in die Mundwinkel. Es zieht sie nach oben, ganz leicht, ganz von selbst, kein Smiley, nur die Ahnung eines Lächelns. Das ist inoperabel. Frau Höppner betritt die Klasse und strahlt, als käme sie frisch vom Glücksmuskeltraining, wobei ich nicht daran denken will, dass dazu immer zwei gehören (natürlich denke ich daran). Henk guckt auf sein Handy, ich gucke die Wand an, weil es so offensichtlich ist. Irgendwas im Raum verändert sich, obwohl es nicht gleich still wird. Eine warme Welle schwappt von Bauch zu Bauch. Und während ich die Wand anstarre und fast ein bisschen rot werde und aufgeregt und glücklich oder ko-froh, da passiert es: das Dümmste, was passieren kann, seitdem klar ist, dass wir in diesem Schuljahr nicht allein sind.

Wir haben eine Grille in der Klasse, irgendwo in den Fenster- und Mauerritzen, original mit Soundtrack. Gleich am ersten Schultag nach dem Klingeln zirpte sie drauflos oder war mit ihrem Zirpen plötzlich hörbar, weil wir die Klappe hielten. Die Grille musste hier in der Wand sitzen und singen – außer, wenn man ihr zu nahe kam, weshalb sich schwer feststellen ließ, wo genau „hier" war. (Es hörte sich immer ein bisschen woanders an.) Und Lenny, der Vollidiot, gleich: Frau Höppner, ich kann mich nicht konzentrieren, die Grille ist so laut – oder das Heimchen, weil Annika meinte, dass es hier nur Heimchen gibt. Und sofort tobte eine Riesendiskussion, worin der Unterschied besteht oder ob Heimchen dasselbe sind wie Grillen, nur weiblich. Und Lenny immer: Ich kann nicht arbeiten bei dem Gezirpe, der Kammerjäger soll kommen!

Das Zirpen hört ihr irgendwann nicht mehr, sagte Frau Höppner nur. Sie lächelte über die künstliche Aufregung hinweg und las uns die Fabel von der Grille vor, die den ganzen Sommer singt, im Gegensatz zur Ameise, die durcharbeitet. (Wie denn, bei dem Lärm?, fing Lenny wieder an – wirklich so ein Vollidiot!) Na ja, und als der Winter kommt, hat die Grille nichts gespart, kein Geld, keine Vorräte, und die Ameise will ihr nichts abgeben, was wir im Prinzip alle richtig fanden, so was kommt von so was, selber schuld. Doch man konnte sehen, dass es nicht das war, worauf Frau Höppner hinauswollte, also meinten wir dann, dass Kunst natürlich auch wichtig ist, die schönen Dinge, die Musik vor allem und so weiter. Und ich war total runter mit den Nerven, weil mir auf einmal klar wurde, dass die Geschichte eigentlich davon handelt, dass es Winter wird und der Sommer vorbei ist, die Zeit der Busenblusen, Tanktops und Bikinis, einschließlich der Werbung für Busenblusen, Tanktops und Bikinis. Und alles Geld, alle Vorräte der Welt bringen die Zeit nicht zurück. Das hat mich echt fertiggemacht. Keine Ahnung, wie man das Schuljahr überstehen soll, wenn es mit der Ansage beginnt, dass wir ab jetzt Ameisen sind und der Sinn fürs Schöne verhungern muss.

1. Erläutere, welche Themen und Konflikte sich in den einzelnen Texten andeuten.
2. Diskutiert: Welchen der drei Romane würdet ihr am liebsten in der Klasse lesen? Begründet eure Wahl.
3. Entscheidet euch für einen der drei Romanauszüge und setzt ihn als Filmszene oder als Hörspiel um.

Einen Roman untersuchen und interpretieren

Den Romanauszug untersuchen:

Aspekte/Fragen zur Textuntersuchung	**Beispiele** *(aus: Bov Bjerg: Auerhaus, S. 184 ff.)*
Zeit und **Ort** der Handlung:	**Zeit:** *nicht genannt* **Ort:** *Schule*
Figuren: – Was erfährst du über die **Figuren**? In welcher **Beziehung** stehen sie zueinander? – Wie **entwickeln sich die Figuren** im Lauf der Handlung?	*– jugendliche Schülerinnen und Schüler, vor allem Ich-Erzähler, sein Freund Frieder (hat Suizidversuch hinter sich), Cäcilia, die mit den beiden im Auerhaus wohnt, Lehrer mit dem Spitznamen „Turnschuh"* *– Ich-Erzähler ist zunächst teilnahmslos …*
Handlung: – **Was passiert** in dem Textauszug/Roman? – **Welche Konflikte** treten auf?	*Schüler/-innen beschäftigen sich im Unterricht mit Goethes „Werther" und thematisieren dabei das Thema Suizid. Bald wird deutlich, dass …*
Merkmale des Erzählens (→ S. 167): – Verhält sich die Erzählerin / der Erzähler **auktorial** oder **personal**? – Wie ist die **Erzählhaltung**? – Überwiegen **Erzählerbericht** oder **Figurenrede**? – Wird **zeitdeckend, zeitdehnend** oder **zeitraffend** erzählt?	*– Ich-Erzähler, erzählt und bewertet Geschehnisse z. T. rückblickend, erzählt aber z. T. auch aus der Situation heraus* *– erzählt ironisch-distanziert* *– Mischung zwischen Erzählerbericht und Figurenrede (auch innerer Monolog)* *– weitestgehend zeitdeckende Erzählweise*
Sprachliche Gestaltung: – Welche **Zeitform** ist vorherrschend? – Gibt es **sprachliche Besonderheiten**? – Werden besondere **stilistische Mittel** verwendet?	*– Erzählerbericht im Präteritum* *– ältere jugendsprachliche Ausdrücke („Den [Selbstmord] hat er vielleicht bloß hingeschrieben, damit das Ende gut knallt", S. 185, Z. 40 f.)*

Die Interpretation schreiben:
- **Einleitung:** Schreibe einen **einleitenden Satz** mit **Textart, Titel, Autorin/Autor** und **Erscheinungsjahr** (falls bekannt). Formuliere anschließend eine **Deutungsthese**.
- **Hauptteil:** Fasse den **Inhalt** des Romanausschnitts kurz zusammen und ordne ihn in die **Gesamthandlung** ein. Formuliere dann die **Antworten auf deine Interpretationsfragen** (s. o.). Erläutere dabei die Funktion und die Wirkung der einzelnen Merkmale und **belege deine Aussagen mit dem Text.**
- **Schluss:** Fasse deine Interpretationsergebnisse zu einer **Gesamtdeutung** des Textes zusammen. Nimm dabei **Bezug auf deine Deutungsthese**.

8 Zwischen Konvention und Freiheit

Dramenszenen untersuchen und erörtern

Liebe, Intrige, Hilflosigkeit: Lessings „Miss Sara Sampson“ als Machtkampf der Gefühle *Lars Helmer (2015)*

Anlässlich der Aufführung von „Miss Sara Sampson“ am Landestheater Tübingen hat der Dramaturg[1] des Theaters – Lars Helmer – den Regisseur Dominik Günther zu Lessings Drama befragt.

Lars Helmer: Wodurch zeichnet sich Lessing als Dramatiker aus? Was interessiert Sie besonders an ihm?

Dominik Günther: Lessing beschreibt Strukturen, die damals, also vor 260 Jahren, brandaktuell waren und sich in erster Linie mit den Egoismen der Menschen beschäftigen. Alle kreisen um sich selbst, sind nur auf ihre eigenen Interessen konzentriert. Diese Konfliktfelder breitet Lessing geschickt aus – das war damals das ganz Neue: Lessing hat das Theater vom Höfischen befreit, er fokussiert Privatheit und Egozentrik wie ein Brennglas. Und genau diese uralten Konfliktpotenziale wie rasende Eifersucht, missverstandene Liebe oder Besitzansprüche werden seitdem von Generation zu Generation weitergegeben, vielleicht höchstens in

1 die Dramaturgin / der Dramaturg: theaterwissenschaftliche Beraterin / wissenschaftlicher Berater an einem Theater

G. E. Lessing: Mellefont mit Sara und Marwood; Rheinisches Landestheater Neuss, Ronny Jakubaschk, 2016

veränderter Form. Heute sieht man doch bei RTL, Sat1 und wie die alle heißen nur noch Scripted Reality und Soaps. Lessing ist eigentlich der erste Reality-TV-Autor Deutschlands.

1 Die Fotos zeigen Szenen aus einer modernen Inszenierung des Theaterstücks „Miss Sara Sampson" von Gotthold Ephraim Lessing (1729–1781).
– Stelle Vermutungen an, worum es in dem Stück gehen könnte.
– Was ist laut Aussagen des Regisseurs Dominik Günther an dem Stück bis heute aktuell?

2 Erläutere, was noch nach der Aussage des Regisseurs Dominik Günther das Aktuelle an dem Theaterstück „Miss Sara Sampson" ist.

In diesem Kapitel …

- lernst du mit „Miss Sara Sampson" und „Faust I" zwei ältere Dramen und mit „Manhattan Medea" ein modernes Drama kennen.
- setzt du dich mit den Figuren, ihren Beziehungen und ihren Konflikten auseinander und erarbeitest, wie die Figuren inszeniert werden.
- verfasst du eine literarische Erörterung, in der du eine auf ein Drama bezogene strittige Fragestellung erörterst.

Figuren und ihre Beziehungen untersuchen

Miss Sara Sampson *Gotthold Ephraim Lessing (1755)*

Personenverzeichnis:
Sir Sampson
Miss Sara, Sir Sampsons Tochter
Mellefont
Marwood, Mellefonts ehemalige Geliebte
Arabella, ein junges Kind, Marwoods Tochter
Waitwell, ein alter Diener Sampsons
Norton, Mellefonts Diener
Betty, Saras Dienerin
Hannah, Marwoods Dienerin
Der Gastwirt und einige Nebenpersonen

G. E. Lessing: Sara; Rheinisches Landestheater Neuss, Ronny Jakubaschk, 2016

Ort und Zeit:
Zwei Gasthöfe, England, Mitte des 18. Jahrhunderts

Inhalt des Dramas:
Seit mehreren Wochen hält sich Mellefont mit seiner Geliebten Sara in einem Gasthof auf. Sara wünscht sich eine schnelle Heirat, doch Mellefont, der ein freies Leben als Liebhaber gewöhnt ist, möchte sich nur ungerne binden und hält sie mit verschiedenen Ausreden hin.
Sir Sampson, Saras Vater, der die Beziehung seiner Tochter zu Mellefont zunächst abgelehnt hat und sich Sorgen um seine Tochter macht, reist ihr hinterher, um sich mit ihr zu versöhnen und das Paar nach Hause zu holen.
Mellefont erfährt, dass sich seine ehemalige Geliebte Marwood in einem anderen Gasthof in der Nähe aufhält. Sie versucht alles, um Mellefont zurückzugewinnen, und setzt ihn mit ihrer gemeinsamen Tochter Arabella unter Druck. Als Mellefont ihr mitteilt, dass er bei Sara bleiben und die Tochter mitnehmen möchte, versucht Marwood vergeblich, ihn umzubringen. Schließlich bittet die ehemalige Geliebte darum, Sara vorgestellt zu werden – unter dem Vorwand, sie kennen lernen zu wollen. Von diesem Moment an nimmt das Unglück seinen Lauf …

Erster Aufzug, siebenter Auftritt

G. E. Lessing: Sara und Mellefont; Rheinisches Landestheater Neuss, Ronny Jakubaschk, 2016

Mellefont: Sie sind schwach, liebste Miss. Sie müssen sich setzen.

Sara *setzt sich:* Ich beunruhige Sie sehr früh; und werden Sie mir es vergeben, dass ich meine Klagen wieder mit dem Morgen anfange?

Mellefont: Teuerste Miss, Sie wollen sagen, dass Sie mir es nicht vergeben können, weil schon wieder ein Morgen erschienen ist, ohne dass ich ihren Klagen ein Ende gemacht habe.

Sara: Was sollte ich Ihnen nicht vergeben? Sie wissen, was ich Ihnen bereits vergeben habe. Aber die neunte Woche, Mellefont, die neunte Woche fängt heute an, und dieses elende Haus sieht mich noch immer auf ebendem Fuße[1] als den ersten Tag.

Mellefont: So zweifeln Sie an meiner Liebe?

Sara: Ich, an ihrer Liebe zweifeln? Nein, ich fühle mein Unglück zu sehr, zu sehr, als dass ich mir selbst diese letzte einzige Versüßung desselben rauben sollte.

Mellefont: Wie kann also meine Miss über die Verschiebung einer Zeremonie unruhig sein? –

Sara: Ach, Mellefont, warum muss ich einen andern Begriff von dieser Zeremonie haben? – Geben Sie doch immer der weiblichen Denkungsart etwas nach. Ich stelle mir vor, dass eine nähere Einwilligung des Himmels darinne liegt. Umsonst habe ich es nur wieder erst den gestrigen Abend versucht, Ihre Begriffe anzunehmen[2] und die Zweifel aus meiner Brust zu verbannen, die Sie, jetzt nicht das erste Mal, für Früchte meines Misstrauens angesehen haben. Ich stritt mit mir selbst; ich war sinnreich genug, meinen Verstand zu betäuben; aber mein Herz und ein inneres Gefühl warfen auf einmal das mühsame Gebäude von

1 auf ebendem Fuße: in derselben Situation
2 Ihre Begriffe anzunehmen: Sie zu verstehen

Schlüssen übern Haufen. Mitten aus dem Schlafe weckten mich strafende Stimmen, mit welchen sich meine Fantasie, mich zu quälen, verband. Was für Bilder, was für schreckliche Bilder schwärmten um mich herum! Ich wollte sie gern für Träume halten. –

Mellefont: Wie? Meine vernünftige Sara sollte sie für etwas mehr halten? [...]

Sara: [...] – Ach könnte ich Ihnen nur halb so lebhaft die Schrecken meiner vorigen Nacht erzählen, als ich sie gefühlt habe! – Von Weinen und Klagen, meinen einzigen Beschäftigungen, ermüdet, sank ich mit halb geschlossenen Augenlidern auf dem Bette zurück. Die Natur wollte sich einen Augenblick erholen, neue Tränen sammeln. Aber noch schlief ich nicht ganz, als ich mich auf einmal an dem schroffsten Teile des schrecklichsten Felsen sah. Sie gingen vor mir her, und ich folgte Ihnen mit schwankenden, ängstlichen Schritten, die dann und wann ein Blick stärkte, welchen Sie auf mich zurückwarfen. Schnell hörte ich hinter mir ein freundliches Rufen, welches mir stillezustehen befahl. Es war der Ton meines Vaters – ich Elende! kann ich denn nichts von ihm vergessen? Ach! Wo ihm sein Gedächtnis ebenso grausame Dienste leistet; wo er auch mich nicht vergessen kann! – Doch er hat mich vergessen! Trost! Grausamer Trost für seine Sara! – Hören Sie nur, Mellefont, indem ich mich nach dieser bekannten Stimme umsehen wollte, gleitete mein Fuß; ich wankte und sollte eben in den Abgrund herabstürzen, als ich mich, noch zur rechten Zeit, von einer mir ähnlichen Person zurückgehalten fühlte. Schon wollte ich ihr den feurigsten Dank abstatten, als sie einen Dolch aus dem Busen zog. Ich rettete dich, schrie sie, um dich zu verderben. Sie holte mit der bewaffneten Hand aus – und ach, ich erwachte mit dem Stiche. Wachend fühlte ich noch alles, was ein tödlicher Stich Schmerzhaftes haben kann; ohne das zu empfinden, was er Angenehmes haben muss: das Ende der Pein in dem Ende des Lebens hoffen zu dürfen.

Mellefont: Ach, liebste Sara, ich verspreche Ihnen das Ende Ihrer Pein, ohne das Ende Ihres Lebens, welches gewiss auch das Ende des meinigen sein würde. Vergessen Sie das schreckliche Gewebe eines sinnlosen Traumes –

Sara: Die Kraft, vergessen zu können, erwarte ich von Ihnen. Es sei Liebe oder Verführung, es sei Glück oder Unglück, das mich Ihnen in die Arme geworfen hat; ich bin in meinem Herzen die Ihrige und werde es ewig sein. Aber noch bin ich es nicht vor den Augen jenes Richters, der die geringsten Übertretungen seiner Ordnung zu strafen gedrohet hat –

Mellefont: So falle denn alle Strafe auf mich allein –

Sara: Was kann auf Sie fallen, das mich nicht treffen sollte? – Legen Sie aber mein dringendes Anhalten[3] nicht falsch aus. Ein anderes Frauenzimmer, das durch einen gleichen Fehltritt sich ihrer Ehre verlustig gemacht hätte, würde vielleicht durch ein gesetzmäßiges Band nichts als einen Teil derselben wiederzuerlangen suchen. Ich, Mellefont, denke darauf nicht[4], weil ich in der Welt weiter von keiner Ehre wissen will als von der Ehre, Sie zu lieben. Ich will mit Ihnen, nicht um der Welt willen, ich will mit Ihnen um meiner selbst willen verbunden sein. [...]

Mellefont: Halten Sie ein, Miss, oder ich muss vor Ihren Augen des Todes sein. [...] Haben Sie denn vergessen, was ich Ihnen zu meiner Rechtfertigung schon oft vorgestellt?

Sara: Ich habe es nicht vergessen, Mellefont. Sie wollen vorher ein gewisses Vermächtnis retten. – Sie wollen vorher zeitliche Güter[5] retten [...].

Mellefont: [...] Ich erwarte alle Stunden die letzten Nachrichten in dieser Sache, deren Verzögerung allein unsern hiesigen Aufenthalt so langwierig gemacht hat.

G. E. Lessing: Sara und Mellefont; Rheinisches Landestheater Neuss, Ronny Jakubaschk, 2016

3 mein dringendes Anhalten: meinen dringenden Wunsch
4 denke darauf nicht: habe nicht die Absicht
5 zeitliche Güter: Gemeint ist hier eine Erbschaft.

1 Erläutere den Konflikt, in dem sich Sara und Mellefont befinden. Beschreibe, welche Auswirkungen dieser Konflikt auf die beiden Figuren hat.
Tipps & Hilfen (→ S. 318)

2 Erkläre, welche Absichten die beiden Figuren jeweils verfolgen. Mach dies an ausgewählten Textstellen deutlich.
Tipps & Hilfen (→ S. 318)

3 Stell dir vor, du inszenierst diese Szene.
a) Kläre vorab: Wie sprechen die Figuren miteinander und was sagt das über ihr Verhältnis zueinander aus?
Betrachte dabei Sprache und Wortwahl, Gesprächsverhalten und Redeanteil.
Tipps & Hilfen (→ S. 318)
b) Notiere entsprechende Angaben als Regieanweisungen auf Klebezetteln.

Zweiter Aufzug, dritter Auftritt

G. E. Lessing: Sara und Mellefont; Rheinisches Landestheater Neuss, Ronny Jakubaschk, 2016

Marwood, die ehemalige Geliebte Mellefonts, ist ihm gefolgt und hält sich in einem Gasthof in der Nähe auf. Dort besucht sie Mellefont.

Mellefont, *der mit einer wilden Stellung hereintritt:* Ha! Marwood! –

Marwood, *die ihm mit offnen Armen lächelnd entgegenrennt:* Ach, Mellefont –

Mellefont *beiseite:* Die Mörderin, was für ein Blick!

Marwood: Ich muss Sie umarmen, treuloser, lieber Flüchtling! – Teilen Sie doch meine Freude! – Warum entreißen Sie sich meinen Liebkosungen?

Mellefont: Marwood, ich vermutete, dass Sie mich anders empfangen würden.

Marwood: Warum anders? Mit mehr Liebe vielleicht? Mit mehr Entzücken? Ach, ich Unglückliche, dass ich weniger ausdrücken kann, als ich fühle! Mein Herz bebet vor Freuden, Sie wiederzusehn, Sie wieder an meine Brust zu drücken. [...]

Mellefont: Marwood, die Zeit ist vorbei, da mich solche Reden bezaubert hätten. Sie müssen jetzt in einem andern Tone mit mir sprechen. Ich komme her, Ihre letzten Vorwürfe anzuhören und darauf zu antworten.

Marwood: Vorwürfe? Was hätte ich Ihnen für Vorwürfe zu machen, Mellefont? Keine.

Mellefont: So hätten Sie, sollte ich meinen, Ihren Weg ersparen können.

Marwood: Liebste, wunderliche Seele, warum sollen Sie mich denn nun mit Gewalt zwingen, einer Kleinigkeit zu gedenken, die ich Ihnen in ebendem Augenblicke vergab, in welchem ich sie erfuhr? Eine kurze Untreue, die mir Ihre Galanterie, aber nicht Ihr Herz spielt, verdient diese Vorwürfe? Kommen Sie, lassen Sie uns darüber scherzen.

Mellefont: Sie irren sich; mein Herz hat mehr Anteil daran, als es jemals an allen unsern Liebeshändeln gehabt hat, auf die ich jetzt nicht ohne Abscheu zurücksehen kann.

Marwood: Ihr Herz, Mellefont, ist ein gutes Närrchen. Es lässt sich alles bereden, was Ihrer Einbildung, ihm zu bereden, einfällt. Glauben Sie mir doch, ich kenne es besser als Sie. Wenn es nicht das beste, das getreuste Herz wäre, würde ich mir wohl so viel Mühe geben, es zu behalten!

Mellefont: Zu behalten? Sie haben es niemals besessen, sage ich Ihnen.

Marwood: Und ich sage Ihnen, ich besitze es im Grunde noch.

Mellefont: Marwood, wenn ich wüsste, dass Sie auch nur noch eine Faser davon besäßen, so wollte ich es mir selbst, hier vor Ihren Augen, aus meinem Leibe reißen. [...]

Marwood *vertraulich:* Höre nur, mein lieber Mellefont; ich merke wohl, wie es jetzt mit dir steht. Deine Begierden und dein Geschmack sind jetzt deine Tyrannen. Lass es gut sein; man muss sie austoben lassen. Sich ihnen widersetzen, ist Torheit. Sie werden am sichersten eingeschläfert und endlich gar überwunden, wenn man ihnen freies Feld lässt. Sie reiben sich selbst auf. [...]

Mellefont: Marwood, Sie reden vollkommen Ihrem Charakter gemäß, dessen Hässlichkeit ich nie so gekannt habe, als seitdem ich in dem Umgange mit einer tugendhaften Freundin die Liebe von der Wollust unterscheiden gelernt.

Marwood: Ei, sieh doch! Deine neue Gebieterin ist also wohl gar ein Mädchen von schönen sittlichen Empfindungen? Ihr Mannspersonen müsst doch selbst nicht wissen, was ihr wollt. Bald sind es die schlüpfrigsten Reden, die buhlerischen[6] Scherze, die euch an uns gefallen; und bald entzücken wir euch, wenn wir nichts als Tugend reden und alle sieben Weisen[7] auf unsrer Zunge zu haben scheinen. Das Schlimmste aber ist, dass ihr das eine sowohl als das andre überdrüssig werdet. Wir mögen närrisch oder vernünftig, weltlich oder geistlich gesinnet sein, wir verlieren unsre Mühe, euch beständig zu machen, einmal wie das andre. Du wirst an deine schöne Heilige die Reihe Zeit genug[8] kommen lassen. Soll ich wohl einen kleinen Überschlag machen? Jetzo bist du im heftigsten Paroxysmo[9] mit ihr, und diesem gebe ich noch zwei, aufs Längste drei Tage. Hierauf wird eine ziemlich geruhige Liebe folgen; der gebe ich acht Tage. Die andern acht Tage wirst du nur gelegentlich an diese Liebe denken.

6 buhlerisch: veraltet für schmeichlerisch
7 alle sieben Weisen: Anspielung auf eine Gruppe öffentlicher Personen im antiken Griechenland, u. a. Politiker und Philosophen, die vor allem durch ihre Weisheitssprüche bekannt waren
8 Zeit genug: früh genug
9 der Paroxysmo: fieberhafter Anfall

Mellefont: Vergebens, Marwood, suchen Sie alle Waffen hervor, mit welchen Sie sich erinnern, gegen mich sonst glücklich gewesen zu sein. Ein tugendhafter Entschluss sichert mich gegen Ihre Zärtlichkeit und gegen Ihren Witz[10]. Gleichwohl will ich mich beiden nicht länger aussetzen. Ich gehe und habe Ihnen weiter nichts mehr zu sagen, als dass Sie mich in wenig Tagen auf eine Art sollen gebunden wissen, die Ihnen alle Hoffnung auf meine Rückkehr in ihre lasterhafte Sklaverei vernichten wird.

Marwood versucht, Mellefont mit der gemeinsamen Tochter Arabella unter Druck zu setzen und ihn in die Pflicht zu nehmen. Mellefont scheint zunächst darauf einzugehen. Kurz darauf macht er Marwood deutlich, dass er bei Sara bleiben und das gemeinsame Kind zu sich nehmen will.

1 a) Tragt die Szene mit verteilten Rollen vor. Überlegt zuvor, in welchem Tonfall Mellefont und Marwood miteinander sprechen könnten. Beachtet auch die Regieanweisungen.
b) Was erfahrt ihr durch den Vortrag über die beiden Figuren? Vergleicht Marwoods Verhalten gegenüber Mellefont mit dem von Sara.
Tipps & Hilfen (→ S. 319)

2 Diskutiert folgende Aussage:

„Mit der Äußerung: ‚Eine kurze Untreue, die mir Ihre Galanterie, aber nicht Ihr Herz spielt, verdient diese Vorwürfe? Kommen Sie, lassen Sie uns darüber scherzen' (S. 198, Z. 20 ff.), verhält sich Marwood als Frau unkonventionell."

Zweiter Aufzug, siebenter Auftritt

Marwood: Nun sind wir allein. Nun sagen Sie es noch einmal, ob Sie fest entschlossen sind, mich einer jungen Närrin aufzuopfern?

Mellefont *bitter:* Aufzuopfern? Sie machen, dass ich mich hier erinnere, dass den alten Göttern auch sehr unreine Tiere geopfert wurden.

Marwood *spöttisch:* Drücken Sie sich ohne so gelehrte Anspielungen aus.

Mellefont: So sage ich Ihnen, dass ich fest entschlossen bin, nie wieder ohne die schrecklichsten Verwünschungen an Sie zu denken. Wer sind Sie? Und wer ist Sara? Sie sind eine wollüstige, eigennützige, schändliche Buhlerin[11], die sich jetzt kaum mehr muss erinnern können, einmal unschuldig gewesen zu sein. Ich habe mir mit Ihnen nichts vorzuwerfen, als dass ich dasjenige genossen, was Sie ohne mich vielleicht die

10 der Witz: die Intelligenz, der Verstand
11 die Buhlerin: Geliebte, die in Konkurrenz zu einer anderen steht

ganze Welt hätten genießen lassen. Sie haben mich gesucht, nicht ich Sie; und wenn ich nunmehr weiß, wer Marwood ist, so kommt mir die Kenntnis teuer genug zu stehen. Sie kostet mich mein Vermögen, meine Ehre, mein Glück –

Marwood: Und so wollte ich, dass sie Ihnen auch Ihre Seligkeit kosten müsste! Ungeheuer! Ist der Teufel ärger als du, der schwache Menschen zu Verbrechen reizet und sie dieser Verbrechen wegen, die sein Werk sind, hernach selbst anklagt? Was geht dich meine Unschuld an, wann und wie ich sie verloren habe? Habe ich dir meine Tugend nicht preisgeben können, so habe ich doch meinen guten Namen für dich in die Schanze geschlagen[12]. Jene ist nichts kostbarer als dieser. Was sage ich kostbarer? Sie ist ohne ihn ein albernes Hirngespinst, das weder ruhig noch glücklich macht. Er allein gibt ihr noch einigen Wert und kann vollkommen ohne sie bestehen. Möchte ich doch sein, wer ich wollte, ehe ich dich, Scheusal, kennen lernte; genug, dass ich in den Augen der Welt für ein Frauenzimmer ohne Tadel galt. Durch dich nur hat sie es erfahren, dass ich es nicht sei; durch meine Bereitwilligkeit bloß, dein Herz, wie ich damals glaubte, ohne deine Hand anzunehmen.

Mellefont: Ebendiese Bereitwilligkeit verdammt dich, Niederträchtige.

Marwood: Erinnerst du dich aber, welchen nichtswürdigen Kunstgriffen du sie zu verdanken hattest? Ward ich nicht von dir beredt[13], dass du dich in keine öffentliche Verbindung einlassen könntest, ohne einer Erbschaft verlustig zu werden, deren Genuss du mit niemandem als mit mir teilen wolltest? Ist es nun Zeit, ihrer zu entsagen? Und ihrer für eine andre als für mich zu entsagen?

Mellefont: Es ist eine wahre Wollust für mich, Ihnen melden zu können, dass diese Schwierigkeit nunmehr bald wird behoben sein. Begnügen Sie sich also nur, mich um mein väterliches Erbteil gebracht zu haben, und lassen mich ein weit Geringers mit einer würdigern Gattin genießen.

Marwood: Ha! Nun seh ich's, was dich eigentlich so trotzig macht. Wohl, ich will kein Wort mehr verlieren. Es sei darum! Rechne darauf, dass ich alles anwenden will, dich zu vergessen. Und das

G. E. Lessing: Marwood und Mellefont; Rheinisches Landestheater Neuss, Ronny Jakubaschk, 2016

12 in die Schanze geschlagen: geopfert
13 beredt: überredet

Erste, was ich in dieser Absicht tun werde, soll dieses sein – Du wirst mich verstehen! Zittre für deine Bella[14]! Ihr Leben soll das Andenken meiner verachteten Liebe auf die Nachwelt nicht bringen; meine Grausamkeit soll dieses Andenken verewigen. Sieh in mir eine neue Medea[15]!

Mellefont *erschrocken:* Marwood –

Marwood: Oder wenn du noch eine grausamere Mutter weißt, so sieh sie gedoppelt in mir! Gift und Dolch sollen mich rächen. Doch nein, Gift und Dolch sind zu barmherzige Werkzeuge! Sie würden dein und mein Kind zu bald töten. Ich will es nicht gestorben; ich will es sterben sehen! Durch langsame Martern will ich in seinem Gesichte jeden ähnlichen Zug, den es von dir hat, sich verstellen, verzerren, verschwinden sehen. [...] Ich, ich werde wenigstens dabei empfinden, wie süß die Rache sei!

Mellefont: Sie rasen, Marwood –

Marwood: Eben erinnern Sie mich, dass ich doch noch nicht gegen den Rechten rase. Der Vater muss voran! Er muss schon in jener Welt sein, wenn der Geist seiner Tochter unter tausend Seufzern gemach[16] ihm nachziehet. – *Sie geht mit einem Dolche, den sie aus dem Busen reißt, auf ihn los:* Drum stirb, Verräter!

Mellefont, *der ihr in den Arm fällt und den Dolch entreißt:* Unsinniges Weibsbild! Was hindert mich nun, den Stahl wider dich zu kehren? Doch lebe, und deine Strafe müsse einer ehrlosen Hand aufgehoben[17] sein!

Marwood *mit gerungenen Händen:* Himmel, was habe ich getan? Mellefont –

Mellefont: Deine Reue soll mich nicht hintergehen! Ich weiß es doch wohl, was dich reuet; nicht dass du den Stoß tun wollen, sondern dass du ihn nicht tun können.

14 Bella: gemeint ist Arabella, die gemeinsame Tochter von Mellefont und Marwood

15 Medea: Figur in der griechischen Mythologie, die aus Rache an ihrem Mann Jason, der sie für die Tochter Kreons verlassen hat, ihre Nebenbuhlerin, deren Vater und ihre eigenen Kinder umbringt

16 gemach: gemächlich

17 einer ehrlosen Hand aufgehoben: der Hand des Henkers vorbehalten

3 a) Erkläre, warum Marwood hier ihre Strategie ändert und welche Folgen dies hat.

b) Für Mellefont ist Marwood daraufhin eine „Niederträchtige“ (→ S. 201, Z. 30), also gemein und boshaft. Inwieweit ist sie das tatsächlich und inwieweit wird sie dazu gemacht? Nimm begründet Stellung und gehe dabei auf Schlüsselstellen im dritten und siebten Auftritt (→ S. 198 ff. und S. 200 ff.) ein.

Tipps & Hilfen (→ S. 319)

Vierter Aufzug, achter Auftritt

G. E. Lessing: Marwood und Sara; Rheinisches Landestheater Neuss, Ronny Jakubaschk, 2016

Marwood bittet Mellefont darum, Sara vorgestellt zu werden – unter dem Vorwand, sie kennen lernen zu wollen. Marwood lässt sich unter dem Namen Lady Solmes bei Sara vorstellen und gibt vor, eine Verwandte Mellefonts zu sein.

[...]

Sara: Was wollen Sie, Lady? Kenn ich meinen Mellefont nicht schon? Glauben Sie mir, ich kenne ihn, wie meine eigne Seele. Ich weiß, dass er mich liebt –

Marwood: Und andre –

Sara: Geliebt hat. Auch das weiß ich. Hat er mich lieben sollen, ehe er von mir etwas wusste? Kann ich die Einzige zu sein verlangen, die für ihn Reize genug gehabt hat? Muss ich mir es nicht selbst gestehen, dass ich mich, ihm zu gefallen, bestrebt habe? Ist er nicht liebenswürdig genug, dass er bei mehrern dieses Bestreben hat erwecken müssen? Und ist es nicht natürlich, wenn Manches dieser Bestreben gelungen ist?

Marwood: Sie verteidigen ihn mit ebender Hitze und fast ebenden Gründen, mit welchen ich ihn schon oft verteidiget habe. Es ist kein Verbrechen, geliebt zu haben; noch weniger ist es eines, geliebet worden zu sein. Aber die Flatterhaftigkeit ist ein Verbrechen.

Sara: Nicht immer; denn oft, glaube ich, wird sie durch die Gegenstände der Liebe entschuldigt, die es immer zu bleiben selten verdienen.

Marwood: Miss Sampsons Sittenlehre scheinet nicht die strengste zu sein.

Sara: Es ist wahr; die, nach der ich diejenigen zu richten pflege, welche es selbst gestehen, dass sie auf Irrwegen gegangen sind, ist die strengste nicht. Sie muss es auch nicht sein. Denn hier kömmt es nicht darauf an, die Schranken zu bestimmen, die uns die Tugend bei der Liebe setzt, sondern bloß darauf, die menschliche Schwachheit zu entschuldigen, wenn sie in diesen Schranken nicht geblieben ist, und die daraus entstehenden Folgen nach den Regeln der Klugheit zu beurteilen. Wenn, zum Exempel, ein Mellefont eine Marwood liebt, und sie endlich verlässt, so ist dieses Verlassen, in Vergleichung mit der Liebe selbst, etwas sehr Gutes. Es wäre ein Unglück, wenn er eine Lasterhafte deswegen, weil er sie einmal geliebt hat, ewig lieben müsste.

Marwood: Aber, Miss, kennen Sie denn diese Marwood, welche Sie so getrost eine Lasterhafte nennen? [...]

„Lady Solmes" erzählt Sara von Marwood, z.B., dass „diese Marwood" aus einer Adelsfamilie stamme und Mellefont als junge Witwe kennen gelernt habe. Obwohl unvermögend, wurde sie von Mellefont umworben. Er versprach, sie zu heiraten, hielt sie dann aber zehn Jahre lang hin unter dem Vorwand, zunächst eine wichtige Erbangelegenheit regeln zu müssen. Marwood zog sich daraufhin zurück, um Mellefont nicht durch ihre Verbindung um seine Erbschaft zu bringen. Mellefont, der nicht auf die Beziehung zu Marwood verzichten wollte, gewann sie zurück. Schließlich wurde Marwood schwanger und brachte die gemeinsame Tochter Arabella zur Welt.

Sara: Ich Unglückliche! Was muss ich hören!

Marwood: Nichts weniger! Alsdenn würde er eben am allerersten in die Arme derjenigen zurückeilen, die auf seine Freiheit so eifersüchtig nicht gewesen. Sie würden seine Gemahlin heißen, und jene würde es sein.

Sara: Martern[18] Sie mich nicht länger mit so schrecklichen Vorstellungen! Raten Sie mir vielmehr, Lady, ich bitte Sie, raten Sie mir, was ich tun soll. [...]

Marwood: Dass man einen Vogel fangen kann, Miss, das weiß ich wohl. Aber dass man ihm seinen Käfig angenehmer als das freie Feld machen könne, das weiß ich nicht. Mein Rat wäre also, ihn lieber nicht zu fangen und sich den Verdruss über die vergebene Mühe zu ersparen. Begnügen Sie sich, Miss, an dem Vergnügen, ihn sehr nahe an ihrer Schlinge gesehn zu haben, und weil Sie voraussehn können, dass er die Schlinge ganz gewiss zerreißen werde, wenn Sie ihn vollends hineinlockten, so schonen Sie Ihre Schlinge und locken ihn nicht herein.

18 martern: quälen

Sara: Ich weiß nicht, ob ich dieses tändelnde[19] Gleichnis recht verstehe, Lady –

Marwood: Wenn Sie verdrießlich darüber geworden sind, so haben Sie es verstanden – Mit einem Worte, Ihr eigner Vorteil sowohl als der Vorteil einer andern, die Klugheit sowohl als die Billigkeit können und sollen Miss Sampson bewegen, ihre Ansprüche auf einen Mann aufzugeben, auf den Marwood die ersten und stärksten hat. Noch stehen Sie, Miss, mit ihm so, dass Sie, ich will nicht sagen mit vieler Ehre, aber doch ohne öffentliche Schande von ihm ablassen können. Eine kurze Verschwindung mit einem Liebhaber ist zwar ein Fleck; aber doch ein Fleck, den die Zeit ausbleichet. In einigen Jahren ist alles vergessen, und es finden sich für eine reiche Erbin noch immer Mannspersonen, die es so genau nicht nehmen. [...]

Sara, *indem sie unwillig aufsteht:* Das gehet zu weit! [...] Wodurch hat Marwood sich eine solche Vorsprecherin[20] erwerben können, die alle ihre Erfindungskraft aufbietet, mir einen blendenden Roman von ihr aufzudrängen, und alle Ränke[21] anwendet, mich gegen die Redlichkeit[22] eines Mannes argwöhnisch zu machen, der ein Mensch, aber kein Ungeheuer ist? [...]

Marwood offenbart sich Sara, die daraufhin flieht und in Ohnmacht fällt. Marwood vergiftet sie und flieht ebenfalls. Sir Sampson findet nur noch seine sterbende Tochter vor, die ihn bittet, Arabella an Kindes statt anzunehmen. Mellefont, von Schuldgefühlen geplagt, bringt sich um.

19 tändelnd: *hier* anzüglich
20 die Vorsprecherin: die Fürsprecherin
21 die Ränke: die Intrigen
22 Redlichkeit: Anstand und Ehrlichkeit

1 a) Marwood sucht – als „Lady Solmes" – das Gespräch mit Sara. Erkläre, was sie vorhat und wie sie ihr Ziel zu erreichen versucht.

b) Sara befindet sich in einem Konflikt, für den Marwood eine unkonventionelle Lösung vorschlägt. Erläutere Marwoods Lösungsvorschlag und erkläre, warum sie damit scheitert.

2 Nimm zu folgender Aussage schriftlich Stellung und begründe deine Einschätzung mit Textbelegen:

> „Marwood tritt in dem Stück als Gegenspielerin Saras auf. Aber eigentlich unterscheidet sie sich kaum von Sara."

Tipps & Hilfen (→ S. 319)

3 Am Ende der Tragödie sind Sara und Mellefont tot, Marwood ist geflohen. Diskutiert in der Klasse, inwiefern das Scheitern der Figuren im Hinblick auf den Handlungsverlauf unausweichlich ist.

Eine literarische Erörterung verfassen

„„Es ist keine Kunst, alte Weiber zum Heulen zu bringen', stellte der 26-jährige Lessing 1755 nach einem Theaterbesuch fest. Als Beweis schrieb der junge Dramatiker in nur sechs Wochen das Stück, das die Gattung des bürgerlichen Trauerspiels[1] in der deutschen Dramenliteratur begründen sollte: ‚Miss Sara Sampson', in dem er seine Figuren in einen tragisch-komischen Kampf um Vernunft und Leidenschaft, Tugend und Laster, Wollust und Verbrechen schickt. Frauen wie die Marwood, welche die männliche Doppelmoral durchschauen und anprangern, sind zum Scheitern verurteilt."

Homepage des Theaters Konstanz zur Inszenierung von „Miss Sara Sampson", 2015

LESSING

1 das bürgerliche Trauerspiel: eine im 18. Jahrhundert in Deutschland aufkommende Dramenform, deren Figuren aus dem Bürgertum oder dem niederen Adel stammen und deren Handlung tragisch endet

1 Fasse den Inhalt des Textes zu einer Inszenierung von Lessings Drama „Miss Sara Sampson" in eigenen Worten zusammen.

2 a) In dem Text wird die These aufgestellt, dass Marwood „zum Scheitern verurteilt" sei (Z. 15).
Teilst du diese Einschätzung oder lehnst du sie eher ab? Formuliere deine Meinung.

- *Meiner Meinung nach trifft die im Ausgangstext aufgestellte These, dass ... zu / nicht zu, da ...*
- *Im Ausgangstext wird die These aufgestellt, dass ... Dies trifft meiner Meinung nach ...*

b) Notiere stichpunktartig Argumente, die deine Meinung stützen.
Nutze vor allem folgende Szenen als Argumentationsgrundlage:
– Zweiter Aufzug, dritter Auftritt (→ S. 198 ff.)
– Zweiter Aufzug, siebenter Auftritt (→ S. 200 ff.)
– Vierter Aufzug, achter Auftritt (→ S. 203 ff.)
Tipps & Hilfen (→ S. 319)

3 Im Folgenden sollst du dich mit der Figur der Marwood anhand der These, dass sie zum Scheitern verurteilt sei, in Form einer literarischen Erörterung auseinandersetzen. Verfasse eine passende **Einleitung** für diese literarische Erörterung. Nutze folgende Textbausteine und die Hinweise im Info-Kasten auf Seite 208.

In dem Text von der Homepage des Theaters Konstanz zu einer Inszenierung von Lessings „Miss Sara Sampson" aus dem Jahr 2015 wird die These aufgestellt, dass ...
Die Figur der Marwood ist in diesem Drama als Gegenspielerin Saras angelegt, indem ___.
Die Frage ... ist im Hinblick auf Lessings Drama aus dem Jahr 1755 insofern diskussionswürdig, als ___. *Deshalb soll in der folgenden Erörterung* ___.

4 Im **Hauptteil** einer literarischen Erörterung setzt du dich mit der im Ausgangstext formulierten These im Hinblick auf den literarischen Text argumentativ auseinander.

a) Erläutere mithilfe der Stichpunkte im Wortspeicher, wie der folgende Anfang des Hauptteils aufgebaut ist:

> Anführen eines Arguments mit Textbeleg · Zusammenfassung der These des Ausgangstextes · Darstellung der eigenen Meinung · Einordnung der Figur in den Gesamtzusammenhang

Meiner Meinung nach trifft die im Ausgangstext geäußerte Einschätzung zu, dass Marwood in der Lage sei, die männliche Doppelmoral zu durchschauen und anzuprangern, und dadurch zum Scheitern verurteilt sei (vgl. Z. 15).
Im Folgenden möchte ich begründen, warum Marwood letztlich mit ihrem Plan scheitern muss und keine Möglichkeit hat, sich anders zu verhalten.
Mellefont, der ehemalige Geliebte Marwoods, hält sich bereits seit mehreren Wochen zusammen mit seiner neuen Liebe Sara in einem Gasthof auf. Marwood ist ihm hinterhergereist mit dem Plan, ihren ehemaligen Geliebten zurückzugewinnen, indem sie zunächst versucht, seine Beziehung zu Sara zu verharmlosen: „Eine kurze Untreue, die mir Ihre Galanterie, aber nicht Ihr Herz spielt, verdient diese Vorwürfe? Kommen Sie, lassen Sie uns darüber scherzen" (Zweiter Aufzug, dritter Auftritt, Z. 20 ff.). Als sie merkt, dass sie bei Mellefont auf diesem Wege nichts erreichen kann, beginnt sie, die männliche Doppelmoral anzuprangern, indem sie sagt: „ ___*" (* ___ *Aufzug,* ___ *Auftritt, Z. ...). Marwood macht damit deutlich, dass* ___.

b) Ergänze den Hauptteil um weitere Argumente. Nutze dafür auch die Hinweise im Info-Kasten auf Seite 208.

5 a) Informiere dich im Info-Kasten unten über die Gestaltung des Schlusses einer literarischen Erörterung und notiere Stichpunkte für deinen Schluss.

b) Formuliere den Schluss deiner Erörterung. Du kannst einen der folgenden Textanfänge nutzen:

A *Aus meiner Sicht zeigt die Darstellung der Figur der Marwood, dass ...*
B *Dass Marwood zum Scheitern verurteilt ist, ... Dies wird vor allem deutlich an ...*

Info: Eine literarische Erörterung zu einem Drama schreiben

Einleitung:
- Informiere in einem Einstiegssatz kurz über den **Ausgangstext** und die **zentrale These** / die **zentrale Fragestellung**, die in diesem Text aufgestellt bzw. aufgeworfen wird, z. B.: *In der Theaterkritik / dem Interview mit ... zu dem Stück ... aus dem Jahr ... wird die These aufgestellt, dass ...*
- Informiere kurz über den **Inhalt des Dramas** und gegebenenfalls über die **Figur** / die **Figuren**, die im Zentrum der Erörterung stehen, z. B.:
... ist eine der (Haupt-)Figuren aus dem Drama ... von ... aus dem Jahr ...
In dem Text / In der Szene geht es um ...
- Erläutere kurz, was an der im Ausgangstext aufgestellten **These diskussionswürdig** ist, z. B.: *Die Frage, ob/inwiefern ..., ist diskussionswürdig, weil ... Außerdem ...*

Hauptteil:
- Formuliere **deine Meinung zu der im Ausgangstext formulierten These**.
- Untermauere deine Meinung mit **Argumenten**, führe passende Begründungen an und entkräfte mögliche Gegenargumente. Belege deine Aussagen mit passenden **Textstellen** aus dem Dramentext.

Schluss:
- **Fasse deine eigene Position** noch einmal **zusammen** und formuliere gegebenenfalls eine **weiterführende Frage**, einen **Gegenwartsbezug** oder einen **Ausblick**, z. B.: *Der Konflikt von ... macht meiner Meinung nach deutlich, dass ... Der über 200 Jahre alte Text spricht ein durchaus modernes Problem an, nämlich ...*

Mit Textverweisen arbeiten

Literarische Erörterung zu „Miss Sara Sampson“

[...]

Der Ausgangstext stellt die Behauptung auf, dass Frauen wie Marwood durch ihre Fähigkeit, die männliche Doppelmoral zu durchschauen und anzuprangern, zum Scheitern verurteilt seien (vgl. Z. 12 ff. und Z. 15). Dieser Aussage kann ich im Wesentlichen zustimmen. So kritisiert Marwood im Gespräch mit Mellefont zwar die Doppelmoral der Männer, Frauen abhängig von ihren eigenen Bedürfnissen zu beurteilen (vgl. Zweiter Aufzug, dritter Auftritt, Z. 45–55), sie versucht aber zunächst trotzdem einzulenken, Mellefont zu verzeihen und ihn für sich zurückzugewinnen (vgl. Zweiter Aufzug, dritter Auftritt, Z. 18–22), indem sie ihre eigenen Bedürfnisse und Kränkungen zurückstellt. Marwood hat auf eine Ehe mit Mellefont verzichtet, um ihn nicht um seine angebliche Erbschaft zu bringen. Deutlich wird das Scheitern Marwoods auch, als dieses Verhalten von Mellefont gegen sie gekehrt wird: „Eben diese Bereitwilligkeit verdammt dich, Niederträchtige“ (Zweiter Aufzug, siebter Auftritt, Z. 30). Das, was ihm lange Zeit genehm war, wird nun von ihm verurteilt, weil Marwood durch ihr Verhalten gegen Konventionen verstoßen hat und ihn daran erinnert, dass auch er Konventionen verletzt hat. Indem Marwood Mellefont so den moralischen Spiegel vorhält, verstößt sie gegen die ihr von der Gesellschaft zugedachte Rolle der Frau.

Das zeigt sich auch ...

Als der Konflikt am Ende eskaliert und Marwood erkennt, dass sie ihren ehemaligen Geliebten nicht zurückgewinnen kann, ___.

Die Textstelle „___“ (Z. ___) macht deutlich, ___.

1 Bei der literarischen Erörterung müssen die Argumente mit geeigneten Textstellen aus dem Ausgangstext und dem Originaltext belegt werden.
Suche in diesem Auszug aus dem Hauptteil einer Erörterung Beispiele für die im Wortspeicher genannten Möglichkeiten, Aussagen mit dem Text zu belegen.

indirektes Zitat / Paraphrase • wörtliches Zitat

2 Ergänze die Lücken des Mustertextes um drei weitere Argumente. Nutze dabei alle drei Möglichkeiten, Textbelege einzubinden: das indirekte Zitat, das wörtliche Zitat und den Textverweis.

3 Überprüfe deine eigene Erörterung (→ S. 206 ff.): Hast du unterschiedliche Möglichkeiten für das Anführen von Textbelegen verwendet? Bearbeite einzelne Abschnitte bei Bedarf.

Zum Schmökern, Schauen, Weiterdenken

Manhattan Medea *Dea Loher (1999)*

Personenverzeichnis:
Medea
Jason
Sweatshop-Boss[1], *im Rollstuhl*
Velasquez, *ein Doorman auf der 5th Avenue*
Deaf Daisy, *ein tauber Transvestit*
Ein Junge, *ca. 7 Jahre, stumme Rolle*

Ort und Zeit:
New York, 20. Jahrhundert

Inhalt

Medea und Jason sind aus ihrer Heimat Mazedonien geflohen und leben als mittellose Geflüchtete in New York. Auf ihrer Flucht machten sie mit Familienmitgliedern, die ihnen zur Last fielen, kurzen Prozess: Jason ertränkte seine Mutter, und gemeinsam mit Medea ermordete er Medeas Bruder. In New York will sich das Paar trotz dieser Taten eine neue Existenz aufbauen, was jedoch misslingt. Medea und Jason leben verarmt am Rande der Gesellschaft, wobei Medea alles tut, um Jason zu unterstützen. Um seinem Elend zu entkommen, entscheidet sich Jason jedoch, Medea zu verlassen und die Tochter eines reichen Unternehmers zu heiraten.

1 Sweatshop: ausbeuterischer Betrieb meist in einem Land mit Niedriglöhnen

Jason: Wenn ich leben könnte mit zwei Frauen,
wäre ich glücklich.
Schweigen.
Medea: Jason.
Bleib bei mir –
Pause
Jason.
Kannst du den Kampf vergessen,
um ein Leben miteinander.
Kannst du vergessen,
dass wir geschworen haben:
Alles für einander.
Jason: Das ist vorbei.
Medea: Jason.
Ich
Jason: Es ist vorbei
Medea: Es ist Blut auf diesem Weg.
Jason.
Das wird niemals vorbei sein.
Schweigen.
Medea: Denkst du nicht mehr daran?
Jason: Nein.
Medea: Was ich getan habe für dich.
Jason: Nein.
Medea: Mit diesen Händen.
Jason: Nein, daran denke ich nicht.
Medea: Jason.
Jason: Für dich, für dich
Ich Ein Mörder Ich Ein Mörder
Du Hexe
Medea: Ja.
Hexe.
Vielleicht.
Vielleicht bin ich eine Hexe.
Aber dann –
Was bist du, der mich dazu gemacht hat.
Für den ich getan habe, was ich getan habe.
Mit diesen Händen.
Und du hast es gesehen.

Jason: Ich habe dich nicht gezwungen.
Medea: Erinnere dich.
Jason: Schweig.
Medea: Und ich habe nicht getan, was ich getan habe,
für dich,
damit du mich verfluchen kannst.
Jetzt.
Jason: Schweig.
Medea: Und warum.
Warum habe ich es getan.
Jason: Hast du gedacht, du seist mir etwas schuldig.
Dein Problem.
Medea: Warum.
Jason: Es gibt viele Gründe.
Medea: Es gibt einen,
den du nicht mehr wissen willst.
Jason: Schweig, Hexe.
Pause.
Medea: Sag es.
Sprich es aus.
Hast du vergessen?
Pause.
Jason: Du hast es mich nie sagen hören.
Oder.
Dieses Wort.
Lange Pause.
Medea: Liebe.
Pause.
Jason: Du hast es mich nie sagen hören.
Oder.
Dieses Wort habe ich nie ausgesprochen.
Und nicht, dass ich es könnte.
Pause.
Täusche ich mich.
Täusche ich mich.
Medea.
Habe ich dir einmal nur gesagt,
dass ich –
Pause.

Medea: Nicht mit Worten.
Pause.
Jason: Was willst du also noch
von mir?
Medea: Und diese
andre.
Für sie sprichst du es aus.
Jason: Willst du, dass ich dich quäle.
Soll ich dich mich hassen lehren.
Medea: Ich will sie wissen.
Wahrheit.
Wenn sie auszuhalten ist für dich,
wird sie es auch für mich sein.
Pause.
Liebst du sie?
Jason: Ja.
Ich liebe sie.

Jason bietet Medea an, dass sie und der gemeinsame Sohn künftig bei ihm und seiner neuen Frau leben. Doch Medea verweigert dies, beschließt, Rache zu nehmen, und tötet ihren Sohn und die neue Frau Jasons.

1. Informiere dich über die antike Figur der Medea. Welche Parallelen zur „Manhattan Medea" von Dea Loher kannst du erkennen? Nenne Beispiele.
2. „Sieh in mir eine neue Medea!", sagt Marwood zu Mellefont in „Miss Sara Sampson" (S. 202, Z. 53 f.). Arbeite die Parallelen zwischen Marwood und Dea Lohers Medea heraus.
3. Verfasse eine Rollenbiografie für Medea. Schreibe in der Ich-Perspektive.
4. Nimm zu der folgenden Einschätzung von Dea Loher in einer literarischen Erörterung Stellung:

„Jason hat die Kraft und die Willensanstrengung zu sagen, dass es ihm reicht, dass die Flucht einen anderen als nur lebenserhaltenden Sinn gehabt haben muss. Sozialer Aufstieg also. Der Weg dahin ist egal, Hauptsache raus. Das ist für mich nicht negativ konnotiert, denn da steckt ja Lebensenergie dahinter. Die Geschichte wird immer so bewertet: Jason ist der Verräter. Das ist auch schon so, aber er will auch wieder weiter, sich befreien aus alten Verhältnissen."
Dea Loher in einem Interview zur Uraufführung von „Manhattan Medea" am Mecklenburgischen Staatstheater Schwerin, 1999

Faust I *Johann Wolfgang Goethe (1808)*

J. W. Goethe: Faust: Deutsches Schauspielhaus Hamburg, Jan Bosse, 2004

Personenverzeichnis:
Heinrich Faust, *ein Gelehrter*
Mephistopheles, *„Geist, der stets verneint"*
Margarete (Gretchen), *ein junges Mädchen*
Marte Schwerdtlein, *Gretchens Nachbarin*
Valentin, *Gretchens Bruder*
Wagner, *Fausts wissenschaftliche Hilfskraft*
Ein Schüler
Handwerksburschen, Bürger, Soldaten, Studenten, Bauern, Engel, Hexen u. a.

Ort und Zeit:
Wechselnde Orte, 16. Jahrhundert

Inhalt des Dramas

Im Mittelpunkt des Dramas steht Dr. Heinrich Faust, ein Gelehrter. Er hat alle Wissenschaften studiert und versucht nun, durch Zauberei der Erkenntnis näher zu kommen. Auf einem Osterspaziergang trifft er auf einen seltsamen Pudel, der sich in Mephistopheles verwandelt. Dieser stellt sich vor als „der Geist, der stets verneint" und schließt mit Faust einen Pakt: Dieser darf sich frei von Selbstzweifeln dem Genuss hingeben, muss aber dafür am Ende seines Lebens seine Seele hergeben. Faust willigt ein. Sie begeben sich auf eine Reise, auf der Faust unter dem magischen Einfluss Mephistopheles' ausschweifend feiert und Abenteuerliches erlebt. In einer Hexenküche nimmt Faust einen Liebestrank zu sich. Kurz darauf trifft er auf Gretchen, die er verführt.

Am Brunnen

Gretchen und Lieschen mit Krügen.

Lieschen: Hast nichts von Bärbelchen gehört?
Gretchen: Kein Wort. Ich komm gar wenig unter Leute.
Lieschen: Gewiss, Sibylle sagt mir's heute!
Die hat sich endlich auch betört.
Das ist das Vornehmtun!
Gretchen: Wieso?
Lieschen: Es stinkt!
Sie füttert zwei, wenn sie nun isst und trinkt.
Gretchen: Ach!
Lieschen: So ist's ihr endlich recht ergangen.
Wie lange hat sie an dem Kerl gehangen!
Das war ein Spazieren,
Auf Dorf und Tanzplatz Führen,
Musst überall die Erste sein,
Kurtesiert[1] ihr immer mit Pastetchen und Wein;
Bild't sich was auf ihre Schönheit ein,
War doch so ehrlos, sich nicht zu schämen,
Geschenke von ihm anzunehmen.
War ein Gekos' und ein Geschleck';
Da ist denn auch das Blümchen weg!
Gretchen: Das arme Ding!
Lieschen: Bedauerst sie noch gar!
Wenn unsereins am Spinnen war,
Uns nachts die Mutter nicht hinunterließ,
Stand sie bei ihrem Buhlen süß,
Auf der Türbank und im dunkeln Gang
Ward ihnen keine Stunde zu lang.
Da mag sie denn sich ducken nun,
Im Sünderhemdchen Kirchbuß' tun!
Gretchen: Er nimmt sie gewiss zu seiner Frau.
Lieschen: Er wär ein Narr! Ein flinker Jung'
Hat anderwärts noch Luft genung.
Er ist auch fort.
Gretchen: Das ist nicht schön!

1 kurtesieren: jemandem den Hof machen

Lieschen: Kriegt sie ihn, soll's ihr übel gehn.
Das Kränzel reißen die Buben ihr,
Und Häckerling[2] streuen wir vor die Tür! *Ab.*
Gretchen *nach Hause gehend:*
Wie konnt ich sonst so tapfer schmälen[3],
Wenn tät ein armes Mägdlein fehlen[4]!
Wie konnt ich über andrer Sünden
Nicht Worte g'nug der Zunge finden!
Wie schien mir' s schwarz, und schwärzt's noch gar,
Mir's immer doch nicht schwarz g'nug war,
Und segnet mich und tat so groß,
Und bin nun selbst der Sünde bloß!
Doch – alles, was dazu mich trieb,
Gott! war so gut! ach, war so lieb!

2 Häckerling: Strohreste, die als Zeichen für sündigen Lebenswandel vor die Tür gestreut wurden
3 schmälen: lästern
4 fehlen: *hier* einen Fehler machen

1 Erläutere, worum es in der Szene „Am Brunnen" geht.
2 Die Handlung des Dramas „Faust" spielt im 16. Jahrhundert. Recherchiere die damaligen Lebensumstände von unverheirateten Frauen, die ungewollt schwanger wurden.
3 Schreibe einen Tagebucheintrag Gretchens nach dieser Begegnung am Brunnen.

Faust verlässt das schwangere Gretchen.
In einer Auseinandersetzung mit Gretchens Bruder Valentin bringt Mephistopheles Faust dazu, Valentin zu erstechen.

Nacht

Straße vor Gretchens Türe.

[...]
Gretchen *heraustretend:*
Wer liegt hier?
Volk: Deiner Mutter Sohn.
Gretchen: Allmächtiger! welche Not!
Valentin: Ich sterbe! das ist bald gesagt
Und bälder noch getan.

Was steht ihr Weiber, heult und klagt?
Kommt her und hört mich an!
Alle treten um ihn.
Mein Gretchen, sieh! du bist noch jung,
Bist gar noch nicht gescheit genung,
Machst deine Sachen schlecht.
Ich sag dir's im Vertrauen nur:
Du bist doch nun einmal eine Hur';
So sei's auch eben recht.

Gretchen: Mein Bruder! Gott! Was soll mir das?

Valentin: Lass unsern Herrgott aus dem Spaß!
Geschehn ist leider nun geschehn,
Und wie es gehn kann, so wird's gehn.
Du fingst mit einem heimlich an,
Bald kommen ihrer mehre dran,
Und wenn dich erst ein Dutzend hat,
So hat dich auch die ganze Stadt.
Wenn erst die Schande wird geboren,
Wird sie heimlich zur Welt gebracht,
Und man zieht den Schleier der Nacht
Ihr über Kopf und Ohren;
Ja, man möchte sie gern ermorden.
Wächst sie aber und macht sich groß,
Dann geht sie auch bei Tage bloß
Und ist doch nicht schöner geworden.
Je hässlicher wird ihr Gesicht,
Je mehr sucht sie des Tages Licht.
Ich seh wahrhaftig schon die Zeit,
Dass alle brave Bürgersleut',
Wie von einer angesteckten Leichen,
Von dir, du Metze[5]! seitab weichen.
Dir soll das Herz im Leib verzagen,
Wenn sie dir in die Augen sehn!
Sollst keine goldne Kette mehr tragen!
In der Kirche nicht mehr am Altar stehn!
In einem schönen Spitzenkragen
Dich nicht beim Tanze wohlbehagen!
In eine finstre Jammerecken
Unter Bettler und Krüppel dich verstecken

5 die Metze: die Hure

Und, wenn dir dann auch Gott verzeiht,
Auf Erden sein vermaledeit[6]!
Marthe: Befehlt Eure Seele Gott zu Gnaden!
Wollt Ihr noch Lästrung auf Euch laden?
Valentin: Könnt ich dir nur an den dürren Leib,
Du schändlich kupplerisches Weib!
Da hofft ich, aller meiner Sünden
Vergebung reiche Maß zu finden.
Gretchen: Mein Bruder! Welche Höllenpein!
Valentin: Ich sage, lass die Tränen sein!
Da du dich sprachst der Ehre los,
Gabst mir den schwersten Herzensstoß.
Ich gehe durch den Todesschlaf
Zu Gott ein als Soldat und brav[7].
Stirbt.

6 vermaledeit: verflucht
7 brav: tapfer

Während Faust sich mit Mephistopheles einer wilden Feier hingibt, bringt Gretchen das gemeinsame Kind zur Welt, das sie anschließend ertränkt. Als Kindsmörderin angeklagt, wartet sie im Kerker auf ihre Hinrichtung. Faust, von Schuldgefühlen geplagt, möchte sie befreien. Gretchen aber verweigert sich, weil sie den negativen Einfluss, den Mephistopheles auf Faust hat, erkennt. Während sie durch eine himmlische Stimme erfährt, dass ihre Seele gerettet ist, ziehen Faust und Mephistopheles weiter.

1. Das Drama „Faust" ist auch wegen der „Gretchentragödie" bekannt geworden. Arbeite heraus, was du in den beiden Szenen über Gretchen und ihre Lebensumstände erfährst.
2. „Du bist doch nun einmal eine Hur'", urteilt Valentin über seine Schwester (Z. 16).
„Ich habe mir mit Ihnen nichts vorzuwerfen, als dass ich dasjenige genossen, was Sie ohne mich vielleicht der ganzen Welt hätten genießen lassen", sagt Mellefont zu Marwood in „Miss Sara Sampson" (Zweiter Aufzug, siebenter Auftritt, S. 200 f., Z. 10 ff.).
Erläutere, welche Funktion diese Anschuldigungen für die beiden Männer jeweils haben.
3. Wähle zwei Frauenfiguren aus, die du in diesem Kapitel kennen gelernt hast, und vergleiche sie miteinander.

Eine literarische Erörterung verfassen

Bei einer **literarischen Erörterung** wird zu einer **These** oder **Fragestellung**, die in einem Ausgangstext, z. B. einer Rezension oder einem Interview, geäußert wird, **kritisch Stellung genommen**.
Häufig stehen literarische Figuren, ihr Verhalten, ihre Beziehungen und Konflikte im Zentrum einer literarischen Erörterung.

Eine literarische Erörterung zu einem Drama schreiben	Formulierungshilfen
Einleitung: – Informiere im Einstiegssatz kurz über den **Ausgangstext** und arbeite die **zentrale These** bzw. die **zentrale Fragestellung** heraus. – Informiere über den **Inhalt des literarischen Textes** und die **Figur/-en**, die im Zentrum der Erörterung stehen sollen. – Bringe die im Ausgangstext formulierte These auf den Punkt. Erläutere kurz, was an dieser diskussionswürdig ist.	– *In dem Interview von … aus dem Jahr … zur Erzählung / zum Drama / zum Roman … von … aus dem Jahr … wird die Frage aufgeworfen, ob/inwiefern …* – *In der Erzählung / dem Drama / dem Roman geht es um … Die Figur/-en der/des … steht/stehen hier im Mittelpunkt der Diskussion, weil …* – *Die im Ausgangstext gestellte Frage ist diskussionswürdig, weil …*
Hauptteil: – Formuliere **deine Meinung zu der im Ausgangstext formulierten These/ Fragestellung**. – Untermauere deine Meinung mit geeigneten **Argumenten**, führe passende Begründungen an und belege deine Aussage mit **geeigneten Textstellen** aus dem literarischen Text. Entkräfte mögliche Gegenargumente.	*Der im Ausgangstext formulierten These, dass …, stimme ich zu, da …* *Im Hinblick auf die Figur der/des … kann man feststellen …* *Dies liegt zum einen daran, dass … (vgl. …).* *Zum anderen … (vgl. …).* *Die Aussage „…“ (Z. …) der Figur … zeigt, dass …* *Das Verhalten der Figur … in der Szene … deutet darauf hin, dass …* *Im Gespräch mit … gibt die Figur zu erkennen …*
Schluss: Fasse deine **eigene Position** noch einmal kurz zusammen und formuliere gegebenenfalls eine **weiterführende Frage**, einen **Gegenwartsbezug** oder einen **Ausblick**.	*Meiner Meinung nach wird anhand der Gestaltung der Figur … / des zentralen Konflikts … deutlich, dass …* *Der Konflikt … ist insofern aktuell, als …*

9 Weiß einer noch?

Gedichte untersuchen, interpretieren und vergleichen

Alexander Mann: „Picking up Silver and Gold", 1906

Weiß einer noch ...? *Richard von Schaukal (1933)*

Weiß einer noch, wie das ist: klein sein?
Hinaufsehn zu den Großen und mit sich allein sein?
Wenn die Schmetterlinge ganz nah fliegen,
Hummeln dumpfsummend Blumen wiegen;
wenn den Springbrunnenstrahl Wind herträgt,
dass wehend an die Wange Wasser schlägt;
wenn vom Wald her am Abend ein Horn klagt:
weiß wer noch, was einem das alles sagt?

1. Erläutere in eigenen Worten, welches Bild von Kindheit in den einzelnen Sprichwörtern zum Ausdruck kommt.
2. Untersuche, wie das lyrische Ich im Gedicht „Weiß einer noch ...?" von Richard von Schaukal auf seine Kindheit zurückblickt. Begründe deine Aussagen.
3. Formuliere einen Satz, in dem deutlich wird, welche Bedeutung Kindheit für dich hat.
4. Diskutiert: Inwiefern gibt es Übereinstimmungen zwischen den Betrachtungen der Kindheit in den Texten auf dieser Doppelseite und eurer eigenen Haltung?

„Ein Kind ist ein Engel, dessen Flügel im gleichen Maße schrumpfen, wie die Füße wachsen."

„Was ein Häkchen werden will, krümmt sich beizeiten."

„Junge Leute sollten bei alten die Ohren brauchen und nicht das Maul."

In diesem Kapitel

- wiederholst du die wichtigsten Merkmale von Gedichten.
- begegnest du Gedichten aus verschiedenen Epochen, die sich mit dem Thema Kindheit und Jugend auseinandersetzen.
- lernst du, Form, Sprache und Inhalt aufeinander zu beziehen.
- übst du, eine Gedichtinterpretation zu verfassen.
- lernst du, Gedichte aspektorientiert zu vergleichen.
- nutzt du andere Medien zur Veranschaulichung der Gedichtaussage.

Die Motive „Kindheit" und „Jugend" untersuchen

Ich *Ingeborg Bachmann (1942/43)*

Sklaverei ertrag ich nicht
Ich bin immer ich
Will mich irgendetwas beugen
Lieber breche ich.

Kommt des Schicksals Härte
oder Menschenmacht
Hier, so bin ich und so bleib ich
Und so bleib ich bis zur letzten Kraft.

Darum bin ich stets nur eines
Ich bin immer ich
Steige ich, so steig ich hoch
Falle ich, so fall ich ganz.

1. Wie sieht sich das lyrische Ich in diesem Gedicht selbst? Begründe.
2. Ingeborg Bachmann hat das Gedicht im Alter von 15 Jahren geschrieben. Diskutiert, inwiefern die Selbstdarstellung des lyrischen Ichs typisch für eine Jugendliche / einen Jugendlichen ist.

Jugend in einer österreichischen Stadt
Ingeborg Bachmann (1959)

Und eines Tages stellt den Kindern niemand mehr ein Zeugnis aus, und sie können gehen. Sie werden aufgefordert, ins Leben zu treten. Der Frühling kommt nieder mit klaren wütenden Wassern und gebiert einen Halm. Man braucht den Kindern nicht mehr zu sagen, dass Frieden ist. Sie gehen fort, die Hände in ausgefransten Taschen und mit einem Pfiff, der sie selber warnen soll.

3. Erläutere den Text „Jugend in einer österreichischen Stadt" in eigenen Worten.
4. Vergleiche den autobiografischen Text von Ingeborg Bachmann mit der Aussage des Gedichts. Welche Aspekte von Kindheit bzw. Jugend werden jeweils thematisiert? Welche Wirkung hat die Form auf die Aussage?

my own song *Ernst Jandl (1966)*

ich will nicht sein
so wie ihr mich wollt
ich will nicht ihr sein
so wie ihr mich wollt
ich will nicht sein wie ihr
so wie ihr mich wollt
ich will nicht sein wie ihr seid
so wie ihr mich wollt
ich will nicht sein wie ihr sein wollt
so wie ihr mich wollt

nicht wie ihr mich wollt
wie ich sein will will ich sein
nicht wie ihr mich wollt
wie ich bin will ich sein
nicht wie ihr mich wollt
wie *ich* will ich sein
nicht wie ihr mich wollt
ich will *ich* sein
nicht wie ihr mich wollt will ich sein
ich will sein

1. Formuliere die Hauptaussage des Gedichts in einem Satz.
2. Vergleiche die Haltung des lyrischen Ichs in den Gedichten von Jandl und Bachmann.
3. Untersuche den inhaltlichen und formalen Aufbau sowie die sprachliche Gestaltung von „my own song“:
   Wie wirken Inhalt, Form und Sprache hier zusammen?
   Tipps & Hilfen (→ S. 320)
4. Bereite einen ausdrucksvollen Vortrag des Gedichts vor.
5. a) Schreibe dein eigenes Lied, in dem du das Thema des Jandl-Gedichts für dich gestaltest.
   b) Tragt eure eigenen Lieder in einem Poetry Slam (einem literarischen Vortragswettbewerb) in der Klasse oder in der Schule vor.

Info: Das literarische Motiv

Als **literarisches Motiv** bezeichnet man ein thematisches Element, das wiederholt in einem Text auftritt oder sich durch verschiedene Werke der Musik, der Malerei oder der Literaturgeschichte zieht, z. B. die Motive „Kindheit“, „Jugend“, „Erwachsenwerden“ oder „Alter“.

Was ein Kind gesagt bekommt *Bertolt Brecht*

Der liebe Gott sieht alles.
Man spart für den Fall des Falles.
Die werden nichts, die nichts taugen.
Schmökern ist schlecht für die Augen.
Kohlentragen stärkt die Glieder.
Die schöne Kinderzeit, die kommt nicht wieder.
Man lacht nicht über ein Gebrechen.
Du sollst Erwachsenen nicht widersprechen.
Man greift nicht zuerst in die Schüssel bei Tisch.
Sonntagsspaziergang macht frisch.
Zum Alter ist man ehrerbötig.
Süßigkeiten sind für den Körper nicht nötig.
Kartoffeln sind gesund.
Ein Kind hält den Mund. R

Kindsein ist süß? *Susanne Kilian*

Tu dies! Tu das!
Und dieses lass!
Beeil dich doch!
Heb die Füße hoch!
Sitz nicht so krumm!
Mein Gott, bist du dumm!
Stopf's nicht in dich rein!
Lass das Singen sein!
Du kannst dich nur mopsen!
Hör auf zu hopsen!
Du machst mich verrückt!
Nie wird sich gebückt!
Schon wieder 'ne Vier!
Hol doch endlich Bier!
Sau dich nicht so ein!
Das schaffst du allein!
Mach dich nicht so breit!
Hab' jetzt keine Zeit!
Lass das Geklecker!
Fall mir nicht auf den Wecker!
Mach die Tür leise zu!
Lass mich in Ruh!
Kindsein ist süß?
Kindsein ist mies!

1. Modern oder veraltet?
   Stelle Vermutungen an, aus welcher Zeit die beiden Gedichte stammen, und begründe deine Einschätzung.
2. Untersuche, welche Rolle das Kind in diesen Gedichten spielt.
3. Wähle eines der beiden Gedichte aus, untersuche den inhaltlichen und formalen Aufbau und erläutere deren Wirkung. Berücksichtige dabei auch den Titel.
4. Was bekommen Kinder heutzutage von Erwachsenen zu hören?
   Wähle ein Gedicht aus und schreibe eine moderne Fassung im Stil dieses Gedichts.

Kinderküche *Paula Dehmel (1919)*

Marie-Marei will Braten machen,
hat keine Pfanne;
nimmt sie sich die Schiefertafel
von klein Schwester Hanne.
Hat sie eine Pfanne.

Marie-Marei will Braten machen,
hat keine Butter;
borgt sie beim Kanarienvogel
rasch ein bisschen Futter.
Hat sie Butter.

Marie-Marei will Braten machen,
hat keine Kohlen;
vor der Tür blüht roter Mohn,
geht sie den sich holen.
Hat sie Kohlen.

Marie-Marei will Braten machen,
fehlt noch das Gänschen;
nimmt sie sich die Pudelmütze
von klein Bruder Fränzchen.
Hat sie's Gänschen.

Hei, mit diesen Wunderdingen
muss der Braten wohl gelingen;
bitte zu Tisch!

Spielzeug *Wolf Biermann (1960)*

Mit der Eisenbahn
lernen wir
zur Oma fahrn.
Das macht Spaß
Mit der Puppe
essen wir
gerne unsere Suppe
Das macht Spaß
Mit dem Ball
schmeißen wir
Peters Bären um
der ist dumm
Mit den Muschikatzen
lernt der Paul
die Anne kratzen
Das macht Spaß
Mit dem Panzer lernen
wir:
Wie man
Eisenbahn,
Puppe, Suppe,
Ball und Bär,
Muschikatzen
und noch mehr
Anne, Pappa,
Haus und Maus
einfach kaputt macht.

1. Vergleiche die Thematik beider Gedichte miteinander und erläutere, inwiefern Biermann mit der Erwartungshaltung an ein Kindergedicht bricht.
2. Untersuche die formale Gestaltung (Strophenform, Verse, Reimschema, Metrum) und den Inhalt: Welche Merkmale eines typischen Kindergedichts kannst du jeweils finden?

Expressionismus – Gedichte einer Epoche untersuchen

Jugend *Else Lasker-Schüler (1900)*

Ich hört Dich hämmern diese Nacht
An einem Sarg im tiefen Erdenschacht.
Was willst Du von mir, Tod!
Mein Herz spielt mit dem jungen Morgenrot
Und tanzt im Funkenschwarm der Sonnenglut
Mit all den Blumen und der Sommerlust.

Scheer' Dich des Weges, alter Nimmersatt!
Was soll ich in der Totenstadt,
Ich, mit dem Jubel in der Brust!!

❶ Beschreibe die Kommunikationssituation in diesem Gedicht.

❷ a) Übertrage die beiden Cluster in dein Heft und notiere alle Begriffe, mit denen das lyrische Ich sich selbst charakterisiert und mit denen der Tod dargestellt wird.

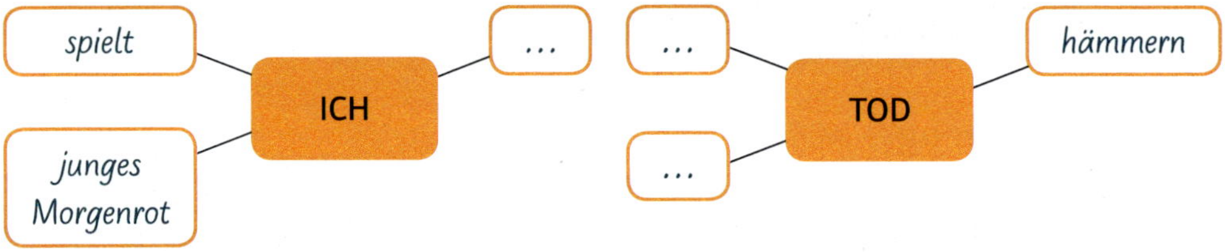

b) Deute die Bildsprache des Gedichts in einem zusammenhängenden Text.
Tipps & Hilfen (→ S. 320)

❸ Untersuche die formale Gestaltung des Gedichts:
– Welche Regelmäßigkeiten findest du bei Strophenform, Reimform und Metrum?
– An welchen Stellen wird die Regelmäßigkeit durchbrochen? Welche Rückschlüsse für die Deutung des Gedichts lassen sich daraus ziehen?

❹ Else Lasker-Schüler hat mit 13 Jahren ihren Bruder verloren, ihre Eltern starben, als sie 21 bzw. 27 Jahre alt war. Das Gedicht erschien, als sie Anfang 30 war.
Diskutiert, inwiefern euch dieses Wissen über die Biografie der Dichterin beim Verständnis des Gedichts weiterhilft.

⑤ Das Gedicht stammt aus der Epoche des Expressionismus.
Suche mithilfe des Info-Kastens auf Seite 229 typische Epochenmerkmale in diesem Gedicht.

Schöne Jugend *Gottfried Benn (1912)*

Der Mund eines Mädchens, das lange im Schilf gelegen hatte,
sah so angeknabbert aus.
Als man die Brust aufbrach, war die Speiseröhre so löcherig.
Schließlich in einer Laube unter dem Zwerchfell
fand man ein Nest von jungen Ratten.
Ein kleines Schwesterchen lag tot.
Die andern lebten von Leber und Niere,
tranken das kalte Blut und hatten
hier eine schöne Jugend verlebt.
Und schön und schnell kam auch ihr Tod:
Man warf sie allesamt ins Wasser.
Ach, wie die kleinen Schnauzen quietschten! R

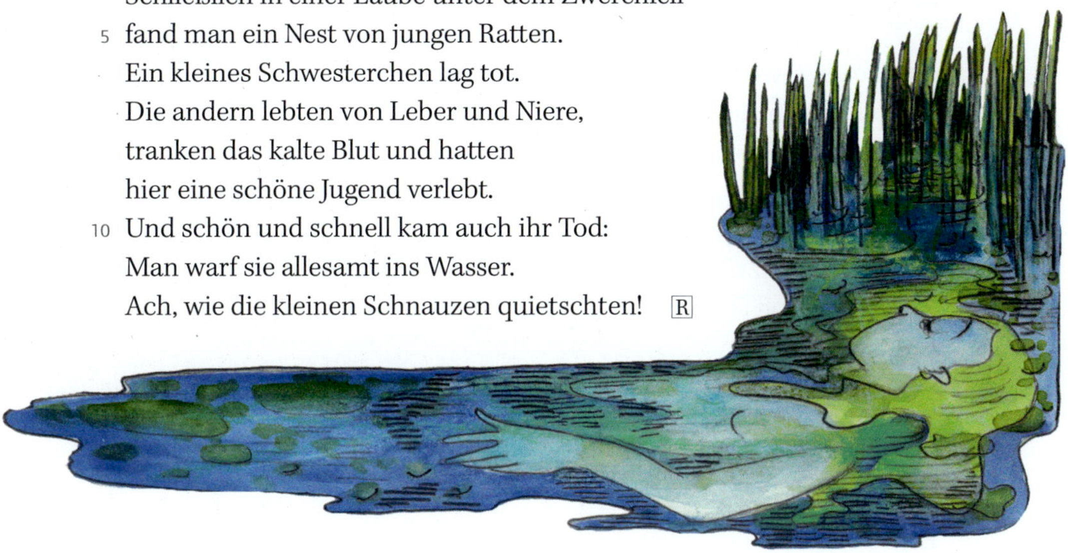

1 Ordne die Wirkung, die dieses Gedicht auf dich hat, auf einer Skala von 1 bis 10 ein:
- 1 = totale Abstoßung
- 10 = totale Anziehung

Begründe deine Einschätzung.

2 In welcher Beziehung steht der Titel des Gedichts zum Inhalt? Formuliere einen möglichen alternativen Titel.

3 a) Erläutere, welche Haltung zum Tod in diesem Gedicht zum Ausdruck kommt. Belege deine Ansicht mit der sprachlichen Gestaltung des Gedichts.
Tipps & Hilfen (→ S. 320)

b) Der Dichter Gottfried Benn war Arzt und hatte Routine im Umgang mit Leichen und dem Thema Tod. Überlege, ob dir diese biografische Information beim Verständnis des Gedichts weiterhilft.

4 a) „Im Expressionismus wird das Hässliche zu Kunst." Weise die Geltung dieser These an dem Gedicht nach.

b) Informiere dich im Info-Kasten auf Seite 229 über die Epoche des Expressionismus. Welche typischen Merkmale expressionistischer Lyrik sind in diesem Gedicht außerdem erkennbar?

5 Vergleiche, wie in den Gedichten von Lasker-Schüler und Benn das Motiv der Jugend dargestellt wird.

Kindheit *Georg Trakl (1913)*

Voll Früchten der Holunder; ruhig wohnte die Kindheit
In blauer Höhle. Über vergangenen Pfad,
Wo nun bräunlich das wilde Gras saust,
Sinnt[1] das stille Geäst; das Rauschen des Laubs

Ein Gleiches, wenn das blaue Wasser im Felsen tönt.
Sanft ist der Amsel Klage. Ein Hirt
Folgt sprachlos der Sonne, die vom herbstlichen Hügel rollt.

Ein blauer Augenblick ist nur mehr Seele.
Am Waldsaum zeigt sich ein scheues Wild und friedlich
Ruhn im Grund die alten Glocken und finsteren Weiler[2].

Frömmer kennst du den Sinn der dunklen Jahre,
Kühle und Herbst in einsamen Zimmern;
Und in heiliger Bläue läuten leuchtende Schritte fort.

Leise klirrt ein offenes Fenster; zu Tränen
Rührt der Anblick des verfallenen Friedhofs am Hügel,
Erinnerung an erzählte Legenden; doch manchmal erhellt sich die Seele,
Wenn sie frohe Menschen denkt, dunkelgoldene Frühlingstage.

1 sinnen: nachdenken
2 der Weiler: Häuseransammlung, winziges Dorf

1. Lies das Gedicht langsam Vers für Vers. Welche Bilder entstehen während des Lesens bei dir?
2. Wird vom lyrischen Sprecher ein positives oder negatives Kindheitsbild gezeichnet? Begründe.
3. Benenne die sprachlichen Auffälligkeiten des Gedichts und beschreibe deren Wirkung. Tipps & Hilfen (→ S. 320)
4. Untersuche die Verwendung der Farbe Blau in diesem Gedicht. An welchen Stellen wird sie beschreibend, an welchen symbolisch verwendet? Versuche, die Symbolik zu deuten.
5. Versetze dich in die Perspektive des lyrischen Sprechers, der als Erwachsener den Ort seiner Kindheit besucht, und formuliere den Inhalt des Gedichts als Prosatext.
6. Begründe mithilfe der Informationen im Info-Kasten auf Seite 229, dass es sich hier um ein typisch expressionistisches Gedicht handelt.

Abende im Vorfrühling II *Georg Heym (1910)*

Die Fischer kommen von dem ersten Fang.
Soldaten stehen vor den Fensterreihen
An der Kaserne schon zu zwein und dreien.
Sie sperren neckend eines Mädchens Gang.

Die Frauen plaudern zu der Nadeln Klang.
Die Kinder spielen wieder in dem Freien.
„Ein Storch, ein Storch." Die Kinderstimmen schreien.
Und alle schauen nach den Vögeln lang.

Zwei Männer ziehen einen kleinen Wagen.
Sie machen vor dem letzten Hause halt.
Ein Sarg wird durch die stumme Tür getragen.

Still wird die Gasse. Es durchweht sie kalt.
Doch bald die Nadeln wieder klappernd jagen
Und Kinderlärmen wieder durch sie schallt.

1. Stelle dar, welche Rolle die Kinder in diesem Gedicht spielen.
2. Analysiere das Gedicht. Achte auch auf die äußere Form und beziehe die Informationen zur Epoche des Expressionismus aus dem Info-Kasten unten mit ein.
   Tipps & Hilfen (→ S. 320)

Info: Die literarische Epoche des Expressionismus (ca. 1910–25)

Die **literarische Epoche des Expressionismus** (lat. *expressio* = Ausdruck) wird in der Zeit zwischen **1910** und **1925** angesiedelt. Prägende Ereignisse dieser Zeit, die sich in Kunst und Literatur niederschlugen, sind der Erste Weltkrieg (1914–18) und der anschließende Zusammenbruch der alten staatlichen Ordnung, das Wachsen der Städte und die Industrialisierung mit ihren Schattenseiten.
Zu den bevorzugten **Themen expressionistischer Lyrik** gehören daher die moderne Großstadt, die maschinelle Arbeitswelt, das Weltende, Krieg, Leiden und Tod. Weitere **Merkmale expressionistischer Lyrik** sind eine zum Teil **rätselhafte Bildsprache** (Symbol, Chiffre → Merkwissen, S. 242 f.), eine ausdrucksstarke und oft auch rätselhafte **Farbmetaphorik**, **Wortneuschöpfungen (Neologismen)** sowie Schock und Provokation durch eine **„Ästhetik des Hässlichen"**. Auf der anderen Seite ist aber auch die Rückkehr zu **traditionellen Formen** zu beobachten. Ein Beispiel dafür ist das Sonett (→ Orientierungswissen, S. 320), das einem strengen Bauplan folgt (zwei Quartetten mit je vier Versen folgen zwei Terzette mit jeweils drei Versen).

Gedichte interpretieren und aspektorientiert vergleichen

Damals *Peter Huchel (1948)*

Damals ging noch am Abend der Wind
Mit starken Schultern rüttelnd ums Haus.
Das Laub der Linde sprach mit dem Kind,
Das Gras sandte seine Seele aus.
Sterne haben den Sommer bewacht
Am Rand der Hügel, wo ich gewohnt:
Mein war die katzenäugige Nacht,
Die Grille, die unter der Schwelle schrie.
Mein war im Ginster die heilige Schlange
Mit ihren Schläfen aus milchigem Mond.
Im Hoftor manchmal das Dunkel heulte,
Der Hund schlug an, ich lauschte lange
Den Stimmen im Sturm und lehnte am Knie
Der schweigsam hockenden Klettenmarie,
Die in der Küche Wolle knäulte.
Und wenn ihr grauer schläfernder Blick mich traf,
Durchwehte die Mauer des Hauses der Schlaf.

❶ Welche Atmosphäre vermittelt das Gedicht? Begründe.
Tipps & Hilfen (→ S. 321)

❷ Erläutere, aus welcher Perspektive das lyrische Ich das Geschehen darstellt. Beziehe auch den Titel des Gedichts mit ein.

❸ Das Gedicht besteht aus nur einer Strophe. Untersuche, ob sich das Gedicht trotzdem inhaltlich in einzelne Abschnitte gliedern lässt. Begründe deine Einteilung.
Tipps & Hilfen (→ S. 321)

4 Analysiere das Gedicht genauer, indem du dir Notizen zu sprachlichen, formalen und inhaltlichen Auffälligkeiten auf einer Kopie des Textes machst.
Verwende unterschiedliche Farben wie im Beispiel (Inhalt: Rot, Sprache: Grün, Form: Gelb).

x x x x x x x x x		
Damals ging noch am Abend der Wind	a	– „Damals" ist Gedichttitel und erstes Wort → verweist auf zurückliegende Zeit
x x x x x x x x x		
Mit starken Schultern rüttelnd ums Haus.	b	– Personifikation des Windes, des Laubs, des Grases → Natur wird vermenschlicht
x x x x x x x x x		
Das Laub der Linde sprach mit dem Kind,	a	– in den ersten vier Strophen Kreuzreim (ab ab), dann …
x x x x x x x		
Das Gras sandte seine Seele aus.	b	– kein regelmäßiges Metrum
…		– Alliterationen

5 Erläutere in einem kurzen Text, welche Bedeutung das Erleben der Natur für das lyrische Ich hat.
Tipps & Hilfen (→ S. 321)

6 Verfasse aufgrund deiner Analyseergebnisse eine schriftliche Interpretation des Gedichts „Damals" von Peter Huchel. Nutze bei Bedarf die folgenden Formulierungshilfen:

Einleitung	
– Autor/-in, Titel, Jahr und Thema	– *Das Gedicht … von … aus dem Jahr … beschreibt …*
– erster Eindruck/Grundstimmung	– *Der erste Eindruck / Die Grundstimmung des Gedichts ist …*
– Deutungsthese	– *Das zentrale Thema des Gedichts ist …* – *Die Grundbotschaft des Gedichts …*
Hauptteil	
– Zusammenfassung des Inhalts	– *In der ersten Strophe / den ersten Versen geht es um …*
– Sprecherin/Sprecher	– *Das lyrische Ich tritt / tritt nicht in Erscheinung, da …*
– Darstellung der äußeren Form im Hinblick auf den Inhalt und die Wirkung	– *Durch das Reimschema / die Anordnung der Strophen / das Metrum wirkt das Gedicht … Dies zeigt sich z. B. … Die Änderung im Reimschema bewirkt …*
– Bedeutung des Titels	– *Bereits der Titel gibt einen Hinweis auf …*
– Untersuchung und Deutung der sprachlichen Gestaltung	– *Auffällig bei der sprachlichen Gestaltung sind …, die als … gedeutet werden können, z. B. …*
Schluss	
– Zusammenfassung/Fazit	– *Die Analyse des Gedichts zeigt …* – *Insgesamt wirkt das Gedicht …*

Die Gewohnheit zu zittern *Guntram Vesper (1982)*

Aus der engen Höhle der Eltern
Zog scharfer Geruch durch die Wohnung
Besserungsanstalt
für mich
von Anfang an

das Dienstmädchen folgte mir
bei jeder Flucht
was machst du

Ich dachte an längere Sommer
an einen Mond, der größer als unserer war
und sagte
die Sterne.

In deinem Alter Astronomie, rief
Die Mutter
In den finsteren Hof
Du hast nichts
gesehen

1 Mit welchen Gefühlen blickt das lyrische Ich in diesem Gedicht auf seine Kindheit zurück? Untersuche das Gedicht im Hinblick auf diese Frage.

2 Vergleiche den Blick des lyrischen Ichs auf seine Kindheit in den Gedichten von Vesper und Huchel. Übertrage dazu folgende Tabelle in dein Heft und ergänze sie:
Tipps & Hilfen (→ S. 321)

Vergleichsaspekte	Peter Huchel: „Damals"	Guntram Vesper: „Die Gewohnheit zu zittern"
– *Blick auf die Kindheit* – *Erfahrung der Natur* – *Bedeutung des Hauses* – ...	– *positiver Blick auf die Kindheit: ...* – *Natur wird als ... wahrgenommen* – ...	...

3 Stelle die Ergebnisse deines Gedichtvergleichs in einem kurzen Text dar. Nutze die Formulierungshilfen auf der Seite zum Ausdruckstraining (→ S. 233).

Sowohl in Peter Huchels Gedicht „Damals" als auch in Vespers „Die Gewohnheit zu zittern" blickt das lyrische Ich auf seine Kindheit zurück. Während ...

Vergleiche formulieren

1 Übernimm die folgende Überleitung von der Interpretation des Gedichts „Damals" zum Gedichtvergleich mit Guntram Vespers Gedicht in dein Heft und ergänze sie.

Das lyrische Ich in Peter Huchels Gedicht „Damals" wirft einen insgesamt positiven Blick auf seine Zeit als Kind. Im Gegensatz dazu steht die Wahrnehmung des lyrischen Ichs im Gedicht „Die Gewohnheit zu zittern" von ..., das ...

2 a) Ergänze zu den Thesen A bis F passende Textbelege aus den Gedichten von Peter Huchel und Guntram Vesper.

A Das lyrische Ich erlebt die Natur seiner Kindheit als belebt und stark, aber auch als geheimnisvoll.
B Die Figur der „Klettenmarie" repräsentiert Ruhe und Geborgenheit.
C Das Haus bietet Schutz vor äußeren Einflüssen und den Kräften der Natur.
D Neben dem lyrischen Ich treten die Mutter und das Dienstmädchen in Erscheinung. Beide stehen für die äußere Begrenzung und Einengung des lyrischen Ichs.
E Die Natur ist für das lyrische Ich ein unerreichbarer Sehnsuchtsort.
F Das lyrische Ich erlebt das Haus seiner Eltern als beklemmende „Höhle", aus der es zu entkommen versucht.

b) Verbinde passende Thesen mit Belegen für deinen Vergleich. Du kannst die Formulierungshilfen im Wortspeicher nutzen.

Beispiel: Thesen A und E

Während das lyrische Ich in „Damals" im Rückblick auf seine Kindheit die Natur als belebt und stark, aber auch geheimnisvoll erlebt und sich ihr stark verbunden fühlt, was sich z. B. in den Versen „Mein war die katzenäugige Nacht" (V. 7) oder „Mein war im Ginster die heilige Schlange" (V. 9) zeigt, ist die Natur in Vespers Gedicht in Gestalt des Sommers und der Himmelskörper Sonne, Mond und Sterne unerreichbarer Sehnsuchtsort für das lyrische Ich: „Ich dachte an längere Sommer / an einen Mond, der größer als unserer war / und sagte / die Sterne" (V. 9–12).

Formulierungsbausteine für den Gedichtvergleich:

Darstellung von Ähnlichkeiten: Im Gedicht von ... wird ... dargestellt ... • Ähnlich wie ..., so ist auch ... • In beiden Gedichten ... • Sowohl ... als auch ... • Ebenso wie ...

Darstellung von Unterschieden: Im Gegensatz/Kontrast/Unterschied/Vergleich dazu ... • Die unterschiedliche Sicht des lyrischen Ichs ... zeigt sich besonders darin, dass ... • während • hingegen

Gedichte in eine andere mediale Form übertragen

Kinder reicher Leute *Mascha Kaléko (1933)*

Sie wissen nichts von Schmutz und Wohnungsnot,
Von Stempelngehn und Armeleuteküchen.
Sie ahnen nichts von Hinterhausgerüchen,
Von Hungerslöhnen und von Trockenbrot.

Sie wohnen meist im herrschaftlichen Haus,
Zuweilen auch in eleganten Villen.
Sie kommen nie in Kneipen und Destillen[1]
Und gehen stets nur mit dem Fräulein aus.

Sie rechnen sich jetzt schon zur Hautevolée[2]
Und zählen Armut zu den größten Sünden.
– Nicht mal ein Auto ...? Nein, wie sie das finden!
Ihr Hochmut wächst mit Pappis Portemonnaie.

Sie kommen meist mit Abitur zur Welt
– Zumindest aber schon mit Referenzen –
Und ziehn daraus die letzten Konsequenzen:
Wir sind die Herren, denn unser ist das Geld.

Mit vierzehn finden sie, der Armen Los
Sei zwar nicht gut. Doch werde übertrieben – –.
Mit vierzehn schon! – Wenn sie doch vierzehn blieben.
Jedoch die Kinder werden einmal groß ... R

1 die Destille: kleine Gastwirtschaft, in der vorwiegend Branntwein ausgeschenkt wird
2 die Hautevolée: die feine Gesellschaft

1 Notiere deine spontanen Gedanken und Assoziationen zu dem Gedicht von Mascha Kaléko, z. B. in Form eines Clusters.

2 Fasse dein Verständnis des Gedichts in ein bis zwei Sätzen zusammen.

3 a) Suche, male oder fotografiere Bilder, die deine Interpretation der einzelnen Verse oder Strophen veranschaulichen.

b) Wähle eine geeignete Hintergrundmusik und trage das Gedicht vor.

④ Entscheide dich für eine der folgenden Möglichkeiten, das Gedicht multimedial umzusetzen. Informiere dich im Info-Kasten über die einzelnen Ideen.

a) Fertige eine Splitscreen-Präsentation zu Mascha Kalékos Gedicht an.
b) Erstelle eine Diashow zum Gedicht und unterlege sie mit einer Rezitation des Textes und mit passender Musik.
c) Verfilme das Gedicht als Kurzfilm. Lass dich bei Bedarf durch Gedichtverfilmungen im Internet inspirieren.

Info: Gedichte multimedial gestalten

1. Ein Gedicht im Splitscreen darstellen
Lege eine Folienpräsentation als **Splitscreen** an, d.h., dass die Folien zweigeteilt sind. Schreibe dafür **Schlüsselwörter, Verse oder Strophen** des Gedichts auf die eine Seite der Folie und füge passende **Bilder** auf der anderen Seite ein. Wenn in einem Gedicht **Gegensätze** zum Ausdruck gebracht werden, kannst du dich bei der Präsentation auch auf Bilder beschränken, die diese Gegensätze veranschaulichen, und den Text im Hintergrund vortragen.

2. Eine Diashow mit Musik erstellen
Sammle, zeichne oder fotografiere zu jeder Gedichtstrophe ein oder mehrere Bilder und erstelle mit ihnen eine Diashow. Unterlege die Bilder mit deiner Rezitation des Gedichts. Du kannst zusätzlich passende Musik ergänzen.

3. Ein Gedicht verfilmen
Erstelle zu deinem Gedicht ein Storyboard nach folgendem Muster:

Inhalt/Text	Bild	Kameraperspektive, Einstellungsgröße
1 *Sie wissen nichts von Schmutz und Wohnungsnot, Von Stempelngehn und Armeleuteküchen.*		*Normalsicht, Halbtotale (Jugendliche im Mittelpunkt)*
2 ...	...	...

Entscheide, ob du das Gedicht rezitieren oder es im Film als Text einblenden möchtest. Drehe den Film dann mit deiner Handykamera und bearbeite ihn anschließend mithilfe eines geeigneten Schnittprogramms.

Zum Schmökern, Schauen, Weiterdenken

Erwachsenwerden *Julia Engelmann (2014)*

anlässlich meines einjährigen Ich-geh-nicht-mehr-zur-Schule-Jubiläums

Ihr fragt mich, was ich werden will,
ihr sagt mir, es wird jetzt langsam Zeit.
Aber ich weiß doch nicht mal, wer ich bin!
Ich fühle mich noch nicht bereit!

Und Kinder, wie die Zeit vergeht,
eben war ich noch so klein,
Ich will noch nicht erwachsen werden,
ich war grad gewohnt, ein Kind zu sein.

Und ich will nicht an morgen denken,
ich versuch mich abzulenken
und schwelge in Erinnerungen ...

Und plötzlich gehöre ich zu den Leuten,
die Schülern sagen,
sie sollen ihre Schulzeit bloß genießen,
und mir wird klar, wie schön und sorglos
meine Kindheit war: [...]

Da war das schlimmste Wort der Welt noch „doof“,
wer will denn da erwachsen werden?
Kindsein ist ein Ponyhof.

Und ich will nicht an morgen denken,
ich versuch mich abzulenken
und rede mir ein: [...]

Und ich will nicht an morgen denken,
ich versuch mich abzulenken,
und man sagt ja:

„Die Jugend ist die schönste Zeit!
Da kann man jung sein, da darf man noch jung sein."

Und wenn ich mir überlege, was die Kids heutzutage
alles so machen,
dann ist meine To-do-Liste noch viel zu lang: […]

Ich will noch nicht erwachsen werden!
Ich will noch auskosten, ein Kind zu sein! […]

Und ich will nicht an morgen denken,
ich versuch mich abzulenken,
und dann wird mir klar:

dass morgen längst heute ist
und dass aus lauter Angst vor falschen Entscheidungen
nichts zu machen
die falscheste Entscheidung überhaupt ist.
Und ich frage mich, wie ich denken konnte,
dass mein Leben auf Stand-by ist,
bis ich weiß, wie es genau weitergeht.
Es wird Zeit dafür, dass ich mache,
was ich jetzt gerade will –
unabhängig davon, was ich glaube, wollen zu müssen.

Was ich will?

Was ich will, ist Jugend auf Hormone kommt raus!
Ich will […]

Und Kinder, wie die Zeit vergeht,
jetzt bin ich nicht mehr ganz so klein.
Aber Erwachsenwerden heißt ja nicht,
dass ich aufhören muss, ein Kind zu sein.

1. Stelle dar, welche Haltung das lyrische Ich zum Erwachsenwerden hat.
2. Ergänze die Lücken des Textes im Stil der Vorlage. Entscheide selbst, wie viele Verse du jeweils ergänzen möchtest.
3. „Erwachsenwerden" war ein erfolgreicher Beitrag der Autorin bei einem Poetry-Slam. Übe den Vortrag deiner Fassung für einen Poetry-Slam in deiner Klasse.

Jahrgang 1899 *Erich Kästner (1927)*

Wir haben die Frauen zu Bett gebracht,
als die Männer in Frankreich standen.
Wir hatten uns das viel schöner gedacht.
Wir waren nur Konfirmanden.

Dann holte man uns zum Militär,
bloß so als Kanonenfutter.
In der Schule wurden die Bänke leer,
zu Hause weinte die Mutter.

Dann gab es ein bisschen Revolution
und schneite Kartoffelflocken;
dann kamen die Frauen, wie früher schon,
und dann kamen die Gonokokken[1].

Inzwischen verlor der Alte sein Geld,
da wurden wir Nachtstudenten.
Bei Tag waren wir bureau-angestellt
und rechneten mit Prozenten.

Dann hätte sie fast ein Kind gehabt,
ob von dir, ob von mir – was weiß ich!
Das hat ihr ein Freund von uns ausgeschabt.
Und nächstens werden wir dreißig.

Wir haben sogar ein Examen gemacht
und das meiste schon wieder vergessen.
Jetzt sind wir allein bei Tag und bei Nacht
und haben nichts Rechtes zu fressen!

Wir haben der Welt in die Schnauze geguckt,
anstatt mit Puppen zu spielen.
Wir haben der Welt auf die Weste gespuckt,
soweit wir vor Ypern[2] nicht fielen.

1 die Gonokken: Erreger einer sexuell übertragbaren Krankheit
2 Ypern: Ort verlustreicher Schlachten im Ersten Weltkrieg

Man hat unsern Körper und hat unsern Geist
ein wenig zu wenig gekräftigt.
Man hat uns zu lange, zu früh und zumeist
in der Weltgeschichte beschäftigt!

Die Alten behaupten, es würde nun Zeit
für uns zum Säen und Ernten.
Noch einen Moment. Bald sind wir bereit.
Noch einen Moment. Bald ist es so weit!
Dann zeigen wir euch, was wir lernten!

❶ Sachlich, emotional, provokant? Erläutere, wie das Gedicht auf dich wirkt.
② Diskutiert: Handelt es sich bei dem Gedicht um eine Satire (→ Merkwissen, S. 157)?

Kindheit *Rainer Maria Rilke (1907)*

ES WÄRE GUT viel nachzudenken, um
von so Verlornem etwas auszusagen,
von jenen langen Kindheit-Nachmittagen,
die so nie wiederkamen – und warum?

Noch mahnt es uns –: vielleicht in einem Regnen,
aber wir wissen nicht mehr was das soll;
nie wieder war das Leben von Begegnen,
von Wiedersehn und Weitergehn so voll

wie damals, da uns nichts geschah als nur
was einem Ding geschieht und einem Tiere:
da lebten wir, wie Menschliches, das Ihre
und wurden bis zum Rande voll Figur.

Und wurden so vereinsamt wie ein Hirt
und so mit großen Fernen überladen
und wie von weit berufen und berührt
und langsam wie ein langer neuer Faden
in jene Bilder-Folgen eingeführt,
in welchen nun zu dauern uns verwirrt.

❶ Wird in dem Gedicht ein positives oder ein negatives Bild der Kindheit gezeichnet?
② Formuliere das Gedicht in einen Prosatext um.

Das Schloss Boncourt *Adelbert von Chamisso (1827)*

Ich träum als Kind mich zurücke
Und schüttle mein greises Haupt;
Wie sucht ihr mich heim, ihr Bilder,
Die lang ich vergessen geglaubt?

Hoch ragt aus schatt'gen Gehegen
Ein schimmerndes Schloss hervor,
Ich kenne die Türme, die Zinnen,
Die steinerne Brücke, das Tor.

Es schauen vom Wappenschilde
Die Löwen so traulich mich an,
Ich grüße die alten Bekannten
Und eile den Burghof hinan.

Dort liegt die Sphinx am Brunnen,
Dort grünt der Feigenbaum,
Dort, hinter diesen Fenstern,
Verträumt' ich den ersten Traum.

Ich tret in die Burgkapelle
Und suche des Ahnherrn Grab,
Dort ist's, dort hängt vom Pfeiler
Das alte Gewaffen herab.

Noch lesen umflort die Augen
Die Züge der Inschrift nicht,
Wie hell durch die bunten Scheiben
Das Licht darüber auch bricht.

So stehst du, o Schloss meiner Väter,
Mir treu und fest in dem Sinn
Und bist von der Erde verschwunden,
Der Pflug geht über dich hin.

Sei fruchtbar, o teurer Boden,
Ich segne dich mild und gerührt,
Und segn' ihn zwiefach, wer immer
Den Pflug nun über dich führt.

Ich aber will auf mich raffen,
Mein Saitenspiel in der Hand,
Die Weiten der Erde durchschweifen
Und singen von Land zu Land.

1. Erläutere, in welcher Situation sich das lyrische Ich befindet.
2. Untersuche, welche Merkmale und Motive der Romantik (→ Info-Kasten, S. 241) sich in dem Gedicht wiederfinden lassen.
3. Recherchiert die Biografie des Autors Adelbert von Chamisso und diskutiert, inwiefern euch diese Informationen bei der Interpretation des Gedichts helfen.

Sehnsucht *Joseph von Eichendorff (1834)*

Es schienen so golden die Sterne,
Am Fenster ich einsam stand
Und hörte aus weiter Ferne
Ein Posthorn im stillen Land.
Das Herz mir im Leibe entbrennte,
Da hab ich mir heimlich gedacht:
Ach, wer da mitreisen könnte
In der prächtigen Sommernacht!

Zwei junge Gesellen gingen
Vorüber am Bergeshang,
Ich hörte im Wandern sie singen
Die stille Gegend entlang:
Von schwindelnden Felsenschlüften,
Wo die Wälder rauschen so sacht,
Von Quellen, die von den Klüften
Sich stürzen in die Waldesnacht.

Sie sangen von Marmorbildern,
Von Gärten, die überm Gestein
In dämmernden Lauben verwildern,
Palästen im Mondenschein,
Wo die Mädchen am Fenster lauschen,
Wann der Lauten Klang erwacht,
Und die Brunnen verschlafen rauschen
In der prächtigen Sommernacht.

1. Der Titel des Gedichts lautet „Sehnsucht". Auf welche Motive im Gedicht lässt sich diese Sehnsucht beziehen und wofür stehen diese Motive? Begründe.
2. Begründe mithilfe der Informationen im Info-Kasten, dass es sich hier um ein typisch romantisches Gedicht handelt.
3. Suche in einer Gedichtsammlung oder im Internet ein weiteres Gedicht aus der Epoche der Romantik und stelle es in der Klasse vor.

Info: Die literarische Epoche der Romantik (ca. 1795–1848)

Die **literarische Epoche der Romantik** gilt als künstlerische Antwort auf das beginnende Zeitalter der Industrialisierung, in dem die Menschen vor allem im Hinblick auf ihre Nützlichkeit bewertet wurden. Die Dichter dieser Epoche wehrten sich zudem gegen die Überbetonung der Vernunft in der Epoche der Aufklärung (→ S. 14–17) und entwarfen in ihrer Literatur ein Gegenbild, das sich in einer Hinwendung zum Mystischen und Märchenhaften zeigt. Zudem forderten sie, dass sich die Kunst nicht länger in Inhalt und Form an klassischen und antiken Vorbildern orientieren solle, sondern die Künstler/-innen frei und selbstbestimmt ihre Kreativität ausleben sollten. Die Hinwendung zu einem freien, selbstbestimmten Leben wird unter anderem auch in dem Motiv des Wanderns deutlich: Das Leben sollte eine Reise ohne festes Ziel sein. Weitere **typische Motive romantischer Literatur** sind das Mittelalter, die ursprüngliche Natur, Sehnsucht und Leidenschaft, Nacht und Traum sowie Fantastisches und Unheimliches.

Gedichte interpretieren und vergleichen

Folgende Aspekte und Leitfragen helfen dir bei der **Analyse eines Gedichts**:

	Leitfragen	Beispiele
Inhalt	– Worum geht es in dem Gedicht? – Welche Gedanken und Stimmungen werden dargestellt? – In welchem Verhältnis stehen Titel und Inhalt?	*In dem Gedicht „…" von … geht es um den Rückblick des lyrischen Ichs auf seine Kindheit und die mit ihr einhergehenden Erfahrungen. Die Stimmung des Gedichts …*
Sprecherin/ Sprecher	Tritt ein lyrisches Ich in Erscheinung?	
Form	– Wie viele **Strophen** und **Verse** hat das Gedicht? – Gibt es ein **Reimschema**, z. B.: Paarreim (aa bb), Kreuzreim (ab ab), umarmender Reim (ab ba)? – Sind **weitere Reimformen** zu erkennen, z. B. Alliterationen oder Binnenreime? – Ist ein durchgängiges Metrum erkennbar, z. B.: **Jambus** xx́ xx́ xx́, **Trochäus** x́x x́x x́x, **Daktylus** x́xx x́xx x́xx, **Anapäst** xxx́ xxx́ xxx́.	– *Das Gedicht besteht aus … Strophen mit … Versen.* – *Bei dem Endreim handelt es sich um einen …, z. B.: …* – *Alliteration: „dass wehend an die Wange Wasser schlägt"* (von Schaukal: „Weiß einer noch …?", V. 6) – *Binnenreim: „klein sein", „allein sein"* (von Schaukal, V. 1–2) – *kein durchgängiges Metrum erkennbar*

Sprache	– Gibt es **Auffälligkeiten bei der Wortwahl**?
	– Werden **besondere sprachliche Mittel** verwendet? Beispiele:
	  – die **Anapher**: Wiederholung von Wörtern am Versanfang
	
	  – die **Chiffre**: „Geheimzeichen", Symbol (s. u.) mit verschlüsselter Bedeutung
	  – das **Enjambement** (Zeilensprung): Fortführung eines Satzes über das Versende hinaus
		– Wortfeld Natur: *Schmetterlinge, Hummeln, Wind, Wasser, Wald* (von Schaukal)
		
		– *Noch einen Moment. Bald sind wir bereit / Noch einen Moment. Bald ist es so weit!* (Kästner: Jahrgang 1899, V. 34–35)
		– *„in blauer Höhle"* (Trakl: „Kindheit", V. 2)
		
		– *„[…] ruhig wohnte die Kindheit / In blauer Höhle […]"* (Trakl, V. 1–2)

	– die **Metapher**: Verwendung eines Begriffs im übertragenen Sinn ohne das Vergleichswort wie – der **Neologismus**: Wortschöpfung – das **Oxymoron**: Verknüpfung gegensätzlicher Begriffe – die **Personifikation** – das **Symbol**: bildhaftes Zeichen, das für einen Sachverhalt steht – der **Vergleich**	– *„Mein war die katzenäugige Nacht“* (Huchel: „Damals“, V. 7) – *„Klettenmarie“* (Huchel, V. 14) – *reiche Armut, kalte Hitze* – *„das wilde Gras saust“* (Trakl, V. 3) – *Morgenrot als Symbol für die Jugend* (Lasker-Schüler: „Jugend“, V. 4) – *„Und wurden so vereinsamt wie ein Hirt“* (Rilke: „Kindheit“, V. 13)

Orientiere dich beim Verfassen deiner **Gedichtinterpretation** an folgendem Aufbau:

Aufbau	**Beispiele**
Nenne in der **Einleitung**, den **Titel**, die **Autorin / den Autor**, das **Entstehungsjahr** und das **Thema** des Gedichts.	*In dem Gedicht „Weiß einer noch …?“ von Richard von Schaukal aus dem Jahr 1933 geht es um die etwas melancholische, aber trotzdem positive Sicht des lyrischen Ichs auf seine Kindheit.*
Stelle im **Hauptteil** die Ergebnisse deiner Gedichtuntersuchung dar. Dazu gehören: – die **Interpretation des Titels**, – eine kurze **Zusammenfassung des Inhalts**, – die **Darstellung der Form im Hinblick auf den Inhalt**, – die **sprachlichen Mittel** und **ihre Wirkung**.	*Bereits der Titel des Gedichts – „Weiß einer noch …?“ – deutet darauf hin, dass das lyrische Ich hier auf Vergangenes zurückblickt. In indirekter Leseransprache erinnert es die Leserin / den Leser anhand zahlreicher kleiner Erlebnisse daran, wie es war, Kind und klein zu sein.* *Das einstrophige Gedicht mit insgesamt acht Versen wird eingerahmt von zwei sehr ähnlichen Versen, in denen die Leserin / der Leser indirekt angesprochen wird.* *Es beginnt in Vers 1 mit „…“ und endet mit „…“ (V. 8).* *In den Versen 2–7 werden …*
Bei einem **aspektorientierten Vergleich** stellst du die Gedichte hinsichtlich des ausgewählten oder vorgegebenen Aspekts einander gegenüber.	*Aus dem Bereich der Natur stammen z. B.: „ …“ (V. …).* *Verstärkt wird dies durch zahlreiche Binnenreime und Lautmalereien, wie „…“ (V. …) oder „…“ (V. …), die …* *Durch den gleichmäßigen Paarreim wirkt das Gedicht …* *Im Unterschied zum lyrischen Ich in Schaukals Gedicht …*
Fasse im **Schluss** noch einmal das Wichtigste zusammen. Gehe bei einem **aspektorientierten Vergleich** zusammenfassend auf **Ähnlichkeiten und Unterschiede** ein.	*– Zusammenfassend lässt sich sagen …* *– Aus meiner Sicht ist besonders interessant …* *– Während das lyrische Ich in dem Gedicht von … seine Kindheit als … erlebt, stellt das lyrische Ich im Gedicht von … seine Kindheit als … dar.* *Diese unterschiedlichen Sichtweisen …*

10 „Bleibt hungrig, bleibt albern!“

Reden analysieren und schreiben

Ratschläge für einen guten Redner *Kurt Tucholsky (1930)*

Hauptsätze. Hauptsätze. Hauptsätze.
Klare Disposition im Kopf – möglichst wenig auf dem Papier.
Tatsachen, oder Appell an das Gefühl. Schleuder oder Harfe. Ein Redner sei kein Lexikon. Das haben die Leute zu Hause.
Der Ton einer einzelnen Sprechstimme ermüdet; sprich nie länger als vierzig Minuten. Suche keine Effekte zu erzielen, die nicht in deinem Wesen liegen. Ein Podium ist eine unbarmherzige Sache – da steht der Mensch nackter als im Sonnenbad.
Merk Otto Brahms[1] Spruch: *Wat jestrichen is, kann nich durchfalln.*

1 Otto Brahm: bekannter Regisseur, Theaterleiter und Kritiker Anfang des 20. Jahrhunderts

1. a) Sammelt mögliche Anlässe, zu denen Reden gehalten werden können.
   b) Überlegt, was ihr zu den jeweiligen Anlässen euren Zuhörerinnen und Zuhörern in einer Rede mitteilen würdet.
2. Was erwartet ihr von einer guten Rednerin / einem guten Redner? Erstellt eine Hit-Liste eurer wichtigsten Anforderungen.
3. Erläutert die „Ratschläge für einen guten Redner" von Kurt Tucholsky (→ S. 244) und vergleicht sie mit euren Vorstellungen.

In diesem Kapitel …

- lernst du Reden als eine besondere Form von Sachtexten kennen.
- untersuchst du Reden im Hinblick auf Inhalt, Redesituation und Redeintention, Redestrategien und sprachlich-rhetorische Mittel.
- verfasst du eine schriftliche Redeanalyse.
- erstellst du ein Redemanuskript für eine Drei-Minuten-Rede.
- hältst du eine kurze Rede vor Publikum.

Inhalt und Intention einer Rede untersuchen

„Bleibt hungrig, bleibt albern!" (Auszug)

Steve Jobs (12.06.2005 in Stanford)

Ich freue mich, heute bei Ihnen zu Gast bei einer der besten Universitäten der Welt zu sein. Ich habe nie eine Universität abgeschlossen. Um die Wahrheit zu sagen, bin ich einem Universitätsabschluss nie näher gekommen als hier jetzt bei Ihrer Abschlussfeier. Heute möchte Ihnen drei Geschichten aus meinem Leben erzählen. Das ist es. Keine große Sache. Nur drei Geschichten.

Die erste Geschichte geht darum, Punkte zu verbinden.

Ich habe mich von der Reed Universität nach den ersten 6 Monaten wieder ausgeschrieben, aber dann blieb ich als ein Externer weiter dort für weitere 18 Monate oder so, bevor ich endgültig ausstieg. Also warum habe ich aufgehört?

Es begann, bevor ich geboren wurde. Meine biologische Mutter war eine junge, ledige Hochschulabsolventin, und sie beschloss, mich zur Adoption freizugeben. Sie war fest davon überzeugt, dass ich nach der Geburt von einem Hochschulabsolventen adoptiert werden sollte, also wurde alles für mich festgelegt, um nach der Geburt von einem Anwalt und seiner Frau adoptiert zu werden. Nur, als ich da war, beschlossen sie in letzter Minute, dass sie eigentlich ein Mädchen wollten.

So erhielten meine Eltern, die auf einer Warteliste waren, einen Anruf mitten in der Nacht und wurden gefragt: „Wir haben unerwarteterweise einen Jungen. Wollen Sie ihn?" Sie sagten: „Natürlich." Meine biologische Mutter fand später heraus, dass meine Adoptivmutter nie eine Universität abgeschlossen und dass mein Vater nie eine High School absolviert hatte. Sie weigerten sich, die endgültigen Adoptionsunterlagen zu unterzeichnen. Aber nur wenige Monate später gaben sie nach, weil meine Eltern versprachen, dass ich eines Tages auf die Universität gehen würde.

Und 17 Jahre später **ging** ich auf die Universität. Aber ich wählte – naiv, wie ich war – eine Universität, die fast so teuer wie Stanford war, und alle Ersparnisse meiner Arbeitereltern wurden für meine Studiengebühren ausgegeben.

Nach sechs Monaten konnte ich keinen Nutzen darin sehen. Ich hatte keine Ahnung, was ich mit meinem Leben machen wollte, und keine Ahnung, wie die Universität mir helfen würde, es herauszufinden. Und hier verbrauchte ich alles Geld, das meine Eltern ihr ganzes Leben gespart hatten. Also habe ich beschlossen, aufzuhören und darauf zu vertrauen, dass sich am Ende alles irgendwie ergeben würde. Es war ziemlich beängstigend zu der Zeit, aber im Rückblick war es eine der besten Entscheidungen, die ich je gemacht habe.

In der Sekunde, in der ich draußen war, konnte ich aufhören, die Pflichtkurse zu besuchen, die mich nicht interessierten, und konnte anfangen, in diejenigen zu gehen, die interessant ausschauten. [...]

Die Reed Universität bot zu dieser Zeit vielleicht die besten Kalligrafie-Kurse im ganzen Land an. Auf dem ganzen Campus war jedes Plakat, jedes Etikett, jede Schublade wunderschön handkalligrafiert. Weil ich exmatrikuliert war und nicht die normalen Kurse besuchen musste, beschloss ich, einen Kalligrafie-Kurs zu nehmen, um zu lernen, wie man das macht.

Ich lernte über serifen- und serifenlose Schriften, über die Veränderung des Abstands zwischen verschiedenen Buchstabenkombinationen und darüber, was großartige Typografie so großartig macht. [...] Und ich fand es einfach faszinierend.

Nichts davon hatte auch nur einen Hoffnungsschimmer, eine praktische Anwendung in meinem Leben zu finden. Aber 10 Jahre später, als wir den ersten Macintosh-Computer entwarfen, kam es wieder zurück. Und wir haben es alles in den Mac einfließen lassen. Es war der erste Computer mit schöner Typografie. Wenn ich nie in diesem Kurs auf der Universität gelandet wäre, hätte der Mac nie mehrere Schriftarten oder die proportionalen Schriftabstände gehabt. Und da Windows einfach nur den Mac kopierte, ist es sogar wahrscheinlich, dass bis heute kein Computer so was haben würde.

Wenn ich mein Studium nicht abgebrochen hätte, wäre ich nie in diese Kalligrafie-Kurse gegangen, und die heutigen Computer hätten möglicherweise nicht diese wunderbare Typografie, die sie jetzt haben.

Natürlich war es damals, als ich in an der Universität war, unmöglich, diese Punkte vorwärts in die Zukunft zu verbinden. Aber 10 Jahre später war es sehr, sehr klar im Rückblick.

Nochmals, Sie können Ihre Lebenspunkte nicht verbinden, wenn Sie nach vorne schauen, Sie können sie nur in der Rückschau verbinden. Denn Sie **müssen** darauf vertrauen, dass sich die Punkte irgendwie in Ihrer Zukunft verbinden werden. Sie müssen auf etwas vertrauen – auf Ihr Bauchgefühl, Ihr Schicksal, Ihr Leben, Ihr Karma oder was auch immer.

Dieser Ansatz hat mich nie im Stich gelassen, und er hat den entscheidenden Unterschied in meinem Leben ausgemacht. […]

Als ich jung war, gab es eine wunderbare Publikation namens „The Whole Earth Catalog", die eine der Bibeln meiner Generation war. […]

Stewart und seine Mannschaft gaben einige Ausgaben des vollständigen „The Whole Earth Catalog" heraus, und dann […] gaben sie eine letzte Ausgabe heraus. Es war Mitte der 1970er-Jahre, und ich war in Ihrem Alter. Auf der Rückseite ihrer abschließenden Ausgabe war ein Foto einer morgendlichen Landstraße, so wie Sie sie als Tramper erleben können, wenn Sie das Abenteuer suchen. Darunter waren die Worte: „Bleibt hungrig. Bleibt albern." Es war ihre Abschiedsbotschaft, als sie aufhörten. Bleibt hungrig. Bleibt albern. Und genau das habe ich mir immer für mich selbst gewünscht. Und jetzt, da Sie Ihr Diplom haben, um von Neuem zu beginnen, wünsche ich das für Sie.

„Bleibt hungrig. Bleibt albern."

Vielen Dank.

Info: Der Apple-Mitbegründer **Steve Jobs** (1955–2011) hielt diese Rede am 12.06.2005 vor Absolventen der Elite-Universität Stanford in den USA. Jobs hatte zu diesem Zeitpunkt gerade eine Krebsbehandlung hinter sich und schien erst einmal geheilt. Diese Art der Abschlussrede, die sogenannte „Commencement Speech", hat an amerikanischen Universitäten eine lange Tradition. Sie wird häufig von Prominenten aus Politik, Wirtschaft und Kultur gehalten und soll den Studentinnen und Studenten, die gerade ihr Studium abgeschlossen haben, etwas mit auf ihren weiteren Lebensweg geben.

1. Wie wirkt die Rede von Steve Jobs auf dich? Begründe.
2. Untersuche, welche vorrangigen Intentionen der Autor mit seiner Rede verfolgt. Belege deine Aussagen mit dem Text.

informieren | bewerten/kommentieren | appellieren / zum Handeln auffordern | erzählen / über sich kommunizieren | reflektieren / zum Nachdenken anregen | aufrütteln | beschwichtigen | belehren

3. Formuliere Steve Jobs' Botschaft in eigenen Worten.
4. Beschreibe, mit welchen inhaltlichen und sprachlichen Mitteln es Jobs gelingt, sein Ziel zu erreichen.
5. Recherchiert die vollständige Rede und untersucht sie genauer (→ Merkwissen, S. 269).

Eine Rede analysieren

Inhalt, Aufbau und Redesituation untersuchen

Fernsehansprache nach dem Attentat auf Rudi Dutschke[1]

Gustav Heinemann (14.04.1968)

Verehrte Mitbürger!

Diese Tage erschütternder Vorgänge und gesteigerten Unruhe rufen uns alle zu einer Besinnung. Wer mit dem Zeigefinger allgemeiner Vorwürfe auf den oder die vermeintlichen Anstifter und Drahtzieher zeigt, sollte daran denken, dass in der Hand mit dem ausgestreckten Zeigefinger zugleich drei andere Finger auf ihn selbst zurückweisen.

Damit will ich sagen, dass wir uns alle zu fragen haben, was wir selber in der Vergangenheit dazu beigetragen haben könnten, dass ein Antikommunismus sich bis zum Mordanschlag steigerte und dass Demonstranten sich in Gewalttaten der Verwüstung bis zur Brandstiftung verloren haben.

Sowohl der Attentäter, der Rudi Dutschke nach dem Leben trachtete, als auch die elftausend Studenten, die sich an den Demonstrationen vor Zeitungshäusern beteiligten, sind junge Menschen.

Heißt das nicht, dass wir Älteren den Kontakt mit Teilen der Jugend verloren haben oder ihnen unglaubwürdig wurden? Heißt das nicht, dass wir Kritik ernst nehmen müssen, auch wenn sie aus der jungen Generation laut wird?

Besserungen hier und an anderen Stellen können nur dann gelingen, wenn jetzt von keiner Seite neue Erregung hinzugetragen wird. Gefühlsaufwallungen sind billig, aber nicht hilfreich – ja sie vermehren die Verwirrung. Nichts ist jetzt so sehr geboten wie Selbstbeherrschung – auch an den Stammtischen oder wo immer sonst das Geschehen dieser Tage diskutiert wird.

Das Kleid unserer Freiheit sind die Gesetze, die wir uns selber gegeben haben. Diesen Gesetzen die Achtung und Geltung zu verschaffen, ist Sache von Polizei und Justiz. Es besteht kein Anlass zu bezweifeln, dass Polizei und Justiz tun, was ihre Aufgabe ist.

1 Rudi Dutschke (1940-1979): einer der Wortführer der Studentenbewegung 1968

Wichtiger aber ist es, uns gegenseitig zu dem demokratischen Verhalten zu verhelfen, das den Einsatz von Justiz und Polizei erübrigt.

Zu den Grundrechten gehört auch das Recht zum Demonstrieren, um öffentliche Meinung zu mobilisieren. Auch die junge Generation hat einen Anspruch darauf, mit ihren Wünschen und Vorschlägen gehört und ernst genommen zu werden.

Gewalttat aber ist ein gemeines Unrecht und eine Dummheit obendrein. Es ist eine alte Erfahrung, dass Ausschreitungen und Gewalttaten genau die gegenteilige öffentliche Meinung schaffen, als ihre Urheber wünschen. Das sollten – so meine ich – gerade politisch bewegte Studenten begreifen und darum zur Selbstbeherrschung zurückfinden.

Unser Grundgesetz ist ein großes Angebot. Zum ersten Mal in unserer Geschichte will es in einem freiheitlich-demokratischen und sozialen Rechtsstaat der Würde des Menschen volle Geltung verschaffen. In ihm ist Platz für eine Vielfalt der Meinungen, die es in offener Diskussion zu klären gilt.

Uns in diesem Grundgesetz zusammenzufinden und seine Aussagen als Lebensform zu verwirklichen, ist die gemeinsame Aufgabe. Die Bewegtheit dieser Tage darf nicht ohne guten Gewinn bleiben.

Info: Am 14. April 1968 richtete sich der damalige bundesdeutsche Justizminister **Gustav Heinemann** (1899–1976) in einer Fernsehansprache an Bürgerinnen und Bürger und insbesondere an Studentinnen und Studenten. Anlass waren Studentenunruhen, die sich über die gesamte Bundesrepublik ausbreiteten. Die Studenten protestierten unter anderem gegen verkrustete Gesellschaftsstrukturen, das konservative Hochschulwesen und die fehlende Aufarbeitung der NS-Vergangenheit. Diese Proteste begannen im Sommer 1967 und führten zum Teil zu massiven Auseinandersetzungen zwischen Staatsmacht und Demonstranten.
Die äußerst angespannte Situation wusste die damalige Regierung der Großen Koalition kaum zu bewältigen. Die Lage eskalierte, nachdem am 11. April 1968 Rudi Dutschke, einer der Wortführer der Studentenbewegung von 1968, bei einem Attentat schwer verletzt worden war: Es solidarisierten sich Tausende Jugendliche in vielen Städten Deutschlands mit der Studentenbewegung und gingen teilweise mit gewaltsamen Aktionen gegen die Staatsmacht und die Presse vor.

❶ Erläutere die Redesituation (→ Info zur Rede, S. 250) und fasse den Inhalt der Rede in eigenen Worten zusammen.
Tipps & Hilfen (→ S. 322)

❷ Welche Absicht verfolgt der Redner? Begründe.
Tipps & Hilfen (→ S. 322)

③ Suche im Internet nach einer Aufnahme dieser Rede. Wie wirkt der Vortrag auf dich?

❹ Gliedere die Rede Heinemanns in Sinnabschnitte. Formuliere zu jedem Abschnitt eine Zwischenüberschrift und notiere die wichtigsten Argumente in Stichpunkten.
Arbeite auf einer Kopie oder mit einer Überdeckfolie.

❺ Erläutere, was der Redner Gustav Heinemann mit der folgenden Aussage gemeint hat:

> „Wer mit dem Zeigefinger allgemeiner Vorwürfe auf den oder die vermeintlichen Anstifter und Drahtzieher zeigt, sollte daran denken, dass in der Hand mit dem ausgestreckten Zeigefinger zugleich drei andere Finger auf ihn zurückweisen." (→ S. 249, Z. 2–8)

❻ a) Gustav Heinemann wirbt in seiner Rede einerseits für Verständnis für die Situation der Jugendlichen und Studentinnen/Studenten, appelliert auf der anderen Seite aber auch an das Verhalten der Jugendlichen.
Übertrage die nachfolgende Übersicht in dein Heft und notiere entsprechende Beispiele aus dem Text.
Tipps & Hilfen (→ S. 322)

b) Tauscht euch über eure Lösungen aus und begründet eure Zuordnung.

Argumente zur Verteidigung der Jugendlichen	Appelle an die Jugend
– *„Heißt das nicht, dass wir Kritik ernst nehmen müssen, auch wenn sie aus der jungen Generation laut wird?" (Z. 19 ff.)*	– *„Gefühlsaufwallungen sind billig, aber nicht hilfreich – ja sie vermehren die Verwirrung." (Z. 23 f.)*
– …	– …

❼ Diskutiert, ob Heinemann mit seiner Rede den Dialog zwischen Studentinnen/Studenten und anderen Mitbürgerinnen/Mitbürgern eher fördert oder eher behindert.

Die Sprache der Rede untersuchen

1. Untersuche, mithilfe welcher Redestrategien (→ Info-Kasten, S. 253) es Gustav Heinemann gelingt, seine Redeintention umzusetzen. Nenne Textstellen als Beleg.
2. Benenne die rhetorischen Mittel, die der Redner in den folgenden Aussagen verwendet. Nutze die Hinweise im Info-Kasten auf Seite 253.
Tipps & Hilfen (→ S. 323)

„Heißt das nicht, dass wir Älteren den Kontakt mit Teilen der Jugend verloren haben oder ihnen unglaubwürdig wurden? Heißt das nicht, dass wir Kritik ernst nehmen müssen, auch wenn sie aus der jungen Generation laut wird?" (Z. 18–21)

„[...] dass ein Antikommunismus sich bis zum Mordanschlag steigerte, und dass Demonstranten sich in Gewalttaten der Verwüstung bis zur Brandstiftung verloren haben." (Z. 11–14)

„Das Kleid unserer Freiheit sind die Gesetze, die wir uns selber gegeben haben." (Z. 28 f.)

„Gewalttat aber ist ein gemeines Unrecht und eine Dummheit obendrein. Es ist eine alte Erfahrung, dass Ausschreitungen und Gewalttaten genau die gegenteilige öffentliche Meinung schaffen, als ihre Urheber wünschen." (Z. 38–41)

„Unser Grundgesetz ist ein großes Angebot. Zum ersten Mal in unserer Geschichte will es in einem freiheitlich-demokratischen und sozialen Rechtsstaat der Würde des Menschen volle Geltung zu verschaffen." (Z. 43–45)

3. Erläutere die Wirkung der in der Rede verwendeten Redestrategien und rhetorischen Stilmittel schriftlich wie im Beispiel.

Durch die häufige Verwendung der Pronomen „wir" und „uns/unsere" erzeugt Heinemann mit seiner Rede ein Wir-Gefühl bei den Zuhörerinnen und Zuhörern, um sie für sein Anliegen zu gewinnen. Dies wird beispielsweise in den Sätzen „Heißt das nicht, dass wir Älteren den Kontakt zu Teilen der Jugend verloren haben [...], dass wir Kritik ernst nehmen müssen?" (Z. 18–20).

4. Diskutiert: Könnte diese Rede auch heute noch gehalten werden?

Info: Redestrategien und rhetorische Stilmittel

Redestrategien dienen dazu, die **Aufmerksamkeit der Zuhörer/-innen zu gewinnen** und die **Redeintention umzusetzen**. Zu den wichtigsten Redestrategien gehören:

- **Einbeziehung der Zuhörenden** durch wiederholte **persönliche Ansprache** oder **Appelle**,
- Erzeugen eines positiven **Wir-Gefühls** durch häufige Nennung der Pronomen *wir, unser(e),*
- **Aufwertung der eigenen Position** durch „Hochwörter" wie *Ehrlichkeit, Wahrheit, Bedeutendes, Großes,*
- **Abwertung der Gegner** durch herabsetzende Formulierungen oder „Stigmawörter" wie *Lügengebäude, selbsternannte Experten, Schmarotzer.*

Rhetorische Mittel:

die **Akkumulation**	Aufzählung mehrerer Unterbegriffe zu einem nicht genannten Oberbegriff, z. B.: *„Ein Kind, ein Lehrer, ein Buch und ein Stift können die Welt verändern." (M. Yousafzai, Z. 80)*
die **Alliteration**	gleich klingender Anfangslaut mehrerer aufeinanderfolgender Wörter, z. B.: *„die Waffe des Wissens" (M. Yousafzai, Z. 63)*
die **Anapher**	gleicher Beginn mehrerer Sätze, Satzteile oder Verse, z. B.: *„Wir fordern alle Regierungen auf, kostenlose und verpflichtende Schulbesuche [...] zu gewährleisten. Wir fordern alle Regierungen auf, gegen Terrorismus und Gewalt zu kämpfen [...]. (M. Yousafzai, Z. 41 ff.)*
die **Antithese**	Kombination gegensätzlicher Begriffe, z. B.: *Hunderte von Stimmen schwiegen mich an.*
die **Ellipse**	unvollständiger Satz, z. B.: *„Keine große Sache." (S. Jobs, Z. 8)*
der **Euphemismus**	*die Beschönigung, z. B.: ableben (für sterben), rundlich (statt dick)*
die **Hyperbel**	starke, z. T. auch absurde Übertreibung, z. B.: *Probleme wie Sand am Meer, ein Meer von Tränen, im Schneckentempo laufen*
die **Ironie**	Es wird erkennbar das Gegenteil von dem Gemeinten gesagt.
die **Klimax**	Steigerung, z. B.: *Tausende demonstrierten, Millionen sahen an ihren Fernsehbildschirmen zu.*
die **Metapher**	bildlicher Vergleich ohne das Vergleichswort *wie*, z. B.: *„die Flamme der Hoffnung" (B. Obama, Z. 49)*
die **Repetitio**	Wiederholung, z. B.: *„Schaut auf Berlin [...]. Schaut auf Berlin [...]." (B. Obama, Z. 58 und 61)*
die **rhetorische Frage**	Frage, auf die keine Antwort erwartet wird, z. B.: *„Soll ich gehen?" (S. Şimşek, Z. 47)*
der **Vergleich**	*weiß wie Schnee; schnell wie der Blitz*

Eine schriftliche Redeanalyse verfassen

Ansprache bei der Gedenkveranstaltung für die Opfer rechtsextremistischer Gewalt *Semiya Şimşek (Berlin, 23. 02. 2012)*

„Hörst du das? Die Glöckchen?
Das sind die Schäfchen, die jetzt aus den Bergen runter ins Tal kommen.
Das tun sie immer in der Nacht."
Mein Papa erzählte gerne von sich und seinen Träumen.
Ich liebte es, ihm zuzuhören.
Er saß in dieser warmen Sommernacht in unserem Garten in der Türkei und aß Kirschen.
Ich setzte mich zu ihm und fragte ihn:
„Kannst du nicht schlafen?"
„Doch, Semiya", sagte er, „aber ich möchte etwas hören."
Und so lauschten wir zusammen dem Klang der Glöckchen der Schafe.
Ich spürte, wie glücklich mein Vater in diesem Moment war.
Ein Jahr später war mein Vater tot.
Am 09.09.2000 wurde auf meinen Papa, Enver Şimşek, geschossen.
Er starb zwei Tage später im Krankenhaus.
Der erste Mord.
Wir sollten keinen weiteren gemeinsamen Sommer mehr haben.
Von einem Tag auf den anderen änderte sich für uns, für mich alles.
Das alte Leben gab es nicht mehr.
Mein Papa war tot. Er wurde nur 38 Jahre alt.
Ich finde keine Worte dafür, wie unendlich traurig wir waren.
Doch in Ruhe Abschied nehmen und trauern, das konnten wir nicht.
Die Familien, für die ich hier heute spreche, wissen, wovon ich rede:
Elf Jahre durften wir nicht einmal reinen Gewissens Opfer sein.
Immer lag da die Last über unserem Leben, dass vielleicht doch irgendwer aus unserer Familie verantwortlich sein könnte für den Tod meines Vaters.
Und auch den anderen Verdacht gab es noch: mein Vater – ein Krimineller.
Ein Drogenhändler.
Können Sie erahnen, wie es sich für meine Mutter angefühlt hat, plötzlich selbst ins Visier der Ermittlungen genommen zu werden?
Und können Sie erahnen, wie es sich für mich als Kind angefühlt hat, sowohl meinen toten Vater als auch meine ohnehin schon schwer gezeichnete Mutter unter Verdacht zu sehen?

Dass all diese Vorwürfe aus der Luft gegriffen und völlig haltlos waren, das wissen wir heute.

Mein Vater wurde von Neonazis ermordet.

Soll mich diese Erkenntnis nun beruhigen?

Das Gegenteil ist der Fall: In diesem Land geboren, aufgewachsen und fest verwurzelt, habe ich mir über Integration nie Gedanken gemacht.

Heute stehe ich hier, trauere nicht nur um meinen Vater, sondern quäle mich auch mit der Frage:

Bin ich in Deutschland zu Hause? Ja, klar bin ich das.

Aber wie soll ich mir dessen noch gewiss sein, wenn es Menschen gibt, die mich hier nicht haben wollen und die zu Mördern werden, nur weil meine Eltern aus einem fremden Land stammen?

Soll ich gehen? Nein, das kann keine Lösung sein.

Oder soll ich mich damit trösten, dass wahrscheinlich nur Einzelne zu solchen Taten bereit sind?

Auch das kann keine Lösung sein.

In unserem Land – in meinem Land – muss sich jeder frei entfalten können, unabhängig von Nationalität, Migrationshintergrund, Hautfarbe, Religion, Behinderung, Geschlecht oder sexueller Orientierung.

Lasst uns nicht die Augen verschließen und so tun, als hätten wir dieses Ziel schon erreicht.

Meine Damen und Herren,

die Politik, die Justiz, jeder Einzelne von uns ist gefordert.

Ich habe meinen Vater verloren, wir haben unsere Familienangehörigen verloren.

Lasst uns verhindern, dass das auch anderen Familien passiert.

Wir alle gemeinsam zusammen – nur das kann die Lösung sein.

Info: Am 23. Februar 2012 fand im Konzerthaus in Berlin eine Gedenkveranstaltung für die Opfer der Terrorzelle NSU („Nationalsozialistischer Untergrund") statt. Anwesend waren über 1000 geladene Gäste, darunter Politiker, Prominente und Angehörige der Ermordeten. Die zentrale Rede auf dieser Veranstaltung hielt Angela Merkel, die sich bei den Angehörigen für die zahlreichen Ermittlungspannen und falschen Verdächtigungen bei der Aufklärung der Morde entschuldigte. Auch Angehörige der Opfer kamen auf dieser Gedenkveranstaltung zu Wort, unter anderem Semiya Şimşek, die Tochter des ermordeten Blumenhändlers Enver Şimşek, die mit ihrer Rede die Zuhörer/-innen bewegte.

1 a) Lies die Rede und notiere, welche Gefühle sie in dir hervorruft.
b) Versuche zu erklären, wie deine Gefühle zustande kommen.

② Recherchiere den Redevortrag von Semiya Şimşek im Internet. Wie wirkt die Rede hier auf dich? Begründe.

❸ Formuliere in einem Satz, welche vorherrschende Intention Semiya Şimşek mit ihrer Rede verfolgt.
Tipps & Hilfen (→ S. 323)

❹ Untersuche den inhaltlichen Aufbau der Rede. Gliedere sie dazu in zusammengehörende Abschnitte und fasse den jeweiligen Inhalt in eigenen Worten zusammen.
Tipps & Hilfen (→ S. 323)

❺ Suche in der Rede Beispiele für:
- erzählende (über sich selbst kommunizierende) Passagen
- appellierende Textteile
- Bewertungen/Kommentare

❻ Analysiere die Redestrategien und die stilistischen Mittel, die Semiya Şimşek in ihrer Rede einsetzt, und erläutere deren Wirkung.
Übertrage dazu die folgende Übersicht in dein Heft und ergänze sie:

Inhalte des Textes	Strategie / Stilistisches Mittel	Funktion/Wirkung
– *Erzählung über den Vater*	– *Ansprache von Gefühlen*	– *Zuhörer/-innen werden emotional angerührt.*
– ...	– *positive Adjektive bei Beschreibung des Vaters*	– *Liebe zum Vater wird deutlich gemacht.*
– ...	– *kurze Sätze (Parataxe)*	– ...
– ...	– *rhetorische Fragen*	– ...
– ...	– ...	– ...

❼ Verfasse eine schriftliche Redeanalyse.
Orientiere dich dabei an den Hinweisen im Merkwissen auf Seite 269 und nutze bei Bedarf die Hilfen im Ausdruckstraining auf Seite 257.
Tipps & Hilfen (→ S. 323)

⑧ a) Recherchiere den Redetext und den Vortrag der Rede von Angela Merkel anlässlich dieser Gedenkveranstaltung.
b) Vergleiche die Intention der beiden Reden.

⑨ Informiere dich über den Umgang von Justiz und Gesellschaft mit den Taten der Terrorzelle NSU und ordne die Rede in diesen zeithistorischen Zusammenhang ein.

Aussagen mit dem Text belegen

1 Untersuche, wie im folgenden Beispiel die Aussage belegt wird:

A	1. Zitat/Beleg	→ 2. Erläuterung	→ 3. Schlussfolgerung
B	1. These/Behauptung	→ 2. Zitat/Beleg	→ 3. Erläuterung
C	1. These/Behauptung	→ 2. Erläuterung	→ 3. Zitat/Beleg

Şimşeks Rede wirkt vor allem im ersten Teil stark emotionalisierend, indem sie mit der Erinnerung an einen glücklichen Moment, eine schöne und vertraute Kindheitsszene mit ihrem Vater einsteigt und ihn direkt sprechen lässt: „‚Hörst du das? Die Glöckchen?' [...] Mein Papa erzählte gerne von sich und seinen Träumen" (Z. 1–5).

2 Verknüpfe die Thesen/Behauptungen mit passenden Erläuterungen und Textbelegen. Verwende jeweils zwei verschiedene Möglichkeiten aus dem Kasten in Aufgabe 1.

A *Mit den Worten: „..." (Z.) fordert Şimşek die Zuhörenden zum Handeln auf. ...*
B *Şimşek appelliert an das Gewissen der Zuhörenden mit den Worten: „..." (Z.).*

These/Behauptung	Erläuterung/ Schlussfolgerung	Zitat/Beleg
Die Rednerin appelliert an das Gewissen der Zuhörer/-innen.	*Mit Imperativ „lasst" werden Zuhörer/-innen zum Handeln aufgefordert; mit Pronomen „uns" erzeugt sie „Wir-Gefühl".*	*„Lasst uns nicht die Augen verschließen" (Z. 54)*
Simsek macht unmissverständlich deutlich, dass Menschen mit Migrationshintergrund Teil der deutschen Gesellschaft sind und hier ihr Zuhause haben.	*Einsatz rhetorischer Fragen, deren Antwort für alle Zuhörer/-innen klar ist; beantwortet rhetorische Fragen trotzdem explizit selbst, was ihre Wirkung noch verstärkt*	*„Bin ich in Deutschland zu Hause? Ja, klar bin ich das." [...] „Soll ich gehen? Nein, das kann keine Lösung sein." (Z. 47 f.)*
Die Rednerin appelliert an die Zuhörenden und die Gesellschaft, aus den negativen Erfahrungen im Umgang mit den NSU-Opfern zu lernen.	*vom „Ich" zum „Wir"; erweitert persönliche Erfahrungen auf alle anderen Angehörigen der NSU-Opfer; schließt Appell an alle Zuhörer/-innen an, solche Taten zu verhindern*	*„Ich habe meinen Vater verloren, wir haben unsere Familienangehörigen verloren. Lasst uns verhindern, dass das auch anderen Familien passiert." (Z. 58 ff.)*

Eine Drei-Minuten-Rede verfassen und halten

Eine Drei-Minuten-Rede vorbereiten

1 Wähle einen der folgenden Anlässe aus und überlege,
– zu welchem Thema du zu diesem Anlass eine Rede halten würdest und
– wer deine Zuhörer/-innen sein werden, z. B.:

Anlass: Auftakt zur Projektwoche „Eine Woche plastikfrei"
Thema: Plastik im Schulalltag
Zuhörer/-innen: Schüler/-innen im Alter zwischen 10 und 18 Jahren, Lehrer/-innen der Schule

Abschlussfeier der 10. Klasse

Schuljubiläum

Wahl der Schulsprecherin / des Schulsprechers

Neueröffnung der Schulmensa

70. Geburtstag von Oma oder Opa

Auftakt zur Projektwoche „Eine Woche plastikfrei"

2 Notiere, welche Intention du mit deiner Rede verfolgst, z. B.:

Zuhörer/-innen zu motivieren, ihren Plastikverbrauch grundsätzlich zu reduzieren

3 Sammle Ideen für deine Argumentation. Übertrage die Mindmap in dein Heft und ergänze sie für dein Thema.

❹ Verfasse einen Einstieg für deine Rede (→ Info-Kasten, S. 260), z. B.:

Liebe Mitschülerinnen, liebe Mitschüler, liebe Lehrerinnen, liebe Lehrer, können wir uns das eigentlich vorstellen? Eine Woche ganz ohne Plastik? Ohne Schnellhefter, Textmarker oder einen plastikverpackten Schokoriegel als Nervennahrung? ...

❺ a) Formuliere für den Hauptteil deiner Rede vollständige Argumente, z. B.:

Die Reduktion von Plastik ist einfacher, als man denkt, denn viele Lebensmittel gibt es bereits heute unverpackt zu kaufen, zum Beispiel sind Obst und Gemüse auf dem Markt in der Regel unverpack. Auch in Unverpackt-Läden oder in Biosupermärkten gibt es bereits lose Lebensmittel, die man sich selbst in mitgebrachte Gefäße abfüllen kann.

b) Entkräfte mögliche Gegenargumente. Nutze dafür die folgenden Formulierungshilfen:

Einige mögen dagegenhalten, dass ..., aber ... • Viele mögen entgegnen, ..., doch ... • Natürlich kann man der Auffassung sein, dass ..., dennoch ...

c) Ordne deine Argumente nach Überzeugungskraft.

❻ Gib deiner Rede sprachlich mit folgenden Mitteln den letzten Schliff:

a) Sammle Redewendungen und sprachliche Bilder zum Thema, z. B.:
anpacken statt auspacken, eine Welt aus Plastik, Planet Plastik ...

b) Formuliere „Wir-Botschaften", z. B.:
Wir alle sind gefragt, wenn es darum geht ...

c) Überlege, an welcher Stelle du gezielt rhetorische Mittel (→ Info-Kasten, S. 253) wie Wiederholungen, Vergleiche, rhetorische Fragen oder eine Klimax nutzen kannst, um deine Aussagen zu unterstützen, z. B.:
Möchtet ihr wirklich an einem Strand Urlaub machen, der über und über mit Plastiktüten und Kunststoffschnipseln bedeckt ist?

❼ Formuliere einen überzeugenden Schluss für deine Rede, indem du noch einmal deine wichtigste Botschaft wiederholst und einen Appell an deine Zuhörer/-innen richtest, z. B.:

Liebe Mitschülerinnen und Mitschüler, diese Projektwoche ist nur ein Anfang. Unsere eigentliche Aufgabe besteht darin, auch in Zukunft auf einen bewussten Verbrauch von Plastik zu achten. Also lasst es uns anpacken, damit wir in Zukunft nicht mehr so viel auspacken müssen.

8 a) Verfasse die vollständige Rede und orientiere dich dabei an den Schritten im Info-Kasten.
b) Lies deine Rede mehrmals laut für dich und überarbeite sie bei Bedarf.

9 Bereite eine Drei-Minuten-Unsinns-Rede zu einem der folgenden Themen vor. Orientiere dich beim Verfassen der Rede an den Hinweisen im Info-Kasten.

Verbot von lustigen Handyhüllen · gleicher Haarschnitt für alle Schüler/-innen · Schule ohne Lehrer/-innen · Abschluss des Mathematikunterrichts nach Können des kleinen Einmaleins · Barfuß statt High Heels · Klassenfahrt zum Mond · verpflichtender Mittagsschlaf in der Schule · Micky Maus statt Goethe · Gartenzwerge für alle

Info: Eine Drei-Minuten-Rede verfassen

Vorüberlegungen:
- Was ist der **Anlass** der Rede?
- Wer sind die **Adressatinnen/Adressaten**?
- Welches **Thema** soll zur Sprache kommen?
- Welche **Intention** verfolgst du mit deiner Rede, z. B. *informieren, appellieren, werben?*

Der inhaltliche Aufbau der Rede:
- **Einstieg:** Beginne mit einer Begrüßung der Zuhörer/-innen und nenne das Thema deiner Rede. Wecke das Interesse des Publikums, z. B. mit einem Zitat, einer Anekdote, einer rhetorischen Frage, einem Witz oder einer überraschenden These.
- **Hauptteil:** Entfalte deine Argumente. Ordne sie so an, dass das schwächste Argument am Anfang steht und das stärkste am Schluss.
- **Schluss:** Schließe mit deiner zentralen Botschaft und/oder einem Appell an deine Zuhörer/-innen.

Die sprachliche Gestaltung der Rede:
Bei einer Rede kommt es – anders als bei einem Kurzvortrag oder Referat – auf den genauen Wortlaut an. Formuliere deine Rede deshalb vollständig aus.
Nutze z. B. folgende rhetorische Mittel (→ Info-Kasten, S. 253), um die Aufmerksamkeit der Zuhörer/-innen zu fesseln und die Wirkung deiner Rede zu unterstützen:
- **Klimax,** z. B.: *Auf dem Schulhof, in den Straßen, ja sogar in den Weltmeeren – überall findet man Plastikabfälle.*
- **Metapher,** z. B.: *Plastikflut, Kunststoffschwemme*
- **rhetorische Frage,** z. B.: *Wollen wir nicht alle, dass auch unsere Kinder noch in einer gesunden Umwelt aufwachsen?*
- **Vergleich:** *Plastik ist wie eine Seuche, die sich über die gesamte Welt verbreitet.*
- **Repetitio (Wiederholung):** *In Plastik werden unsere Nahrungsmittel verpackt, Plastik ist in unseren Schulsachen, Plastik ist in unseren technischen Geräten und Plastik ist in unseren Möbeln.*

Eine Rede halten

An die Jugend (Auszug) *Loriot (Vicco von Bülow, 28. 10. 1999)*

Aber wie funktioniert das mit Vater und Mutter? Es ist doch verhängnisvoll, daß Eltern früher auf die Welt kommen als ihr Kind. Dadurch entwickeln sie vorzeitig ein ungutes, durch nichts begründetes Überlegenheitsgefühl.

Kämen Eltern und Kinder gleichzeitig auf die Welt, wüchsen sie gemeinsam, in wohltuender Chancengleichheit in ihre Aufgaben hinein. Wieviel Verständnis hätte dann der Jugendliche für die Irrtümer seiner Eltern, wieviel nachsichtiger verliefe jede Meinungsverschiedenheit!

Nur wenn Vater, Mutter und Kind gemeinsam sprechen lernen, finden sie die nötige Gelassenheit für den Austausch pädagogischer Argumente.

Aber so weit sind wir eben noch nicht. Bis auf weiteres wird die Jugend, auch die neuimmatrikulierte, doch ziemlich allein gelassen mit der Frage: „Wie erziehe ich meine Eltern zu ordentlichen, gebildeten Mitgliedern unserer Gesellschaft?" Nicht einmal im Fachbereich Erziehungswissenschaft der FU findet sich ein entsprechender Studiengang.

Es ist sonderbar, aber Eltern sind auch Menschen und sie sind, was die Herstellung und Aufzucht von Nachwuchs betrifft, so was wie ungelernte Arbeiter.

Niemandem ist es erlaubt, ohne gründliche Ausbildung und Führerschein am Straßenverkehr teilzunehmen, aber zur Produktion eines Kindes – das angeblich Kostbarste, was eine Nation besitzt – bedarf es keiner Eignungsprüfung. Nicht einmal Abitur wird verlangt.

Kein Wunder, daß die sogenannten Erwachsenen hinsichtlich der Lebensgewohnheiten der Jugend völlig im Dunklen tappen. Hier bedarf es behutsamer Nachhilfe. R

Betonungszeichen

___	= Betonung
/	= kurze Pause
//	= lange Pause

1. Wie wirkt der Auszug der Rede auf dich? Welche Intention hat der Autor? Begründe.
2. Diese Rede hat der Humanist Loriot (Vicco von Bülow) vor Studierenden der Freien Universität Berlin gehalten. Bereite einen Redevortrag vor, in dem die Intention des Autors deutlich wird. Fertige dazu eine Kopie der Rede an und markiere Betonungen und Pausen.
3. Übe den Vortrag der Loriot-Rede ein. Orientiere dich dabei an den Hinweisen im „Gewusst wie: Lernergebnisse präsentieren" auf Seite 28 ff.
   Tipp: Du kannst deine Übungen auch mit dem Smartphone aufnehmen. So kannst du kontrollieren, ob du mit deiner Rede die beabsichtigte Wirkung erzielst.
4. Bereite den Vortrag deiner Drei-Minuten-Rede in derselben Weise vor.

Zum Schmökern, Schauen, Weiterdenken

Rede auf dem Klimamarsch in Stockholm

Greta Thunberg (08.09.2018)

Im vergangenen Sommer schrieben der Klimaforscher Johan Rockström und einige andere, dass uns noch höchstens drei Jahre Zeit bleiben, den Anstieg der Treibhausgasemissionen umzukehren, wenn wir die im Pariser Klimaschutzabkommen gesetzten Ziele erreichen wollen.

Seitdem sind mehr als ein Jahr und zwei Monate vergangen, und in dieser Zeit haben viele weitere Wissenschaftler dasselbe gesagt. Aber vieles ist schlimmer geworden, und die Treibhausgasemissionen steigen weiter. Wir haben also vielleicht noch weniger Zeit als das eine Jahr und die zehn Monate, die uns laut Johan Rockström noch bleiben.

Wenn die Menschen das wüssten, bräuchten sie mich nicht zu fragen, warum ich mich so „leidenschaftlich für Klimawandel" interessiere.

Wenn die Menschen wüssten, dass die Wissenschaftler sagen, dass wir eine fünfprozentige Chance haben, die Ziele des Pariser Klimaschutzabkommens zu erreichen, und wenn sie wüssten, welches albtraumhafte Szenario uns bevorsteht, wenn wir die Erderwärmung nicht unter zwei Grad Celsius halten, bräuchten sie mich nicht fragen, warum ich vor dem Parlamentsgebäude einen Schulstreik mache.

Denn wenn alle wüssten, wie ernst die Lage ist und wie wenig tatsächlich getan wird, würden alle kommen und sich neben uns setzen.

In Schweden leben wir, als ob wir die Ressourcen von 4,2 Planeten hätten. Unser Co_2-Abdruck gehört zu den zehn schlechtesten der Welt. Das bedeutet, Schweden stiehlt zukünftigen Generationen Jahr für Jahr 3,2 Jahre an natürlichen Ressourcen. Diejenigen von uns, die zu diesen zukünftigen Generationen gehören, wollen, dass Schweden damit aufhört.

Sofort.

Dies ist keine politische Rede. Unser Schulstreik hat nichts mit Parteipolitik zu tun.

Denn das Klima und die Biosphäre kümmern sich keine Sekunde lang um Politik und unsere leeren Worte.

Sie kümmern sich nur um das, was wir tatsächlich tun.

Dies ist ein Hilferuf.

An alle Zeitungen, die immer noch nicht über Klimawandel schreiben und berichten, obwohl sie in diesem Sommer, als die schwedischen

Wälder brannten, gesagt haben, das Klima sei „die entscheidende Frage unserer Zeit".

An euch alle, die ihr diese Krise nie als Krise behandelt habt.

An alle Influencer, die sich für alles einsetzen außer für das Klima und die Umwelt.

An alle politischen Parteien, die vorgeben, die Klimafrage ernst zu nehmen.

An alle Politiker, die sich in den sozialen Medien über uns lustig machen und mich anprangern, sodass Leute mir sagen, ich sei retardiert, eine Bitch oder eine Terroristin und vieles andere.

An euch alle, die ihr euch tagtäglich dazu entscheidet, wegzusehen, weil ihr offenbar mehr Angst vor den Veränderungen habt, die einen katastrophalen Klimawandel verhindern können, als vor dem katastrophalen Klimawandel selbst.

Euer Schweigen ist beinahe das Schlimmste.

Die Zukunft aller kommenden Generationen ruht auf euren Schultern.

Diejenigen von uns, die noch Kinder sind, können später, wenn wir erst einmal alt genug sind, etwas dagegen zu unternehmen, nichts mehr an dem ändern, was ihr heute falsch macht.

Viele sagen, Schweden sei ein kleines Land und was wir tun, spiele keine Rolle. Aber ich finde, wenn ein paar Mädchen auf der ganzen Welt Schlagzeilen machen können, indem sie für ein paar Wochen nicht zur Schule gehen, dann stellt euch nur mal vor, was wir gemeinsam schaffen könnten, wenn wir nur wollten.

Jede Einzelperson zählt.

Genauso wie jede einzelne Emission zählt.

Jedes einzelne Kilo.

Alles zählt.

Also bitte, behandelt die Klimakrise als die akute Krise, die sie ist, und gebt uns eine Zukunft.

Unser Leben liegt in euren Händen.

Info: Greta Thunberg (geb. 2003) ist eine schwedische Umweltaktivistin, die im Alter von 16 Jahren durch ihre Aktion „Fridays for future" weltweite Klimaproteste von Jugendlichen auslöste. Ihre erste öffentliche Rede hielt sie anlässlich des Klimamarschs in Stockholm am 8. September 2018. Der „Peoples Climate March" an diesem Tag fand in insgesamt 90 Ländern statt. Weltweit nahmen mehr als 250 000 Menschen daran teil.

❶ Fasse den Inhalt der Rede zusammen und erläutere Redesituation und -intention.

② Recherchiere weitere Reden von Greta Thunberg und stelle sie deinen Mitschülerinnen und Mitschülern vor.

③ Verfasse und halte selbst eine Drei-Minuten-Rede gegen den Klimawandel.

Rede vor der Jugendversammlung der Vereinten Nationen (Auszug) *Malala Yousafzai (New York, 12.07.2013)*

Es ist mir eine Ehre, heute nach langer Zeit wieder zu sprechen. Mit diesen ehrenwerten Menschen hier zu sein, bedeutet mir viel, und es macht mich stolz, heute ein Tuch von Benazir Bhutto Shaheed zu tragen.

Ich weiß nicht, wo ich mit meiner Rede anfangen soll. Ich weiß nicht, was die Leute von mir erwarten, aber zuallererst danke ich Gott, vor dem wir alle gleich sind, und allen, die für meine schnelle Genesung und ein neues Leben gebetet haben. Ich kann nicht glauben, wie viel Liebe mir die Menschen entgegengebracht haben. Ich habe Tausende von Karten und Geschenken aus aller Welt erhalten. Danke ihnen allen. Danke den Kindern, deren unschuldige Worte mich ermutigt haben. Danke meiner Familie, deren Gebete mich gestärkt haben. Ich möchte den Krankenschwestern, Ärzten und anderen Mitarbeitern der Krankenhäuser in Pakistan, Großbritannien und den Vereinigten Arabischen Emiraten danken, die mir geholfen haben, gesund zu werden und meine Kraft wiederzuerlangen. [...]

Liebe Brüder und Schwestern, denkt daran: Malala-Tag ist nicht mein Tag. Dieser Tag gehört allen Frauen, allen Jungen und allen Mädchen, die ihre Stimme für ihre Rechte erhoben haben.

Es gibt Hunderte von Menschenrechtsaktivisten und Sozialarbeitern, die nicht nur für ihre Rechte eintreten, sondern auch unter widrigen Umständen dafür kämpfen, ihre Ziele von Frieden, Bildung und Gleichheit zu erreichen. [...]

Liebe Freunde, ich spreche heute in erster Linie über die Rechte von Frauen und die Bildung von Mädchen, weil sie es sind, die am meisten leiden. Früher mussten Aktivistinnen Männer darum bitten, für ihre Rechte einzutreten. Aber heute machen wir das selbst. Damit will ich den Männern nicht sagen, sie sollten sich nicht für Frauenrechte einsetzen, ich möchte eher mein Augenmerk auf die Frauen richten, darauf drängen, dass sie unabhängig werden und für sich selbst kämpfen. Also, liebe Schwestern und Brüder, es ist an der Zeit, den Mund aufzumachen. Heute fordern wir die Herrschenden der Welt auf, ihre Politik zugunsten von Frieden und Wohlstand zu ändern.

Wir fordern die Herrschenden auf, bei allen Abkommen, die sie treffen, den Schutz von Frauen- und Kinderrechten zu garantieren. Ein Abkommen, das gegen diese Rechte verstößt, ist inakzeptabel.

Wir fordern alle Regierungen auf, kostenlose und verpflichtende Schulbesuche für jedes Kind auf der Welt zu gewährleisten.

Wir fordern alle Regierungen auf, gegen Terrorismus und Gewalt zu kämpfen, Kinder vor Grausamkeit und Leid zu schützen.

Wir fordern die Wirtschaftsmächte auf, die Bildungschancen für Mädchen in Entwicklungsländern zu fördern.

Wir fordern alle Gemeinschaften auf, tolerant zu sein und Vorurteile abzulehnen, die auf Gesellschaftsklassen, Glauben, Abstammung oder Geschlecht beruhen. Wir fordern sie auf, Frieden und Gleichheit für Frauen zu garantieren, damit sie sich entfalten können. Wir können nicht alle erfolgreich sein, wenn die Hälfte von uns kleingehalten wird.

Wir fordern unsere Schwestern auf der ganzen Welt auf, tapfer zu sein, ihre innere Stärke zu nutzen und ihr eigenes Potenzial auszuschöpfen.

Liebe Brüder und Schwestern, wir wollen Schulen und Bildung, damit jedes Kind eine strahlende Zukunft hat. Wir werden unsere Reise bis zum Ziel fortsetzen: Frieden und Bildung. Keiner kann uns aufhalten. Wir werden uns für unsere Rechte starkmachen und mit unserer Stimme den Wandel herbeiführen. Wir glauben an die Macht und die Kraft unserer Worte. Unsere Worte können die Welt verändern, weil wir alle im Kampf um Bildung vereint sind. Und wenn wir unser Ziel erreichen wollen, dann lasst uns zur Waffe des Wissens greifen und uns mit dem Schild der Einheit und Geschlossenheit schützen.

Liebe Brüder und Schwestern, wir dürfen nicht vergessen, dass Millionen Menschen unter Armut, Ungerechtigkeit und Unwissenheit leiden. Wir dürfen nicht vergessen, dass Millionen Kinder nicht zur Schule gehen. Wir dürfen nicht vergessen, dass unsere Schwestern und Brüder auf eine strahlende, friedliche Zukunft warten.

Also lasst uns einen ruhmreichen Kampf gegen Analphabetentum, Armut und Terrorismus führen, lasst uns

Info: Malala Yousafzai wurde 1997 in Pakistan geboren. Bereits als Elfjährige schrieb sie unter Pseudonym einen Internetblog, wo sie sich für die Rechte von Mädchen einsetzte und die Gewalttaten der Taliban anprangerte. 2012 wurde ihr Pseudonym aufgedeckt und sie wurde Opfer eines Attentats. Malala überlebte das Attentat schwer verletzt und hielt nach ihrer Genesung am 12.07.2013, ihrem 16. Geburtstag, eine weltbewegende Rede vor den „Vereinten Nationen" in New York.
Am 10. Oktober 2014 erhielt sie als bisher jüngste Preisträgerin den Friedensnobelpreis.

zu unseren Büchern und zu unseren Stiften greifen. Sie sind unsere stärksten Waffen.

Ein Kind, ein Lehrer, ein Buch und ein Stift können die Welt verändern. Bildung ist die einzige Lösung. Bildung zuerst.
Danke.

1 Suche eine Überschrift, die den inhaltlichen Kern der Rede zum Ausdruck bringt.
2 Verfasse eine vollständige Redeanalyse. Orientiere dich am Merkwissen auf Seite 269.
3 Informiere dich über Malala Yousafzai und stelle sie in einem Kurzvortrag in der Klasse vor.

Jetzt ist unsere Zeit (Auszug)

Barack Obama (Berlin, 24.07.2008)

Ich weiß, dass ich nicht so aussehe wie die Amerikaner, die vor mir in dieser großartigen Stadt Reden gehalten haben. Eigentlich war es unwahrscheinlich, dass ich jemals hierherreisen würde. Meine Mutter wurde zwar im Herzen Amerikas geboren, aber mein Vater wuchs als Ziegenhirte in Kenia auf. Sein Vater – mein Großvater – war Koch und Hausdiener bei den Briten.

Mitten im Kalten Krieg wurde mein Vater – wie so viele andere in den vergessenen Winkeln der Welt – von einer Sehnsucht ergriffen und träumte von Freiheit und Entwicklungsmöglichkeiten, wie sie nur der Westen versprach. Und so schrieb er einen Brief nach dem anderen an Universitäten in ganz Amerika, bis eines Tages jemand sein Gebet für ein besseres Leben erhörte.

Darum bin ich heute hier. Und Sie sind hier, weil auch Sie diese Sehnsucht kennen. Diese Stadt verkörpert den Traum von der Freiheit besser als alle anderen Städte. Und Sie alle wissen, dass wir nur deshalb heute Abend hier versammelt sind, weil Männer und Frauen unserer beiden Nationen für dieses bessere Leben gemeinsam gearbeitet, gekämpft und sich aufgeopfert haben.

Genau genommen begann unsere Partnerschaft im Sommer vor 60 Jahren, an dem Tag, als das erste amerikanische Flugzeug in Tempelhof landete.

An diesem Tag lag ein Großteil dieses Kontinents noch in Trümmern. Der Schutt dieser Stadt war noch nicht zu einer Mauer geworden. Der Schatten der Sowjets legte sich auf Osteuropa, während im Westen Amerika, Großbritannien und Frankreich ihre Verluste zählten und überlegten, wie die Welt wiederhergestellt werden könnte.

Hier, an diesem Ort, trafen die beiden Seiten aufeinander. Am 24. Juni 1948 entschieden sich die Kommunisten, den Westteil der Stadt zu blockieren. In dem Versuch, die letzte Flamme der Freiheit in Berlin zu ersticken, schnitten sie mehr als zwei Millionen Deutsche von Nahrung und sonstiger Versorgung ab.

Unsere Streitkräfte waren nicht stark genug, um gegen die viel größere Sowjetarmee aufzumarschieren. Ein Rückzug hätte den Kommunisten jedoch den Weg nach Europa geöffnet. Wo der letzte Krieg geendet hatte, hätte leicht ein neuer Weltkrieg entstehen können. Nur Berlin stand damals im Weg. In dieser Situation entstand die Luftbrücke, die mit der größten und unwahrscheinlichsten Rettungsaktion der Geschichte den Menschen dieser Stadt Nahrung und Hoffnung brachte. Alles sprach gegen einen Erfolg. Im Winter lag dichter Nebel über der Stadt, und viele Flugzeuge mussten umkehren, ohne die dringend benötigten Vorräte entladen zu können. Durch die Straßen, in denen wir jetzt stehen, liefen hungernde Familien, die keinen Schutz vor der Kälte hatten.

Aber auch in den dunkelsten Stunden ließen die Menschen in Berlin die Flamme der Hoffnung nicht erlöschen. Das Volk von Berlin weigerte sich aufzugeben. Und an einem Herbsttag kamen Hunderttausende Berliner hier in den Tiergarten und hörten dem Bürgermeister der Stadt zu, als er die Welt beschwor, die Freiheit nicht aufzugeben: „Es gibt nur eine Möglichkeit für uns alle", sagte er, „gemeinsam so lange zusammenzustehen, bis dieser Kampf gewonnen ist. ... Das Volk von Berlin hat gesprochen. Wir haben unsere Pflicht getan, und wir werden unsere Pflicht weiter tun. Völker der Welt: Tut auch ihr eure Pflicht ... Völker der Welt, schaut auf Berlin!"

Schaut auf Berlin, wo Deutsche und Amerikaner lernten, zusammenzuarbeiten und einander zu trauen – weniger als drei Jahre nachdem sie einander auf dem Schlachtfeld gegenübergestanden hatten.

Schaut auf Berlin, wo die Entschlossenheit eines Volkes auf die Großzügigkeit des Marshallplans traf und das Wirtschaftswunder ermöglichte, wo der Sieg über eine Tyrannei die NATO, die großartigste Allianz, die je zur Verteidigung unserer gemeinsamen Sicherheit geschaffen wurde, entstehen ließ.

Schaut auf Berlin, wo die Einschusslöcher in den Gebäuden, den dunklen Steinen und in den Säulen nahe dem Brandenburger Tor uns immer daran erinnern, unsere gemeinsame Menschlichkeit nie mehr zu vergessen.

Völker der Welt – schaut auf Berlin, wo eine Mauer gefallen ist und ein Kontinent vereinigt wurde und wo die Geschichte uns den Nachweis geliefert hat, dass für eine Welt, die zusammenhält, keine Herausforderung zu groß ist.

60 Jahre nach der Luftbrücke sind wir wieder gefordert. Die Geschichte hat uns an einen neuen Scheideweg geführt – mit neuen Perspektiven und neuen Risiken. Als das deutsche Volk diese Mauer niederriss – eine Mauer, die Ost und West, Freiheit und Tyrannei, Angst und Hoffnung trennte –, stürzten auf der ganzen Welt Mauern ein. Von Kiew bis Kapstadt wurden Gefangenenlager geschlossen und Türen zur Demokratie geöffnet. Auch Märkte öffneten sich, und die Verbreitung von Informationen und Technologien beseitigte Hindernisse auf dem Weg zu Entwicklung und Wohlstand. Während uns das 20. Jahrhundert lehrte, dass wir ein gemeinsames Schicksal teilen, müssen wir im 21. Jahrhundert erkennen, dass die Welt so verflochten ist wie nie zuvor in der Geschichte der Menschheit.

Info: Barack Obama (geb. 1961) hielt diese Rede in Berlin 102 Tage vor seiner Wahl zum US-amerikanischen Präsidenten im Rahmen einer Europareise. Sie richtete sich – neben dem deutschen Publikum – vor allem auch an die amerikanische Öffentlichkeit im Präsidentschaftswahlkampf und sollte Obamas außenpolitisches Profil schärfen. Obama war von 2009 bis 2017 Präsident der USA.

1. Untersuche, welche Intention Barack Obama mit dieser Rede verfolgt und wie er diese Intention inhaltlich und sprachlich umsetzt.
2. Verfasse eine vollständige schriftliche Analyse der Rede. Orientiere dich am Merkwissen auf Seite 269.
3. Obama spielt in seiner Rede inhaltlich und sprachlich auf eine Rede Ernst Reuters an, der zur Zeit der „Luftbrücke" Oberbürgermeister von Westberlin war. Recherchiere diese Rede und zeige Parallelen zur Rede Obamas.
4. In Berlin gab es mehrere berühmte Reden amerikanischer Präsidenten. Suche diese Reden im Internet und stelle sie deinen Mitschülerinnen und Mitschülern vor.

Eine Rede analysieren

Eine Rede analysieren

1. Schritt: Die Redesituation klären
- **Wer** ist die Rednerin / der Redner?
- **Wann, wo,** zu **welchem Anlass** und vor **welchem Publikum** wurde die Rede gehalten?
- Um welche **Art von Rede** handelt es sich, z. B. politische Rede, Festrede, Trauerrede?
- Welches **Thema** hat die Rede?
- Was ist die **Hauptintention** der Rede?

2. Schritt: Inhalt und Aufbau der Rede untersuchen
- Wie ist die Rede **inhaltlich gegliedert**? Welches sind die **Kernaussagen**?
- Wie ist der **Argumentationsgang** der Rednerin / des Redners?

3. Schritt: Die Intention der Rede untersuchen
- **Welche Absicht** verfolgt die Rednerin / der Redner mit ihrer/seiner Rede?
- Mithilfe welcher **Strategien** (→ Info-Kasten, S. 253) wird die Redeabsicht umgesetzt?

4. Schritt: Die sprachlichen Mittel analysieren
- Welcher **Sprachstil** (z. B. sachlich, emotional) und welche **Sprachebene** (z. B. Umgangssprache, Standardsprache, Fachsprache) herrschten in der Rede vor?
- Welche **sprachlichen Mittel** werden verwendet (→ Info-Kasten, S. 253)?

Eine schriftliche Redeanalyse verfassen

Aufbau einer Redeanalyse	Beispiele
Einleitung: Nenne die Rednerin / den Redner, den Anlass, Ort und Zeit, den Zuhörerkreis, das Thema und die Hauptintention der Rede.	*In der „Stanford-Rede" des Apple-Gründers Steve Jobs vom 12.06.2005 vor Absolventinnen und Absolventen der Stanford University geht es um …*
Hauptteil: Stelle die wichtigsten Ergebnisse deiner Textanalyse dar. Dazu gehören: – der Gedanken- bzw. Argumentationsgang – die Erläuterung der Redeintention – die Wechselwirkung zwischen Inhalt, sprachlichen Mitteln und Wirkung	*Nach der Begrüßung der Zuhörerinnen und Zuhörer erzählt Jobs drei Geschichten aus seinem Leben. Die erste Geschichte handelt von …* *Jobs' Intention ist …* *Durch den erzählenden Charakter …*
Schluss: Fasse die wichtigsten Analyseergebnisse noch einmal zusammen und nimm Stellung zur Rede.	*Zusammenfassend lässt sich sagen, dass es Jobs mit seiner Rede gelingt, die Zuhörer/-innen zu berühren, indem er …*

11 Kommunikation

Sich richtig und angemessen ausdrücken

Essen wann? *Violetta Simon (2015)*

Er: Was ich dir sagen will, ist: Wenn ich mir die Entwicklung unserer Kommunikation so ansehe, dann fürchte ich um den Zustand unserer Beziehung.

Sie: Du übertreibst mal wieder.

Er: Ich werde es dir beweisen! *(Er sucht nach alten […] Nachrichten.)* Hier zum Beispiel! 8. Dezember, 22:30 Uhr: „Fühle mich wie auf Wolken. Ich liebe, liebe, liebe Dich! Deine S."; 18. Dezember, 22:40 Uhr: „Vermisse DICH! Für immer Deine S."; 18. Dezember, 22:50 Uhr: „Will dich spüren!!! In Liebe, S."; Na, was sagst du dazu? So hast du früher mit mir gesprochen!

Sie: Das war ich nicht. Das war die automatische Wortvervollständigung.

Er: Und ob du das warst, und zwar innerhalb von 20 Minuten!

Sie: Mag sein, aber ich war damals frisch verliebt. In so einem Zustand ist man nicht zurechnungsfähig.

Er: Und wenn schon! Hach, das waren noch Zeiten. Wir hüllten unsere Gefühle in Wolken aus Metaphern, konnten gar nicht genug kriegen von den Worten des anderen.

Sie: Hör bitte auf zu säuseln, glaubst du vielleicht, du bist besser? Machst hier einen auf Gefühlsmensch, dabei *(sie holt ihr Handy hervor und sucht nach alten Nachrichten)* … Moment, gleich hab ich es. Ah, da ist es ja: Eine deiner ersten SMS an mich, das war 2009: „Hättest du vielleicht Lust, heute Abend mit mir essen zu gehen? Ich würde dich gern wiedersehen. 1000 Küsse, Dein E." Und dann, drei Jahre später das: „Schaffe es leider nicht zum Abendessen. Lass mir was übrig, ja? Küsse, E."

Er: Immerhin, Küsse – das ist doch was!
Sie *(sucht weiter):* Ha! Hier ist eine von 2014: „Kannst du Pizza bestellen? Bin gleich da. LG" Und das da kam vor ein paar Wochen: „Essen wann?"
Er: Äh ...

1 a) Setzt das Gespräch des Paares szenisch um.
b) Untersuche die Gesprächsabsichten und Gesprächsstrategien der beiden.

2 a) Formuliere den Gesprächsbeginn (Z. 1–11) in indirekter Rede.
Er sagt, wenn er sich den Zustand der Beziehung ansehe ...
b) Vergleiche dein Ergebnis mit dem Originaltext. Erkläre, warum die Autorin den Dialog in der wörtlichen Rede verfasst hat.
c) Vergleiche die vier Textnachrichten. Berücksichtige inhaltliche und sprachliche Unterschiede (Satzbau, Modus und Wortarten).

Achtung, Fehler!

3 Überarbeite den folgenden Leserkommentar.
Bei uns ist es in keinster Weise besser wie bei dem Paar in der Kolumne.
Wir sind also nicht die einzigsten. Auch wir kommunizieren immer knapper,
weil Kommunikationskultur geht im Alltag oft unter.
Wegen dem Text werde ich wieder mehr darauf achten.

In diesem Kapitel ...

- lernst du, grammatisches Grundwissen für die Textanalyse zu nutzen.
- übst du, grammatisch korrekt zu schreiben.
- untersuchst du Stilebenen und übst, dich stilistisch angemessen auszudrücken.
- analysierst du Kommunikation auf der Grundlage von Kommunikationstheorien.

Grammatisches Grundwissen anwenden

Grammatikwissen für die Textanalyse nutzen

Happy End *Kurt Marti (1960)*

Sie umarmen sich, und alles ist wieder gut. Das Wort ENDE flimmert über ihrem Kuss. Das Kino ist aus. Zornig schiebt er sich zum Ausgang, seine Frau bleibt im Gedrängel hilflos stecken, weit hinter ihm. Er tritt auf die Straße, bleibt aber nicht stehen und geht, ohne sie abzuwarten, geht voll Zorn, und die Nacht ist dunkel. Atemlos, mit kleinen, verzweifelten Schritten holt sie ihn ein, er geht und sie holt ihn wieder ein und keucht. Eine Schande, sagt er im Gehen, eine Affenschande, wie du geheult hast. Mich nimmt nur wunder, warum, sagt er. Sie keucht. Ich hasse diese Heulerei, sagt er, ich hasse das. Sie keucht noch immer. Schweigend geht er und voller Wut, so eine Gans, denkt er, und wie sie nun keucht in ihrem Fett. Ich kann doch nichts dafür, sagt sie endlich, ich kann wahrhaftig nichts dafür, es war so schön, und wenn's schön ist, muss ich halt heulen. Schön, sagt er, dieser elende Mist, dieses Liebesgewinsel, das nennst du schön, dir ist ja nun wirklich nicht mehr zu helfen. Sie schweigt und geht und keucht. Was für ein Klotz, denkt sie, was für ein Klotz.

1. a) Gib die Szene des Paares aus Sicht eines fiktiven Beobachters wieder, der den Kinosaal mit den beiden verlässt und ihr Gespräch unfreiwillig mitbekommt.
   b) Erkläre den Titel der Kurzgeschichte.
2. a) Stelle die Satzstellung der unterstrichenen Sätze so um, dass das Vorfeld anders besetzt ist. (→ S. 351 ff., Orientierungswissen: Satzfelder)
   b) Vergleiche die Wirkung mit der ursprünglichen Satzstellung.
3. Untersuche die Personalpronomen im Text und achte auf ihren Numerus. Bestimme ihre Funktion: In welchem Zusammenhang stehen sie im Singular, wann stehen sie im Plural?

4 Übertrage die folgenden Interpretationsaussagen zur Kurzgeschichte „Happy End“ in dein Heft. Wähle jeweils den passenden Ausdruck aus der Klammer bzw. fülle die Lücke.

A Die mehrfache Wiederholung des Verbs „keuchen“ unterstreicht die ablehnende Haltung des Mannes gegenüber seiner Frau: Er nimmt ihre beschleunigte Atmung als Keuchen wahr und dieses wiederum als Zumutung: „wie sie nun keucht in ihrem Fett“ (Z. 10).

Interpretationsaussagen zu „Happy End“

A Die mehrfache Wiederholung (des Verbs / des Adjektivs / des Adverbs) „keuchen“ (Z. 6, 8, 9, 10, 14) unterstreicht … .

B (Verben/Adjektive/Adverbien) wie „hilflos“ (Z. 3) und „[a]temlos“ (Z. 5) heben … zusätzlich hervor.

C Die Wiederholung (der Hypotaxe / des einfachen kurzen Satzes / der Ellipse) „Sie keucht“ (Z. 6, 8, 9, 10, 14) verdeutlicht … .

D Dass das Personalpronomen „[s]ie“ (Z. 1) nur im ersten Satz der Kurzprosa im Plural verwendet wird, unterstreicht … .

E Die Verwendung des (Komparativs/Kompositums) „Liebesgewinsel“ (Z. 13), verstärkt durch das (Reflexivpronomen/Demonstrativpronomen) „dieses“, bringt zum Ausdruck, dass … .

F Mit (hypotaktischen Satzkonstruktionen / parataktischen Satzkonstruktionen) gibt der Erzähler den räumlichen Wechsel vom Kinosaal in die dunkle Nacht wieder: „Zornig schiebt er sich zum Ausgang, seine Frau bleibt im Gedrängel hilflos stecken, weit hinter ihm. Er tritt auf die Straße, bleibt aber nicht stehen und geht, ohne sie abzuwarten, geht voll Zorn, und die Nacht ist dunkel“ (Z. 2–5). Dies verdeutlicht … .

G Schließlich rechtfertigt die Frau ihr Handeln dem Partner gegenüber doch noch (Z. 11 f.). Mit dem (Konzessivsatz/Konditionalsatz/Konsekutivsatz) „wenn's schön ist“ (Z. 12) erklärt sie ihren Gefühlsausbruch. Allerdings bleiben die tatsächlichen Ursachen ihrer emotionalen Reaktion offen, denn … .

Grammatisch richtig formulieren

1 Nutze dein Grammatikwissen zur Überarbeitung des folgenden Auszugs aus einem Interpretationsaufsatz. Arbeite mit einer Textkopie und nutze die Tipps (→ S. 276).

a) Unterstreiche auch im letzten Absatz alle Fehler.

b) Vermerke am Rand die Art der Fehler. Verwende folgende Abkürzungen: dass/das, G (Genus), K (Kasus), ind. Rede (indirekte Rede / Konjunktiv), N (Numerus), Präp (Präposition), Sb (unvollständiger/falscher Satzbau), T (Tempus).

c) Überarbeite den Text auf der Textkopie oder in deinem Heft.

Interpretation der Kurzgeschichte „Happy End“

Die Kurzgeschichte „Happy End“ von Kurt Marti, die im Jahr 1960
verfasst wurde, handelt um das Kommunikationsproblem eines Präp
Paares, dass eine glückliche Beziehung, wie sie die Liebesfilme im dass/das
Kino zeigen, unmöglich macht.
[...] Die Frau antwortet, dass wenn ein Film traurig ist, sie heulen Sb
muss. Ihr Mann entgegnet, dass wenn sie „Liebesgewinsel“ (Z. 13) Sb
schön findet, ihr nicht zu helfen ist. [...] Der Klimax „Eine Schande ind. Rede
[...], eine Affenschande, wie du geheult hast“ (Z. 7) drückt den Zorn
des Mannes über das Verhalten seiner Frau aus und zeigt, wie
zerrüttet die Beziehung der beiden ist. Die wütenden Worte des
Mannes sowie das Schweigen der Frau (Z. 9 f.) macht deutlich, das
die Kommunikation innerhalb der Beziehung gestört ist.
Zudem sagt der Mann, er hasst diese Heulerei (Z. 8), und wiederholt
diese Aussage, was seine Verachtung der Partnerin zum Ausdruck
bringt. [...] Seine Gedanken über die Partnerin spricht er allerdings
ebenso wenig aus wie sie die ihren: Während sie ihn für ein emotions-
und empathielosen „Klotz“ (Z. 15) hält, stört er sich gedanklich an
ihrem „Fett“ (Z. 10): „wie sie nun keucht in ihrem Fett“ (Z. 10). Durch
das Nichtsprechen stehen sich die beiden selbst im Weg. Die Frau,
dessen Mann zuvor vor ihr davonlief, geht am Ende schweigend
weiter. Zwischen dem Ehepaar gibt es anders als im Film kein
versöhnliches Ende. [...]
Der Titel „Happy End“ steht also im Kontrast mit dem Ende der
Kurzgeschichte, weil das Paar findet am Ende nicht zueinander,
sodass ein „Happy End“ im wirklichen Leben ausbleibt. Insofern steht
das offene Ende der Kurzgeschichte im Gegensatz zu Beginn des
Textes, der das Glück der Leinwandhelden beschreibt.

Nonverbale Kommunikation: Fehlersätze

Achtung, Fehler!

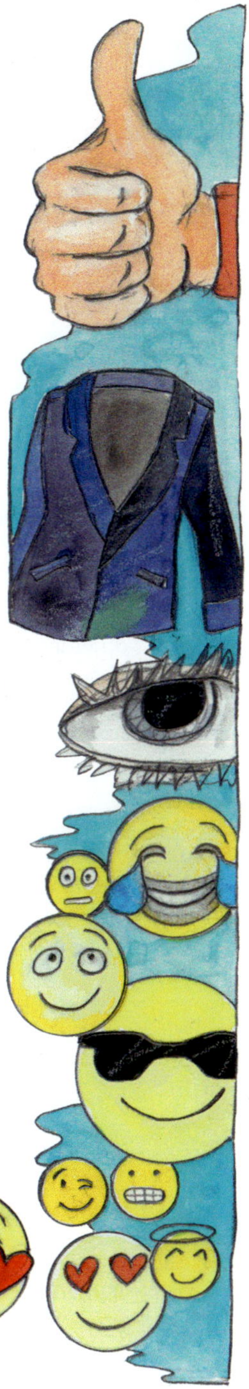

A Die erlernte Bedeutung von Gesten kann in keinster Weise überall auf der Welt vorausgesetzt werden. Wegen einem emporgereckten Daumen zum Beispiel kann in Nigeria oder in Australien ein Gespräch schnell enden, weil dort gilt die Geste als Beschimpfung.

B Jede Gesellschaft hat ein Kleidungscode. Mit der Kleidung sagt man etwas über sich selbst aus, aber auch über das Verhältnis zu anderen. So wird man in Deutschland beim Vorstellungsgespräch eher einen Blazer tragen wie ein Sweatshirt.

C Das Sichtbarwerden von senkrechten Stirnfalten, das Aufnehmen von Bodenkontakt durch die Füße, das Anspannen der Beinmuskulatur sowie das Weiten der Nasenflügel signalisiert – in dieser Kombination – weltweit Aggressivität und Kampfbereitschaft.

D Der amerikanische Psychologe Paul Ekman behauptet, wer lügt, lächelt häufig, weil er überspielt seine Gefühle.

E Nachdem bekannt wurde, dass große Pupillen sympathisch wirken, wurden Models für die Aufnahme von Werbefotos häufig die Pupillen durch Augentropfen erweitert.

F Wissenschaftliche Untersuchungen legen nahe, dass Männer Lügen besser erkennen wie Frauen, trotz dass Frauen grundsätzlich nonverbale Signale besser entschlüsseln können wie Männer.

G Trotzdem uns der Gesprächspartner am Telefon nicht sehen kann, gestikulieren wir während dem Sprechen am Telefon.

H Die Emoticons wurden 1982 von Scott Fahlman, ein amerikanischer Informatiker, erfunden. Sie sollten Ironie kenntlich machen.

2 a) Untersuche die Sätze und ordne sie den Tipps auf Seite 276 zu.
b) Überarbeite die Sätze in deinem Heft.

Info: Tipps zum grammatisch richtigen Schreiben

Tipp 1: Verwende den **Konjunktiv**, wenn es **die indirekte Rede** erfordert, z. B.:

Der Mann wirft seiner Frau vor, ihr sei wirklich nicht mehr zu helfen.

Tipp 2: Bilde **Adverbialsätze** richtig.

Zum Beispiel steht bei **Kausalsätzen**, die mit *weil* eingeleitet werden, die finite Verbform an letzter Stelle: *Wir streiten, weil wir uns uneinig sind.*
Temporalsätze mit *nachdem* drücken Vorzeitigkeit aus. Das spiegelt sich in der Zeitform wider, z. B.: *Nachdem sie das Kino verlassen hatten, unterhielten sie sich.*

Tipp 3: Beachte den **Kasus**.

a) Einige Präpositionen erfordern den **Genitiv**, z. B.: *wegen des Streits, während des Lesens.*
b) Manche Verben verlangen ein **Akkusativobjekt**. *Sie wünscht sich einen Mann …*
c) **Appositionen** stehen in der Regel im gleichen Kasus wie das Bezugswort, z. B.: *Im Kino sahen wir „Bohemian Rhapsody", einen Film über Freddie Mercury, der …*

Tipp 4: Drücke **Vergleiche** richtig aus.

Willst du eine **Gemeinsamkeit** ausdrücken, dann verwende die Grundstufe des Adjektivs und das Wort ***wie***, z. B.: *so schnell / so langsam / so aufmerksam wie …*
Willst du einen **Unterschied** ausdrücken, dann verwende den Komparativ und das Wort ***als***, z. B.: *Der Mann geht schneller als seine Partnerin.*

Tipp 5: Überprüfe die **Kongruenz**.

Subjekt und Prädikat müssen in Person und Numerus übereinstimmen. Ein mehrteiliges Subjekt verlangt in der Regel den Plural, z. B.: *Die Frau und ihr Partner gehen ins Kino.*

Tipp 6: Prüfe **Steigerungen**.

Nicht sinnvoll steigern kann man Adjektive wie *voll, leer, einzig, ganz, gleich, tot* oder das Pronomen *kein*. Hierzu gibt es also keine Steigerungsformen.

Tipp 7: Formuliere **Zusammenhänge** einfach und verständlich.

a) Vermeide lange Phrasen im Nominalstil, z. B.: *Nach dem Schauen des Films → Nachdem sie den Film geschaut haben …*
b) Vermeide unnötige Passivkonstruktionen, z. B.: *Der Film wurde von der ganzen Klasse gesehen. → Die ganze Klasse sah den Film.*
c) Formuliere **Nebensätze**, um Zusammenhänge deutlich zu machen, z. B.: *Das Gespräch kam nicht zustande, obwohl alle zugesagt hatten.*
d) Formuliere **kurze Sätze** und vermeide lange „Satzungeheuer".

Tipp 8: Achte auf die korrekte Verwendung von **Präpositionen**.

Die Kurzgeschichte handelt von / In der Kurzgeschichte geht es um …
~~Durch~~ ihren schnellen Gang → Wegen ihres schnellen Gangs ist die Frau atemlos.
~~In Zeile 9~~ geht das Paar schweigend weiter. → Das Paar geht schweigend weiter (vgl. Z. 9).

Modalität und indirekte Rede

Modalität im Familienalltag: Ein Dialog

Mutter: Timo, könntest du dir vielleicht eine richtige Hose anziehen?

Timo: Wieso soll ich eine richtige Hose anziehen? Ich habe eine richtige Hose an …

Mutter: Würdest du bitte tun, was ich dir sage, Timo.

Timo: Nein, Mama. Was willst du denn eigentlich von mir? Ich will die Hose eben nicht wechseln.

Mutter: Das ist doch Unsinn, Timo. Die Jogginghose ist ja wohl nicht das passende Outfit für die Schule. Du weißt genau, dass ich das nicht möchte.

Timo: Aber es geht ja nicht um dich, sondern um mich. Lass mich doch mal eine Sache selbst entscheiden.

Mutter: Timo, du bist zurzeit halt unmöglich. Hör jetzt bloß auf zu diskutieren! Zieh dich jetzt um!

Timo: Ich muss los, sonst komme ich zu spät wegen der blöden Diskussion. Das wäre ja noch schöner! Tschüss!

1. Erläutere die Gesprächssituation und die Absichten der Beteiligten.
2. a) Schreibe die Modalverben in dein Heft: *könntest, …*
   b) Erläutere ihre Funktion in dieser Kommunikationssituation.
3. a) Die unterstrichenen Wörter sind Modalpartikeln. Lies den Dialog einmal mit und einmal ohne diese Wörter. Beschreibe, was sie jeweils bewirken.
   b) Vergleiche die Wirkung der unterschiedlichen Modalpartikeln.
   c) Schreibe selbst einen Dialog zu einer Alltagssituation, z. B.: Diskussion über das Ziel des nächsten Sommerurlaubs, Schlichtung eines Geschwisterstreits, Streit über die Aufgabenverteilung im Haushalt. Verwende und unterstreiche Modalverben und Modalpartikeln.

Merke **Modalpartikeln**

Modalpartikeln (Abtönungspartikeln) werden überwiegend im Mündlichen verwendet. Sie verleihen Äußerungen eine subjektive Tönung und drücken beispielsweise Interesse, Erstaunen, eine Erwartung oder Einstellung (auch Zustimmung/Ablehnung) aus, z. B.:

Das geht ja wohl gar nicht. Willst du etwa gehen?

Häufig verwendete Modalpartikeln: *bloß, doch, eben, eigentlich, etwa, halt, ja, mal, nur, schon, wohl.*

Der gesellschaftliche Nutzen der Verkehrswende

Agora Verkehrswende (2017)

In 12 Thesen umreißen die Autoren von „Agora Verkehrswende" die Herausforderungen einer Verkehrswende. Aus ihrer Sicht liegen nicht nur deren ökologische Notwendigkeit auf der Hand, sondern auch die gesellschaftlichen Vorteile.

Mehr als die Hälfte der deutschen Bevölkerung fühlt sich von Straßenverkehrslärm gestört oder belästigt. Die Emissionen des Straßenverkehrs führen vielerorts zu Schadstoffkonzentrationen jenseits gesetzlich vorgeschriebener Grenzwerte. Verkehrswege stellen für viele Pflanzen- und Tierarten in wachsendem Umfang Barrieren dar, die ihre Lebensräume zerteilen, verkleinern und fragmentieren[1]. Und die Zahl der polizeilich erfassten Verkehrsunfälle war im Jahr 2015 so hoch wie nie zuvor in der Geschichte der Bundesrepublik Deutschland.

Aktuell steht der Verkehrssektor zusätzlich auf dem Prüfstand, weil er im vergangenen Vierteljahrhundert [...] keinen Beitrag dazu geleistet hat, Deutschlands Treibhausgasemissionen zu senken. [...]

Die Verkehrswende hat einen Mehrwert über den Klimaschutz hinaus. Emissionsarme Fahrzeuge verbessern die Qualität der Luft und schonen die Gesundheit der Menschen. Fahrzeuge mit Elektromotor sind bei Geschwindigkeiten bis 30 Stundenkilometer, was in Städten häufig der tatsächlich gefahrenen Durchschnittsgeschwindigkeit entspricht, deutlich leiser als solche mit Verbrennungsmotor. Weniger Lärm bedeutet weniger Stress, mit der sinkenden Lärmbelastung sinken folglich auch deren negative Langzeitfolgen, zum Beispiel Herz-Kreislauf-Erkrankungen. Weil einkommensschwache Bevölkerungsgruppen den negativen Folgen des Verkehrs überproportional ausgesetzt sind, trägt die Reduzierung der Lärm- und Schadstoffemissionen zusätzlich zu mehr Umweltgerechtigkeit bei.

Aktiv, also mit dem Rad- oder zu Fuß unterwegs zu sein, hat sogar ausgesprochen positive Gesundheitseffekte – sofern für Sicherheit gesorgt wird. Breite Gehwege und Fahrradspuren in zusammenhängenden Wegenetzen

1 fragmentieren: zerteilen, in kleine Teile zerlegen

fördern die Nahmobilität und machen Alternativen zum Pkw zusehends attraktiver. Dabei erhöhen geringere Geschwindigkeiten nicht nur die Sicherheit, sie fördern auch das Miteinander in Städten.

[...]

Weniger Gestank, weniger Lärm und mehr Verkehrssicherheit auf Straßen, Plätzen und in Wohnquartieren sorgen für eine bessere Aufenthaltsqualität. Das kann sich positiv auf die Teilhabe der Zivilgesellschaft am städtischen Leben auswirken. Darüber hinaus entlastet der durch die Verknüpfung verschiedener Verkehrsmittel im Rahmen des Mobilitätsverbundes ermöglichte Verzicht auf eigene Pkw den Einzelnen nicht nur von den Kosten für die Fahrzeugwartung, sondern vor allem von den extrem hohen Fixkosten des Pkw-Besitzes. In Carsharing-Flotten ist man immer in neuen Fahrzeugmodellen unterwegs.

Die Zurückgewinnung urbanen Lebensraumes, der bisher oft durch parkende Fahrzeuge und durch Parksuchverkehr beansprucht wird, ist ein Faktor, der die Attraktivität des öffentlichen Raums und das subjektive Wohlbefinden seiner Nutzer verbessert. Die Verkehrswende macht aus Abstellflächen für Fahrzeuge wieder Lebensraum von Stadtbewohnern. In- und außerhalb von Städten kann weniger Verkehr ferner nicht nur dem Menschen, sondern auch der „Natur" wieder etwas mehr zu ihrem Recht verhelfen. 94 Prozent der Bevölkerung sind der Meinung, dass die Natur zu einem guten Leben dazugehört.

4 Fasse stichpunktartig anhand des Textes zusammen:
- die Probleme, die Verkehr verursacht
- die Lösungen, die im Text vorgeschlagen werden
- die erwarteten Vorteile einer Verkehrswende

5 Schreibe für die Schülerzeitung einen Artikel zum Thema „Verkehrswende". Gib dabei die unterstrichenen Passagen in indirekter Rede wieder. Wähle eine angemessene Stilebene und verwende bei Bedarf den Konjunktiv (→ S. 349).

Die Verkehrswende – gut für Natur und Menschen

Die Initiative „Agora Verkehrswende" wirbt für eine umfassende Verkehrswende vor allem in Städten. Sie argumentiert, die Verkehrswende habe einen Mehrwert über den Klimaschutz hinaus. Emissionsarme Fahrzeuge ...

6 a) Formuliere fünf Sätze mit deinen eigenen Forderungen zur Verkehrspolitik.
b) Tauscht eure Texte in Partnerarbeit aus und gebt sie in indirekter Rede wieder.

Angemessen kommunizieren

Sprachliche Stile unterscheiden

1. Erkläre die Besonderheit der drei Sätze. Beschreibe die Wirkung, die daraus resultiert.
2. Ordne die Ausdrücke jeweils einem sprachlichen Stil zu: *Anwohner, meckern, flennen, flanieren, hallo, Hunger, mega, Idiot, hieran, Unterhaltung, untertänig, gülden, krass.*
3. Notiere zu folgenden standardsprachlichen Ausdrücken „Synonyme" aus anderen sprachlichen Stilen: *Auto, Gesicht, Schule, trinken, schlafen, Ehepartner, wütend, Geld.*

Merke **Sprachliche Stile**

Stil umschreibt das **Wie** von Handlungen: Wie ich mich kleide, wie ich male, wie ich schreibe usw. Im Bereich der Sprache meint man mit Stil die Textmerkmale, die nicht die Bedeutung betreffen, sondern die Art, wie diese versprachlicht wird. Der gleiche Inhalt kann also auf unterschiedliche Weise ausgedrückt werden:
normal-/standardsprachlich: allgemein verwendete Ausdrucksweise, die in den meisten Kommunikationssituationen passt, z. B.: *sterben, stehlen, Freund*
gehoben: einen bestimmten Bildungsgrad voraussetzende Ausdrucksweise, die je nach Situation gespreizt oder überheblich klingen kann, z. B.: *ableben, entwenden, Gefährte*
umgangssprachlich: im Alltag verwendete, meist lockere Ausdrucksweise, z. B.: *klauen, Kumpel.* Ist die Ausdrucksweise an eine bestimmte soziale Gruppe gebunden, nennt man sie **jargonhaft**. Dazu gehört beispielsweise die Jugendsprache: *fett* (für *toll*).
derb/vulgär: drastische, auch provozierende Ausdruckweise, z. B.: *ins Gras beißen, Fresse*

Der **Rap** (englisch *to rap:* klopfen, pochen, schlagen; plaudern) ist ein rhythmischer Sprechgesang, der aus der afroamerikanischen Kultur der US-Großstädte entstand. Typische inhaltliche Elemente sind Protest, Provokation und Selbstdarstellung. Immer wieder rufen Raps mit gewaltverherrlichenden und sexistischen Texten Kritik hervor. Der sprachliche Stil bewegt sich meist zwischen jargonhafter und vulgärer Sprache. Doch rappen manche Künstler/-innen auch in gehobener Sprache und brechen damit die Erwartungshaltung an diese Kunstform.

4 a) Charakterisiere den „Rap-Stil" anhand des Songs „Rapper sagen yo".
b) Schreibe den blau gedruckten Text in Standardsprache und grammatisch richtig auf (→ S. 280). Versuche den Inhalt, also die Bedeutung, möglichst unverändert zu lassen.

Rapper sagen Yo *Samy Deluxe (2014)*

Four, three, two, one
Yo, Rapper sagen Yo
Ich bin wieder back mit dem extraharten Flow
Schreib an extrasmarten Textpassagen sechzehn Tage schon (schon)
Sechzehn Bars und alle deine Veteranen sind tot (tot)
Pioniere, Newcomer, ganz egal wer
Ah (yeah), tu, als ob ich ganz normal wär
Doch ich bin best
Mikrofon Test, wow der Philosoph (is fresh)
Frischer als Milch, direkt aus dem Euter
Rap für die Leute, check, was ich heute
Für 'ne komplexe Strophe bau
Was ich dabei mein, weiß ich nicht so genau (*break*)
Aber was ich sage, das klingt oberschlau (*break*)
Kannst gern laut schreien, dein Mikrofon ist aus (*break*)
Dreifach break, wie ein Breakdancer auf Break-Beats
Der sich dabei ein Bein bricht, das reimt nicht.

Go, Samy, go (go) flow Samy, flow (flow)
Leute kennen Rap, aber nicht auf so 'nem Niveau no
Oldschool Beats, mit Schulabbrecherraps
Dieser Scheiß ist einfach (funky fresh)
Yo, funky fresh du bist junky fresh. [...]

Richtig formulieren bei der Textinterpretation

Merke **Richtig formulieren bei der Textinterpretation**

Ein Interpretationsaufsatz soll **sachlich, objektiv** und in einem **standardsprachlichen Stil** verfasst sein, also keine umgangssprachlichen oder ungebräuchlichen gehobenen Formulierungen enthalten.
Verstöße gegen diese Anforderungen werden in Klausuren meistens mit den Korrekturzeichen *St* (Stil) bzw. *A* (Ausdruck) markiert.

Unaufhaltsam *Hilde Domin (1987)*

Das eigene Wort,
wer holt es zurück,
das lebendige,
eben noch ungesprochene
Wort?

Wo das Wort vorbeifliegt
verdorren die Gräser,
werden die Blätter gelb,
fällt Schnee.
Ein Vogel käme dir wieder.
Nicht dein Wort,
das eben noch ungesagte,
in deinen Mund.
Du schickst andere Worte
hinterdrein,
Worte mit bunten, weichen Federn.
Das Wort ist schneller,
das schwarze Wort.
Es kommt immer an,
es hört nicht auf an-
zukommen.

Besser ein Messer als ein Wort.
Ein Messer kann stumpf sein.
Ein Messer trifft oft
am Herzen vorbei.
Nicht das Wort.

Am Ende ist das Wort,
immer
am Ende
das Wort.

❶ a) Lies das Gedicht und überlege, was „Wort“ hier bedeutet.
b) Lies danach die Gedichtinterpretation auf der folgenden Seite.

Interpretation: „Unaufhaltsam“ von Hilde Domin

Achtung, Fehler!

In dem Gedicht „Unaufhaltsam“ von Hilde Domin geht es um die extreme Macht der Wörter. Wörter können total verletzen und nicht zurückgenommen werden, egal ob man will oder nicht. A (üb), A (up)

Das Gedicht ist in drei Strophen gegliedert, die alle unterschiedlich lang sind, was dem Gedicht eine gewisse Unordnung gibt. Auch die Verse selbst sind unterschiedlich lang. Ein festes Metrum ist schon gar nicht erkennbar. Insgesamt scheint das Tempo ansonsten am Ende langsamer zu werden. Denn alle Verse werden immer kürzer: „Am Ende ist das Wort, / immer / am Ende / das Wort.“ (V. 27–30). Dadurch kriegt das Gedicht beim Lesen Pausen. Die Betonung liegt deswegen am Anfang und am Ende auf dem „Wort“ (V. 1 und V. 30). Das Wort kommt und bleibt gewissermaßen. Zum Schluss ist das Wort fast alleine.

Der Titel „Unaufhaltsam“ zeigt direkt, dass das Wort nie gestoppt und in keinster Weise aufgehalten werden kann. So krass ist die Macht des Wortes. Die komplette erste Strophe bietet quasi das Thema des Gedichts. Die Frage „wer holt es zurück, / das lebendige, / eben noch ungesprochene / Wort?“ (V. 2–5) ist also sinnlos – niemand natürlich. Wenn es passiert ist, also ausgesprochen wurde, gibt es absolut kein Zurück mehr.

Der Dichter betont in der zweiten Strophe, „wo das Wort vorbeifliegt, / verdorren die Gräser, / werden die Blätter gelb, / fällt Schnee“ (V. 6–9). Durch die Metaphern wirkt der ganze Satz sehr gefühlvoll. Zudem wird die negative Kraft der Sprache offenkundig: Das Wort hinterlässt eine verwelkte Natur und bringt den Winter. Diese Passage kann als Anspielung auf die Leute gesehen werden: Auch hier sind falsch gesetzte Wörter zerstörerisch. Die Metapher „das schwarze Wort“ (V. 18) hat etwas Todesmäßiges, da ja „schwarz“ die Farbe der Trauer ist. Wörter bringen also irgendwie sogar den Tod.

2 a) Markiere auf einer Textkopie die Stil- und Ausdrucksfehler und notiere differenzierende Abkürzungen am Rand:
üb (übertrieben/überflüssig), *up* (unpassend/umgangssprachlich), *ug* (ungenau).

b) Verbessere die Stellen mit Angabe der Zeilennummer in deinem Heft. Nutze den Info-Kasten auf Seite 276 sowie die Merke-Kästen auf den Seiten 280 und 282.

Z. 1 f.: ... geht es um die Macht der Wörter.

Kommunikation – theoriebasiert untersuchen

Alltagssituationen untersuchen

Eine fiktive Alltagssituation

Ein Vater im Gespräch mit seinem Sohn

Vater: Lukas, genug Musik gehört. Mach noch deine Hausaufgaben!
Sohn: Warum? Die hab ich doch schon gemacht.
Vater: Ach ja, wann denn? Du hast doch gerade noch Musik gehört.
Vater schaut in das Heft des Sohnes.
So was nennst du „Hausaufgaben gemacht"!? Das sieht aus wie hingeschmiert! Du bist so ein Chaot. So kannst du doch deine Arbeiten nicht erledigen.
Sohn: Vom wem ich das wohl habe ...?
Vater: Was soll das heißen? Ich mache meine Arbeit ordentlich.
Sohn: Und in der Schule hast du dich natürlich auch immer vorbildlich verhalten ...
Vater: Was hat das jetzt damit zu tun?

❶ Bewerte die Kommunikation zwischen Vater und Sohn in einem Satz.
Das Gespräch zwischen Vater und Sohn ...
❷ Diskutiert:
Wer „trägt die Schuld" für den problematischen Verlauf des Gesprächs?
❸ Formuliere drei Regeln für das Gelingen von Kommunikation.
❹ Stellt in einem Rollenspiel eine Alltagssituation dar, in der die Kommunikation misslingt. Das Publikum benennt entsprechende Stellen im Gespräch.

Kommunikationstheorien

Zur Untersuchung und Bewertung von kommunikativem Handeln wurden verschiedene Theorien entwickelt, unter anderem von Friedemann Schulz von Thun und von Paul Grice.

❶ Übertrage das Kommunikationsmodell Schulz von Thuns (→ S. 285) auf den Dialog Vater – Sohn oben, insbesondere auf die Frage des Sohns in Zeile 9.

Merke Das Kommunikationsquadrat nach Friedemann Schulz von Thun

Das **Kommunikationsquadrat** Friedemann Schulz von Thuns ist das wohl bekannteste Modell zur Kommunikationsanalyse. Die Grundannahme besteht darin, dass jede Äußerung auf vierfache Weise gemeint sein kann, aber auch auf vierfache Weise verstanden werden kann. Ein Beispiel:

Diese Äußerung kann von der Mutter (**Senderin**) auf verschiedene Weise gemeint sein. Sie kann aber auch von der Tochter (**Empfängerin**) unterschiedlich gedeutet bzw. „gehört" werden, weshalb das Modell auch als **„Vier-Ohren-Modell"** bekannt ist:

1. **Ebene: Sachinformation** (worüber ich informiere):
   „Das Zimmer ist schmutzig."
2. **Ebene: Selbstkundgabe** (was ich von mir zu erkennen gebe):
   „Ich bin genervt vom Zustand deines Zimmers."
3. **Ebene: Beziehungshinweis** (was ich von dir halte und wie ich zu dir stehe):
   „Du kannst dein Zimmer nicht sauber halten."
4. **Ebene: Appell** (was ich erreichen möchte, wozu ich dich auffordere):
   „Räum (endlich) dein Zimmer auf!"

Wie die Tochter die Äußerung der Mutter deutet, wird zum einen von **Mimik, Gestik und Tonfall** der Mutter abhängen, aber auch: von der Stimmung der Tochter, ihrem Charakter (sensibel bis dickfellig), ihren bisherigen Erfahrungen mit der Mutter usw. – Wenn man nicht sicher ist, wie eine Äußerung (vorrangig) gemeint war, hilft vor allem: nachfragen.

❷ Stelle die Konversationsmaximen von Grice (→ Merke-Kasten unten) in einem Schaubild dar.

❸ Die folgenden Phrasen verstoßen gegen die Griceschen Maximen.

a) Arbeitet zu zweit. Setzt die Satzanfänge in einen passenden Kontext und ergänzt sie. Prüft, gegen welche Maxime(n) nach Grice jeweils verstoßen wird.

A „Wie Sie ja alle sicher bereits gehört haben …"
B „Es mag zwar nur ein Gerücht sein, aber …"
C „Dazu muss ich etwas ausholen …"
D „Nebenbei bemerkt …"
E „Weißt du, was ich gehört habe? Der Max soll …"
F „Um es gleich vorweg zu sagen: …"

b) Diskutiert ausgehend von beispielhaften Kommunikationssituationen: Inwiefern ist es (nicht) sinnvoll, die Griceschen Maximen zu befolgen (→ Orientierungswissen, S. 346)?

Merke **Die Konversationsmaximen nach Paul Grice**

Der englische Philosoph Paul Grice (1913–1988) formulierte vier Grundsätze für eine „rationale", gelingende Kommunikation. Dabei setzte er die Kooperationsbereitschaft aller Gesprächsteilnehmer voraus. Die Bedeutung dieser **Konversationsmaximen** zeigt sich vor allem, wenn sie missachtet werden.

1. Maxime der Quantität

„Mache deinen Beitrag so informativ wie (für die gegebenen Gesprächszwecke) nötig. Mache deinen Beitrag nicht informativer als nötig."

Beispiel einer Missachtung:

A: *„Wie spät ist es?"* – **B:** *„Es ist 11:44 Uhr und 45 Sekunden mitteleuropäischer Zeit."*

2. Maxime der Qualität

„Versuche deinen Beitrag so zu machen, dass er wahr ist. Sage nichts, was du für falsch hältst. Sage nichts, wofür dir angemessene Gründe fehlen."

Beispiel einer Missachtung:

A (bei Dauerregen): *„Was für ein schönes Wetter heute!"*

3. Maxime der Relevanz

„Sei relevant."

Beispiel einer Missachtung:

A: *„Kannst du mir Geld leihen?"* – **B:** *„Schönes Wetter heute."*

4. Maxime der Modalität

„Sei klar. Vermeide Dunkelheit des Ausdrucks. Vermeide Mehrdeutigkeit. Sei kurz (vermeide unnötige Weitschweifigkeit). Der Reihe nach!"

Beispiel einer Missachtung:

Eine Chirurgin zu ihrem Kollegen: *„Ich schneide bei meinen Patienten ganz gut ab."*

Kommunikation – theoriebasiert untersuchen: Tweets

Den Mikrobloggingdienst Twitter gibt es seit 2006. Er wird als soziales Netzwerk oder öffentliches Online-Tagebuch genutzt, mittlerweile auch häufig als Mittel der politischen Kommunikation. Beispiele für Twitter-Kurznachrichten (Tweets):

A Der CSU-Politiker Markus Söder zu einem Foto, das ihn vor einem Smart stehend zeigt (20.08.2015, 00:16 Uhr):

> Privat fahr ich jetzt #Smart. Und ja: ich pass rein :-) #auto

B US-Präsident Donald Trump über den Iran (03.02.2017, 13:28 Uhr):

> Iran spielt mit dem Feuer – sie schätzen nicht, wie "nett" Präsident Obama zu ihnen war. Nicht mit mir!

C Kevin Kühnert, Bundesvorsitzender der SPD-Jugendorganisation, über Bundesinnenminister Horst Seehofer, CSU (11.07.2018, 12:39 Uhr):

> [...] Horst #Seehofer ist ein erbärmlicher Zyniker und dem Amt charakterlich nicht gewachsen. Sein Rücktritt überfällig. Hallo, Koalition?!?

D Die „CDU Deutschlands" zur Einigung im Streit um Diesel-Fahrzeuge (02.10.2018, 17:10 Uhr):

> [...] Faire Lösung für die Menschen in den betroffenen Städten, für Autofahrer und Arbeitnehmer: Das Maßnahmenpaket vermeidet Fahrverbote, es verhindert Einschränkungen der individuellen Mobilität ...

1 a) Ordne die Tweets A und C stilistisch ein. Orientierte dich an den Stilebenen (→ S. 280).
b) Analysiere Tweet B nach der Kommunikationstheorie Schulz von Thuns (→ S. 285).
Sachinformation: Iran verhält sich ... Präsident Obama hatte sich ... Trump ...
c) Versetze dich in die Adressatenrolle: Welche Ebene dominiert aus deiner Sicht?

2 a) Bewerte die Tweets C und D auf der Basis der Maximen von Paul Grice (→ S. 286).
b) Der GRÜNEN-Bundesvorsitzende Robert Habeck begründete seinen Ausstieg aus Twitter 2019 damit, dass dieses Medium dazu verleite, „aggressiver, lauter, polemischer und zugespitzter" zu kommunizieren. – Verfasse eine kurze Stellungnahme zu Habecks Entscheidung und deren Begründung. Nimm Bezug auf dein Wissen über Twitter.

Kommunikation – theoriebasiert untersuchen: Eine Kurzgeschichte

Der Filialleiter *Thomas Hürlimann (1992)*

Als der Filialleiter des Supermarktes auf dem Fernsehschirm seine Frau erblickte, erschrak er zu Tode. Nein, er täuschte sich nicht – das erste Programm zeigte Maria-Lisa, seine eigene Frau. Im schicken Blauen saß sie in einer größeren Runde, und gerade jetzt, da der Filialleiter seinen Schock überwunden glaubte, wurde Maria-Lisa von der Moderatorin gefragt, was sie für ihren Ehemann empfinde.

„Nichts", sagte Maria-Lisa.

„Maria-Lisa!", entfuhr es dem Filialleiter, und mit zittriger Hand suchte er den Unterarm seiner Frau. Wie jeden Abend saßen sie nebeneinander vor dem Fernseher, und beide hatten ihre Füße in rote Plastikeimerchen gestellt, in ein lauwarmes Kamillenbad – das stundenlange Stehen im Supermarkt machte ihnen zu schaffen.

Die Bildschirm-Maria-Lisa lächelte. Dann erklärte sie, über den Hass, ehrlich gesagt, sei sie schon hinaus.

Der Filialleiter hielt immer noch Maria-Lisas Arm. Er schnaufte, krallte seine Finger in ihr Fleisch und stierte in den Kasten. Hier, fand er, war sie flacher als im Leben. Sie hatte ihr Was-darfs-denn-sein-Gesicht aufgesetzt und bemerkte leise, aber dezidiert: „Mein Willy ekelt mich an."

Und das in Großaufnahme!

Nun sprach eine blonde Schönheit über die Gefahren der Affektverkümmerung, und der Filialleiter, dem es endlich gelang, die Augen vom Apparat zu lösen, versuchte seine Umgebung unauffällig zu überprüfen. Jedes Ding war an seinem Platz. In der Ecke stand der Gummibaum, an der Wand tickte die Kuckucksuhr, und neben ihm saß die Frau, mit der er verheiratet war. Kein Spuk – Wirklichkeit! Maria-Lisa war auf dem Bildschirm, und gleichzeitig griff sie zur Thermosflasche, um in die beiden Plastikeimer heißes Wasser nachzugießen.

Sein Fußbad erfüllte Willy auch an diesem Abend mit Behagen. Dann rief er sich in Erinnerung, was ablief. Ungeheuerlich! Auf dem Schirm wurde das emotionale Defizit eines Ehemanns behandelt, und dieser Ehemann war er selbst, der Filialleiter Willy P.! Er griff zum Glas und hatte Mühe, das Bier zu schlucken. Hinter seinem Rücken war Maria-Lisa zu den Fernsehleuten gegangen. Warum? Willy hatte keine Ahnung. Willy wusste nur das eine: Vor seinen Augen wurde sein Supermarkt zerstört.

Maria-Lisa reichte ihm das Frotteetuch, aber der Filialleiter stieg noch nicht aus dem Eimer. Er hielt das Tuch in der Hand, und so stand er nun, nur mit Unterhemd und Unterhose bekleidet, minutenlang im Kamillenbad – ein totes Paar Füße, im Supermarkt plattgelatscht.

„Das Wasser wird kalt", sagte Maria-Lisa.

Der Filialleiter rieb sich die Füße trocken, dann gab er Maria-Lisa das Tuch.

Als die Spätausgabe der Tagesschau begann, saßen sie wieder auf dem Kanapee, Maria-Lisa und der Filialleiter, Seite an Seite, er trank sein Bier und sie knabberte Salzstangen.

1. Fasse den Inhalt der Kurzgeschichte in einem maximal 280 Zeichen umfassenden Tweet zusammen. Beachte dabei die Konversationsmaximen von Grice (→ S. 286).
2. Beschreibe das Kommunikations- und Beziehungsproblem des Paars in der Geschichte.
3. Analysiere den Satz „Das Wasser wird kalt" nach dem Modell Schulz von Thuns (→ S. 285).

4. Analysiere den Satz „Das Wasser wird kalt" nach den Maximen von Grice (→ S. 286).
5. Wähle sieben Sätze aus der Kurzgeschichte so aus, dass die Äußerung „Das Wasser ist kalt" angemessen wirkt. Welche Schlussfolgerung kannst du daraus ableiten?

   1. *Wie jeden Abend saßen sie nebeneinander vor dem Fernseher, und beide hatten ihre Füße in rote Plastikeimerchen gestellt, in ein lauwarmes Kamillenbad – das stundenlange Stehen im Supermarkt machte ihnen zu schaffen.*

6. Beurteile Nutzen und Grenzen der vorgestellten Kommunikationstheorien Schulz von Thuns sowie von Grice.

12 Richtig schreiben

Rechtschreibregeln und -strategien anwenden

Was du über eine zentrale Prüfung wissen solltest

Viele Bundesländer führen am Ende der Jahrgangsstufe 10 eine zentrale Prüfung durch,[1] unter anderem im Fach Deutsch. Gegenüber den gewohnten Klassenarbeiten ist eine solche Prüfung für viele etwas Neues,[2] denn es kommen auch andere Aufgabentypen vor,[3] zum Beispiel solche,[4] in denen du unter verschiedenen Aussagen zu einem Text die richtigen ankreuzen sollst. Es gibt noch einen Unterschied. Du solltest dir darüber im Klaren sein,[5] dass Wissen und Können seit der Klasse 5 geprüft werden,[6] wobei der Schwerpunkt auf dem Stoff der Klasse 10 liegt. Klar,[7] vor einer Prüfung hat man oft Angst,[8] doch selten kommt etwas dran,[9] das man noch gar nicht im Unterricht durchgenommen hat. Damit du an einem schlechten Abschneiden nicht selbst schuld bist,[10] solltest du frühzeitig und gezielt üben. Im Übrigen ist die konzentrierte Mitarbeit im Unterricht meistens die beste Vorbereitung.

1 a) Erkläre, warum die blau gedruckten Wörter groß- bzw. kleingeschrieben werden (→ Orientierungswissen, S. 356). Gib nach Möglichkeit eine passende Probe an.
b) Ordne den zehn Kommas eine der folgenden Begründungen zu:

A Komma vor nachgestellter Erläuterung
B Komma zwischen zwei Hauptsätzen
C Komma vor/nach Nebensatz
D Komma nach Bekräftigung / nach kommentierender Äußerung

fast das wichtigste ist es, die übungsphasen sinnvoll zu verteilen; mehrere regelmäßige und kurze sind effektiver als wenige und lange. zum üben solltest du dir feste zeiten vornehmen, beispielsweise während der schulwoche nachmittags oder abends, am wochenende auch mal am samstag- oder sonntagmorgen arbeiten. dann viel erfolg und alles gute!

2 Schreibe den Text in richtiger Groß-/Kleinschreibung in dein Heft.

Eine echte Prüfung mit DURCHFALL+QUOTE, wie es etwa das Abitur schon JAHRZEHNTE+LANG ist, ist die zentrale Prüfung nicht. Jedes Bundesland regelt selbst, ob und wie das Ergebnis in die GESAMT+BEWERTUNG MIT+EINFLIESST. Ein Vorteil, der allen ZU+GUTE+KOMMT, ist, dass alle DIE+GLEICHEN Aufgaben lösen und Leistungen besser vergleichbar sind. Die meisten Ministerien gehen der Praxis nach, den TEIL+NEHMENDEN Schülerinnen und Schülern alte PRÜFUNGS+AUFGABEN BEREIT+ZU+STELLEN.

3 Schreibe die groß gedruckten Wörter in der richtigen Schreibung in dein Heft.

Überlege schon am Tag vor der Prüfung was du anziehen willst da Kleidung in der du dich wohlfühlst genauso wie mitgebrachtes Essen und Trinken dazu beitragen kann das bestmögliche Ergebnis zu erzielen.

4 Schreibe den Satz ab und setze die fehlenden Kommas. Formuliere jeweils die Regel.

In diesem Kapitel …

- wiederholst du Rechtschreibregeln und nutzt Rechtschreibstrategien.
- ermittelst du Fehlerschwerpunkte und lernst Methoden kennen, mit denen man Fehler vermeidet oder berichtigt.
- trainierst du verschiedene Gebiete der Rechtschreibung an Stationen.

Fehler finden und Fehlerarten zuordnen

Interpretation der Parabel „Vor dem Gesetz" von Franz Kafka

Ein namenloser Mann vom Lande möchte das Gesetz aufsuchen, doch ein Türhüter will ihm keinen Einlass gewären. Weil das Tor immer offen steht und der Türhüter öfter bei Seite tritt, will der Mann sich über das Verbot hinweg setzen, aber der Hinweiß auf weitaus mächtigere Türhüter läßt ihn von diesem Vorhaben absehen. Jahre lange Verhöhre durch den desinteressierten Türhüter erträgt dieser mit Geduld. Nichts desto weniger versucht der Mann immerwieder, hinein zu kommen. Nach dem scheitern all seiner Bemühungen erfährt er schliesslich, das das Tor stehts für den selben Mann offen war, nähmlich für ihn allein.

Türhüter und Mann vom Lande treten praktisch nie ohne einander auf. Während man aufgrund der personalen Erzählperspektive über das Innenleben des Mannes bescheid weiß, kann man nur an Hand des Verhaltens des Türhüters auf dessen Motive schließen.

Autobiografisch interpretiert, handelt es sich bei dem Mann vom Lande möglicher Weise um Kafka selbst. Dem warten vor dem Tor könnte die öde Routine von Kafkas Arbeitsalltag entsprechen.

Der Türhüter steht vielleicht für seinen Vater. Am Schluß der Parabel weißt der Türhüter daraufhin, das der sterbende Mann vom Lande seine letzte Chance versäumt hat. Das klingt wie eine Prophezeiung von Kafkas eigenem Ende.

1 Dieser Text enthält 25 Rechtschreibfehler. Suche sie und schreibe die Ausdrücke richtig in dein Heft. Gib jeweils in Klammern die Abkürzung für die Art des Fehlers an.

gewähren (V), ...

Fehlerart	**Abkürzung**
Schreibung von *s*-Lauten	s
Schreibung von langen Vokalen	V
Groß- und Kleinschreibung	GK
Getrennt- und Zusammenschreibung	GZ
Fehler in der Schreibung von *das/dass*	d

2 Welche Fehlerart ist die häufigste im Text? Nenne hierzu hilfreiche Regeln und Strategien (→ Orientierungswissen, S. 357).

Inhaltsangabe des Romans „Jugend ohne Gott" von Ödön von Horváth

An seinem 34. Geburtstag korregiert ein Geschichtslehrer Aufsätze zum Thema „Warum müssen wir Kollonien haben?". Ganz im Sinne der nazionalsozialistischen Idiologie äußern sich die Schüler überwiegend rassistisch. Weil der Lehrer seine Eltern finanziel unterstützt und bei Kritick an den Schüleräußerungen mit Sanktionen der Schulbehörde rechnen muss, verzichtet er präventiv auf schriftliche Komentare. Als er allerdings die Schülerhefte zurückgibt, kann er sich eine Bemerkung, in der sich sein Humanismuss manifestiert, nicht verkneifen. Auf die Intervenzion eines Vaters hin wird der Lehrer dissipliniert, weil auch der Direktor seine Äußerung missbilligt. Verständnis findet er bei einem vom Dienst suspendierten Kolegen. In einem Ferienlager, einer paramillitärisch organisierten Jugendfreizeit, eskalliert das Geschehen. Ein Mord wird verübt. Ein Schüler wird schnell verdächtigt, doch aufgrund der heimlichen Lecktüre eines Tagebuchs glaubt der Lehrer an die Unschuld des Verdächtigen. In dem darauffolgenden Prozess zeigt der Lehrer Rückgrat und gesteht den omunösen Blick ins Tagebuch. Dass er deswegen seinen Beamtenstatus verliert, scheint für den Lehrer kein großes Disaster zu sein. Sobald das Verfahren gegen ihn eingestellt ist, übernimmt er eine Stelle in einer Missionsstation in Afrika.

1. Suche im Text die 16 Fehler im Bereich der Fremdwortschreibung und schreibe die Wörter berichtigt in dein Heft.
2. Nenne für die folgenden Tipps zur Fremdwortschreibung Beispiele im Text:

Tipps zur Fremdwortschreibung	Beispiele
1 Präge dir die Schreibung typischer Bausteine von Fremdwörtern ein: Buchstabenkombinationen, Vorsilben (Präfixe), Nachsilben (Suffixe).	*__Th__eater, __Th__ese;* *Stro__ph__e, Meta__ph__er;* *__Sub__stanz, __Sub__vention;* *applaud__ieren__*
2 Beachte: Bei Fremdwörtern folgt die Konsonantenverdopplung nicht immer den bekannten Regeln.	*Gra__mm__atik; fi__t__, Ti__pp__;* *perfe__k__t, Sa__kk__o*
3 Beachte: Das lange i wird manchmal mit einem einfachen **i** geschrieben.	*Stil, aggressiv, Mine*
4 Beachte: Manchmal hört man die Laute von Fremdwörtern nicht richtig und prägt sie sich falsch ein. Schlage im Zweifelsfall nach.	*~~defenitiv~~ → definitiv*

Analyse des Gedichts „Schöne Jugend“ von Gottfried Benn

(1) Das Gedicht „Schöne Jugend“ entstand kurz vor dem ersten Weltkrieg und wurde in dem Gedichtband mit dem Titel „Morgue“, dem Französischen Wort für „Leichenschauhaus“, veröffentlicht. Es wurde von einem deutschen, Gottfried Benn, verfasst, der selbst Arzt war und auch mit totkranken Menschen zu tun hatte. Ihm war das Verfahren der Opduktion beruflicherseits bestens vertraut. Nach seiner Tätigkeit am berliner Krankenhaus Charité eröffnete er eine Praxis für Haut- und Geschlechtskrankheiten. Benns Fachkenntniss über die dem Gedicht zugrundeliegenden medizinischen Vorgänge ist deutlich erkennbar.

(2) Beschrieben wird das sezieren der Wasserleiche „eines offenbar ertrunkenen Mädchens, das lange im Schilf gelegen hatte“ (V.1). Beim betrachten beginnt der Lyrische Sprecher / die Lyrische Sprecherin mit Beobachtungen der körperlichen Zerstörung und lenkt im folgenden skurilerweise den pathologischen Fokuss immermehr hin zu einem „Nest von jungen Ratten“ (V.5), das „man schließlich unter dem Zwerchfell fand“ (V.4 f.). Empatie für die Tote ist nicht im geringsten erkennbar. Das hässliche des „angeknabberten“ (V.2) Munds der jungen Frau wird dem schönen Leben der jungen Ratten gegenüber gestellt. Doch auch deren Tod kam „schön und schnell“ (V.10). Thematisch passt das Gedicht im großen und ganzen gut in die Epoche des Expressionismus, denn diese beschäftigte sich unter Anderem mit hässlichen Themen wie Krankheit und Tod.

1 a) Benenne den **Fehlerschwerpunkt** des Textes, der sich in 14 falsch geschriebenen Wörtern zeigt (eines davon kommt zweimal vor). Tipp: Achte auf die Umgebung und Stellung der Wörter im Satz.

b) Nenne Regeln oder Strategien, mit denen sich die Fehler vermeiden lassen (→ Orientierungswissen, S. 356).

2 Findet zu zweit **weitere Fehler in der Rechtschreibung**. Benennt die Fehlerart und klärt die Schreibung.

3 In zweiten Abschnitt wird an fünf Stellen aus dem Gedicht zitiert, drei davon sind korrekturbedürftig.

- Gleiche genau mit dem Gedichttext ab (→ S. 227).
- Schreibe die Zitate berichtigt in dein Heft.
- Nutze die Hinweise zum richtigen Zitieren im Orientierungswissen (→ S. 360).

Soll an unserer Schule eine Kleiderordnung eingeführt werden? *Kommentar in einer Schulzeitung*

Welche Kleiderordnung soll es an unserer Schule geben? Keine, und das finde ich gut so. Als Schüler/-in weist du genau was dir steht und was nicht, und womit du dich wohl fühlst. Es kann doch nicht sein, dass bei vermeindlich zuviel Freizügigkeit sofort der Vorwurf, man erfülle nur negative Rollenklisches im Raum steht. Nein, ich bin keine Tussi, wenn ich meinen kurzen Lieblingsrock trage und ja etwas nackte Haut, und etwas Bein dürfen ja wohl zu sehen sein. Außerdem: etwas Spiel mit den Geschlechterrollen gehört zum erwachsen werden dazu. Das ausprobieren verschiedener Kleidungsstile dient nicht nur der Abwechslung sondern auch der Entfaltung einer individuellen Identität. Natürlich es gibt Grenzen, die beachtet, und die nicht überschritten werden sollten: Wir alle sollten nicht in Schlabberhose oder halb nackt zur Schule kommen (wobei halb nackt Definitionsache ist). Radikale Parolen ob links- oder rechtsgerichtet gehören nicht aufs T-Shirt. Um sich nicht lächerlich zu machen sollte man sich jedoch folgendes fragen: Gehören Aufforderungen wie „Komm nicht in Jogginghosen!“ oder „Lass deine T-Shirts mit rechten Parolen im Schrank!“ in eine Kleiderordnung? Nein, denn das versteht sich doch von selbst! Wenn man bevormundet wird, wenn man immernur gesagt bekommt, was man zu tun und zu lassen hat und wenn man sich den Ordnungsvorstellungen der Erwachsenen beugt, dann hilft das sicher nicht dabei eine eigene Haltung zu gesellschaftlichen Fragen zu entwickeln.

1 Der Text enthält 10 Rechtschreibfehler. Finde sie und ermittle die jeweilige Fehlerart (→ S. 292, Aufgabe 1).

2 Benenne drei Fehler, von denen du glaubst, dass sie Schülerinnen und Schülern häufig unterlaufen. Formuliere jeweils einen Rechtschreibtipp dazu.

Z. 2: ~~weist~~ → weißt (von „wissen“ abgeleitet). Tipp: Achte bei abgeleiteten Wörtern auf den Stammvokal. Wird aus kurzem Stammvokal ein langer oder ein Doppellaut, dann wird aus einem Doppel-s ein ß: messen → Maß; wissen → ich weiß.

3 a) Der Text enthält auch vierzehn Kommafehler. Finde sie.

b) Finde jeweils ein Textbeispiel für Verstöße gegen die folgenden Kommaregeln. Schreibe den Satz richtig in dein Heft.

A Nachgestellte Erläuterungen werden mit Komma abgetrennt.

B Infinitivgruppen mit einem hinweisenden Fürwort werden mit Komma abgetrennt.

C In einem Satzgefüge werden Nebensätze von Hauptsätzen mit Komma(s) abgetrennt.

Bereiche der Rechtschreibung trainieren

Trainingsstation 1: Groß- und Kleinschreibung

dresscode und verhaltensregeln im praktikum

Stellt euch folgende situation vor: Zwei männliche bewerber um einen praktikumsplatz in einer mittelständischen Firma werden zum vorstellungsgespräch gebeten. Der erste trägt jeans und t-shirt, der zweite einen anzug. Über wen von beiden wird man später sagen: „Selbst schuld"? Der erste eindruck zählt. Das gleiche gilt für den ersten tag am arbeitsplatz. Im folgenden gebe ich ein paar tipps.

Ein bisschen bammel vor dem ersten tag hat jeder, auch ich, doch dank meiner kleiderwahl gelang mir der einstand prima. Überlegt gut, die erste idee ist oft die schlechtere. Wenn ihr zwischen farben schwankt, nehmt die gedecktere. Und die schuhe? Vermeidet turnschuhe und wählt unbedingt gepflegte. Es muss nicht unbedingt etwas neues sein, alte kleidung ist meist bequemer als neue. Verrückt ist schon, dass freitags viele mit jeans zur arbeit kommen. Sie nennen es „casual day".

So, jetzt noch einiges zum verhalten. Seid vor allem immer höflich. Lasst nicht außer acht, dass ihr für die anderen anfangs unbekannte seid. Auch ihr selbst kennt noch niemanden. Erkundigt euch als erstes nach eurem betreuer, aber nicht mit einem „Wo finde ich den sowieso?", sondern so: „Können sie mir bitte sagen, wo ich frau/herrn sowieso finde?" Klar dürfte sein, dass ihr nicht mit einem „Ich bin der neue" oder ähnlichem ins büro hineinplatzt. Das „du" wird dir, wenn überhaupt, von den kollegen angeboten. Benutze das „sie", etwa: „Darf ich mich ihnen vorstellen? Mein name ist thomas schmidt." Dann läuft's. (Tom, 16 Jahre)

1 Arbeite mit einer Textkopie. Markiere in unterschiedlichen Farben die folgenden Rechtschreibfälle und korrigiere bei Bedarf auf der Kopie den Anfangsbuchstaben.

Großschreibung	Kleinschreibung
A *Nomen/Substantiv oder Nominalisierung* B *Eigenname* C *Höflichkeitsform bei Anrede*	D *aus Nomen/Substantiv entstandenes Wort einer anderen Wortart* E *Zeitangabe in Form eines Adverbs* F *unbestimmte Mengenangabe* G *Adjektiv/Zahlwort mit Bezug auf ein vorangehendes oder folgendes Nomen/Substantiv*

2 a) Wähle fünf Wörter aus dem rechten Wortspeicher. Wandle sie mithilfe von unterschiedlichen Begleitern aus dem linken Wortspeicher in Nomen/Substantive um.
b) Bilde mit diesen fünf Nominalisierungen sinnvolle Sätze.

1. Das Laufen fällt mir leicht.

der, die, das; eine, ein diese, dieser, dieses jede, jeder, jedes meine, mein; deine, dein; seine, sein lang – laut – gut aufs – ans – beim – im – zum etwas – viel – alles – kein – nichts – allerlei	**Verb:** laufen, jammern, denken, drucken, werfen **Adjektiv:** allgemein, heiß, einzeln, bunt, wesentlich **Partizip:** folgend, lachend, gesagt, gemacht, verpackt **Sonstige:** aber, gestern, auf und ab, ich, du, zweite, zweiter, zweites

3 Klein oder groß? Entscheide nach der zutreffenden Regel. Schlage bei Bedarf nach.

Regel 1:
Nomen/Substantive schreibt man groß. Man erkennt sie oft an Begleitwörtern.

Regel 2:
Einige aus Nomen/Substantiven entstandene Wörter schreibt man klein in Verbindung mit bestimmten Verben *(sein, werden …)* und in bestimmten Wendungen.

Leid/leid	A Seine Familie hat großes ____ erfahren. B Ich bin es so oft ____, dir zuzuhören. C Du solltest es dir nicht ____ werden lassen.
Schuld/schuld	A Sie gibt mir wieder die ____. B Ich trage daran keine ____. C Wir sind selbst ____ an dem Dilemma.
Recht/recht	A Du hast nur nach ____ und Ordnung gehandelt. B Wie ____ du hast! C Das ist nicht ____ von ihr. D Das hast du mit ____ gesagt. E Gehe ich ____ in der Annahme, dass Sie der neue Klassenlehrer sind? F Dir kann man aber auch gar nichts ____ machen. G Das geschieht ihm ganz ____.
Ernst/ernst	A Kannst du nicht einmal ____ bleiben? B Ich sage das in vollem ____. C Wir sollten endlich ____ machen! D Meinst du das im ____? E Den kann man doch nicht mehr ____ nehmen.

Trainingsstation 2: Getrennt- und Zusammenschreibung

1 a) Übernimm die Sätze in der richtigen Schreibung in dein Heft. Entscheide die Getrennt-/Zusammenschreibung mithilfe der Betonungs- und der Bedeutungsprobe (→ S. 357).

A Deutschland will FUSSBALLWELTMEISTER werden.
B Deutschland will im FUSSBALLWELTMEISTER werden.
C Deutschland will in der FUSSBALLWELTMEISTER werden.

b) Bilde ein ähnlich „vieldeutiges Wort" aus zwei oder drei Teilen.

2 Mal getrennt, mal zusammen: Kläre, welche Probe du anwenden kannst (→ S. 357). Schreibe die Sätze richtig in dein Heft.

frei + sprechen	A Kannst du diesen Text ___? B Das Gericht wird den Angeklagten ___.
sicher + gehen	A Die Polizei muss in diesem Fall ___. B Kannst du auf diesen Planken ___?
leicht + fertig	A Mit dieser Aufgabe wirst du ___. B Die Mannschaft hat ___ den Sieg verspielt.

3 Mal getrennt, mal zusammen: Bilde Verbindungen und erkläre die jeweilige Schreibung.

zusammen + rechnen	A Das ist zu schwer für mich, können wir die Aufgabe ___? B Beim Addieren musst du alle Beträge ___.
zusammen + schreiben	A Muss man dieses Wort getrennt oder ___? B Wir können das Referat ___.

wieder + holen	A Lateinvokabeln musst du ständig ___. B Können wir die Pizza Salami mal ___?
wieder + sehen	A Wir werden uns endlich ___. B Nach der Operation konnte sie ___.

4 Verbinde *aufeinander* mit den Verben im Wortspeicher und schreibe jeweils einen sinnvollen Satz in dein Heft. Wende Proben zur Ermittlung der richtigen Schreibung an.

Wenn die beiden aufeinandertreffen …

treffen · hören · legen · achten · warten

5 Bilde Verbindungen mit *irgend-*. Schreibe zu jeder Verbindung einen Satz in dein Heft.

Hast du irgendeinen Stift zum Schreiben?

ein · etwas · wann · wer · wie · wo

6 Prüfe mithilfe der Betonungsprobe, ob zusammen- oder getrennt geschrieben wird. Schreibe die Sätze in dein Heft.

1. Dem Müller ist wirklich nicht ___. (zu + trauen)
2. Euch Lausebengeln würde ich alles ___. (zu + trauen)
3. Du musst mir den Ball gezielter ___. (zu + werfen)
4. Kannst du nach mir die Tür ___? (zu + schließen)
5. Aus seinen Worten ___. (zu + schließen), ich hätte an allem Schuld, ist übertrieben.

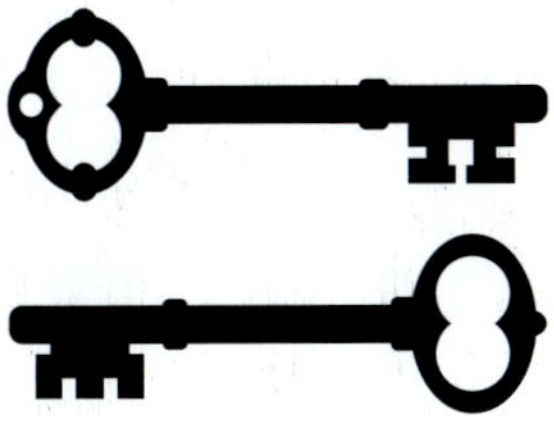

7 Schreibe die Wortverbindungen richtig ins Heft. Gib möglichst die passende Regel an.

A frischhalten (Betonung nur auf dem ersten Wort)

A Ich möchte das Gemüse nicht vertrocknen lassen, sondern ___ (frisch + halten).
B Mit deiner ___ (selbst + vergessen) Art gehst du vielen auf die Nerven.
C Omas ___ (Hand + gestrickt) Schal liegt jedes Jahr unterm Weihnachtsbaum.
D Paula lieferte eine ___ (Fehler + frei) Arbeit ab.
E Er blickte ___ (Hoffnung + froh) in die Zukunft.
F Bei diesem ___ (nass + kalt) Wetter bleibe ich lieber daheim.
G Du musst ___ (zu + aller + erst) Mama fragen.
H Wir warten schon ___ (eben + so + lange) wie Sie in der Schlange!
I Ich bleibe ___ (so + lange), bis ich bedient werde!
J ___ (so + lange) Sie hier rumstehen, kann ich nicht arbeiten.
K Du kannst mir helfen, ___ (in + dem) du mit anpackst.
L Der Charakter zeigt sich ___ (in + dem), was jemand tut.

8 a) Welche der folgenden Verbindungen werden zusammen-, welche getrennt geschrieben? Wenn du dir unsicher bist, schlage im Wörterbuch nach.
b) Formuliere jeweils einen sinnvollen Satz.

auf + einmal · immer + noch · glücklicher + weise · des + Weiteren

so + etwas · das + selbe · das + gleiche

selbst + entscheiden · selbst + gerecht · größten + teils

Trainingsstation 3: Kommasetzung

Hat es Goethes „Faust“ wirklich gegeben?

Achtung, Fehler!

(I) Goethe,[1] der wohl berühmteste deutsche Dichter,[2] hat sich zeitlebens mit dem Faust-Stoff beschäftigt. Dieser geht auf eine historische Figur,[3] nämlich Johann Faust,[4] zurück,[5] einen in den Quellen schwer greifbaren und ein unstetes Wanderleben führenden,[6] aber wohl eben deshalb für die Menschen seiner Zeit faszinierenden Mann. Er bestritt seinen Lebensunterhalt als Magier und Alchemist,[7] als Handleser,[8] Sterndeuter und Feuerdeuter – ja,[9] so etwas gab es im frühen 16. Jahrhundert –,[10] das heißt als eine recht zwielichtige Gestalt.

(II) Die Gerüchteküche brodelte um diese, undurchsichtige Person. Bei einem alchemistischen Experiment, einem Versuch, Gold herzustellen, kam er durch eine Explosion in seinem Labor ums Leben. Vor allem nach seinem Tod entstanden allerlei Geschichten, Legenden, und Sagen um ihn.

(III) Es gibt schriftliche Quellen vor allem Briefe mit Hinweisen zum historischen Faust. Zum literarischen Stoff wurde er durch ein Volksbuch ein damals sehr beliebtes und verhältnismäßig billiges Druck-Erzeugnis knapp fünfzig Jahre nach seinem Tod. Dieses Buch enthielt alte Geschichten Abenteuer Sagen und märchenhafte Legenden und war damit das perfekte Medium für die Geschichten rund um Johann Faust der Vorlage für Goethes Drama.

1. Begründe die Kommasetzung im ersten Abschnitt mit den zutreffenden Begriffen aus dem Kasten „Fälle der Kommasetzung“.
2. Benenne fehlerhaft gesetzte Kommas im zweiten Abschnitt. Begründe.
3. Schreibe den dritten Abschnitt ab, setze die fehlenden Kommas und begründe.

Fälle der Kommasetzung

A Aufzählung ohne Konjunktion
B Aufzählung mit nebenordnender Konjunktion
C Aufzählung mit entgegenstellender Konjunktion
D Apposition
E Ausruf/Bejahung
F nachgestellte Erläuterung
G Infinitivgruppe

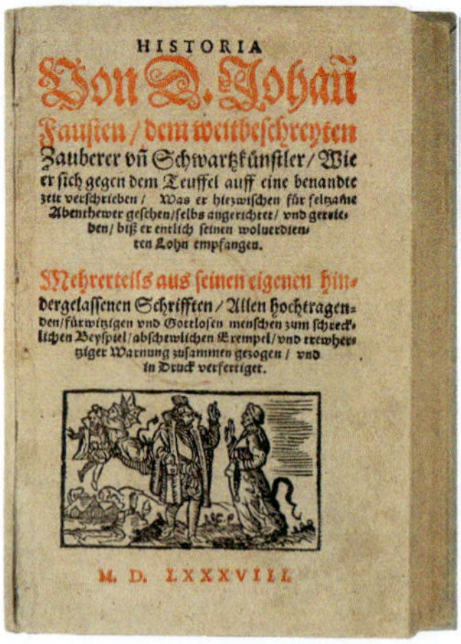

Goethes „Faust I" – kurz zusammengefasst

Doktor Heinrich Faust ist ein Gelehrter. Seine Gier nach Erkenntnis ist grenzenlos. Er schließt mit Mephistopheles einen Pakt. Man nennt ihn auch kurz Mephisto. Mephisto ist der Teufel. Mephisto will Fausts Seele. Mephisto macht Faust jünger. Mephisto macht die Affäre mit Margarete möglich. Man nennt sie auch Gretchen. Sie wird schwanger. Faust verursacht den Tod von Gretchens Mutter. Faust ersticht Gretchens Bruder Valentin. Gretchen bringt ein uneheliches Kind zur Welt. Sie tötet es. Sie kommt in den Kerker. Sie wartet auf ihre Hinrichtung. Faust will sie retten. Gretchen weigert sich. Faust und Mephisto fliehen.

4 Überarbeite die kurze Zusammenfassung des Dramas „Faust I": Verknüpfe die Hauptsätze mithilfe von Konjunktionen, Konjunktionaladverbien oder Relativpronomen zu einem gut lesbaren Text aus Satzreihen und Satzgefügen. Achte auf die Zeichensetzung.

nebenordnende Konjunktionen: *und, sowie, oder, aber, sondern, denn, entweder – oder, nicht nur - sondern auch, sowohl - als auch*
unterordnende Konjunktionen: *als, bis, indem, weil, sodass, wenn, obwohl, damit*
Konjunktionaladverbien: *außerdem, danach, deshalb, nämlich, sonst, trotzdem, wobei*

Achtung, Fehler!

Was Faust unternimmt um Gretchen zu verführen

Auf die Mithilfe von Mephisto zur Verwirklichung seiner Ziele angewiesen begibt sich Faust in die Abhängigkeit des Teufels. Faust von Gretchens Aussehen völlig eingenommen verlangt von Mephisto Gretchen zu seiner Geliebten zu machen. Ein Kästchen mit Schmuck deponiert in ihrem Zimmer ist der erste zum Scheitern verurteilte Versuch. Um sein Ziel zu erreichen fordert Faust Mephisto dazu auf sich Gretchens Nachbarin Marthe anzunähern. Sie fassen den Plan dieser den Tod ihres Mannes vorzugaukeln und dies als List zu benutzen um ein Treffen zwischen Marthe und Gretchen sowie Mephisto und Faust einzufädeln. Lustwandelnd in einem Garten kommt Faust seinem Ziel Gretchen zu erobern ein großes Stück näher.

5 Übertrage den Text in dein Heft. Ergänze dabei fehlende Kommas, klammere nicht zwingend notwendige Kommas ein und unterstreiche Infinitiv- und Partizipgruppen.

Trainingsstation 4: *das* und *dass*

Rollenbiografie: Miss Sara Sampson

Ich lebe nun schon seit Wochen in einem Wirtshaus, ____ elender nicht sein könnte. ____ habe ich meinem Geliebten Mellefont zu verdanken. Nun sitze ich hier und warte darauf, ____ wir ____ Land verlassen und endlich heiraten. ____ Schuldgefühl, ____ mich plagt, ist furchtbar. Eine Liebe mit Gottes Segen – ob ____ mein Gewissen ganz beruhigen würde? Ich fürchte, nein, denn ____ Gewitter in mir hat nicht nur religiöse Gründe. Ich bereue, ____ ich meinen Vater William alleingelassen habe. So muss ich ____ Angebot einer Versöhnung, ____ in seinem grausamen Schreiben steht, ____ er mir übersandt hat, ablehnen. Und diese Albträume! Rettung oder Tod? Ist das eine Vorahnung, ____ ____ ____ Schicksal ist, ____ mir bevorsteht?

1 Der Text ist eine Rollenbiografie der Hauptfigur in Lessings Drama „Miss Sara Sampson".

a) Schreibe den Text in dein Heft und entscheide dabei, ob du *das* oder *dass* einsetzen musst. Notiere in Klammern die Abkürzung für die jeweilige Wortart.

Ich lebe nun schon seit Wochen in einem Wirtshaus, das (R) elender nicht ...

A Artikel • D Demonstrativpronomen • K Konjunktion • R Relativpronomen

b) Zeige an Beispielen, wie du die Ersatzprobe (→ Orientierungswissen, S. 358) zur Unterscheidung von *das/dass* anwenden kannst.

... Wirtshaus, <u>das/welches</u> elender ...

2 Verbinde die Sätze links und rechts zu sinnvollen Satzgefügen. Es gibt zwei Möglichkeiten:
- Haupt- und Relativsatz mit *das*
- Haupt- und Adverbialsatz mit *dass/sodass*

1) Das Sportfest, das seit ...

Das Sportfest wurde ein voller Erfolg.	Ihre Kinder hatten großen Spaß.
Die Zuschauer kamen zahlreich.	Es erklang von allen Seiten.
Für viele Eltern war es eine Freude.	Es war seit Wochen geplant worden.
Das Anfeuern spornte zu Höchstleistungen an.	Die Nebentribüne musste geöffnet werden.

Trainingsstation 5: Zeichensetzung bei Zitaten

Versagt der Lehrer als Pädagoge in „Jugend ohne Gott"?

Zu diesem Ergebnis kommt Wolf Kaiser in seiner Studie, wenn er dessen (1) Rückzug beklagt. Was bleibt einem Lehrer übrig, wenn eine Erziehung zum Humanismus (2). Zwar erscheint der Lehrer zunächst ohnmächtig, da ihm (3a+b). Doch er hätte erzieherische (4) entwickeln müssen. Er versäumt es (5a+b), und er setzt (6) keine (7) entgegen. Stattdessen verteidigt er (8). Ich bin wie Kaiser der Meinung, dass das Problem (9). Angesichts des gegenwärtigen Umgangs mit der Wahrheit in Politik und Gesellschaft besteht die Gefahr, dass Schülerinnen und Schülern (10) werden.

1 Der Text setzt sich mit der Rolle des Lehrers im Roman „Jugend ohne Gott" auseinander (→ S. 160 ff.). Schreibe ihn in dein Heft und ergänze dabei an den angegebenen Stellen wörtliche Zitate aus dem Text von Wolf Kaiser. Nutze das Orientierungswissen auf Seite 360 f. und achte auf die Zeichensetzung.

… wenn er dessen „resignierend[en]" Rückzug beklagt.

„Jugend ohne Gott" – ein antifaschistischer Roman?

Wolf Kaiser

Horváth zeigt hier ein Problem, das an Aktualität nicht eingebüßt hat (9): Wie ist eine Erziehung der Jugend zum Humanismus möglich, wenn den Jugendlichen elementare Moralbegriffe fremd (10) sind und die Berufung darauf allenfalls höhnisches Gelächter hervorruft? (2) Was kann der Lehrer tun, wenn ihm trotz des relativ geringen Altersunterschieds diese Jugend (3 a), die alles, was ihm heilig ist, ablehnt, ohne es zu kennen […], völlig fremd und ihr Denken unbegreiflich erscheint (3 b)? Horváths Lehrer entwickelt keine Gegenstrategien (4). Weder versucht er, die Schüler über ihre längerfristigen Interessen (5 a) am Frieden, an Solidarität usw. aufzuklären (5 b), noch ihrem Ideal des gedankenlos gehorchenden Soldaten (6), der sich sinnlos opfert, alternative Identifikationsmöglichkeiten (7) entgegenzusetzen. Vielmehr zieht er sich – als Pädagoge resignierend (1) – auf die Verteidigung seiner materiellen Existenzbasis (8) zurück und beschließt, die Schüler so lange in ihrer Überheblichkeit zu bestärken, bis sie ihrer eigenen Borniertheit zum Opfer fallen[.]

2 Nimm Stellung zum Text von Wolf Kaiser und baue dabei Zitate ein.

1 Die Epoche der Aufklärung

Einen informierenden Text schreiben

zu **2** Wähle aus den folgenden Grundideen die fünf aus, die du für die wichtigsten hältst: ← S. 22

- Mut, den eigenen Verstand einzusetzen
- Kritik an Autoritäten
- Kritik an Traditionen
- Wissenschaft ist wichtiger als Glaube
- Selbstbestimmung/Emanzipation des Menschen
- Bildung und Erziehung für alle
- Toleranz

zu **4** b) Du kannst eines der folgenden Zitate als Ausgangspunkt für deine Einleitung verwenden: ← S. 23

A „Dass ich etwas, ehe ich es glaube, erst durch meine Vernunft laufen lasse, ist mir nicht ein Haar wunderbarer, als dass ich erst etwas im Vorhof meiner Kehle kaue, ehe ich es hinunterschlucke."
(G. C. Lichtenberg: Aphorismen)

B „Sobald Licht gebracht wird, klären sich die Sachen auf, werden sichtbar und können voneinander unterschieden werden."
(C. M. Wieland: Was ist Aufklärung?, Z. 5 f.)

C „Sapere aude! Habe Mut, dich deines eigenen Verstandes zu bedienen."
(I. Kant: Was ist Aufklärung?, Z. 6 f.)

zu **6** Du kannst folgende Formulierungshilfen nutzen:

Begriffserläuterung: Man versteht unter dem Begriff ... • Der Begriff ... stammt von ... • Unter ... versteht man ... • Die ursprüngliche Bedeutung des Begriffs ...

Historische Einordnung: Zeitlich wird die Epoche von ... bis ... verortet • Bedeutende historisch-politische Ereignisse dieser Zeit ... • Ein weltbewegendes Ereignis war ... • Weitere zeitprägende Ereignisse waren ... • Besonders wichtig war(en) in dieser Zeit ... • Eine wichtige Zäsur stellte ... dar • Der Anfang / Das Ende der Epoche fällt zusammen mit ... • Zur Zeit der Aufklärung ... • Die Gesellschaft der damaligen Zeit ist von ... geprägt.

zu **7** Orientiere dich bei der Darstellung logischer Zusammenhänge an den nachfolgenden Beispielen.
Formuliere die Zusammenhänge aus. Du kannst geeignete Konnektoren aus dem Wortspeicher nutzen.

A Zweifel an göttlicher Vorsehung nach Erdbeben von Lissabon
→ Glaubenszweifel und Suche nach wissenschaftlichen Erklärungen

B Aufschwung wissenschaftlichen Denkens
→ kirchliche Autorität und ihre Dogmen werden infrage gestellt

C selbstständiges Denken wurde wichtig
→ Kritik an staatlichen und kirchlichen Autoritäten

Herstellung logischer Zusammenhänge durch geeignete Konnektoren:
- **temporal (Zeit):** als, bevor, nachdem, während, solange, sobald
- **kausal (Grund):** weil, denn, da, daher, deswegen
- **konsekutiv (Folge):** sodass, folglich, infolgedessen, so, somit, demzufolge
- **konzessiv (Einräumung):** obwohl, dennoch
- **adversativ (Gegensatz):** aber, sondern, trotzdem

zu **5** Du kannst folgende Formulierungsbausteine für deinen Schluss nutzen: ← S. 27

Der Schriftsteller, Philosoph und Literaturwissenschaftler Rüdiger Safranski beantwortet die Frage so: „...“
Er begründet dies damit, dass ...
Mathias Geffrath hingegen ...
Laut ...
Meiner Ansicht nach ... / Aus meiner Sicht ...
Hinzu kommt ...
So lässt sich abschließend sagen ...

2 Chic oder schicklich?

Eine Stoffsammlung anlegen

zu **2** Mit folgenden Ober- und Unterpunkten könntest du deine Mindmap strukturieren: ← S. 42

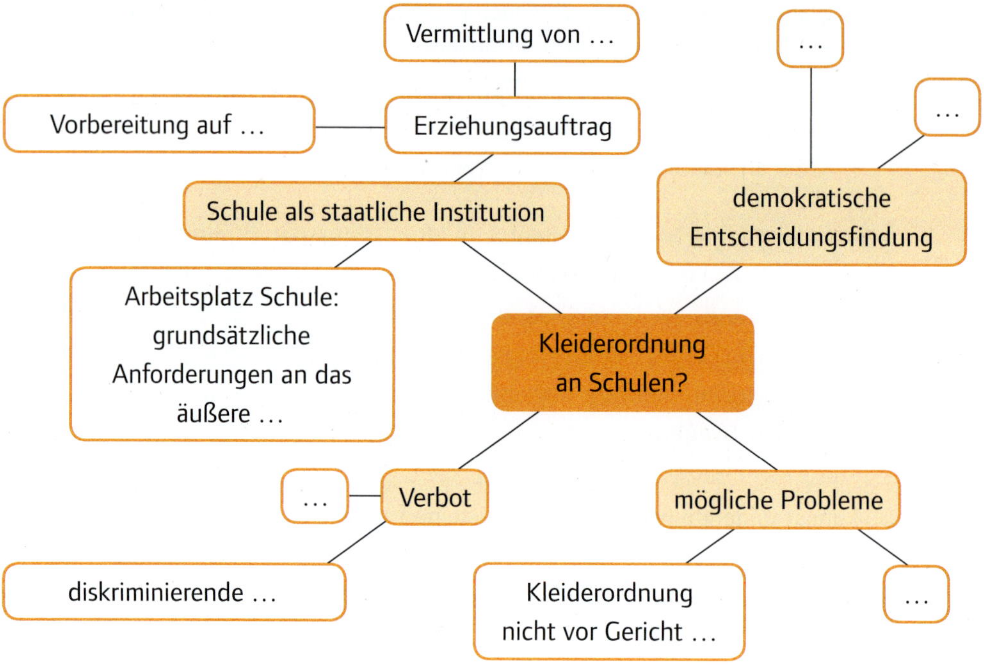

Pointiert formulieren

zu **1** Die Aussagen A bis D sind sachlich formuliert. Mithilfe von sprachlichen Mitteln kannst du sie für einen Kommentar noch „zuspitzen“, sodass sie pointierter, markanter klingen und die beabsichtigte Wertung noch klarer ausdrücken, z. B.: ← S. 46

A *Tattoo-Studios sprießen in den Großstädten in letzter Zeit wie die Pilze aus dem Boden. Der Grund ist eindeutig: ...*

B *Schon unsere Vorfahren bemalten ihre Haut, aber nicht weil sie das chic fanden, sondern weil es aus ihrer Sicht lebensrettend sein konnte: ...*

C *Kritische Durchschnittsbürger, die sonst stets nach Risiken und Nebenwirkungen fragen, schlagen ärztliche Warnungen in den Wind, obwohl ...*

D *Wer unbedingt seinen Körper bemalen will, kann auf Abziehbilder ausweichen. Die Vorteile liegen auf der Hand: ...*

zu **2** Die umgangssprachliche Formulierungen und beleidigenden Formulierungen sind markiert. Nutze für die Überarbeitung die Starthilfe. Unnötige Füllwörter kannst du streichen. ← S. 47

A *Also ich finde Tattoos toll und lasse mir auch von keinem Gesetz vorschreiben, ob ich sie zeigen darf! Dann werde ich eben kein Bulle!*
B *Viele Jugendliche haben Bock auf ein Tattoo, aber ihre spießigen Eltern hindern sie daran. Dann gibt es ätzende Auseinandersetzungen und Verbote.*
C *Einen Polizisten mit Tattoos finde ich gleich doppelt so cool.*
D *Also ganz ehrlich: Wenn man sich nicht spätere Berufschancen versauen will, sollte man von Tattoos lieber die Finger lassen.*

A *Tattoos können ein sehr schöner Körperschmuck sein. Deshalb lasse ich mir …*

zu **3** Folgende Frage hilft dir beim Blick auf die Funktion bzw. Wirkung eines sprachlichen Mittels: Was soll die Formulierung auslösen oder erreichen? Beispiele:
- Ironie: Gegenposition ins Lächerliche ziehen, als lachhaft darstellen, Komik
- Aufzählung mit Steigerung: Wirkung steigern, akzentuieren bis überpitzen, Provokation
- Wortschöpfung: Aufmerksamkeit (Leserinteresse) wecken, je nach Inhalt etwas (oder jemanden) überspitzt oder ironisch darstellen, Wertung
- Ellipse: Aussage auf das Wesentliche reduzieren, Hervorhebung
- Vergleich: Problem bzw. Sachverhalt veranschaulichen, an Bekanntes anknüpfen, Komik

Einen Kommentar verfassen

zu **1** Überlege, welche Aspekte zur Fragestellung (Thema) passen: ← S. 48

A Es wird diskutiert, ob eine einheitliche Kleidung für die Schülerinnen und Schüler (Schuluniform) vorgeschrieben werden soll.
B Eine Kleiderordnung soll sicherstellen, dass die Schülerinnen und Schüler angemessene Kleidung tragen.
C Es soll vermieden werden, dass zu freizügige oder zu legere Kleidung getragen wird.

3 Nur ein Streit um Wörter?

Texte zu einem strittigen Thema erschließen

zu **2** Du kannst den Text „Grüne wollen den Gender-* ganz groß rausbringen" gut in zwei Sinnabschnitte unterteilen: ← S. 66
Abschnitt 1: Varianten des Genderns in der Vergangenheit; Gendersternchen soll alle mit einschließen
Abschnitt 2: Ziel der Grünen: einheitliche Verwendung des Gendersternchens; Begründung: Sprache beeinflusst das Denken

Zentrale Aussagen eines Textes erarbeiten

zu **1** b) ← S. 68
- Ein **normatives Argument** bezieht sich auf allgemein akzeptierte Normen und Werte einer Gesellschaft, z. B. darauf, dass Frauen und Männer die gleichen Rechte haben.
- Ein **Faktenargument** ist belegbar/überprüfbar, z. B. anhand von Studien oder Statistiken.
- Ein **Autoritätsargument** nimmt Bezug auf Aussagen von Fachleuten bzw. Personen, die sich auf einem Gebiet besonders gut auskennen.

Beispiele für verschiedene Argument-Typen:
Stefanowitsch lehnt den ausschließlichen Gebrauch des generischen Maskulinums ab, weil …
… Frauen sich nicht nur mitgemeint fühlen sollten. (normatives Argument)
… das generische Maskulinum ursprünglich tatsächlich nur für Männer verwendet wurde und Verhältnisse widerspiegelt, in denen Frauen weniger Mitspracherechte besaßen. (Autoritätsargument)

zu **2** So kannst du deine Meinung formulieren, sie mit einem Argument untermauern und mit einem Beispiel versehen:

Meinung	– *Ich bin gegen den ausschließlichen Gebrauch des generischen Maskulinums,*
Argument	– *weil Frauen nicht nur „mitgemeint" werden sollen, sondern Anspruch auf eine angemessene eigene Bezeichnung haben.*
Beispiel	– *Wird beispielsweise von einem „Arzt" gesprochen, denkt man in der Regel an eine männliche Person. Erst durch die passende Bezeichnung „Ärztin" wird deutlich, dass eine Frau gemeint ist.*

Eine textgebundene Erörterung verfassen

zu **1** b) Diese Fragen helfen dir, die Aussageabsicht des Textes zu benennen: ← S. 71
- Informiert der Text sachlich und neutral über einen Sachverhalt?
- Fordert der Text mit einem Appell / einem Aufruf zu etwas auf?
- Kommentiert der Text einen Sachverhalt, d. h., ist er vor allem ein Meinungsbeitrag?

zu **2** c) Diese Fragen können dir bei der Bearbeitung helfen: ← S. 71
- Werden stichhaltige Argumente angeführt, z. B. normative Argumente, Fakten- oder Autoritätsargumente? Werden diese durch Beispiele untermauert?
- Kommen verschiedene Seiten zum Thema zu Wort?
- Ist die Argumentation schlüssig und weist sie keine Lücken auf?

zu **3** a) Beim Blick auf die Wirkung eines sprachlichen Mittels kann es helfen zu fragen: Was kann/soll die jeweilige Formulierung bei der Leserin / beim Leser auslösen oder erreichen? Beispiele:
- *Witz (Z. 1) → unterhalten, neugierig machen, zum Weiterlesen anregen*
- *Ironie (z. B. Z. 4) → Gegenposition ins Lächerliche ziehen*

zu **5** a) Fasse den Text schrittweise zusammen wie in Aufgabe 1 auf Seite 66. ← S. 72
In diesem Text kannst du zur inhaltlichen Orientierung auch die beiden Zwischenüberschriften auf Seite 70 nutzen.
Abschnitt 1 (Z. 1–...): Skasa-Weiß ...

Sich mit der Argumentation eines Textes auseinandersetzen

zu **1** Die markierten Formulierungen bei A–C sind umgangssprachlich. ← S. 74
C ist außerdem abwertend, was auch bei gegenteiligen Meinungen vermieden werden sollte. Nutze hier die Formulierungshilfen auf Seite 75 und drücke die Zustimmung (A), teilweise Zustimmung (B) und den Widerspruch (C) auf eine neutrale, standardsprachliche Art und Weise aus.

4 Der Mensch ist, was er isst?

zu **4** Kläre zunächst die Bedeutung der einzelnen Begriffe in der Aussage: ← S. 85
- Was bedeutet „Kultur eines Landes“, welche anderen Bereiche gehören außer Essen dazu?
- Was ist mit „Essen“ in diesem Zusammenhang gemeint (vorhandene Lebensmittel, Ernährungsgewohnheiten, „Esskultur“ im Sinne von Ritualen und Regeln ...)?

Gehe auf die Bedeutung dieser Begriffe ein, wenn du Stellung nimmst.

Essayistische Texte untersuchen

zu **1** So kannst du vorgehen: ← S. 89
- Lies den Info-Kasten auf Seite 87 und danach den Text von Sibylle Berg.
- Gehe zurück zum Infokasten und prüfe Punkt für Punkt, ob die aufgeführten Essaymerkmale auf den Text von S. Berg zutreffen. Notiere jeweils Stichpunkte und passende Textstellen.
  - *nicht objektiv, gibt deutlich Meinung wieder: „Zeit für eine Entwöhnung.“ (Z. 2); „Da ich aber fest davon überzeugt bin ...“ (Z. 46 ff.) informiert auch über andere Standpunkte: „[...] viele denken, das war schon immer so ...“ (Z. 26 ff.)*
  - *...*

zu **2** So kannst du vorgehen:

rhetorische Fragen: Suche die Fragen der Autorin im Text und prüfe, ob diese ernsthaft eine Antwort der Leserschaft erwartet – falls nicht, sind es rhetorische Fragen. Beschreibe die Wirkung der Frage an der jeweiligen Textstelle, z. B.:
- *Z. 1: „Warum essen wir Fleisch?“ → Einstiegsfrage macht neugierig, Leser/-in fühlt sich angesprochen („wir“) ...*

Ellipsen (Auslassung von Wörtern oder Satzgliedern in einem Satz): Gehe den Text mit Blick auf unvollständige Sätze durch. Beschreibe die Wirkung an der jeweiligen Textstelle.
- *Überschrift „Besser als Sex!“: Die verkürzte Form und das Ausrufezeichen ahmen einen Ausruf nach. Beim Lesen fragt man sich ...*
- *Z. 2: „Zeit für eine Entwöhnung“ (anstatt „Es ist Zeit für eine Entwöhnung.“): ...*

Weitere rhetorische Mittel: Nutze den Überblick über rhetorische Mittel im Orientierungswissen auf Seite 343.

Einen Essay vorbereiten

zu **1** Diese Hinweise können dir helfen, die Mindmap zu ergänzen: ← S. 92

- Brotsorten: Diese unterscheiden sich in den enthaltenen Getreidearten (Roggen …), in der Form, der Herkunft usw.
- Geschmack: Denke an unterschiedliche Gewürze, die Brot zugegeben werden können und den Geschmack entsprechend bestimmen.
- Darreichungsformen: Überlege, wo überall du Brot oder Brötchen kaufen kannst und wie sie dargereicht werden (offener Verkauf an der Backtheke, plastikverpackte …).
- Den vierten Aspekt kannst du überschreiben mit „Funktion im Speiseplan" oder „Verwendung". Sammle, wie du Brotwaren zu dir nimmst, z. B.: als Pausenbrötchen, als Salatbeilage …

Den Essay schreiben

zu **1** ← S. 95

- Beachte: Die Stichpunktliste beginnt mit der Warteschlange beim Bäcker (Einstieg), es folgen Sachinformationen und Überlegungen zur Tradition des Brotbackens, bevor der Heimweg mit den gekauften Brötchen folgt.
- Formuliere 2 bis 3 weitere Sinneinheiten, die diesem roten Faden folgen, z. B.: Frühstücksszene zu Hause (Genuss der mitgebrachten Brötchen, Schilderung des Brötchenduftes oder der Begeisterung der Familie), Gedanken zum Brotbelag (Salami oder Marmelade?), Überlegungen oder Informationen zum eigenen Backen, Vergleich von aufgebackenen Tiefkühlbrötchen und frischen Backwaren o. Ä.

Darstellungsweisen ausprobieren

zu **3** Wähle zunächst eine passende Darstellungsweise, z. B.: ← S. 97

Beobachtung einer älteren Frau am Gemüsestand: beschreibend und schildernd: Umgebung, Gemüseauslage, die Frau (Verhalten, Kleidung, Aussehen), Gerüche, Höreindrücke (Marktgeräusche, Stimme der Frau …) …

Essen des Pausenbrots: beschreibend (Vorgang, Pausenbrot) und schildernd (Sinneseindrücke), z. B.: hören (verheißungsvolles Knistern des Papiers beim Auspacken …), sehen (ansprechend belegtes Pausenbrot, Farben …), riechen, schmecken, tasten (z. B. kompaktes Körnerbrot oder weiches Weißbrot)

Stimmung in der Mensa am Pizza-Tag: beschreibend und schildernd: Höreindrücke (Mensa: großer Raum, viele Menschen, Hektik oder fröhliches Treiben …), Seheindrücke, Gerüche …

Zutatenliste eines Energydrinks: sachlich-informativ oder auch poetisch

5 Franz Kafka

Eine Parabel textimmanent interpretieren

zu **6** Untersuche folgende Aspekte und deute sie: ← S. 113
- Zweiteilung des Textes (formal und inhaltlich)
- Modus der Verben im ersten und im zweiten Abschnitt (Aussageform: Konjunktiv und Indikativ)
- Beschreibung der Zirkusreiterin und des Zirkusdirektors im ersten und im zweiten Teil des Textes
- Rolle des Galeriebesuchers in den beiden Textteilen

Unterschiedliche Zugänge zu Texten kennenlernen

zu **4** Entscheide, welche der folgenden Einteilungen sinnvoll sind: ← S. 115

A 1. „Ich bin zurückgekehrt" (Z. 1) – „Ich bin angekommen" (Z. 10)
2. „Wer wartet hinter der Tür" (Z. 11) – „herüber aus den Kindertagen" (Z. 23)
3. „Was sonst in der Küche geschieht" (Z. 23) – „sein Geheimnis wahren will" (Z. 27)

B 1. „Ich bin zurückgekehrt" (Z. 1) – „Es ist meines Vaters alter Hof" (Z. 3)
2. „Die Pfütze in der Mitte" (Z. 3 f.) – „das sie vor mir wahren" (Z. 24)
3. „Je länger man vor der Tür zögert" (Z. 24 f.) – „der sein Geheimnis wahren will (Z. 27)

C 1. „Ich bin zurückgekehrt" (Z. 1) – „Wer wartet hinter der Tür der Küche?" (Z. 11 f.)
2. „Rauch kommt aus dem Schornstein" (Z. 12 f.) – „dass ich als Horcher überrascht werden könnte" (Z. 20)
3. „Und weil ich von Ferne horche" (Z. 21) – „der sein Geheimnis wahren will" (Z. 27)

zu **6** Achte auf folgende Aspekte und begründe deine Aussagen:

Erzähler:

Aus wessen Sicht wird erzählt? Erzählt der Erzähler im Rückblick oder aus der Situation heraus? Handelt es sich um Erzählerbericht oder Figurenrede?

Sprachliche Auffälligkeiten:

Satzbau (Satzlänge, einfacher oder komplizierter Satzbau), Wortwahl (Wortwiederholungen, Verwendung bestimmter Wortfelder), Verwendung rhetorischer Mittel

zu 2 Orientiere dich beim Vergleich der beiden Texte an folgenden Fragen: ← S. 119
- Erfährt die Leserin / der Leser etwas über die Vorgeschichte der Heimkehr?
- Welche Informationen erhält die Leserin / der Leser über die Eigenschaften von Vater und Sohn?
- In welchem Verhältnis stehen die beiden zueinander?
- Inwiefern unterscheidet sich die Rückkehr der „verlorenen Söhne"?

zu 4 Orientiere dich am folgenden Beispiel:
Während man in Kafkas Parabel nichts über den Grund des Weggangs des Sohnes erfährt, wird in der biblischen Geschichte erzählt, dass der Sohn zurückkehrt, nachdem er sein Erbteil, das er vor seinem Weggang von seinem Vater gefordert hatte, durch ein ausschweifendes Leben verprasst hat.

Unterschiedliche Textzugänge für eine Interpretation nutzen.

zu 2 Entscheide, welche Deutung der Sachebene du nachvollziehen kannst. ← S. 121
Kafka kritisiert mit seiner Parabel:
- engstirniges Denken
- das Beamtentum
- die Bürokratie
- …, dass Menschen sich zu leicht mit ihrer Situation zufriedengeben
- die Passivität von Menschen

zu 7 Lies zur Beschreibung der Beamten noch einmal den Abschnitt von Z. 9–24 und für die Beschreibung der Arbeiter Z. 1–8. ← S. 123
Erläutere anschließend, was mit den folgenden Aussagen gemeint ist:

Beamte: „Man sucht sie mit allen Mitteln, die es gibt, an den Apparat und den Beruf zu ketten, sodass sie in ihm aufgehn. Man bietet ihnen Sicherheit, Bequemlichkeit der Existenz statt ruhelosem, unsicherem Kampf im Strom des Lebens: – Dafür aber verlangt man Lebensbindung an den Apparat […]." (Z. 10–14)

Arbeiter: „[…] indem sie im Übrigen sich von ihr [der Arbeit] distanzieren und außerhalb des Arbeitsmechanismus, in dem sie stehn, den geistigen Schwerpunkt ihres Daseins legen; indem sie im Leben suchen, was es in der Arbeit nicht oder nur noch teilweise gibt: Persönlichkeit und Freiheit." (Z. 4–8)

6 Was darf Satire?

Was ist Satire?

zu **1** Beachte die Zeilen 14, 19, 20 ff., 36–40, 43–50. ← S. 137

Satiriker

– *streut Pfeffer ...*

– *will das Falsche beim richtigen Namen nennen ...*

– *ist bezüglich seiner Mittel eine Art Künstler ...*

– *...*

Publikum: „Die Erwachsenen"

– *...*

zu **2** Überlege:

– Was verbindet man mit „Zucker" und „Pfeffer" jeweils?

– Wofür stehen „Auge" und „Windeln"? Bei deiner Antwort kannst du auf den folgenden Wortspeicher zurückgreifen:

> angenehm · süß · Suchtmittel · scharf · Sehen · Erkenntnis · Kleinkind · naiv · unwissend · Augen öffnen · aufrütteln · aufzeigen

Zucker streuen steht für ... Pfeffer hingegen ...
Der Satiriker hat laut Kästner die Aufgabe, ...

zu **3** Beachte die Zeilen 20 ff., 39 f.
Der Satiriker nutzt künstlerische Mittel: ...

Satirische Texte untersuchen

zu **2** Informiere dich bei Bedarf über die Definition der rhetorischen Mittel (→ S. 343). Die Textbeispiele können auch zwei Mitteln zugeordnet werden, z. B. kann eine Metapher in ironischer Weise verwendet werden. ← S. 139

zu **2** Bei deiner Antwort kannst du auf den folgenden Wortspeicher zurückgreifen: ← S. 141

> rhetorische Frage · Komik/Witz · absurde Vorstellung · Kontrastierung · Ironie · unzutreffende, ironisch gemeinte Behauptung · Überspitzung · Wortschöpfung

Satirisch schreiben

zu **2** Bei den Postillon-Texten wird die Textsorte „Nachricht" mit dem sachlich-informierenden Stil parodistisch nachgeahmt. Das Satirische entsteht hier im Wesentlichen durch den Gegensatz von Inhalt (fiktiv, ans Absurde grenzend) und Darstellungsform (sachlich und neutral, wie man es von informierenden Texten erwartet). ← S. 143
Mache dir Stichpunkte zu Aufbau und Sprache der Texte, etwa so wie hier am Beispiel des Textes „Mann erfindet Doppel-Selfie-Stange …" (S. 142):

Aufbau:
1. *Abschnitt: Zusammenfassende Information über den Vorfall, Beantwortung der W-Fragen*
2. *Abschnitt: …*

Sprachliche Mittel:
– *Ironie („ganz besonderen Foto-Hilfsmittel", Z. 1)*
– *parodistische Nachahmung …*

zu **3** b) Achte darauf, dass die satirische Wirkung verstärkt werden soll, ohne das parodierende Nachahmen der Nachrichtensprache aufzugeben. Der Text soll also weiterhin „auf den ersten Blick" neutral, sachlich, informativ klingen. Die satirische Wirkung kannst du durch inhaltliche Zuspitzung verstärken (z. B. noch mehr Übertreibung), auch durch Mittel wie rhetorische Fragen und Neologismen (Wortschöpfungen). ← S. 144

zu **5** A) Rhetorische Frage zum Schluss:
Das heißt dann ja wohl für die Zukunft, dass …?
Wie lange dürfen Bahnreisende …?
…

B) Ausblick auf die Zukunft mit Übertreibung:
… Zeltlager auf Bahnhofsvorplätzen …
…

C) Ironisches Lob der für die Missstände Verantwortlichen
Danke, liebe Autolobby, liebe Verkehrspolitik, liebste …

7 „Jugend ohne Gott"

Den Anfang des Romans lesen

zu **1** a) Du kannst folgende Vorlage für deinen Steckbrief nutzen. Achte darauf, dass du Raum für weitere Eintragungen im Laufe des Kapitels lässt. ← S. 162

Figurensteckbrief: *Ich-Erzähler (Lehrer)*

Name:
- *wird nur als „Herr Lehrer" bezeichnet*

Alter:
- *34 Jahre*

Lebensumstände:
- *wohnt zur Untermiete bei einer sogenannten „Hausfrau"*
- ...

Beziehung zu anderen Figuren:
- ...

Sonstiges:
- ...

Die Erzählweise und die Rolle des Erzählers untersuchen

zu **2** c) Gehe bei der Bearbeitung der Aufgabe so vor: ← S. 166
- Entscheide, welcher der folgenden Aussagen (A–C) zur Person des Lehrers du dich anschließt, und suche geeignete Textstellen als Beleg.
- Verfasse auf der Grundlage dieser Aussage eine kurze Bewertung, die du mit passenden Textstellen belegst.

A Der Lehrer hat Ideale und moralische Prinzipien und handelt konsequent nach ihnen.

B Der Lehrer passt sich ohne Bedenken den herrschenden Verhältnissen an, auch wenn er mit diesen nicht immer einverstanden ist.

C Der Lehrer schwankt zwischen seinen Idealen und der Anpassung an die äußeren Umstände, passt sich am Ende jedoch den äußeren Verhältnissen an, um seinen Status nicht zu verlieren.

Ausgewählte Romankapitel interpretieren

zu **5** b) Erläutere, mit welchen der folgenden Adjektive du das Verhalten des Lehrers beschreiben würdest: ← S. 170

feige · ängstlich · mutig · wankelmütig · zielstrebig · stark · schwach

zu **5** c) Du kannst den Romanauszug unter folgenden Aspekten betrachten:
- Zeit und Ort der Handlung
- handelnde Figuren
- Beziehung der Figuren untereinander
- Thema des Kapitels

zu **5** d) Ergänze die folgenden Interpretationsaussagen:

A **1. Zitat – 2. Erläuterung – 3. Schlussfolgerung:**

Die Textstelle „Das Mädel ist nackt. Er kniet vor ihr. Sie ist sehr weiß. Ich warte. Sie gefällt mir immer mehr" zeigt, ...

B **1. These (Aussage/Behauptung) – 2. Zitat – 3. Erläuterung:**

Dass der Lehrer sich immer wieder von seinem Vorhaben, die beiden zur Rede zu stellen, ablenken lässt, zeigt die Textstelle ...

zu **5** Entscheide dich, welcher der folgenden Aussagen zum Kapitel du zustimmst. ← S. 175
Ergänze die Lücken mit Textbelegen und setze den Text in deinem Heft entsprechend fort.

A *Dass sich das Verhalten des Lehrers gegenüber seinen Schülern nicht verändert hat, zeigt ... Er verhält sich weiterhin distanziert, wie ... zeigt. Die Schüler betrachten ihren Lehrer ... Der durch den Ich-Erzähler vermittelte Blick der Leserin / des Lesers auf die Schüler und den Lehrer ...*

B *Dass der Lehrer die Schüler in diesem Kapitel in einem anderen Licht sieht, zeigt ... Anders als bisher ... Ebenso verändert sich der Blick der Schüler auf ihren Lehrer, indem ... Der durch den Blick des Ich-Erzählers vermittelte Blick der Leserin / des Lesers auf die Figuren ...*

8 Zwischen Konvention und Freiheit

Figuren und ihre Beziehungen untersuchen

zu **1** Welcher der folgenden Aussagen zur Auswirkung des Konflikts auf die beiden Figuren stimmst du zu? Begründe mit geeigneten Textbelegen. ← S. 197

A Sara ist durch das Verhalten von Mellefont in ihrem Innersten verunsichert, während Mellefont sich nicht durch Saras Gefühle beeindrucken lässt und trotz Saras Drängen ausweichend reagiert.
B Sara geht gelassen mit der Situation um und will Mellefont Zeit lassen.
C Sara und Mellefont sind stark verunsichert durch die Situation, in der sie sich befinden, und versuchen mit vereinten Kräften, einen Ausweg zu finden.

zu **2** Du kannst folgende Formulierungshilfen verwenden, um die Absichten der beiden Figuren – Sara und Mellefont – zu beschreiben:

offenbart Gefühle für die andere Person · erklärt/entschuldigt das eigene Verhalten · versichert sich der Gefühle der anderen Person · vergewissert sich ihrer/seiner selbst im Gespräch · stellt bestimmte Charaktereigenschaften heraus (z. B. Stärke, Fähigkeit zu Mitgefühl, Demut, Tugendhaftigkeit)

zu **3** a) Nutze die Formulierungshilfen unten.
Beachte bei der Einschätzung des nonverbalen Verhaltens auch die Regieanweisungen im Dramentext (kursiv gedruckt).

Sprache und Wortwahl

nutzt eine drastische Ausdrucksweise ↔ drückt sich vorsichtig und zurückhaltend aus
formuliert umständlich ↔ formuliert klar und direkt
verwendet Umgangssprache ↔ nutzt eine gehobene Sprache
spricht fließend ↔ spricht stockend / mit Unterbrechungen
verwendet vollständige Sätze ↔ bricht Sätze ab / verwendet unvollständige Sätze

Gesprächsverhalten

geht auf den anderen ein / hört aufmerksam zu ↔ geht über den anderen hinweg
schwächt die Einschätzung/Meinung des anderen ab ↔ stärkt die Einschätzung/Meinung des anderen

zu **1** b) Übertrage die folgende Tabelle in dein Heft und ergänze sie für Sara und Marwood: ← S. 200

Saras Verhalten gegenüber Mellefont	*Marwoods Verhalten gegenüber Mellefont*
– *untertänig, unterlegen (vgl. S. 195, Z. 2 f.)* – *fordert Mellefont auf, sich in sie hineinzuversetzen, verhält sich aber wie eine Bittstellerin (vgl. ...)* – ...	– *tritt fordernd auf (vgl. S. 198, Z. 4 f.)* – ...

zu **3** b) Orientiere dich bei deiner schriftlichen Stellungnahme an folgenden Schritten: ← S. 202

Info: Schriftlich Stellung nehmen

- Formuliere deine **These** (Meinung/Behauptung) **zur Ausgangsfrage**.
- Stütze deine These mit **geeigneten Argumenten** und führe **passende Textstellen als Beleg** an.
- **Ordne deine Argumente nach Wichtigkeit**, vom unwichtigsten Argument zum wichtigsten.
- **Entkräfte** mögliche **Gegenargumente**.

zu **2** Nutze die Informationen im Info-Kasten oben zum schriftlichen Stellungnehmen und die folgenden Formulierungshilfen: ← S. 205

- **These:** Die im Zitat geäußerte Einschätzung, dass … trifft meiner Ansicht nach zu / nicht zu …
- **Verknüpfung von Argumenten und Textbelegen:** Für diese These spricht die Aussage von … • Wie man an der Äußerung von … erkennt … • Wenn … sagt, dass …, deutet dies darauf hin …
- **Verknüpfung von Argumenten:** Zunächst ist wichtig … • Ein erster wichtiger Aspekt ist … • Hinzu kommt … • Besonders wichtig ist jedoch … • Schließlich deutet alles darauf hin, dass …
- **Entkräftung von Gegenargumenten:** Es ist zwar nachvollziehbar … • Zwar könnte man einwenden, dass …

Eine literarische Erörterung verfassen

zu **2** b) Betrachte vor allem noch einmal folgende Textstellen: ← S. 206
S. 199, Z. 26–59   S. 201, Z. 16–36   S. 204, Z. 40–47

9 Weiß einer noch?

Die Motive „Kindheit" und „Jugend" untersuchen

zu **3** Orientiere dich an folgenden Kriterien: ← S. 223
- **Inhaltlicher Aufbau:** Beziehung zwischen Überschrift und Inhalt, thematischer Schwerpunkt, Handlung, Gedanken, Stimmungen
- **Formaler Aufbau:** Strophenform, Verse, Reimschema, Metrum
- **Sprache:** Sprachebene, Wortarten, Wortwiederholungen, besondere sprachliche Mittel (→ Merkwissen, S. 242 f.)

Expressionismus – Gedichte einer Epoche untersuchen

zu **2** b) Du kannst folgenden Lückentext als Ausgangstext nutzen: ← S. 226
In dem Gedicht „Jugend" von Else Lasker-Schüler wendet sich das lyrische Ich an den Tod. Diesen spricht es mit den Worten ... Das lyrische Ich charakterisiert sich dagegen selbst als ..., indem ...

zu **3** a) Gehe so vor: ← S. 227
- Entscheide, welcher der folgenden Aussagen zur Sprache des Gedichts du zustimmst, und suche Textstellen als Beleg:

anklagend | sachlich informierend | emotional | distanziert | ironisch

- Erläutere, welche Haltung des lyrischen Sprechers zum Tod durch die Sprache zum Ausdruck kommt.

zu **3** Achte bei der sprachlichen Untersuchung besonders auf die Vers-Enden, die Verwendung von Adjektiven und die Farbmetaphorik. ← S. 228

zu **2** Bei dem Gedicht handelt es sich um ein Sonett. Beziehe die Informationen aus dem Info-Kasten in deine Analyse mit ein: ← S. 229

Info: Das Sonett

Das **Sonett** ist eine besondere Gedichtform mit einem strengen Bauplan: Zwei Strophen mit jeweils **vier Versen (Quartetten)** folgen zwei Strophen mit jeweils **drei Versen (Terzetten)**. Meist findet eine inhaltliche Zäsur zwischen Quartetten und Terzetten statt, z. B.:
- **These** (Aussage/Behauptung) **in den Quartetten**,
- **Antithese** (Gegenbehauptung) **in den Terzetten**.

Gedichte interpretieren und aspektorientiert vergleichen

zu **1** Begründe, welcher der folgenden Aussagen zur Atmosphäre des Gedichts du zustimmst: ← S. 230

Die Atmosphäre des Gedichts ist:
- geheimnisvoll
- beängstigend
- vertrauenerweckend
- unheimlich

zu **3** Achte bei deiner inhaltlichen Gliederung auch auf formale Auffälligkeiten wie Satzzeichen und Endreim.

zu **5** Nutze den folgenden Text als Ausgangstext: ← S. 231

Gleich in den ersten beiden Versen „Damals ging noch am Abend der Wind / Mit starken Schultern rüttelnd ums Haus“ (V. 1–2) zeigt sich durch die Personifizierung des Windes, dass das lyrische Ich die Natur als stark und mächtig erlebt hat. Die Wahrnehmung, dass das Laub der Linde mit dem lyrischen Ich als Kind gesprochen hat (vgl. V. 3), deutet jedoch darauf hin, dass ... . Auch in den Versen 4 und 5 „...“ wird deutlich, dass ...
Die Natur hat für das lyrische Ich außerdem etwas Geheimnisvolles, was sich ... zeigt. ...

zu **2** Weitere mögliche Vergleichsaspekte sind: ← S. 232
- die Rolle anderer Personen
- formale Besonderheiten
- die sprachliche Gestaltung

10 „Bleibt hungrig, bleibt albern!“

Eine Rede analysieren

zu 1 Beantworte für dich die folgenden Fragen, um die Redesituation zu beschreiben: ← S. 251

- Von wem wurde die Rede gehalten?
- Wann wurde sie gehalten?
- Wo wurde sie gehalten?
- Wer waren die Zuhörer/-innen?

Nenne bei der **Wiedergabe des Inhalts**:

- das Thema der Rede
- die wichtigsten Kernaussagen

zu 2 Entscheide begründet, welche der folgenden Aussagen die vorherrschende Absicht des Redners am ehesten wiedergibt:

Der Redner möchte die Zuhörer/-innen:

- zu Toleranz und gegenseitigem Verständnis aufrufen
- über die Ausschreitungen nach dem Attentat auf Rudi Dutschke informieren
- zum Handeln auffordern
- beschwichtigen

zu 6 Ordne die folgenden Zitate aus der Rede der entsprechenden Tabellenspalte zu:

„Nichts ist jetzt so sehr geboten, wie Selbstbeherrschung – auch an den Stammtischen oder wo immer sonst dieser Tage diskutiert wird.“ (Z. 25 ff.)

„Wichtiger aber ist es, uns gegenseitig zu dem demokratischen Verhalten zu verhelfen, das den Einsatz von Polizei und Justiz erübrigt.“ (Z. 32 f.)

„Auch die junge Generation hat einen Anspruch darauf, mit ihren Wünschen und Vorschlägen gehört und ernst genommen zu werden.“ (Z. 35 ff.)

„Gewalttat aber ist ein gemeines Unrecht und eine Dummheit obendrein. Es ist eine alte Erfahrung, dass Ausschreitungen und Gewalttaten genau die gegenteilige öffentliche Meinung schaffen, als ihre Urheber wünschen.“ (Z. 38 – 41) zu **2** Der Redner Gustav Heinemann hat in den ausgewählten Zitaten diese rhetorischen Mittel angewendet. Ordne sie begründet zu. ← S. 252

Metapher | rhetorische Frage | Anapher | Klimax

Eine schriftliche Redeanalyse verfassen

zu **3** Begründe, welche der im Folgenden genannten Redeintentionen die Rednerin Semiya Şimşek hier verfolgt: ← S. 256

Semiya Şimşek möchte
– die Gesellschaft **anklagen,**
– die Zuhörenden **aufrütteln,**
– **erzählen / über sich informieren,**
– an die Zuhörer/-innen **appellieren,**
– die Ereignisse **kommentieren.**

zu **4** Fasse den Inhalt in folgenden Abschnitten zusammen:
Einleitung: Zeile 1–13, **Hauptteil**: Zeile 14–53, **Schluss**: Zeile 54–61.

zu **7** Du kannst folgende Formulierungshilfen für deine Redeanalyse nutzen:

Einleitung:
Die vorliegende Rede mit dem Titel … wurde anlässlich … von … in …. vor … gehalten. • … hielt die Rede … am … in … vor … • In der Fernsehansprache von … zum Thema … am … • Die Hauptintention der Rede ist …

Hauptteil:
Die Rede lässt sich in … Teile/Abschnitte/Sinnabschnitte untergliedern. In der Einleitung / dem ersten Sinnabschnitt … • Die Rednerin / Der Redner berichtet/ erzählt / beschreibt / warnt vor … • Im Folgenden erörtert/problematisiert die Rednerin / der Redner die Frage, ob/inwiefern … • Abschließend geht sie/er darauf ein, … • Die Rednerin / Der Redner verleiht ihrer/seiner Position Nachdruck durch den gezielten Einsatz von Redestrategien und rhetorischen Mitteln wie …

Schluss:
Zusammenfassend lässt sich sagen, dass … • Festzuhalten ist also … • Aus meiner Sicht ist die Argumentation schlüssig, da … • Meiner Ansicht nach erreicht die Rednerin / der Redner ihr/sein Ziel / nicht ihr/sein Ziel, da …

Orientierungswissen

Sprechen und Zuhören

Einen Vortrag vorbereiten und halten → S. 28–31

1. Schritt: Fragen stellen und Informationen sammeln
- Sammle Begriffe und Fragen zum Thema deines Vortrags. Dazu kannst du z. B. eine Stichpunktliste oder einen Cluster anlegen.
- Recherchiere anhand deiner Fragestellungen und der gesammelten Begriffe Informationen zum Thema, z. B. im Internet (→ S. 359) oder in der Bibliothek.
- Führe bei Bedarf Interviews mit Experten für das Thema durch.

2. Schritt: Informationen auswerten und ordnen
- Nutze die dir bekannten Verfahren zur Texterschließung und zur Erschließung von Grafiken und Diagrammen (→ S. 342), um die Materialien auszuwerten.
- Notiere die gewonnenen Informationen, z. B. in einer Mindmap, einer Tabelle, einem Zeitstrahl oder einem Flussdiagramm.
- Wähle aus, welche Aspekte du in deinem Vortrag darstellen möchtest. Markiere sie und nummeriere sie bei Bedarf.

3. Schritt: Karteikarten anlegen
- Lege Karteikarten zu den ausgewählten Aspekten des Themas an. Notiere auf jeder Vortragskarte nur einen Aspekt, eine Fragestellung oder einen Oberbegriff und dazu wenige aussagekräftige Stichpunkte.

4. Schritt: Den Vortrag gliedern
- **Einleitung:** Beginne mit einer Einleitung, in der du z. B. darstellst, warum die Frage für die Zuhörer/-innen interessant oder warum das Thema allgemein wichtig oder aktuell ist.
- **Hauptteil:** Präsentiere im Hauptteil die einzelnen Aspekte des Themas (vgl. 3. Schritt) in einer sinnvollen Reihenfolge.
- **Schluss:** Fasse zum Schluss das Wichtigste zusammen. Du kannst – abhängig vom Thema – abschließend auch deine eigene Meinung oder einen Appell formulieren.

5. Schritt: Informationen veranschaulichen
- Visualisiere die Gliederung deines Vortrags für deine Zuhörer/-innen, indem du sie z. B. an die Tafel schreibst, an ein Whiteboard projizierst oder ein Handout verteilst.
- Nutze Bilder oder Grafiken als Anschauungsmaterial.
- Als Alternative kannst du auch eine Bildschirmpräsentation (→ S. 325) erstellen.

6. Schritt: Den Vortrag üben
- Übe den Vortrag möglichst vor Zuhörerinnen/Zuhörern.
- Nutze deine vorbereiteten Vortragskarten oder deine Bildschirmpräsentation.

7. Schritt: Den Vortrag halten
- Sprich frei, deutlich und in einem angemessenen Tempo.
- Halte Blickkontakt zu den Zuhörenden und achte auf deine Körpersprache.
- Beziehe deine Zuhörer/-innen in den Vortrag mit ein, indem du z. B. Fragen beantwortest oder Fragen an das Publikum stellst.

Den Vortrag mit einer Bildschirmpräsentation unterstützen → S. 28–31

Mit einer Bildschirmpräsentation kannst du einen mündlichen Vortrag oder eine mündliche Präsentation unterstützen. Bei der Erstellung solltest du folgende Schritte beachten:

Informationen mit einer Bildschirmpräsentation veranschaulichen
- Entscheide, welche Informationen du deinen Zuhörerinnen/Zuhörern **mündlich präsentieren** willst und welche du **mithilfe einer Bildschirmpräsentation veranschaulichen** möchtest.
- Wähle **geeignete Zusatzmaterialien** aus, z. B. Bilder oder Diagramme, mit denen du deine mündliche Präsentation veranschaulichen kannst.
- Gestalte deine **Folien**. Berücksichtige dabei:
  - Eine Folie sollte nur **wenige, aussagekräftige Informationen** enthalten (in der Regel nicht mehr als sechs Sätze oder Stichpunkte).
  - Pro Folie sollten **nur ein bis zwei Bilder** oder **ein Diagramm** verwendet werden. Diese müssen gut erkennbar sein.
  - Nutze einen **gut lesbaren Schrifttyp** mit einer **Schriftgröße** von **mindestens 20 Punkt (pt).**
  - Wähle **einfarbige Hintergründe** und verzichte auf Spezialeffekte wie ClipArts, auffällige Animationen oder Soundeffekte, da sie die Zuhörer/-innen ablenken.
- Notiere **zusätzliche Informationen**, die du für deine Präsentation benötigst, im gesonderten **Notizfeld** der Bildschirmpräsentation oder auf **Karteikarten**.

Präsentieren
- Nutze die **Bildschirmpräsentation als „roten Faden"** für deinen Vortrag.
- **Übe deine Präsentation** vorab mehrmals.
- Lies die Folien nicht vor, sondern erläutere deinen Zuhörerinnen/Zuhörern das dort **Dargestellte** und **ergänze weitere Informationen** mithilfe deiner zusätzlichen Notizen.
- Sprich **frei** und halte **Blickkontakt** mit deinen Zuhörerinnen/Zuhörern.
- Kläre im Vorfeld, ob **Fragen** direkt während der Präsentation oder im Nachhinein gestellt werden können.

In unterschiedlichen Diskussionsformen diskutieren

Die Plenumsdiskussion

Bei einer **Plenumsdiskussion** vertritt jede Teilnehmerin / jeder Teilnehmer ihre/seine **persönliche Meinung** zu einer bestimmten Fragestellung, z. B.:

Welche Rolle sollte die Digitalisierung im Deutschunterricht spielen?

Alle Anwesenden haben Rederecht. Eine Diskussionsleiterin / Ein Diskussionsleiter steuert die Redebeiträge.
Die Form der Plenumsdiskussion wird häufig im Unterricht gewählt.

Die Pro-Kontra-Diskussion

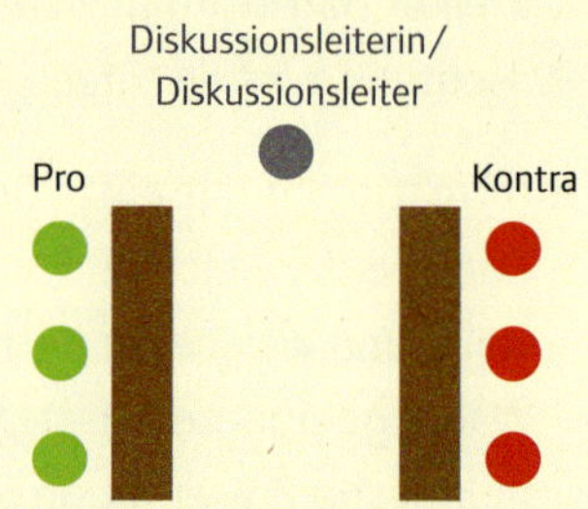

Bei der **Pro-Kontra-Diskussion** diskutieren **zwei Gruppen** miteinander, die die **gegenteilige Position** zu einer festgelegten Entscheidungsfrage vertreten, z. B.:

Sollte der Samstagsunterricht wieder eingeführt werden?

Dabei geht es nicht darum, die eigene Meinung zu vertreten, sondern eine vorgegebene Position.
Eine **Diskussionsleiterin** / Ein **Diskussionsleiter** führt in die Diskussion ein, erteilt während der Diskussion den beiden diskutierenden Gruppen abwechselnd Rederecht und achtet auf die Einhaltung der Diskussionsregeln. Am Ende der Diskussion fasst sie/er die Diskussionsergebnisse noch einmal zusammen.

Die Form der Pro-Kontra-Diskussion findet man z. B. bei Diskussionssendungen im Fernsehen.

Die Debatte

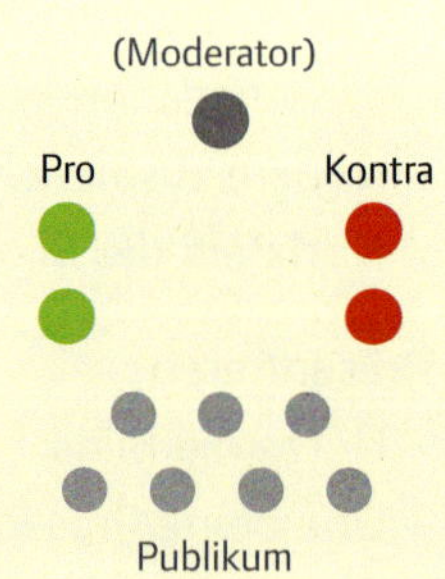

Eine **Debatte** ist ein **Streitgespräch**, das im Unterschied zu einer Pro-Kontra-Diskussion deutlich stärker **geregelt** ist.
Im Mittelpunkt der Debatte steht ein **Problem** bzw. eine **Entscheidungsfrage**, zu der es **unterschiedliche Standpunkte** gibt, z. B.:

Sollten Schüler/-innen ihre Lehrer/-innen duzen dürfen?

In der Regel hat eine Debatte folgenden **Aufbau**:

1. **Persönliches Statement** der Teilnehmer/-innen zum Problem bzw. zur Entscheidungsfrage
2. **Aussprache/Diskussion** zum Thema
3. **Abschließende Stellungnahme** der Teilnehmer/-innen unter Einbeziehung der Diskussionsergebnisse

Schreiben

Materialgestützt informieren

→ S. 14–37

Beim **materialgestützten Informieren** trägst du aus verschiedenen Materialien, z. B. Texten und Grafiken, Informationen zu einem Thema zusammen und verfasst auf dieser Grundlage einen **eigenen informierenden Text**. Gehe dabei so vor:

1. Schritt: Die Schreibaufgabe klären

Lies die Aufgabe/Fragestellung genau und beantworte für dich die folgenden Fragen:
- Wie lautet das **Thema**?
- Welche **Textsorte** wird von dir verlangt?
- Welchen **Zweck** soll dein Text erfüllen?
- Wer sind die **Adressatinnen/Adressaten** deines Textes?

2. Schritt: Die Materialien auswerten
- **Überfliege** die bereitgestellten Materialien, um herauszufinden, ob sie Informationen zu der vorgegebenen Fragestellung enthalten.
- **Lies** die geeigneten Materialien gezielt im Hinblick darauf, welche Informationen du für den geforderten Text verwenden kannst.
- **Markiere** alle Informationen, die du für deinen Text nutzen möchtest.

3. Schritt: Den Text planen
- **Notiere** alle Informationen aus den Materialien, die für dich wichtig sind, nach geeigneten Aspekten geordnet. Du kannst hierfür z. B. eine Mindmap nutzen.
  Welche Aspekte das sind, hängt vom Thema ab, z. B.:
  ***Thema**: Epoche der Aufklärung* → ***Aspekte:** Grundideen, historische Einordnung …*
- **Ordne** die Aspekte sinnvoll an, indem du sie z. B. nummerierst.

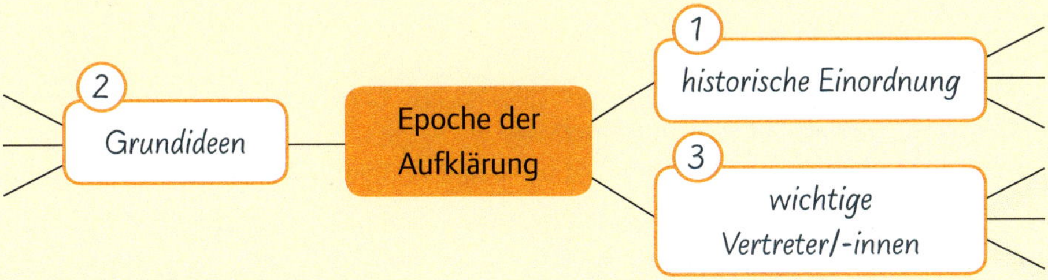

4. Schritt: Den Text verfassen
- **Einleitung:** Wecke mit der Einleitung das Interesse deiner Leser/-innen.
- **Hauptteil:** Stelle die Informationen geordnet nach den einzelnen Aspekten des Themas dar. Schreibe im Präsens und achte auf einen sachlich-informierenden und gut verständlichen Schreibstil.
- **Schluss:** Beende deinen Text mit einer persönlichen Bewertung oder einem Fazit (Schlussfolgerung). Du kannst auch einen Ausblick geben oder eine Empfehlung aussprechen.

Materialgestützt argumentieren

→ S. 38–59

Beim **materialgestützten Argumentieren** geht es darum, auf der Grundlage von Informationen aus Texten und Diagrammen einen eigenen argumentativen Text zu schreiben.

1. Schritt: Die Schreibaufgabe klären
- **Lies die Aufgabe genau** und beantworte für dich folgende Fragen:
  - Wie lautet das **Thema**?
    Sollte an unserer Schule eine verbindliche Kleiderordnung eingeführt werden?
  - Welches **Ziel** verfolgst du mit deiner Argumentation?
    eine verbindliche Kleiderordnung verhindern
  - Wer sind die **Adressatinnen/Adressaten** deiner Argumentation?
    Gesamtkonferenz, Gesamtelternvertretung
  - **Formuliere eine These**, die deine Meinung zu diesem Thema wiedergibt, z. B.:
    Eine verbindliche Kleiderordnung ist überflüssig.

2. Schritt: Die Materialien auswerten
- **Überfliege** die bereitgestellten Materialien, um herauszufinden, ob sie Argumente enthalten, die deine These stützen.
- **Lies** die geeigneten Materialien genauer und **markiere** alle Informationen, die du für deinen Text nutzen möchtest.

3. Schritt: Den Text planen
- **Plane die Anordnung deiner Argumente nach Wichtigkeit**, z. B. indem du sie nummerierst. Besonders **überzeugend/stichhaltig** sind Argumente,
  - die sich auf **allgemein akzeptierte Werte** beziehen (**normatives Argument**),
  - die mit **überprüfbaren Fakten** (oft Zahlen oder Statistiken) untermauert werden können (**Faktenargument**),
  - die die **Meinung einer** anerkannten **Expertin / eines** anerkannten **Experten** wiedergeben (**Autoritätsargument**).

4. Schritt: Die Argumentation schreiben
- **Überschrift:** Formuliere eine aussagekräftige Überschrift.
- **Einleitung:** Verfasse eine Einleitung, die deine Leser/-innen neugierig auf deine Argumentation macht, und formuliere deine Meinung zum Thema.
- **Hauptteil:**
  - Formuliere deine Argumentation aus. Achte beim Schreiben darauf, dass du nicht den **Zweck** und die **Adressatinnen/Adressaten** aus dem Auge verlierst.
  - **Verknüpfe deine Argumente** sprachlich korrekt und inhaltlich schlüssig.
  - **Veranschauliche** deine Argumente mit **Beispielen/Erläuterungen**.
  - Gehe in deiner Argumentation auch auf **mögliche Gegenargumente** ein und entkräfte sie.
- **Schluss:** Fasse deine Meinung noch einmal zusammen oder formuliere einen Wunsch, eine Empfehlung oder einen Appell (Aufruf).

Einen Kommentar schreiben → S. 38–59

Der **Kommentar** ist eine (journalistische) Textsorte, mit der man seine Meinung zu einem Thema äußert, um Verhalten oder Urteil der Leserschaft zu **beeinflussen**.

Den Kommentar planen
- Formuliere die **strittige Frage**, zu der du deine Meinung äußern willst.
- Lege eine **Stoffsammlung** an, werte sie aus und kläre deine **Position** zur strittigen Frage.
- Markiere in deinen Materialien **passende Informationen, Argumente und Beispiele**, schreibe sie heraus und ordne sie. Ergänze Beispiele und Erläuterungen.

Den Kommentar schreiben
- Schreibe **anlass- und adressatengerecht**. Halte dir deine Leserschaft vor Augen.
- Formuliere eine **Überschrift**, die neugierig macht.
- Wähle einen **markanten Einstieg**, z. B. eine These und eine kurze Information zum Thema.
- Gestalte deine **Argumentation** so, dass sie zu einer **pointierten Schlussfolgerung** führt.
- Schließe mit einer **klaren Positionierung**, einem Appell oder einer Forderung.
- Verwende **rhetorische Mittel** (→ S. 343) der Veranschaulichung und Zuspitzung, z. B.:

  pointierte Formulierung *(Das geht gar nicht!)*
  Übertreibung *(von Kopf bis Fuß übersät mit Tattoos)*
  rhetorische Frage *(Ist das denn schlimm?)*
  Wortspiel *(tätowierter als die Polizei erlaubt)*
  steigernde Aufzählung *(frisch, farbig, frech)*
  parallele Satzkonstruktion *(Mode vergeht, das bleibt.)*
  Wertung *(ekelige Ritzereien)*
  Ellipse *(Tendenz steigend)*
  Ironie *(schön bemalter Polizist)*
  Vergleich *(wie ein Bilderbuch)*
  Metapher *(Poesiealbum Körper)*
  Neologismus *(Tattooisierung)*

Eine textgebundene Erörterung schreiben → S. 60–83

Bei der textgebundenen Erörterung gehst du von einem vorgegebenen Text aus und erörterst auf dieser Grundlage eine Problemstellung. Der **Schwerpunkt** liegt auf dem **zweiten Aufgabenteil, der Erörterung** (im Gegensatz zur Sachtextanalyse → S. 341).

1. Schritt: Die Schreibaufgabe klären
- Lies die Aufgabe genau und kläre: Zu welcher Problemstellung sollst du, ausgehend vom vorgegebenen Text, eine Erörterung schreiben?

2. Schritt: Den Text erschließen
- Erschließe den vorgegebenen Text mithilfe geeigneter Lesestrategien. Beantworte folgende Fragen:
  - Um welche Problemstellung geht es?
  - Welche Position vertritt die Autorin / der Autor dazu?
  - Was kennzeichnet den Argumentationsgang des Textes?
  - Welche sprachlichen Besonderheiten weist der Text auf?

3. Schritt: Die Die eigene Position klären
- Wie ist deine Position zur Problemstellung?
- Welche Argumente kannst du anführen, um die Position des Textes (voll oder mit Einschränkungen) zu unterstützen oder um sie zu widerlegen?
- Welche Beispiele, Belege und Erläuterungen kannst du anfügen?

4. Schritt: Die textgebundene Erörterung schreiben
- **Einleitung**
  Mache Angaben zur **Textvorlage** (Autor/-in, Titel, ggf. Textsorte, Datum, Thema, ggf. Textquelle). Gehe gegebenenfalls auf den **aktuellen Bezug** des Themas ein.
- **Hauptteil**
  1. **Textanalyse:** Gib die **zentrale Problemstellung** und die **Autormeinung** wieder und fasse den **Inhalt** knapp zusammen. Beschreibe **Argumentationsstruktur** und **sprachliche Besonderheiten** und gib jeweils passende Textstellen an.
  2. **Erörterung: Nimm Stellung** zu den im Text angeführten Argumenten. Stimme vollständig oder teilweise zu oder widersprich. Führe **eigene Beispiele, Belege, Erläuterungen** an.
- **Schluss**
  Bringe deine Position und Hauptargumente **zusammenfassend auf den Punkt**. Du kannst auf verwandte Themen oder zukünftige Entwicklungen eingehen.

Essayistisch schreiben → S. 84–107

Der (oder: Das) **Essay** ist eine kurze Abhandlung, in der du dich mit einem Thema auseinandersetzt, um auf unterhaltsame Art Denkanstöße zu geben. Hierbei bist du recht frei:
- **Inhalt:** Du musst nicht objektiv und stringent erörtern oder alle Aspekte erfassen. Stelle dir den Essay als „Spaziergang“ vor, bei dem du unterschiedliche Etappen durchläufst (Eindrücke, Überlegungen, Abschweifungen), jedoch immer wieder auf den Weg zurückkommst (d. h., inhaltlich einen roten Faden beibehältst).
- **Sprache:** Passend zu den inhaltlichen Etappen des „Spaziergangs“ wechseln typischerweise der Sprachstil (informierend, satirisch …) oder auch die Sprachebenen.

1. Schritt: Fragestellung und Rahmenthema klären
- Sammle deine Assoziationen zum Thema.
- Überlege, welche Richtung dein Essay haben soll (mit Blick auf den 3. Schritt).

2. Schritt: Material auswerten
- Recherchiere Material und werte es aus: Welche Informationen kannst du wie verwenden?
- Fasse diese Informationen stichpunktartig zusammen.

3. Schritt: Einen roten Faden entwickeln
- Wähle einen „roten Faden“, der deine Beobachtungen verbindet, z. B. einen Gegenstand, eine Erfahrung oder auch eine bestimmte Formulierung.

4. Schritt: Eine Struktur entwerfen
- Lege die inhaltlichen Aspekte und deren Reihenfolge so fest, dass der rote Faden erhalten bleibt. Es reicht, wenn sie locker gedanklich verbunden sind.
- Bestimme die jeweils passende Darstellungsweise, z. B. neutral beschreibend *(Geschichte der Schokolade)*, poetisch *(geliebter Seelentröster)*, argumentativ-wertend *(unhaltbare Bedingungen beim Kakaoanbau)*.

5. Schritt: Einen Einstieg wählen
- Wähle einen packenden Einstieg, z. B. ein persönliches Erlebnis, eine alltägliche Beobachtung, ein Zitat oder eine provokante These.

6. Schritt: Den Schluss gestalten
- Entwickle den Schluss aus dem roten Faden des Textes.
- Ziehe z. B. ein Fazit, formuliere eine Forderung oder weise auf offene Fragen hin.

7. Schritt: Den Essay niederschreiben
- Plane genügend Zeit für das Spiel mit Darstellungsformen und Sprachebenen ein.

Satirisch schreiben → S. 134–157

- Die **Satire** verspottet und kritisiert Schwächen oder Missstände mit dem Ziel, etwas zu verändern. Sprachliche Merkmale sind vor allem Übertreibung, Kontrastierung und Ironie.
- Satire ist schärfer in ihrer Kritik als **Comedy**, die vor allem unterhalten soll. Sie ist im Gegensatz zum Genre **Parodie** immer spöttisch-kritisch, kann sich jedoch einer parodistischen Schreibweise bedienen und zum Beispiel einen Stil oder ein Werk nachahmen.

Den satirischen Text planen und sprachlich gestalten
- Kläre, welche **Schwäche** oder welchen **Missstand** du spöttisch kritisieren willst und wer der **Adressatenkreis** deiner Kritik ist. Notiere in Stichpunkten, was genau kritikwürdig ist (Verhaltensweisen, Einstellungen, Ungerechtigkeiten …).
- Notiere Stichpunkte zur wirkungsvollen **sprachlichen Gestaltung**:
  - Wie kannst du das Kritikwürdige **übertreiben, zuspitzen** (z. B. Hyperbel, Wiederholung mit Steigerung) oder aber gerade durch **Untertreibung** scharf hervorheben?
  - Wie kannst du eine Verhaltensweise oder Situation ins Absurde **verzerren**?
  - Welche **rhetorische Frage** kannst du wo einsetzen?
  - Wo passt **Ironie**, d. h. spöttischer Widerspruch zwischen Gesagtem und Gemeintem?
  - Wie kannst du durch **Kontrastierung** das Kritikwürdige deutlich vorführen?
  - Welche **Wortschöpfungen** und/oder **Metaphern** steigern die satirische Wirkung?
- Probiere beim Formulieren Möglichkeiten aus.
  Prüfe: Klingt es scharf, spöttisch, entlarvend?

Einen Figurensteckbrief erstellen

Ein **Figurensteckbrief** dient als Vorbereitung für die Charakterisierung einer literarischen Figur. Er enthält stichpunktartige Informationen:
- zum **Namen** und zum **Alter** der Figur, falls bekannt
- zu **äußeren Merkmalen**
- zu den **Lebensumständen**
- zu **Verhalten** und **Eigenschaften**
- zur **Beziehung zu anderen Figuren** und
- zu **sonstigen Besonderheiten**

Eine literarische Figur charakterisieren

1. Schritt: Die Charakterisierung planen
- Suche Textstellen, die etwas über die Figur aussagen. Manchmal musst du aus dem Genannten auch selbstständig Rückschlüsse ziehen, z. B. auf die Eigenschaften einer Figur.
- Notiere deine Untersuchungsergebnisse z. B. nach folgenden Aspekten:
  - **äußere Merkmale**
  - **Verhalten und Eigenschaften**
  - **Lebensumstände**
  - **Beziehung zu anderen Figuren**

2. Schritt: Die Charakterisierung schreiben
- **Einleitung:** Stelle den Roman oder den Erzähltext kurz vor. Nenne **Autor/-in, Titel, Hauptfigur(en), Handlungsorte** und gib **allgemeine Informationen zur Figur**, z. B. zu ihrer Rolle im Buch oder in der Erzählung, zu ihrem Alter und zu ihren Lebensumständen, sowie zur **Handlung**.
- **Hauptteil:** Beschreibe die einzelnen Merkmale der Figur, z. B. ihr Aussehen, ihr Verhalten, ihre Eigenschaften und ihre Beziehung zu anderen Figuren. Achte auch darauf, ob und wie sich das Verhalten oder die Beziehung der Figuren verändert.
  Belege deine Aussagen mit dem Text (→ S. 24 f.).
- **Schluss:** Fasse deine Untersuchungsergebnisse kurz zusammen oder formuliere eine persönliche Einschätzung der Figur.

Schreibe im **Präsens**.

3. Schritt: Die Charakterisierung überarbeiten
Überprüfe deine Charakterisierung anhand folgender Fragen:
- ✓ Kann man sich nach dem Lesen deiner Charakterisierung die Figur gut vorstellen?
- ✓ Hast du deine Aussagen mit Textbelegen (direkten oder indirekten Zitaten → S. 360) gestützt?
- ✓ Ist dein Text sinnvoll und leserfreundlich aufgebaut, z. B. nach Aspekten wie Aussehen, Verhalten geordnet?
- ✓ Hast du die Charakterisierung im Präsens geschrieben?

Einen Erzähltext schriftlich interpretieren → S. 108–133, S. 134–157, S. 158–191

1. Schritt: Den Text untersuchen

Bereite deine Interpretation vor, indem du den Text **inhaltlich**, **sprachlich** und im Hinblick auf die **Erzählweise analysierst**. Orientiere dich dabei an den Hinweisen zur Untersuchung der einzelnen Textsorten:

- **Erzähltexte untersuchen** (→ S. 337)
- **Kurzgeschichten untersuchen** (→ S. 338)
- **Parabeln untersuchen** (→ S. 338)
- **Einen Roman untersuchen** (→ S. 338)

2. Schritt: Die Interpretation schreiben

- **Einleitung:**
  - Schreibe einen einleitenden Satz, in dem du die **Textart**, den **Titel** des Textes, **die Autorin / den Autor**, das **Erscheinungsjahr** (falls bekannt) und die **Quelle** (falls bekannt) des Textes nennst. Gib dann das **Thema des Textes** in ein bis zwei Sätzen wieder.
- **Hauptteil:**
  - Fasse den **Inhalt des Textes kurz zusammen.**
    Der Text beginnt damit, dass … Schließlich …
  - Formuliere die **Antworten auf die Interpretationsfragen** (vgl. 1. Schritt) aus. Beschreibe nicht nur, sondern erkläre auch die Funktion und die Wirkung der einzelnen Merkmale. Dabei kannst du so vorgehen:

    1. Zitat → 2. Erläuterung → 3. Schlussfolgerung, z. B.:
    Mit der Aussage: „Odysseus aber, um es so auszudrücken, hörte ihr Schweigen nicht, er glaubte, sie sängen, und nur er sei behütet, es zu hören" (Z. 31 f.) stellt Kafka den sprichwörtlich listenreichen Odysseus als naiv dar, da er – von seiner eigenen Listigkeit überzeugt – nicht merkt, dass ihn die Sirenen zum Besten halten.

    1. These (Aussage/Behauptung) → 2. Zitat → 3. Erläuterung, z. B.:
    In der Parabel wird Odysseus – im Unterschied zu seinem Ruf als listenreicher Krieger und Seefahrer – als jemand dargestellt, der so von sich und seiner List überzeugt ist, dass er gar nicht merkt, wie ihn die Sirenen zum Besten halten. Dies zeigt die Aussage: „Odysseus aber, um es so auszudrücken, hörte ihr Schweigen nicht, er glaubte, sie sängen, und er nur sei behütet, es zu hören" (Z. 31 f.). Die Listenreichen in dieser Parabel sind also die Sirenen und nicht Odysseus.

    Stütze deine **Aussagen mit Textbelegen** (direkten oder indirekten Zitaten → S. 360).
- **Schluss:**
  - Fasse deine Interpretationsergebnisse zu einer Gesamtdeutung des Textes zusammen.

Gestaltend interpretieren

Beim **gestaltenden Interpretieren** geht es darum, einen Originaltext durch einen **selbst geschriebenen literarischen Text** zu ergänzen und ihn damit zu interpretieren. Oft versetzt man sich dabei in eine der handelnden Figuren hinein und verfasst einen Text aus der Sicht dieser Figur. Anders als beim freien, kreativen Schreiben muss die gestaltende Interpretation den **Inhalt**, die **(sprachliche) Form** und die **Figurengestaltung des Originaltextes** aufgreifen. Dafür muss man den Originaltext zunächst inhaltlich und sprachlich genau untersuchen und verstehen. **Ziel des gestaltenden Interpretierens** ist es z. B., die Figuren, ihre inneren Konflikte und ihre Handlungsweisen besser zu verstehen.

Mögliche Aufgaben zum gestaltenden Interpretieren

Einen inneren Monolog schreiben:
Mithilfe eines inneren Monologs setzt man sich mit der Gedanken- und Gefühlswelt einer Figur, z. B. in besonders schwierigen, schönen oder aufregenden Situationen, auseinander:
- Versetze dich in die Figur in dieser besonderen Situation und versuche, ihre **Wahrnehmungen, Gedanken** und **Gefühle** wiederzugeben. Schreibe nur das, was die Figur zu diesem Zeitpunkt wissen kann.
- Schreibe in der **Ich-Form** und im **Präsens**. Orientiere dich an der Sprache der Figur bzw. des Textes. Typisch für innere Monologe sind z. B. Gedankensprünge, die du durch unvollständige Sätze ausdrücken kannst.

Einen Brief aus der Sicht einer literarischen Figur schreiben:
Ähnlich wie beim inneren Monolog geht es auch beim Brief darum, die Gedanken, Gefühle und Wahrnehmungen einer literarischen Figur aus der Sicht dieser Figur darzustellen:
- Schreibe in der **Ich-Perspektive**. Du kannst auch in die Vergangenheit blicken oder Vermutungen über die Zukunft anstellen.
- Du kannst auch die **Adressatin / den Adressaten** des Briefes in deine Überlegungen mit **einbeziehen**, indem du eine Bitte äußerst oder sie/ihn um ihre/seine Meinung bittest.

Einen Tagebucheintrag verfassen:
Im Unterschied zum inneren Monolog ist der Tagebucheintrag nicht auf einen ganz speziellen Moment festgelegt. Die Figur, aus deren Sicht du den Tagebucheintrag verfasst, kann die Situation also auch mit etwas Abstand reflektieren, in die Vergangenheit blicken oder Vermutungen über die Zukunft anstellen.

Einen Dialog / Ein Gespräch mit einer anderen Figur verfassen:
Bei einem Dialog oder Gespräch musst du dich in die unterschiedlichen Sichtweisen von zwei oder mehr Figuren hineinversetzen. Achte hier besonders darauf, dass die Sprache zu den Eigenschaften und Charaktermerkmalen der Figuren passt.

Eine Dramenszene schriftlich interpretieren → S. 192–219

1. Schritt: Den Text untersuchen

Bereite deine Interpretation vor, indem du den Text **inhaltlich**, **sprachlich** und **formal** analysierst. Orientiere dich dabei entweder an den in der Aufgabenstellung vorgegebenen **Leitfragen** oder an den Hinweisen zur **Untersuchung einer Dramenszene** (→ S. 339).

2. Schritt: Die Interpretation verfassen

- **Einleitung:** Formuliere einen **Einleitungssatz**, in dem du **Autor/-in** und **Titel des Dramas** benennst und über das **Thema der Szene / des Ausschnitts** informierst.

- **Hauptteil:** Ordne die **Szene / den Ausschnitt in das Dramengeschehen ein:**
  - Was ist vorher passiert, das zum Verständnis dieser Szene wichtig ist?
  - Was passiert in dieser Szene?
  - Was passiert im Anschluss daran?

  Beantworte die Leitfrage(n) der Aufgabenstellung oder deine Interpretationsfragen. Belege wichtige Aussagen mit **direkten oder indirekten Zitaten** (→ S. 360 f.).

- **Schluss:** Fasse die wichtigsten Ergebnisse in wenigen Sätzen zusammen oder nimm Stellung zu einer in der Aufgabenstellung vorgegebenen Frage.

Eine literarische Erörterung schreiben → S. 192–219

Bei einer **literarischen Erörterung** wird zu einer **These** oder **Fragestellung**, die in einem Ausgangstext, z. B. einer Rezension oder einem Interview, geäußert wird, **kritisch Stellung genommen**. Häufig stehen literarische Figuren, ihr Verhalten, ihre Konflikte im Zentrum.

Einleitung
- Informiere im Einstiegssatz kurz über den **Ausgangstext** und arbeite die **zentrale These** bzw. die **zentrale Fragestellung** heraus.
- Informiere über den **Inhalt des literarischen Textes** und die **Figuren**, die im Zentrum der Erörterung stehen sollen.
- Bringe die im Ausgangstext formulierte **These** auf den Punkt. Erläutere kurz, was an dieser diskussionswürdig ist.

Hauptteil
- Formuliere **deine Meinung zu der im Ausgangstext formulierten These/Fragestellung**.
- Untermauere deine Meinung mit **Argumenten**, führe Begründungen an und belege deine Aussage mit **passenden Textstellen** aus dem literarischen Text. Entkräfte Gegenargumente.

Schluss
- **Fasse deine Position noch einmal kurz zusammen** und formuliere gegebenenfalls eine **weiterführende Frage**, einen **Gegenwartsbezug** oder einen **Ausblick**.

Ein Gedicht interpretieren → S. 220–243

1. Schritt: Das Gedicht untersuchen (→ S. 340)

– Lies das Gedicht mehrmals. Arbeite entweder mit einer Kopie oder mit Klebezetteln, sodass du auffällige Passagen markieren und Stichpunkte dazu an den Rand schreiben kannst. Mach dir sowohl Notizen zum Inhalt des Gedichts als auch zu seiner Form und sprachlichen Gestaltung.

2. Schritt: Die Gedichtinterpretation verfassen

– **Einleitung:** Nenne den **Titel**, die **Autorin / den Autor**, das **Entstehungsjahr** und das **Thema** des Gedichts in einem Satz.
– **Hauptteil:** Stelle die wichtigsten Ergebnisse deiner Gedichtuntersuchung dar. Dazu gehören:
  – eine kurze **Zusammenfassung des Inhalts**
  – die **Darstellung der äußeren Form im Hinblick auf den Inhalt**
  – die **Beschreibung** der sprachlichen Mittel und die **Erläuterung ihrer Wirkung**
  – die **Interpretation des Titels**
– **Schluss:** Fasse die wichtigsten Ergebnisse deiner Interpretation noch einmal kurz zusammen.

3. Schritt: Die Gedichtinterpretation überarbeiten

– Überprüfe, ob deine Gedichtinterpretation alle im 2. Schritt geforderten Teile enthält. Achte besonders darauf, ob du Untersuchungsergebnisse und Deutung auf abwechslungsreiche Weise miteinander verknüpft und ob du die korrekten Fachbegriffe benutzt hast (z. B. *Paarreim, Alexandriner, Sonettform, Oxymoron* → S. 343 f.).

Eine Rede schriftlich analysieren → S. 249–257

1. Schritt: Die Rede untersuchen

Lies die Rede mehrmals und markiere inhaltliche und sprachliche Besonderheiten. Orientiere dich dabei an den Schritten von „Eine Rede analysieren“ (→ S. 341 f.). Arbeite mit einer Kopie und/oder Klebezetteln.

2. Schritt: Die Redeanalyse verfassen

– **Einleitung:** Nenne **die Rednerin / den Redner**, den **Anlass, Ort** und **Zeit**, den **Zuhörerkreis**, das **Thema** und die **Hauptintention** der Rede.
– **Hauptteil:** Stelle die **wichtigsten Ergebnisse deiner Textanalyse** dar. Dazu gehören:
  – der Gedanken- bzw. Argumentationsgang der Rednerin / des Redners
  – die Erläuterung der Redeintention
  – auffällige rhetorische Mittel
  – die Wechselwirkung zwischen Inhalt, sprachlichen Mitteln und Wirkung
– **Schluss:** Fasse die wichtigsten Analyseergebnisse noch einmal zusammen und nimm Stellung zur Rede.

Mit Texten und Medien umgehen

Literarische Texte und Medien untersuchen

Erzähltexte untersuchen → S. 108–133, S. 134–157, S. 158–191

Zu Erzähltexten gehören sowohl **kurze Erzählungen**, z. B. **Kurzgeschichten** und **Parabeln** (→ S. 108–133), als auch umfangreichere Texte wie **Novellen** oder **Romane** (→ S. 158–191). Wichtigstes Merkmal eines **Erzähltextes** ist, dass er von einer **Erzählerin** / einem **Erzähler** erzählt wird. Diese/Dieser darf nicht mit der Autorin / dem Autor verwechselt werden.
Achte bei der Untersuchung eines Erzähltextes auf folgende Punkte:

1. Was wird erzählt?
- **Wann** und **wo** spielt die Handlung?
- Welche **Figuren** treten auf?
- **Was geschieht?**

2. Wie wird erzählt?
- Auf **welche Weise** wird die Handlung den Leserinnen und Lesern vermittelt?
  Man unterscheidet z. B.:
  - **Ich-Erzähler/-in:** Die Erzählerin / Der Erzähler ist gleichzeitig Handelnde/-r und Erzählende/-r. Sie/Er kann aus der Situation heraus oder mit zeitlichem Abstand erzählen.
  - **Er-/Sie-Erzähler/-in:** Die Erzählerin / Der Erzähler tritt als Figur nicht in Erscheinung und erzählt aus der Sicht einer Beobachterin / eines Beobachters in der 3. Person.
  - **auktoriales Erzählen:** Die Erzählerin / Der Erzähler kann sich **auktorial** verhalten, indem sie/er außerhalb der erzählten Welt steht, das gesamte Geschehen überblickt und Einblick in die Gedanken und Gefühlswelt der Figuren hat. Man erkennt dies z. B. an Rückblicken, Vorausdeutungen, Kommentaren oder an der Ansprache der Leser/-innen.
  - **personales Erzählen:** Sie/Er kann sich aber auch **personal** verhalten, indem sie/er Teil der erzählten Welt ist und aus der Sicht einer beteiligten Figur erzählt, die nur so viel weiß, wie diese Figur zu diesem Zeitpunkt wissen kann. Sie/Er kommentiert das Erzählte nicht.

  Man unterscheidet außerdem zwischen:
  - **Erzählerbericht:** Der Erzähler behält das Wort.
  - **Figurenrede:** Die Figuren kommen in direkter oder indirekter Rede selbst zu Wort.

  Eine wichtige Rolle spielt auch die **Zeitgestaltung**. Man unterscheidet zwischen:
  - **Zeitdeckung**: Die Erzählzeit und die erzählte Zeit sind annähernd gleich.
  - **Zeitdehnung:** Die Erzählzeit ist länger als die erzählte Zeit („Zeitlupe").
  - **Zeitraffung:** Die Erzählzeit ist kürzer als die erzählte Zeit („Zeitraffer").
- Gibt es Auffälligkeiten in der **sprachlichen Gestaltung** des Textes, z. B. Alltagssprache, Umgangssprache, unvollständige Sätze (Ellipsen) oder auffällige sprachliche Bilder (Personifikationen, Metaphern, Vergleiche usw.)?

Eine Kurzgeschichte untersuchen

Eine **Kurzgeschichte** ist eine **kurze moderne Erzählung**, die meist einen **kleinen Ausschnitt aus dem Alltagsleben einer oder mehrerer Figuren** zeigt, der für diese eine **besondere Bedeutung** hat. **Weitere Merkmale** einer Kurzgeschichte können sein: **unmittelbarer Einstieg** in das Geschehen, **wenige Figuren**, Konzentration auf **einen Handlungsort, zielstrebiger Verlauf der Handlung auf** einen **Höhe-** bzw. **Wendepunkt** hin, Gebrauch von **Alltagssprache, offenes Ende**.
Orientiere dich bei der Untersuchung einer Kurzgeschichte an „Erzähltexte untersuchen" (→ S. 337).

Eine Parabel untersuchen → S. 108–133

Parabeln (lat. *parabole*: Gleichnis, Vergleich) sind kurze Erzählungen, die eine allgemeine Erkenntnis oder Lebensweisheit bildhaft verdeutlichen, indem das konkrete erzählte Geschehen (Bildebene) auf eine allgemeine Einsicht (Sachebene) verweist:

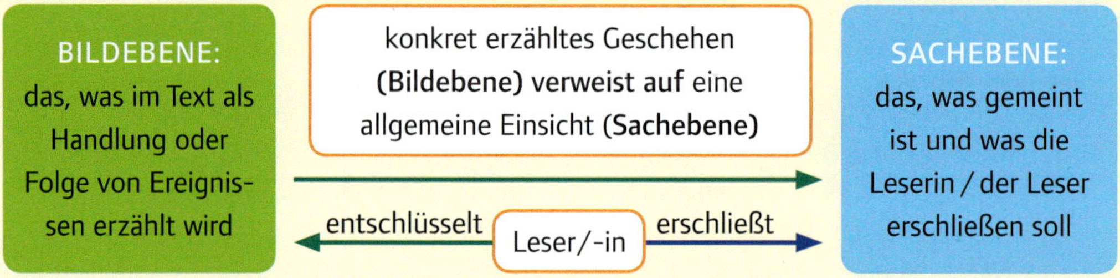

Anders als bei Fabeln gibt es in Parabeln keine „vorgefertigten" Charaktere der Figuren mit bestimmten – immer gleichen – Eigenschaften, sondern die Besonderheiten und die Handlungsmotive der Figuren müssen erst erschlossen werden. Auch der Zusammenhang zwischen Bild- und Sachebene erschließt sich oft erst beim genauen Lesen und Analysieren, da Parabeln häufig rätselhaft und vieldeutig sind. Die Leser/-innen sind daher aufgefordert, Vergleiche anzustellen und die übertragene Bedeutung zu erschließen. Anders als bei den meisten Fabeln enthalten Parabeln auch keine abschließende „Moral" und lassen häufig mehrere Deutungen zu.
Bei der Untersuchung einer Parabel kann man sich an den Schritten unter „Erzähltexte untersuchen" orientieren (→ S. 337).

Einen Roman untersuchen → S. 130–161

Typisch für einen **Roman** sind der **große Umfang** und die **komplexe Handlung** mit **zahlreichen Figuren** und **Haupt- und Nebenhandlungen**. Man unterscheidet verschiedene Romantypen, die sich zum Teil auch überschneiden, z. B. Entwicklungsromane (Romane, die die Entwicklungen, Erfahrungen und Erlebnisse der Hauptfigur zum Thema haben), Kriminalromane, Science-Fiction-Romane oder Reiseromane.
Orientiere dich bei der Untersuchung eines Romans an „Erzähltexte untersuchen" (→ S. 337).

Eine Dramenszene untersuchen

→ S. 192–219

Im Mittelpunkt einer **Dramenhandlung** steht immer ein **Konflikt** zwischen den Figuren. Anders als bei einem Erzähltext wird das Geschehen nicht von einer Erzählerin / einem Erzähler dargestellt, sondern den Zuschauerinnen und Zuschauern durch **direkte Figurenrede** vermittelt. Wichtige **Fachbegriffe** für die Untersuchung und Beschreibung eines Dramas sind:

- **die Komödie:** Unter dem Begriff „Komödie" werden Theaterstücke zusammengefasst, die eine lustige Wirkung auf die Zuschauer/-innen haben und in der Regel glücklich enden.
- **die Tragödie:** In der Tragödie gerät die Heldin / der Held in einen schicksalhaften Konflikt, bei dessen Bewältigung sie/er unaufhaltsam scheitert.
- **die Tragikomödie:** Die Tragikomödie enthält sowohl tragische als auch komische Elemente.
- **der Akt / der Aufzug:** größerer Handlungsabschnitt eines Dramas, der in einzelne Szenen unterteilt ist. Am Ende eines Aktes/Aufzugs fällt oft der Vorhang.
- **die Szene / der Auftritt / das Bild:** kleinster Handlungsabschnitt eines Dramas, der häufig durch Auftritt oder Abgang einer oder mehrerer Figuren gekennzeichnet ist
- **der Monolog:** Im Monolog teilt eine Dramenfigur ihre Gedanken und Gefühle in Form eines Selbstgesprächs mit.
- **der Dialog:** Im Dialog sprechen zwei oder mehr Figuren miteinander.
- **die Regieanweisungen:** Mithilfe der Regieanweisungen macht die Autorin / der Autor Angaben zur Bühnengestaltung, zu Gestik, Mimik oder der Sprechweise der Figuren. Meist wird auch das Auf- und Abtreten einzelner Figuren vermerkt.

Den **Aufbau des klassischen Dramas** bezeichnet man mit folgenden **Fachbegriffen:**

- **die Exposition:** Ausgangssituation des Dramas mit Vorstellung von Ort und Zeit der Handlung und der Einführung der Hauptfigur(en). Zudem wird die Situation dargestellt, in der der Konflikt entsteht.
- **das erregende Moment:** Als dramaturgisches Mittel im Handlungsablauf ist es Teil der Exposition mit einem Ereignis, das den Konflikt auslöst oder beschleunigt.
- **der Wendepunkt:** Abschnitt des Dramas, in dem sich der Konflikt und das Geschehen bzw. das Schicksal der Heldin / des Helden wendet. Der Wendepunkt befindet sich ungefähr in der Mitte der Handlung, also am Ende des dritten Aktes/Aufzugs.
- **das retardierende Moment:** Als retardierendes (verlangsamendes) Moment bezeichnet man den „Moment der letzten Spannung", an dem sich die Handlung kurzfristig umzukehren scheint.
- **die Katastrophe:** Die Katastrophe bildet den Abschluss des Dramas mit der Lösung des dramatischen Konflikts. Anders als das Wort vermuten lässt, muss die Lösung nicht tragisch sein, sondern kann auch in einem Happy End bestehen.

Beispiele für klassische Dramen sind z. B.: „Faust" von Johann Wolfgang Goethe oder „Miss Sara Sampson" von Gotthold Ephraim Lessing.

Beim **modernen Drama** – z. B. „Manhattan Medea" von Dea Loher – löst sich diese relativ starre Dramenform auf.

Gedichte untersuchen

→ S. 220–243

Das Besondere an Gedichten ist ihre **Versform**. Häufig sind Gedichte zudem in **Strophen** unterteilt. Weitere Kennzeichen eines Gedichts können bestimmte **Reimformen**, ein **regelmäßiges Metrum** sowie eine besonders **bildhafte Sprache** sein.
Der Inhalt eines Gedichts wird durch ein **lyrisches Ich** zum Ausdruck gebracht. Dieses darf nicht mit der Dichterin / dem Dichter verwechselt werden. Es kann entweder als *Ich* oder als *Wir* in Erscheinung treten oder sich ganz im Hintergrund halten.

Orientiere dich bei der **Untersuchung** eines Gedichts an **folgenden Aspekten/Leitfragen:**

Inhalt:
- Worum geht es in dem Gedicht?
- Wird eine **Handlung** dargestellt? Gibt es einen **Höhepunkt**?
- Welche **Gedanken** und **Stimmungen** werden dargestellt?

Sprecherin/Sprecher:
- Tritt ein **lyrisches Ich** als Sprecherin/Sprecher in Erscheinung?

Form:
- Wie viele **Strophen** und **Verse** gibt es?
- Gibt es einen Endreim mit einem bestimmten **Reimschema**? Beispiele:
  - Paarreim (aa bb)
  - Kreuzreim (ab ab)
  - umarmenden Reim (ab ba)
- Sind **weitere Reimformen** zu erkennen? Beispiele:
  - **Alliterationen** (aufeinanderfolgende Wörter beginnen mit demselben Laut)
  - **Binnenreime** (Gleichklänge innerhalb eines Verses)
- Ist ein **regelmäßiges Metrum** erkennbar? Beispiele:
  - Jambus (xx́ xx́ xx́)
  - Trochäus (x́x x́x x́x)
  - Daktylus (x́xx x́xx x́xx)
  - Anapäst (xxx́ xxx́ xxx́)
  - Alexandriner (xx́ xx́ xx́/xx́ xx́ xx́)
- Liegt eine besondere Gedichtform vor, z. B. ein **Sonett** (→ S. 320)?

Sprache:
- Treten **bestimmte Wortarten** gehäuft auf, z. B. positive/negative Adjektive oder Verben?
- Entsprechen die Sätze dem normalen **Satzbau** oder gibt es Auffälligkeiten, z. B. unvollständige Sätze **(Ellipsen)**?
- Werden besondere **sprachliche Mittel** verwendet (→ S. 343 f.)?

Sachtexte untersuchen und Diagramme auswerten

Einen Sachtext analysieren → S. 244–269

Bei einer **Sachtextanalyse** geht es darum, den inhaltlichen Aufbau, die Intention und Funktion, die Merkmale der Textsorte und die sprachliche Gestaltung zu untersuchen.

Textsorte und Intention (Wirkungsabsicht) untersuchen

- Kläre die **Textsorte**, z. B.: Informationstext, Kommentar, Aufruf, Reportage oder Rede.
- Untersuche die **Intention** des Textes, z. B.:
  - **informierend:** Die Leser/-innen sollen über einen Zusammenhang sachlich informiert werden. Beispiele sind: Bericht, wissenschaftlicher Text, Lexikonartikel, informierender Beitrag auf einer Website oder in einer Zeitschrift.
  - **bewertend/kommentierend:** Die Verfasserin / Der Verfasser stellt ihre/seine Meinung zu einem Thema dar. Beispiele sind: Kommentare, Leserbriefe.
  - **appellierend:** Die Leser/-innen sollen zu etwas aufgefordert werden. Beispiele sind: Reden, Werbetexte, Aufrufe.
  - **über sich kommunizierend / gefühlsbetont:** Die Verfasserin / Der Verfasser möchte etwas über sich selbst mitteilen. Beispiele sind: persönlicher Brief, Tagebuch.

Inhalt und Aufbau untersuchen

- Untersuche den gedanklichen Aufbau des Textes.
- Analysiere bei argumentierenden Texten die Argumentationsstruktur.

Die Sprache untersuchen

- Achte auf **sprachliche Besonderheiten**, z. B. die Leseransprache, den Sprachstil (sachlich, umgangssprachlich, wissenschaftlich …), den Gebrauch besonderer rhetorischer Mittel (→ S. 343 f.), den Einsatz wörtlicher Rede, die Verwendung bestimmter Wortfelder oder die Häufung einzelner Wortarten.
- Stelle eine Beziehung zwischen der Verwendung sprachlicher Mittel, dem Inhalt und der Intention (Wirkungsabsicht) her.

Eine Rede analysieren → S. 244–269

1. Schritt: Die Redesituation klären

- **Wer** ist die Rednerin / der Redner?
- **Wann, wo,** zu **welchem Anlass** und vor **welchem Publikum** wurde die Rede gehalten?
- Um welche **Art von Rede** handelt es sich, z. B. politische Rede, Festrede, Trauerrede?
- Welches **Thema** hat die Rede?
- Was ist die **Hauptintention** der Rede?

2. Schritt: Inhalt und Aufbau der Rede untersuchen
- Wie ist die Rede **inhaltlich gegliedert**? Welches sind die **Kernaussagen**?
- Wie ist der **Argumentationsgang** der Rednerin / des Redners?

3. Schritt: Die Intention der Rede untersuchen
- **Welche Absicht** verfolgt die Rednerin / der Redner, z. B. informieren, appellieren …?
- Mithilfe welcher **Strategien** wird die Redeabsicht umgesetzt?

4. Schritt: Die sprachlichen Mittel analysieren
- Welcher **Sprachstil** (z. B. sachlich, emotional) und welche **Sprachebene** (z. B. Umgangssprache, Standardsprache, Fachsprache) herrscht in der Rede vor?
- Welche **sprachlichen Mittel** werden verwendet (→ S. 343 f.)?

5. Schritt: Die Redeanalyse schreiben
- Verschriftliche deine Analyseergebnisse (→ „Eine Rede schriftlich analysieren", S. 336).

Diagramme lesen und auswerten

Man unterscheidet verschiedene **Arten von Diagrammen**, z. B.:

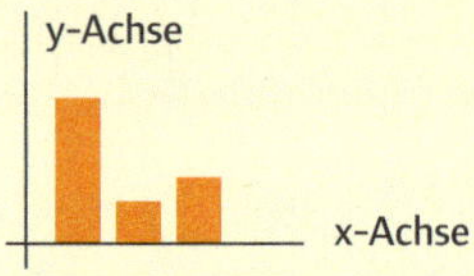

Säulendiagramm

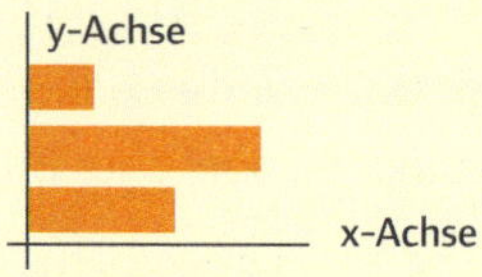

Balkendiagramm

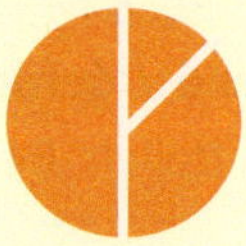
Kreisdiagramm

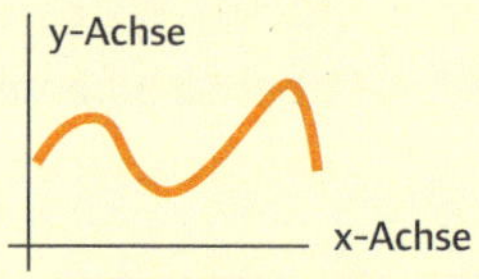

Kurvendiagramm

1. Schritt: Verschaffe dir einen Überblick.
- Lies die Überschrift oder die Unterschrift, benenne das Thema und kläre, woher die Informationen stammen.

2. Schritt: Untersuche die Angaben genauer.
- Benenne die Art des Diagramms.
- Kläre die Maßeinheiten und untersuche, was im Diagramm dargestellt wird. Achte darauf, ob es eine Legende mit zusätzlichen Erklärungen gibt.

3. Schritt: Beschreibe die einzelnen Angaben und werte sie aus:
- Welches ist der höchste / der niedrigste Wert? Welche Entwicklungen kannst du ablesen?
- Was ist besonders auffällig? Was überrascht dich?

4. Schritt: Fasse die Ergebnisse in eigenen Worten zusammen.

5. Schritt: Stelle weitere Überlegungen zu deinen Ergebnissen an.
- Kannst du Ursachen für Einzelergebnisse angeben?
- Gibt es Ergebnisse, die du nicht nachvollziehen kannst?
- Lassen sich Schlussfolgerungen aus den Ergebnissen ableiten?

Nachdenken über Sprache

– **Grammatisch richtig schreiben:** Nutze hierzu die Tipps auf Seite 276.
– **Rechtschreibung und Kommasetzung** findest du auf den Seiten 356–358.

Sprache und Kommunikation untersuchen

Sprachliche (rhetorische) Mittel untersuchen → S. 40–43, S. 214 f.

Mithilfe **sprachlicher (rhetorischer) Mittel** können Aussagen in Texten unterstützt und veranschaulicht werden. Die Funktion eines sprachlichen (rhetorischen) Mittels hängt dabei immer vom konkreten Zusammenhang ab, in dem es verwendet wird.

Sprachliches (rhetorisches) Mittel	Definition	Beispiel
die **Alliteration**	gleicher Anfangslaut bei aufeinanderfolgenden Wörtern	*lästige Lücke; ganz große Gemeinsamkeit*
die **Anapher**	Wiederholung eines oder mehrerer Wörter an Satzanfängen	*Bald Frost, bald fröhlich strahlen / Bald Blüten in Herzen und Talen*
die **Antithese**	Gegenüberstellung gegensätzlicher Begriffe	*heiß und kalt*
die **Chiffre**	„Geheimzeichen“, Symbol (s. u.) mit verschlüsselter Bedeutung	*blaue Blume* in der Dichtung der Romantik
die **Ellipse**	Auslassung von Wörtern und Satzgliedern in einem Satz	*Je schlechter die Note (ist), desto größer (wird) der Druck (auf den einzelnen Schüler).*
der **Euphemismus**	Beschönigung	*ableben (für sterben), rundlich (statt dick), freisetzen (für entlassen)*
die **Hyperbel**	starke Übertreibung	*unzählige Stunden; in hundertfacher Form*
die **Ironie**	Es wird erkennbar das Gegenteil von dem Gemeinten gesagt.	*Das ist ja eine schöne Bescherung.*
die **Klimax**	Steigerung	*Zunächst Hunderte, dann Tausende, schließlich Millionen von Bürgerinnen und Bürgern schlossen sich den Aufständen an.*

die **Metapher**	Verwendung eines Begriffs im übertragenen Sinn ohne das Vergleichswort *wie*	*die Mauer des Schweigens brechen; eine Flut von Anfragen*
der **Neologismus**	Wortschöpfung	*Klettenmarie, Wolkenschieber*
das **Oxymoron**	paradoxe, scheinbar unsinnige Verknüpfung von einander widersprechenden Ausdrücken	*schwarze Milch; süße Bitterkeit*
der **Parallelismus**	identisch aufgebaute Sätze oder Teilsätze	*Die Lehrer, die einen Schüler …; die Eltern, die ihrem Kind …; die Schulkameraden, die den Schüler …*
die **Personifikation**	Vermenschlichung, Verlebendigung	*der Wind schiebt die Wolken beiseite*
die **Repetitio**	Wiederholung	*Bücher unterhalten, Bücher stillen den Wissensdurst, Bücher öffnen Türen zu geheimnisvollen Welten.*
die **rhetorische Frage**	Frage, deren Antwort bereits feststeht	*Wollen wir wirklich, dass unser Planet im Müll erstickt?*
das **Symbol**	bildhaftes Zeichen, das für einen Sachverhalt steht	*Taube (für den Frieden), Herz (für die Liebe)*
die **Synästhesie**	Verbindung unterschiedlicher Sinneseindrücke	*die lärmenden Fackeln*
die **Untertreibung**	Abschwächung einer Aussage oder Handlung	*Der Einkauf kostete uns zu meiner Überraschung nur fünftausend Euro.*
der **Vergleich**	Verknüpfung zweier Bedeutungsbereiche mit *wie* oder *als ob*	*kalt wie Eis; hart wie Stahl; als ob ein Blitz einschlüge*

Kommunikation untersuchen

→ S. 284–289

Es gibt unterschiedliche Modelle, mit deren Hilfe man zeigen kann, wie Kommunikation funktioniert.
Eines der bekanntesten Modelle ist das **Kommunikationsquadrat** – auch als „Vier-Ohren-Modell" oder „Nachrichtenquadrat" bekannt – von Friedemann Schulz von Thun.
Das Modell besagt, dass jede Nachricht vier Seiten hat (→ S. 285):

1. eine **Sachebene:** Worüber informiere ich?
2. **eine Selbstkundgabe:** Was gebe ich von mir zu erkennen? Welche persönlichen Einstellungen, Stimmungen und Gefühle gebe ich preis?
3. **einen Beziehungshinweis:** Was halte ich von dir und wie stehe ich zu dir?
4. **einen Appell:** Was möchte ich bei dir erreichen?

Während die Senderin / der Sender einer Nachricht mit „vier Mündern" spricht, hört die Empfängerin / der Empfänger diese Nachricht mit „vier Ohren".
Steht bei der Senderin / dem Sender eine andere Seite der Nachricht im Vordergrund als bei der Empfängerin / dem Empfänger, kommt es zu Missverständnissen (→ S. 285).

Beispiel:

Sender/-in sagt: *„Ist noch Cola da?"*	Empfänger/-in hört:
Sachebene: *Ich möchte gerne wissen, ob noch Cola da ist.*	*Sachebene:* *Sie/Er wüsste gerne, ob noch Cola da ist.*
Selbstkundgabe: *Ich habe Durst.*	*Selbstkundgabe:* *Sie/Er hat Durst.*
Beziehungshinweis: *Ich denke, du sorgst dafür, dass Cola da ist.*	*Beziehungshinweis:* *Immer soll ich mich darum kümmern, dass Cola da ist.*
Appell: *Kümmere dich darum!*	*Appell:* *Ich soll mich kümmern.*

→ ***Missverständnis:*** *Empfängerin / Empfänger reagiert auf den Beziehungshinweis: „Das nächste Mal kannst ja du einkaufen gehen!"*

Die Konversationsmaximen nach Paul Grice

Der englische Sprachphilosoph **Paul Grice** beschäftigte sich damit, wie Kommunikationspartner kooperieren und welche (meist stillschweigenden) Erwartungen sie dabei aneinander haben.
Er formulierte vier **Konversationsmaximen**, d. h. Grundsätze für eine „rationale" Kommunikation, die sich so zusammenfassen lassen:
„Sage nur, was informativ, wahr und themenbezogen ist, und sage es klar verständlich." (Maxime der Quantität, Qualität, Relevanz und Modalität)

Beim Untersuchen von Kommunikation ist es aufschlussreich festzustellen, wie oft die Befolgung dieser Maximen nicht zielführend ist. Viele Gesprächssituationen und Sprechabsichten erfordern geradezu ihre Missachtung, z. B.:
- plaudern (Small Talk)
- Komplimente machen
- eine höfliche Notlüge anbringen
- spekulieren
- gemeinsam träumen und Pläne spinnen
- Geschichten erzählen
- mit Mehrdeutigkeit spielen
- wiederholen zur Steigerung der Wirkung
- paraphrasierend wiederholen beim Erklären eines Sachverhalts
- wirkungsvoll ausschmücken

Sprachliche Stile

→ S. 280–281

Mit dem sprachlichen **Stil** meint man Textmerkmale, die nicht die Bedeutung betreffen, sondern die **Art, wie** diese **versprachlicht wird**, also die **Ausdrucksweise**:
- **normal-/standardsprachlich**: allgemein verwendet, z. B.:
  sterben, stehlen, Freund
- **gehoben**: „gebildet" und je nach Situation gespreizt klingend, z. B.:
  ableben, entwenden
- **umgangssprachlich**: im Alltag verwendet, locker, z. B.:
  klauen, Kumpel
- **jargonhaft**: an eine soziale Gruppe gebunden, z. B. Jugendsprache:
  fett (für *toll*)
- **derb/vulgär**: drastisch, auch provozierend, z. B.:
  ins Gras beißen, Fresse

Wortarten und Formen des Verbs

Flektierbare und nicht flektierbare Wortarten → S. 270–289

Man kann die Wortarten in **flektierbare** (veränderliche) und **nicht flektierbare** (unveränderliche) Wortarten unterteilen. Man unterscheidet folgende Flexionsarten:

- **Genus** (grammatisches Geschlecht: Maskulinum, Femininum, Neutrum)
- **Numerus** (Anzahl: Singular, Plural)
- **Kasus** (Fall: Nominativ, Genitiv, Dativ, Akkusativ)
- **Person** (1., 2., 3. Person)
- **Tempus** (Zeitform: Präsens, Perfekt, Präteritum, Plusquamperfekt, Futur I und Futur II)
- **Modus** (Indikativ, Konjunktiv, Imperativ)
- **Aktiv und Passiv**

Nicht flektierbare Wortarten sind:

- **Adverbien**: Temporaladverbien (z. B.: *heute, morgen*), Lokaladverbien (z. B.: *hier, dort, überall*), Modaladverbien (z. B.: *gern, irgendwie*), Kausaladverb (z. B.: *darum, deshalb*)
- **Präpositionen** (z. B.: *aus, bei, mit, nach, seit, von, zu, durch, für, gegen, ohne, zu*)
- **Konjunktionen** (z. B.: *und, oder, denn, aber*) und **Subjunktionen** (z. B.: *weil, (so)dass, obwohl*)

Modalpartikeln (Abtönungspartikeln) (→ S. 277) verwendet man überwiegend im Mündlichen, um Interesse, Erstaunen, eine Erwartung, Zustimmung oder Ablehnung auszudrücken, z. B.: *Das geht ja <u>wohl</u> gar nicht. Willst du <u>etwa</u> gehen?* Häufig verwendete Modalpartikeln sind: *bloß, doch, eben, eigentlich, etwa, halt, ja, mal, nur, schon, wohl.*

Flektierbare Wortarten sind:

- **Nomen/Substantive**: Sie sind flektierbar nach **Numerus** und **Kasus**, z. B.: *Die Segel* (Plural, Nominativ) *des Schiffes* (Singular, Genitiv) *sind weiß.*
- **Artikel**: Sie werden als Begleiter des Nomens/Substantivs nach dessen **Genus**, **Numerus** und **Kasus** flektiert. Man unterscheidet **bestimmte Artikel** (*der, die, das*) und **unbestimmte Artikel** (*ein, eine*), z. B.: *<u>Ein</u> Matrose setzt <u>das</u> Segel.*
- **Adjektive**: Adjektive werden als Begleiter des Nomens/Substantivs nach dessen **Genus**, **Numerus** und **Kasus** flektiert, z. B.: *Ich lese ein <u>neues</u> Buch* (Neutrum, Akkusativ, Singular) *mit <u>spannenden</u> Geschichten* (Femininum, Dativ, Plural). Zudem lassen sie sich steigern: 1. Positiv (*schnell*), 2. Komparativ (*schneller*), 3. Superlativ (*am schnellsten*).
- **Pronomen**: Sie werden als Stellvertreter von Nomen wie diese nach **Genus**, **Numerus** und **Kasus** flektiert. Man unterscheidet **Personalpronomen** (z. B. *er, sie*), **Possessivpronomen** (z. B. *mein, dein*), **Demonstrativpronomen** (z. B. *dieser, jene*) und **Relativpronomen** (*der/die/das, welcher/welche/welches*), z. B.: *Morgen treffe <u>ich</u> Sabine. <u>Wir</u> wollen <u>diese</u> neue Serie gucken, <u>die</u> <u>mir</u> <u>meine</u> Cousine empfohlen hat.*
- **Verben**: Sie sind flektierbar nach **Person**, **Numerus**, **Tempus**, **Modus**, **Aktiv** und **Passiv**, z. B.: *Ich <u>habe</u> auf dich <u>gewartet</u>* (1. Ps. Sing. Perfekt, Indikativ, Aktiv).

Die Tempusformen des Verbs

Verben können folgende Zeitformen bilden:
- Das **Präsens** verwendet man u. a. für Aussagen über etwas, das in der Gegenwart geschieht oder was allgemein gilt, z. B.: *Ich sehe das nicht so. Schlafen ist wichtig.*
- Das **Perfekt** verwendet man vor allem beim mündlichen Erzählen oder Berichten über Vergangenes, z. B.: *Jan hat gestern verschlafen. Lara ist am schnellsten gerannt.*
- Das **Präteritum** wird vor allem beim schriftlichen Erzählen und Berichten verwendet, z. B.: *Er lief in Riesenschritten auf die Burg zu. Sie sang mit ihrer schönsten Stimme.*
- Mit dem **Plusquamperfekt** macht man deutlich, dass etwas vor dem passiert ist, was im Präteritum erzählt wird, z. B.: *Er hatte seinen Koffer gepackt, bevor er losfuhr.*
- Mit dem **Futur I** drückt man aus, dass etwas in der Zukunft geschieht, z. B.: *Ich werde morgen kommen.*
- Das **Futur II** drückt aus, dass etwas in Zukunft abgeschlossen sein wird, z. B.: *Morgen werden wir schon bis zum Meer gekommen sein.*

Partizip I und II

Die **Partizipien** gehören neben dem Infinitiv zu den **infiniten Verbformen**, wohingegen die nach Person und Numerus konjugierten Verbformen als **finite Verbformen** bezeichnet werden. Es gibt zwei Partizipien: das **Partizip I** und das **Partizip II**.
- Das **Partizip I** hat die Endung *-end* bzw. *-nd*, z. B.: *spielend, singend, träumend, trauernd.*
- Das **Partizip II** wird häufig mit dem Präfix *ge-* gebildet, es sei denn, der Infinitiv des Verbs besitzt schon ein Präfix (*be-*, *ge-* oder *ver-*). Es endet entweder mit *-et* oder *-n*, z. B.:
  lachen → gelacht, lernen → gelernt, aber *beginnen → begonnen, verlieren → verloren.*

Bei starken Verben ändert sich zudem der Stammvokal, z. B.:
singen → gesungen, trinken → getrunken.

Aktiv und Passiv

Viele Verben können sowohl eine aktive als auch eine passive Form bilden:
- In einem **Aktivsatz** liegt die Betonung auf der/dem Handelnden, z. B.: *Mein Lehrer lobt mich.*
- In einem **Passivsatz** liegt die Betonung auf der Handlung, z. B.: *Ich werde von meinem Lehrer gelobt.*
  In der Regel wird der Handelnde weggelassen, weil er unwichtig oder unbekannt ist.
  Dann spricht man vom **täterlosen Passiv**, z. B.: *Das Konzert wird im Radio übertragen.*

Auch das **Passiv kann verschiedene Tempusformen** bilden. Die Bildung erfolgt mit den konjugierten Formen von ***werden* in der entsprechenden Tempusform** und dem **Partizip II** des Verbs, z. B.: es *wird geputzt* (Präsens), *es wurde geputzt* (Präteritum), *es ist geputzt worden* (Perfekt), *es war geputzt worden* (Plusquamperfekt), *es wird geputzt werden* (Futur I), *es wird geputzt worden sein* (Futur II).

Modalität (Indikativ, Konjunktiv, Imperativ)

→ S. 274, 276, 279

Ein Verb steht immer in einem bestimmten **Modus** (Aussageweise; Plural: **die Modi**). Durch den **Modus** lässt sich ausdrücken, wie die Sprecherin / der Sprecher bzw. die Verfasserin / der Verfasser eines Textes etwas sieht oder wie eine Aussage aufgefasst werden soll.
Zu den unterschiedlichen Modi eines Verbs gehören der **Indikativ**, der **Konjunktiv I**, der **Konjunktiv II** sowie der **Imperativ**:

- Der **Indikativ** stellt eine Aussage als **wirklich** oder **tatsächlich (real)** dar, z. B.:
  Ich freue mich auf meine Geburtstagsparty.
- Der **Konjunktiv I** wird hauptsächlich in der **indirekten Rede** verwendet. Durch ihn macht man deutlich, dass man die Meinung oder Ansicht einer/eines anderen wiedergibt, z. B.:
  Amina sagt, der Unterricht sei gestern ausgefallen.
- Der **Konjunktiv II** stellt eine Aussage als **wünschenswert** oder **unwirklich (irreal)** dar, z. B.:
  Ich wünschte, ich hätte nicht nur einmal im Jahr Geburtstag.
- Der **Imperativ** drückt eine Bitte, eine direkte Aufforderung oder einen Befehl aus, z. B.:
  Gib mir bitte meine Jacke! Bleibt noch sitzen! Steh auf!

Der Konjunktiv I

Der **Konjunktiv I** ist ein **Modus des Verbs** (s. o.) und wird für die **Wiedergabe der direkten Rede** verwendet, z. B.:

Er behauptet, er habe den Einbrecher gesehen.

Er wird mit dem **Präsensstamm des Verbs** und den **Personalendungen für den Konjunktiv** (*-e, -est, -e, -en, -et, -en*) gebildet:

Infinitiv		**schreib|en**	**hab|en**	**sei|n**
Singular	1. Pers.	*ich schreib|**e***	*ich hab|**e***	*ich sei*
	2. Pers.	*du schreib|**est***	*du hab|**est***	*du sei|**est***
	3. Pers.	*er/sie/es schreib|**e***	*er/sie/es hab|**e***	*er/sie/es sei*
Plural	1. Pers.	*wir schreib|**en***	*wir hab|**en***	*wir sei|**en***
	2. Pers.	*ihr schreib|**et***	*ihr hab|**et***	*ihr sei|**et***
	3. Pers.	*sie schreib|**en***	*sie hab|**en***	*sie sei|**en***

Der Konjunktiv II

Der **Konjunktiv II** wird zum **Ausdruck von Wünschen und Vorstellungen** verwendet, z. B.:

Es wäre schön, wenn du morgen mitkämest.

Er wird mit dem **Wortstamm des Präteritums** und der **Personalendung für den Konjunktiv** (*-e, -est, -e, -en, -et, -en*) gebildet. Dafür baut man eine **„Brücke" über die 1. Person Präteritum im Indikativ**, z. B.: *schreiben* → *ich schrieb* → *ich schrieb|e, du schrieb|est …*

Steht im Wortstamm der Präteritumform eines starken Verbs ein **a**, **e** oder **u**, so bilden diese im Konjunktiv II einen **Umlaut**, z. B.:
haben → ich hatte → ich hätt|e, du hätt|est, er hätt|e …

		ich schrieb (1.Pers. Sing. Prät.)	**ich hatt|e** (1.Pers. Sing. Prät.)	**ich war** (1.Pers. Sing. Prät.)
Singular	1. Pers.	*ich schrieb|**e***	*ich hätt|**e***	*ich wär|**e***
	2. Pers.	*du schrieb|**est***	*du hätt|**est***	*du wär|**est***
	3. Pers.	*er/sie/es schrieb|**e***	*er/sie/es hätt|**e***	*er/sie/es wär|**e***
Plural	1. Pers.	*wir schrieb|**en***	*wir hätt|**en***	*wir wär|**en***
	2. Pers.	*ihr schrieb|**et***	*ihr hätt|**et***	*ihr wär|**et***
	3. Pers.	*sie schrieb|**en***	*sie hätt|**en***	*sie wär|**en***

Die Wiedergabe der direkten Rede

Die direkte Rede kann **auf unterschiedliche** Weise wiedergegeben werden.
- In der Regel wird der **Konjunktiv I** (mit und ohne Einleitungssatz) verwendet, z. B.:
  - **direkte Rede:** *Dario: „Ich habe gestern meinen alten Mathelehrer getroffen. Er sieht jetzt ganz anders aus."*
  - **indirekte Rede:** *Dario erzählt, er habe gestern seinen alten Mathelehrer getroffen. Dieser sehe jetzt ganz anders aus.*

- **Unterscheidet** sich der **Konjunktiv I nicht vom Indikativ,** wird in der Regel **der Konjunktiv II verwendet,** z. B.:
  - **direkte Rede,** z. B.: *Lotta: „Wir bekommen die Klassenarbeit heute nicht zurück."*
  - **indirekte Rede mit** Gebrauch des **Konjunktivs I (nicht eindeutig),** z. B.:
    Lotta behauptet, wir bekommen die Klassenarbeit heute nicht zurück.
  - **indirekte Rede mit** Gebrauch des **Konjunktivs II (eindeutig),** z. B.:
    Lotta behauptet, wir bekämen die Klassenarbeit heute nicht zurück.

- Außerdem kann die direkte Rede folgendermaßen wiedergegeben werden:
  - mit einer **einleitenden Formulierung,** die deutlich macht, dass die Aussage oder Meinung eines anderen wiedergegeben wird, z. B.:
    nach ihrer Ansicht, in seinen Augen, seiner Aussage nach.
    Hier steht in der Regel **der Indikativ,** z. B.:
    Seiner Aussage nach kommt er morgen.
  - mit einem **Satz,** der durch ***dass, ob*** oder durch ein **Fragewort eingeleitet** wird, z. B.:
    Er findet, dass viele Dinge überflüssig sind/seien.
    Sie fragt, ob wir morgen auch kommen/kämen.

  Hier kann ebenfalls **sowohl der Konjunktiv als auch der Indikativ** stehen.

Modalverben → S. 277

Mithilfe von **Modalverben** kann die Sprecherin / der Sprecher bzw. die Verfasserin / der Verfasser die eigene Haltung zu einer Aussage oder einem Sachverhalt zum Ausdruck bringen.
Zu den Modalverben gehören *dürfen, können, mögen / ich möchte, müssen, sollen* und *wollen*.
Sie drücken in der Regel Folgendes aus:

- ***dürfen*** → Erlaubnis, z. B.: *Darf ich nach dem Fußballspiel bei Sirin übernachten?*
- ***können*** → Fähigkeit/Möglichkeit, z. B.: *Lea kann Klavier spielen.*
- ***sollen*** → Empfehlung/Regel, z. B.: *Ich soll die Schuhe draußen ausziehen.*
- ***müssen*** → Gebot, z. B.: *Ich muss nach der Schule mit unserem Hund Gassi gehen.*
- ***wollen*** → Absicht/Bereitschaft, z. B.: *Wir wollen nach der Schule an den See fahren.*
- ***mögen/ich möchte*** → Wunsch/Möglichkeit, z. B.: *Ich möchte weiterhin neben Simon sitzen.*

Steht ein Modalverb im **Konjunktiv II**, kann seine Aussage oft auch durch **Umschreibungen** wie *mit großer Wahrscheinlichkeit / wahrscheinlich / wohl / mit einiger Wahrscheinlichkeit / vermutlich / möglicherweise / vielleicht / unter der Bedingung, dass …* wiedergegeben werden, z. B.:

- *Das müsste funktionieren.* → *Das funktioniert wahrscheinlich.*
- *In Zukunft dürften die Menschen neue Reiseziele entdecken.* → *In Zukunft werden die Menschen vermutlich neue Reiseziele entdecken.*

Zu **Modalität** → **Modalpartikeln** (S. 277, 347), **Indikativ/Konjunktiv** (→ S. 249), **Modalverben** (→ S. 351)

Sätze, Satzglieder und Satzgliedteile

Der Satz und seine Gliederung

Sätze kann man in **Felder** unterteilen: in ein **Vorfeld**, ein **Mittelfeld** und ein **Nachfeld**.
Das **mehrteilige Prädikat** rahmt das Mittelfeld ein und bildet die **Satzklammer**.
Ist das Prädikat nur einteilig, bleibt die rechte Satzklammer leer, z. B.:

Satzklammer

Vorfeld	Linke Satzklammer: finiter Prädikatsteil	Mittelfeld	Rechte Satzklammer: 2. Teil des Prädikats	Nachfeld
Schon früh	*haben*	*die Menschen vom Fliegen*	*geträumt.*	–
Sie	*träumten*	*bereits in der Antike davon.*	–	–

Nach der Stellung der finiten Verbform im Satz unterscheidet man z. B. **Verb-Erstsätze** und **Verb-Zweitsätze**, z. B.:

Verb-Erstsatz:	*Hast du das Deutschbuch dabei?*
Verb-Zweitsatz:	*Ich fand die letzte Mathearbeit richtig leicht.*
	Wie fandest du sie?

Die Satzglieder

Subjekt, Objekt und **adverbiale Bestimmung** sind **Satzglieder**. Dabei handelt es sich um Wörter oder Wortgruppen, die beim Umstellen des Satzes (**Umstellprobe**) immer zusammenbleiben und im **Vorfeld des Satzes** stehen können. Um welches Satzglied es sich jeweils handelt, kannst du mithilfe der **Frageprobe** bestimmen, z. B.:

Vorfeld		Linke Satzklammer	Mittelfeld	Rechte Satzklammer
		Satzklammer		
Wir	(*Wer?* → Subjekt)	*wollen*	*morgen an die Ostsee*	*fahren.*
Morgen	(*Wann?* → Adv. Best. d. Zeit)	*wollen*	*wir an die Ostsee*	*fahren.*
An die Ostsee	(*Wohin?* → Adv. Best. d. Ortes)	*wollen*	*wir morgen*	*fahren.*

Man unterscheidet folgende **Satzglieder**:
- **das Subjekt** (Frage: *Wer? Was?*)
- **das Objekt: Akkusativobjekt** (Frage: *Wen? Was?*), **Dativobjekt** (Frage: *Wem?*), **Genitivobjekt** (Frage: *Wessen?*) und **Präpositionalobjekt** (Frage z. B.: *Wovon? Worüber? Wodurch? Woran?*)
- **die adverbialen Bestimmungen: adverbiale Bestimmung des Ortes** (Frage z. B.: *Wo? Wohin?*), der **Zeit** (Frage z. B.: *Wann? Wie lange?*), des **Grundes** (Frage z. B.: *Warum? Weshalb?*) und der **Art und Weise** (Frage z. B.: *Wie? Womit?*)

Das Attribut

Das **Attribut** ist kein Satzglied, sondern ein **Satzgliedteil**. Es bestimmt ein Bezugswort (meist ein Nomen/Substantiv) genauer und bleibt bei der Umstellprobe immer bei diesem stehen. Attribute können sowohl **vor** als auch **nach dem Bezugswort** stehen, z. B.:

Vor dem Bezugswort stehen:

- das **Pronominalattribut**, z. B.:
  diese Pflanze, mein Balkon
- das **Adjektivattribut** / das **Partizip als Attribut**, z. B.:
  die gelbe Paprika
  der gekochte Reis

In der Regel nach dem Bezugswort stehen:

- das **Genitivattribut**, z. B.:
  die Blüte der Pflanze
- die **Apposition** (nachgestellte Erläuterung im selben Kasus), z. B.: *Diese Blume, eine Rose, duftet herrlich.*

Eine besondere Form des Attributs ist der **Attributsatz/Relativsatz**.

Haupt- und Nebensätze

Einen **Hauptsatz** erkennst du daran, dass die **finite Verbform** an **zweiter Satzgliedstelle** (= linke Satzklammer) steht.
In einem **Nebensatz** steht **in der linken Satzklammer** häufig eine **unterordnende Konjunktion**, z. B. *weil, dass, damit,* und **alle Verbformen** befinden sich in der **rechten Satzklammer**. Diese sogenannten Konjunktionalsätze gehören damit zu den **Verb-Letztsätzen**.

Die Satzreihe: Hauptsatz + Hauptsatz

Eine **Satzreihe** besteht aus **mindestens zwei Hauptsätzen.** Sie werden häufig durch **nebenordnende Konjunktionen** wie *und, oder, aber, sondern, doch, denn* verknüpft und durch **Komma** voneinander getrennt, z. B.:

Ich wollte etwas essen, aber der Kühlschrank war leer.

Ausnahme: Wenn die Hauptsätze durch *und/oder* verbunden sind, kann das Komma entfallen, z. B.:

Ich springe gerne seil und er hüpft gerne auf dem Trampolin.

Das Satzgefüge: Hauptsatz und Nebensatz

Ein **Satzgefüge** besteht aus **mindestens einem Hauptsatz** und **mindestens einem Nebensatz**. Der **Nebensatz steht** im Satzgefüge **im Vorfeld** oder **im Nachfeld** des Hauptsatzes; ein Adverbialsatz kann auch **im Mittelfeld** stehen.
Einen Nebensatz erkennt man z. B. daran, dass er mit der **finiten Prädikatsform** endet und oft durch eine **unterordnende Konjunktion (Subjunktion)** wie *weil, da, dass, obwohl, nachdem, bevor, als, wenn* mit dem Hauptsatz verknüpft ist.
Haupt- und Nebensätze werden durch Kommas voneinander getrennt.

Vorfeld	Linke Satzklammer	Mittelfeld	Rechte Satzklammer	Nachfeld
Wir	*hofften*	*auf besseres Wetter,*	-	*obwohl der Wetterbericht Regen voraussagte.*
Obwohl der Wetterbericht Regen voraussagte,	*hofften*	*wir auf besseres Wetter.*	-	-
Wir	*hofften,*	*obwohl der Wetterbericht Regen voraussagte, auf besseres Wetter.*	-	-

Sätze verbinden: Konjunktionen und Konjunktionaladverbien

Die Art der logischen Verknüpfung von Sätzen kann man mit Konjunktionen oder mit Konjunktionaladverbien verdeutlichen.

Konjunktionen (*und, oder, denn, aber; weil, dass, obwohl*) verknüpfen Sätze, sie gelten nicht als Satzglieder, z. B.: *Ich bleibe heute zu Hause, weil es mir nicht so gut geht.*

Konjunktionaladverbien (*anschließend, danach, deshalb, trotzdem, zunächst ...*) bzw. **satzverbindende Adverbien** sind **Satzglieder** und stehen meist im Vorfeld eines (Haupt-)Satzes, können aber auch ins Mittelfeld verschoben werden, z. B.:

Ich war gestern krank, deshalb hole ich den Unterrichtsstoff nach.
Ich war gestern krank, ich hole deshalb den Unterrichtsstoff nach.

Formen von Nebensätzen

Attributsätze/Relativsätze

Attributsätze/Relativsätze sind Nebensätze, die ein vorangehendes Bezugswort (Nomen oder Pronomen) näher erklären. Sie haben die Funktion eines Attributs.
Relativsätze werden immer mit einem **Relativpronomen** eingeleitet, z. B.: *der, die, das* oder *welcher, welche, welches,* und durch **Kommas vom Hauptsatz abgetrennt**, z. B.:

Ich bringe dir morgen das Buch mit, das ich gerade gelesen habe.
Das Buch, das ich gerade gelesen habe, möchte ich euch vorstellen.

Adverbialsätze

Die **Rolle der adverbialen Bestimmung (Adverbiale)** im Satz können nicht nur Wörter oder Wortgruppen übernehmen, sondern auch Nebensätze (Gliedsätze). Man bezeichnet sie als **adverbiale Gliedsätze** oder **Adverbialsätze** (→ S. 276, Tipp 2).

Wie die anderen adverbialen Bestimmungen auch, liefern sie Zusatzinformationen:
- zum **Ort** (lokal), z. B.: ..., *wohin wir uns vor dem Regen flüchteten.*
- zur **Zeit** (temporal), z. B.: ..., *nachdem ich nach Hause gekommen war.*
- zum **Grund** (kausal), z. B.: ..., *weil ich schlechte Laune habe.*
- zur **Bedingung** (konditional), z. B.: ..., *wenn ich genug Taschengeld gespart habe.*
- zur **Folge** (konsekutiv), z. B.: ..., *sodass ich morgens nicht immer so müde bin.*
- zur **Absicht** (final), z. B.: ..., *damit wir pünktlich aufbrechen können.*
- zur **Art und Weise** (modal), z. B.: ..., *indem er mich durchdringend ansah.*
- zu einer **Einschränkung** (konzessiv), z. B.: ... , *obwohl ich mich sehr darauf gefreut hatte.*

Subjekt- und Objektsätze

Nebensätze, welche die **Rolle des Subjekts** oder **des Objekts** im Satzgefüge einnehmen, bezeichnet man als **Subjektsätze** bzw. als **Objektsätze. Subjekt- und Objektsätze** treten meist als **indirekte Fragesätze** oder als ***dass*-Sätze** auf, z. B.:

Satzform	Subjektsätze *(Wer? Was?)*	Objektsätze *(Wen? Was?)*
dass-Satz	– *Es war allen klar, dass er log.* *(Wer/Was war allen klar?)*	– *Ich weiß, dass er das sonst nie tut.* *(Wen/Was weiß ich?)*
indirekter Fragesatz	– *Wer das getan hat, war schlau.* *(Wer/Was war schlau?)*	– *Ob er sich das überlegt habe, fragte sie.* *(Wen/Was fragte sie ihn?)*

Objektsätze verwendet man häufig bei der indirekten Redewiedergabe.

Partizipgruppen in Sätzen

Partizipien können den Kern einer **Partizipgruppe** bilden, die die Aufgabe eines Nebensatzes übernehmen kann (→ S. 301). Man nennt sie daher auch **satzwertige Partizipgruppen** oder **Partizipsätze**, z. B.: *Sie kamen (,) ihrer Fantasie freien Lauf lassend (,) auf neue Ideen.*

Manchmal ist es sinnvoll, Partizipsätze in Relativ- oder Adverbialsätze umzuwandeln, um einen Text verständlicher zu formulieren, z. B.: *Ihrer Fantasie freien Lauf lassend (,) kamen die Künstler auf neue Ideen.* → *Indem sie ihrer Fantasie freien Lauf ließen, kamen sie auf neue Ideen.* (Adverbialsatz)

Partizipsätze **darf** man **immer** durch ein **Komma** vom Hauptsatz trennen. Nur in wenigen Fällen **muss** das Komma stehen (→ S. 358).

Infinitivgruppen in Sätzen → S. 295, 300 f.

Infinitivgruppen bestehen aus einem **Infinitiv mit *zu*** und **mindestens einem weiteren Wort**. Sie können durch weitere Satzglieder beliebig erweitert werden, z. B.:

Meine Oma bat mich, ihr zu helfen.

Meine Oma bat mich, ihr beim Aufbau eines neuen Schranks zu helfen.

Durch die Verwendung von Infinitivgruppen kann oft eine Häufung von Substantiven (Nominalstil) vermieden werden, z. B.:

Viele Kinder lernen das Aufsagen des Alphabets schon vor der Einschulung.

→ *Viele Kinder lernen schon vor der Schule (,) das Alphabet aufzusagen.*

Obwohl Infinitivgruppen kein Verb in der Personalform enthalten, können sie die **Funktion von Nebensätzen** übernehmen.

Infinitivgruppen **darf** man **immer** durch ein **Komma** vom Hauptsatz trennen. In einigen wenigen Fällen ist das Komma verpflichtend (→ S. 358).

Rechtschreibregeln und -strategien

Groß- und Kleinschreibung → S. 296–297

Groß schreibt man Nomen/Substantive und **Nominalisierungen/Substantivierungen** anderer Wortarten, z. B.:

das Schiff, etwas Neues, das Fliegen, mit großem Hallo, jemandem das Du anbieten.

Nomen und nominalisierte Wörter erkennt man z. B. an vorausgehenden **Begleitwörtern,** wie Artikeln (z. B.: *das Singen*), Adjektiven (z. B.: *lustiges Singen*), Pronomen (z. B.: *sein Singen*), unbestimmten Zahlwörtern (z. B.: *viel Singen*) und Präpositionen (z. B.: *vom (= von dem) Singen*). Manchmal muss man auch in Gedanken ein Begleitwort ergänzen, z. B.:

Ihm macht (das) Singen im Chor (großen) Spaß.

Klein schreibt man aus Nomen/Substantiven entstandene Wörter anderer Wortarten, z. B.:

- Adverbien wie *mitten, kreuz und quer, abends, mittags, vormittags*
- Adjektive in Verbindung mit *sein, werden* und *bleiben* wie z. B. *schuld sein*
- Präpositionen wie *dank, kraft, trotz*
- unbestimmte Pronomen und Zahlwörter wie *ein wenig, ein bisschen, manche*

Groß- und Kleinschreibung von Zeitangaben

- **Großgeschrieben** werden **Zeitangaben,** wenn sie **als Nomen** verwendet werden, z. B.:
  am Montag, jeden Dienstag, der Abend, am Mittwochmorgen.
- **Kleingeschrieben** werden **Zeitangaben,** wenn sie **als Adverbien** verwendet werden, z. B.:
  heute, übermorgen, montags.

Groß- und Kleinschreibung von Zahlwörtern (Numeralien)

- Zahlwörter werden **großgeschrieben**, wenn sie im Satz **als Nomen** auftreten, z. B.:
  Ich habe keine Fünf im Zeugnis.
- **Alle anderen bestimmten** und **unbestimmten Zahlwörter** schreibt man **klein,** z. B.:
  Der alte Weltrekord wurde um drei hundertstel Sekunden übertroffen.

Groß- und Kleinschreibung von Eigennamen und Herkunftsbezeichnugen

- **Eigennamen** schreibt man **groß**. Das gilt auch bei **mehrteiligen Namen**. Hier schreibt man das erste Wort und alle Bestandteile außer Artikeln, Präpositionen und Konjunktionen groß, z. B.:
  Laura, Kolumbus, Madonna, Ludwig der Große, Am Neuen Markt, Schiefer Turm von Pisa.
- **Herkunftsbezeichnungen** mit dem Suffix *-er* werden **immer großgeschrieben**, z. B.:
  Spreewälder Gurken, Frankfurter Würstchen.
- **Herkunftsbezeichnungen mit dem Suffix** *-isch* sind Adjektive und werden **kleingeschrieben,** sofern sie kein Bestandteil eines Eigennamens sind, z. B.:
  schwedische Haferkekse, englische Gäste, aber: *die Tschechische Republik.*

Getrennt- und Zusammenschreibung → S. 298–299

- **Grundsätzlich getrennt geschrieben werden:**
  - **Nomen + Verb,** z. B.: *Auto fahren, Unheil anrichten, Eis essen*
  - **Verb + Verb,** z. B.: *spazieren gehen, schweigen müssen, sitzen bleiben*
    Bei Verbindungen mit *lassen* oder *bleiben* mit übertragener Bedeutung ist die Zusammenschreibung möglich, aber nicht zwingend, z. B.:
    eine Idee fallen lassen / fallenlassen = aufgeben
  - **Verbindungen mit *sein*,** z. B.: *froh sein, dabei sein, mutig sein*

- **Immer zusammengeschrieben werden:**
  - **Präposition + Verb,** z. B.: *aufnehmen, zulassen, hintergehen, übersehen.*

Besonderheiten bei Verbindungen mit einem Verb als zweitem Wortbestandteil:
Um zu überprüfen, ob du bei Verbindungen mit einem Verb **im Einzelfall zusammenschreiben musst**, helfen dir folgende **Proben**:
- **Artikelprobe:** Fügungen aus **Nomen + Verb** und **Verb + Verb** werden zusammen- und großgeschrieben, wenn sie nominalisiert werden, z. B.: *Das Autofahren ist nicht erlaubt.*
- **Umstellprobe:** Mit der Umstellprobe kannst du prüfen, ob sich der erste Bestandteil der Verbindung getrennt vom Verb im Satz umstellen lässt. Ist das nicht der Fall, musst du zusammenschreiben, z. B.: *Was schluss?folgerst du daraus?* → falsch: ~~*Was folgerst du daraus Schluss*~~*?* → Zusammenschreibung.
- **Bedeutungsprobe:** Mit der Bedeutungsprobe kannst du prüfen, ob eine Fügung aus **Adverb + Verb** oder **Adjektiv + Verb** eine neue, **übertragene Bedeutung** hat und **zusammengeschrieben werden** muss:
  - **Adverb + Verb,** z. B.: *zusammenschreiben (als ein Wort schreiben),*
    aber *zusammen schreiben (gemeinsam etwas schreiben).*
  - **Adjektiv + Verb,** z. B.: *blaumachen (schwänzen),* aber *blau machen (blau anmalen).*
- **Betonungsprobe:** Wird das **erste Wort** des zusammengesetzten Wortes betont, wird **zusammengeschrieben**. Liegt die Betonung auf **beiden Wörtern**, musst du **getrennt** schreiben, z. B.:
  Dieses Mal wird er nicht mehr davonkommen.
  Aber: *Das kann davon kommen, dass du gestern zu lange draußen warst.*

Verbindungen mit Adjektiven und Partizipien:
Zusammengeschrieben werden
- aus **mehreren Adjektiven zusammengesetzte Adjektive,** z. B.: *bitterböse, dunkelgrün.*
- **zusammengesetzte Adjektive**, die aus einer **verkürzten Wortgruppe** von **Nomen + Adjektiv** oder **Nomen + Partizip** bestehen, z. B.: *haushoch (hoch wie ein Haus), mondbeschienen (vom Mond beschienen).*
- **Wortgruppen** aus **Nomen + Partizip** oder **Nomen + Adjektiv,** wenn beide Wortteile durch ein **Fugen-s** verbunden sind, z. B.: *spannungsreich, erholungssuchend.*

Das Komma → S. 300–301

Das Komma
- kennzeichnet **Unterbrechungen im Satz** wie **Anreden**, **Appositionen** oder **nachgestellte Erläuterungen**, z. B.:
  Könntest du, Tom, die Kaffeemaschine im Repair-Café reparieren, am besten gleich morgen?
  „Do it yourself", der Trend des Selbermachens, wird immer populärer.
- trennt die **Bestandteile einer Aufzählung**, wenn sie nicht durch *und/oder* verbunden sind, z. B.:
  In der Regel werden kaputte Gartengeräte, gebrauchte Kleidung und alte Möbelstücke einfach entsorgt. Es gibt aber den Trend, diese zu reparieren oder zu restaurieren.
- trennt die **Bestandteile einer Satzreihe** oder **eines Satzgefüges**, z. B.:
  Einige Leute schlagen zwei Fliegen mit einer Klappe, denn sie verbinden „DIY" mit „Zero Waste".
  Weil sie Müll vermeiden wollen, greifen viele zum Upcycling alter Kleidung.
- trennt eine **Infinitivgruppe mit *zu*** ab, wenn diese
  - mit *als, außer, ohne, statt/anstatt* oder *um* eingeleitet wird, z. B.:
    Man braucht etwas Geschick, um aus Altem etwas Neues zu machen.
  - von einem Nomen/Substantiv abhängt, z. B.:
    Ich habe die Absicht, in diesem Jahr möglichst viel selbst zu machen.
  - durch ein hinweisendes Fürwort wie *daran, darauf, dazu* oder *es* angekündigt wird, z. B.:
    Es kann doch nicht so schwierig sein, das zu verstehen!
- trennt eine **Partizipgruppe** ab, wenn
  - ein hinweisendes Wort wie *so* oder *also* auf diese Bezug nimmt, z. B.:
    Fröhlich singend, so schlenderte ich durch die Straßen.
  - sie eine **Erläuterung zu einem Nomen oder Pronomen** ist, z. B.:
    Meine Freundin, fröhlich lächelnd, erwartete mich an der Tür.
- trennt **Redebegleitsätze von der wörtlichen Rede** ab, z. B.:
  „Kannst du morgen mein Fahrrad reparieren?", fragte mich meine Mutter.

das oder *dass*? → S. 302

Das Wort *das* kann sowohl **Artikel** als auch **Relativ- oder Demonstrativpronomen** sein. Mithilfe der **Ersatzprobe** kannst du herausfinden, ob es sich um eine dieser Wortarten handelt und du *das* mit einem s schreiben musst:
- Den **Artikel *das*** kannst du durch ***ein*** oder ***dieses*** ersetzen,
- das **Relativpronomen *das*** kannst du durch ***welches*** ersetzen,
- das **Demonstrativpronomen *das*** kannst du durch ***dieses*** ersetzen.

Die **Konjunktion *dass* kann nicht ersetzt werden.**

Arbeitstechniken und Methoden

Im Internet recherchieren

Bei der Recherche im Internet, z. B. für ein Vortragsthema, kannst du so vorgehen:

1. Schritt: Fragestellungen formulieren
Kläre, zu welchen (Unter-)Themen du recherchieren willst. Notiere entsprechende **Leitfragen** für deine Recherche, z. B.: *Welche Rolle spielt Plastik bei der Verschmutzung der Meere?*

2. Schritt: Gezielt suchen
Leite aus deinen Fragestellungen geeignete **Suchbegriffe** ab, z. B.:
- **Frage:** *Welche Rolle spielt Plastik bei der Verschmutzung der Meere?*
  → **Suchbegriffe:** *„Plastikmüll", „Verschmutzung der Meere", „Plastik in der Umwelt"*

Beachte dabei:
- Gibst du zwei oder mehr Begriffe in das Suchfeld ein, wird dies bei den Suchmaschinen als Verknüpfung erkannt und du erhältst Suchergebnisse, in denen all diese Begriffe vorkommen.
- Setzt du ein bestimmtes Wort oder eine Wortgruppe in Anführungszeichen, werden dir nur Seiten angezeigt, die genau diese Wortkombination enthalten.

3. Schritt: Die Ergebnisse überprüfen und Informationen auswählen
Im Internet kann vieles unkontrolliert veröffentlicht werden, deswegen muss jeder Treffer vor seiner Verwendung auf seine **Zuverlässigkeit geprüft werden**.
Finde über die Internetseite oder das Impressum der Seite heraus, wer für die Seite verantwortlich ist. Zuverlässige Quellen sind in der Regel:
- Seiten öffentlicher Einrichtungen wie Universitäten oder Ministerien,
- Online-Angebote von öffentlich-rechtlichen Nachrichtensendern, bekannten Tageszeitungen oder Zeitschriften,
- gängige Online-Lexika.

4. Schritt: Informationen auswerten
- Erschließe Texte und Diagramme mithilfe geeigneter Strategien (→ S. 341 f.) und notiere wichtige Informationen zu deinen Leitfragen in Stichpunkten.
- Fasse deine Recherche-Ergebnisse in eigenen Worten zusammen.

5. Schritt: Quellen angeben
Bei jeder Übernahme von Texten aus dem Internet musst du die Quelle wie folgt angeben:
Autorname: Titel (des Textes). Ggf. Datum der Veröffentlichung. Internetadresse [Abrufdatum], z. B.:

> *Friederike Zoe Grasshoff: Ein großer Teil meiner Schüler sagt sowieso: Jogginghosen sind assi. Artikel vom 11.11.2015. https://www.sueddeutsche.de/bildung/kleiderordnung-in-der-schule-ein-grosser-teil-meiner-schueler-sagt-sowieso-jogginghosen-sind-assi-1.2732226 [05.08.2019].*

Protokollieren

→ S. 303

In einem Protokoll werden **knapp** und **sachlich** die **wichtigsten Ergebnisse einer Diskussion, einer Unterrichtsstunde** oder **einer Sitzung**, z. B. einer Schülervertretersitzung, festgehalten. Protokolle haben folgende feste Form:

- Der **Protokollkopf** enthält Angaben zur Bezeichnung der Veranstaltung, zum Ort, zu Datum und Uhrzeit (Beginn und Ende), zum Teilnehmerkreis; er enthält zudem den Namen der Protokollantin / des Protokollanten, das Thema der Veranstaltung oder die Tagesordnungspunkte.
- Im **Hauptteil** werden die wichtigsten Informationen und Ergebnisse kurz, sachlich und übersichtlich wiedergegeben. Das Tempus ist in der Regel das Präsens. Wichtige Beiträge werden in der indirekten Rede und mit Angabe der Sprecherin / des Sprechers wiedergegeben.
- Der **Schluss** enthält Ort und Datum der Abfassung des Protokolls und die Unterschrift der Protokollantin / des Protokollanten.

Richtig zitieren

→ S. 303

Textbelege als Zitate einbinden:
Es gibt folgende Möglichkeiten, Textbelege als Zitate einzubinden, z. B.:

- **Direktes (wörtliches) Zitat:**
  Ein direktes Zitat ist eine wörtlich wiedergegebene Textstelle, die man buchstabengetreu übernehmen und in Anführungszeichen setzen muss. Zusätzlich muss die genaue Fundstelle des Zitats mit Seiten- und Zeilenangabe – beispielsweise in Klammern – angeführt werden, z. B.:
  Rainer Wehaus hat völlig recht mit seiner Feststellung: „Tattoos sind dabei sicher nicht das größte Problem. Aber sie könnten die Hemmschwelle senken“ (S. 41, Z. 13 ff.).

- **Indirektes Zitat:**
  Hier gibt man die Textstelle sinngemäß in eigenen Worten wieder. Den Nachweis, woher die Aussage stammt, leitet man mit „vgl.“ (= vergleiche) ein, z. B.:
  Der Ansicht von Rainer Wehaus, dass durch Tattoos Hemmschwellen gesenkt werden könnten (vgl. S. 41, Z. 13 ff.), stimme ich grundsätzlich zu.

Zeichensetzung bei Zitaten:
- **Direkte (wörtliche) Zitate werden in Anführungszeichen eingeschlossen**, z. B.:
  Mit der Aussage „Der Anblick eines tätowierten Polizisten dürfte dort zumindest Irritationen auslösen, wenn nicht gar Befremden“ (S. 41, Z. 6 f.) wird ein zentrales Problem angesprochen.

- **Auslassungen** und **geringfügige Veränderungen** in einem Zitat kennzeichnet man durch **eckige Klammern**, z. B.:
  - ***Original:*** *„Da fragt sich der Konservative: Wer steht denn nun für Recht und Ordnung? Die geplante Lockerung fällt zudem in eine Zeit, in der die Respektlosigkeiten gegenüber Polizisten weiter zunehmen – und die gewalttätigen Übergriffe auch. Tattoos sind dabei sicher nicht das größte Problem. Aber sie könnten die Hemmschwelle senken." (S. 41, Z. 10–15)*
  - ***Zitat mit Auslassung:*** *„Da fragt sich der Konservative: Wer steht denn nun für Recht und Ordnung? Die geplante Lockerung fällt zudem in eine Zeit, in der die Respektlosigkeiten gegenüber Polizisten weiter zunehmen [...]. Tattoos [...] könnten die Hemmschwelle senken." (S. 41, Z. 10–15)*
  - ***Zitat mit Änderungen:*** *„[Dies] fällt zudem in eine Zeit, in der die Respektlosigkeiten gegenüber Polizisten weiter zunehmen." (S. 41, Z. 11 ff.)*
- **Satzschlusszeichen** (Punkt, Frage- und Ausrufezeichen) stehen
  - **innerhalb der Anführungszeichen**, wenn sie zur zitierten Textstelle gehören, z. B.:
    „Wollen wir wirklich Verbote?", fragen sich viele.
  - **außerhalb der Anführungszeichen**, wenn sie nicht zum Zitat gehören.
    Ist die Polizeiführung wirklich „gut beraten, nicht vorschnell zu tolerant in der Frage zu werden" (S. 41, Z. 20 f.)?

  Achtung:
  - **Der Schlusspunkt eines Zitats entfällt**, wenn es am Anfang oder im Inneren eines Satzes steht, z. B.:
    „Not am Mann besteht nicht", diagnostiziert der Autor.
  - **Folgt das wörtliche Zitat dem Begleitsatz**, steht **nach dem Satzschlusszeichen kein Punkt** mehr, z. B.:
    Viele fragen sich: „Wollen wir wirklich Verbote?"
    Seine Antwort auf diese Frage ist: „Ich will Verbote!"
    Er macht die Feststellung: „Not am Mann besteht nicht."

Textquellen

14 o. Lichtenberg, Georg Christoph: Aphorismen. In: Ders.: Sudelbücher. Mit einem Nachwort, Anmerkungen zum Text, einer Konkordanz der Aphorismen-Nummern und einer Zeittafel. Hrsg. von Franz H. Mautner. München: Insel Verlag 1992, S. 505 (L 469). **14 u.** Ebd., S. 293 (F 762). **14 M.** Lichtenberg, Georg Christoph: Aphorismen (L 67). https://gutenberg.spiegel.de/buch/aphorismen-sudelbucher--6445/12 [03.09.2019]. **18 o.** Wieland, Christoph Martin: Was ist Aufklärung? In: Ders.: Werke in 4 Bänden. Berlin: Aufbau Verlag 1969. **18 u.** Kant, Immanuel: Was ist Aufklärung? In: Ders.: Beiträge aus der Berlinischen Monatsschrift. In Zusammenarbeit mit Michael Albrecht. Ausgewählt, eingeleitet und mit Anmerkungen versehen von Norbert Hinske. Darmstadt: Wissenschaftliche Buchgesellschaft 1973, S. 514 f.* **20** Schwanitz, Dietrich: Die französische Aufklärung. In: Bildung: Alles, was man wissen muss. München: Goldmann Verlag 2002, S. 176.* **21** Schwanitz, Dietrich: Das Erscheinen der Encyclopédie. Ebd., S. 177 f.* **25** Friedrich, Jörg: Die Feinde der Aufklärung. In: The European. Das Debatten-Magazin vom 21.10.2012. https://www.theeuropean.de/joerg-friedrich/5381-kant-und-die-frage-der-aufklarung [12.08.2019].* **26** Lau, Jörg: Das Ende der Aufklärung? – Rein ins Handgemenge! Interview mit Mathias Geffrath und Rüdiger Safranski. In: Die Zeit Geschichte Nr. 2, 2010. **32 f.** Linß, Vera und Graupner, Camilla: „Big Data ist die Aufklärung für das 21. Jahrhundert". Artikel vom 19.04.2016. Interview mit Victor Mayer-Schönberger. In: Bonner Gespräche. Bundeszentrale für politische Bildung 2016. http://www.bpb.de/veranstaltungen/dokumentation/225161/big-data-ist-die-aufklaerung-fuer-das-21-jahrhundert- [12.08.2019].* **34 f.** Bucher, Eva: Der Untergang der Fakten. In: Die Zeit Nr. 46/2016.* **36** Lessing, Gotthold Ephraim: Der Tanzbär. In: Ders.: Werke. Band 1. München: Hanser Verlag 1970, S. 197 f. **39** Hausordnung des Gymnasiums Eppendorf. https://www.gymnasium-eppendorf.de/wp-content/uploads/2018/09/Hausordnung-31.05.2018.pdf [05.08.2019]. **40** Dübber, Susanne: Kommentar zu tätowierten Polizisten: Wieso Tattoos und globaler Wandel zusammengehören. Artikel vom 11.01.2018. https://www.berliner-zeitung.de/berlin/verkehr/kommentar-zu-taetowierten-polizisten-wieso-tattoos-und-globaler-wandel-zusammengehoeren-29464770# [05.08.2019]. **41** Wehaus, Rainer: Kommentar: Tätowierte Polizisten – Der Unterarm des Gesetzes. Artikel vom 09.10.2017. https://www.stuttgarter-nachrichten.de/inhalt.taetowierte-polizisten-der-unterarm-des-gesetzes.acab4b9f-5548-4a6d-8a86-a9139a725eec.html [05.08.2019].* **42 f.** Grasshoff, Friederike Zoe: „Ein großer Teil meiner Schüler sagt sowieso: Jogginghosen sind assi". Artikel vom 11.11.2015. https://www.sueddeutsche.de/bildung/kleiderordnung-in-der-schule-ein-grosser-teil-meiner-schueler-sagt-sowieso-jogginghosen-sind-assi-1.2732226 [05.08.2019].* **43** Inhoffen, Lisa: Angemessenheit von Kleidungsstücken. Grafik vom 08.07.2017. https://yougov.de/news/2017/07/08/angemessene-kleidung-im-buro-das-sind-die-no-gos-a/ [05.08.2019]. **44 f.** Müssigmann, Lena/DPA: Dürfen Lehrer die Kleidung ihrer Schüler bestimmen? Artikel vom 12.11.2015. https://www.stern.de/familie/kinder/kleidung-in-der-schule--jogginghose--hotpants---was-duerfen-schueler-tragen--6550948.html [05.08.2019].* **47** Friese, Julia: Geht der Tattoo-Trend endlich zu Ende? Artikel vom 17.06.2015. https://www.welt.de/vermischtes/article142609083/Geht-der-Tattoo-Trend-endlich-zu-Ende.html [05.08.2019]. **50 f.** Holzapfel, Nicola: Barfuß im Büro? Undenkbar. Artikel vom 04.11.2011. http://www.sueddeutsche.de/karriere/hitze-dresscode-barfuss-im-buero-undenkbar-1.503156 [05.08.2019].* **51** Berger, Marlene: Stilsicher in den Urlaub: Welche Kleidung angemessen ist. Artikel vom 17.01.2017. https://www.expat-news.com/28998/life-style/stilsicher-in-den-urlaub-welche-kleidung-angemessen-ist/ [05.08.2019].* **53 f.** Rückert, Ulrike (Internetfassung: Felicitas Reichold u. Ralf Kölbel): Eine Epoche im Rausch der Farben. Artikel vom 04.09.2014. https://www.swr.de/mittelalter-im-suedwesten/mittelalter-in-multicolor/-/id=12829500/did=14105036/nid=12829500/c6l3gf/ [05.08.2019].* **55 f.** Pfannkuch, Katharina: Proteststoff. Artikel vom 21.04.2017. http://www.spiegel.de/stil/politische-mode-kleidung-hat-immer-eine-aussage-a-1144010.html [05.08.2019].* **57 f.** Kracht, Christian: Faserland. Köln: Kiepenheuer & Witsch, 12. Auflage 2011, S. 13 f., 16 f.* **60** Interview des rbb24 mit dem Polizeikommissar Jeremy Jahn: Ehrenfrau/Ehrenmann (Jugendwort des Jahres 2014). Artikel vom 16.11.2018. https://www.rbb24.de/panorama/beitrag/2018/11/jugendwort-des-jahres-2018-ehrenmann-ehrenfrau.html [05.08.2019].* **61** Janich, Nina: Lügenpresse (Unwort des Jahres 2014). http://www.unwortdesjahres.net/index.php?id=112 [05.08.2019]. **62 ff.** Knoke, Mareike: Wie „gender" darf die Sprache werden? Artikel vom 22.09.2017. https://www.spektrum.de/news/wie-gender-darf-die-sprache-werden/1492931 [05.08.2019].* **65 f.** Meiritz, Annett: Grüne wollen den Gender*- ganz groß rausbringen. Artikel vom 18.11.2015. http://www.spiegel.de/politik/deutschland/die-gruenen-machen-geschlechtsneutrale-sprache-zur-pflicht-a-1063228.html [05.08.2019].* **67 f.** Simon, Violetta und Anatol Stefanowitsch: Liebe Leser, das folgende Interview ist auch für Frauen gedacht. Artikel vom 22.02.2018. https://www.sueddeutsche.de/leben/generisches-maskulinum-liebe-leser-das-folgende-interview-ist-auch-fuer-frauen-gedacht-1.3876211 [05.08.2019].* **69 f.** Skasa-Weiß, Ruprecht: Kontra: Fußgehendenampel. Artikel vom 03.10.2014. https://www.stuttgarter-zeitung.de/inhalt.sprache-und-sexismus-wie-sexistisch-ist-unsere-sprache-page2.5616204e-0d10-4c04-8932-511044d1e6ee.html [05.08.2019]. **78 f.** Álvarez, Sonja: Studie: Facebook fördert Hass auf Flüchtlinge. Artikel vom 23.08.2018. https://www.tagesspiegel.de/wirtschaft/hate-speech-studie-facebook-foerdert-hass-auf-fluechtlinge/22941778.html [06.03.2019].* **80 f.** Schröder, Inken (NDR) und Christiane Maaß: „Von leichter Sprache profitieren fast alle". https://www.ndr.de/service/alphabetisierung/Interview-mit-Christiane-Maass, interview2744.html [05.08.2019].* **82 o.** Bundesministerium für Arbeit und Soziales (Hrsg.): Teilhabebericht der Bundesregierung über die Lebenslagen von Menschen mit Beeinträchtigungen. Teilhabe – Beeinträchtigung – Behinderung. Bonn, August 2013, S. 240. https://www.bmas.de/SharedDocs/Downloads/DE/PDF-Publikationen/a125-13-l-teilhabebericht.pdf?__blob=publicationFile&v=2 [24.10.19].* **82 u.** Bundesministerium für Arbeit und Soziales (Hrsg.): Teilhabe-Bericht der Bundes-Regierung über das Leben von Menschen mit Beeinträchtigungen in Deutschland. Zusammenfassung in leicht verständlicher Sprache. Berlin, Januar 2014, S. 35. https://www.bmas.de/SharedDocs/Downloads/DE/PDF-Publikationen/a125-13-l-teilhabebericht.pdf?__

blob=publicationFile&v=2 [24.10.19].***86** Hamburger, Michael: Essay über den Essay. Artikel vom 02.04.2017. http://culturmag.de/litmag/michael-hamburger-essay-ueber-den-essay/100328 [08.08.2019]; Zuerst erschienen in: Akzente-Magazin 10/1965, S. 290–292.***88 f.** Berg, Sibylle: Besser als Sex! Artikel vom 16.07.2016. https://www.spiegel.de/kultur/gesellschaft/kein-fleisch-essen-ist-besser-als-sex-kolumne-a-1100380.html [08.08.2019].* **90 f.** Hesse, Hermann: Über das Wort Brot. In: Ders.: Schweizer Monatshefte: Zeitschrift für Politik, Wirtschaft, Kultur. Band 39 (1959–1960), Heft 4. S. 314–316.***96** Droste, Wiglaf: Knust oder Knifte? – Wie das Brot zur Sprache kam. In: Ders. und Vincent Klink: Wir schnallen den Gürtel weiter. Stuttgart: Reclam 2008, S. 114. ***97** Lexikoneintrag: Tomate. Artikel von 1999. https://www.spektrum.de/lexikon/biologie/tomate/66919 [08.08.2019] © 1999 Spektrum Akademischer Verlag, Heidelberg.***98** Droste, Wiglaf und Vincent Klink: Was Wurst ist. Köln: DuMont 2006, S. 10. **100** Siepen, Stefan, aus dem: Vom Essen und Trinken überall. In: Cicero 12/2017, S. 100.***101 f.** Klink, Vincent: Eintopf. In: Ders.: Voll ins Gemüse. Reinbek bei Hamburg: Rowohlt 2014, S. 73–75.***103 ff.** Wiener, Sarah: Vegan ist auch keine Lösung. Artikel von 2015. https://enorm-magazin.de/vegan-ist-auch-keine-loesung [08.08.2019].* **105 f.** Pollmer, Udo: Wo wird die Kakerlakenmilch gemolken? Artikel vom 10.08.2018. https://www.deutschlandfunkkultur.de/udo-pollmers-mahlzeit-wo-wird-die-kakerlakenmilch-gemolken.3522.de.html?dram:article_id=425153 [08.08.2019].***108** Kafka, Franz: Kleine Fabel. In: Ders.: Sämtliche Erzählungen. Hrsg. von Paul Raabe. Frankfurt a. M.: S. Fischer Verlag 1970, S. 320. **110** Ders.: Gibs auf. Ebd., S. 358 f. **111** Ders.: Auf der Galerie. Ebd., S. 129. **114** Ders.: Heimkehr. Ebd., S. 320 f. **116 f.** Kafka, Franz: Brief an den Vater. In: Ders.: Nachgelassene Schriften und Fragmente 2. Hrsg. von Jost Schillemeit. Frankfurt a. M.: S. Fischer Verlag 1992, S. 143 ff.***118 f.** Das Gleichnis vom verlorenen Sohn. In: Das Evangelium nach Lukas. Kapitel 15, Vers 11 ff. In: Die Bibel. Revidierte Einheitsübersetzung von 2016. © Stuttgart: Katholische Bibelanstalt 2016. ***120 f.** Kafka, Franz: Poseidon. In: Ders.: Sämtliche Erzählungen. Hrsg. von Paul Raabe. Frankfurt a. M.: S. Fischer Verlag 1970, S. 307 f. **122** Hunger, Herbert: Lexikon der griechischen und römischen Mythologie. Reinbek bei Hamburg: Rowohlt 1983, S. 344. **123** Weber, Alfred: Der Beamte. In: Ders.: Alfred-Weber-Gesamtausgabe. Band 8. Schriften zur Kultur- und Geschichtssoziologie (1906–1958). Hrsg. von Richard Bräu, Eberhard Demm, Hans G. Nutzinger und Walter Witzemann. Marburg: metropolis 2000, S. 103 f. (Aus: „Die Neue Rundschau" (S. Fischer), Okt. 1910 [S. 1321–1339]).***126 f.** Kafka, Franz: Vor dem Gesetz. In: Ders.: Sämtliche Erzählungen. Hrsg. von Paul Raabe. Frankfurt a. M.: S. Fischer Verlag 1970, S. 131 f. **127** Mairowitz, David Zane (© Text) und Robert Crumb (© Illustrationen): Kafka. Hrsg. von Dirk Rehm. Reprodukt 2017, S. 91.**129** Kafka, Franz: Tagebucheintrag vom 02.02.1920. In: Reiner Stach: Ist das Kafka? 99 Fundstücke. Frankfurt a. M.: S. Fischer Verlag, 2. Auflage 2017, S. 87. **130 f.** Kafka, Franz: Das Schweigen der Sirenen. In: Ders.: Sämtliche Erzählungen. Hrsg. von Paul Raabe. Frankfurt a. M.: S. Fischer Verlag, 1970 S. 304 f. **131 f.** Doering, Sabine: Kafkas Sätze: Entzauberung der Antike. In: Dies.: Kafkas Sätze. Hrsg. von Hubert Spiegel. Frankfurt a. M.: S. Fischer Verlag 2009, S. 188 ff. **134 f.** Deichkind: Denken Sie groß! https://genius.com/Deichkind-denken-sie-gro-lyrics [13.08.2019]. **136 f.** Kästner, Erich: Sinn und Wesen der Satire. In: Ders.: Gesammelte Schriften. Band 5. Vermischte Beiträge. Köln: Kiepenheuer & Witsch / Berlin: Cecilie Dressler Verlag / Zürich: Atrium Verlag 1959, S. 117–120.***138 f.** Brugger, Hazel: Die Akte Topinambur. In: Dies.: Ich bin so schön. Zürich/Berlin: Kein & Aber AG, 6. Auflage 2019, S. 13 ff. **140 f.** Goldt, Max: Die Erfindung des Briefbeschwerers. In: Ders.: Für Nächte am offenen Fenster. Die prachtvollsten Texte 1987–2002. Reinbek bei Hamburg: Rowohlt 2015, S. 24–26. **142** Pöschla, Bernhard: Mann erfindet Doppel-Selfie-Stange, um sich beim Selfie-Fotografieren filmen zu können. Artikel vom 20.05.2015. https://www.der-postillon.com/2015/05/mann-erfindet-doppel-selfie-stange-um.html [13.08.2019]. **143** Wolking, Sebastian; Dan Eckert und Stefan Sichermann: Um Kosten zu sparen: Ryanair-Passagiere müssen ab sofort mit dem Fallschirm landen. Artikel vom 05.09.2018. https://www.der-postillon.com/2018/09/ryanair-fallschirm.html [16.08.2019]. **145** Holst, Evelyn: Lieber Unordnung als Stille. Artikel vom 09.11.2014. https://www.emotion.de/de/evelyn-holst/kolumne-holst-lieber-unordnung-als-stille-5980 [13.08.2019]. **146 f.** Kurt Tucholsky: Der Mensch. In: Die Weltbühne. Vollständiger Nachdruck der Jahrgänge 1918–1933. 27. Jahrgang 1931, Nr. 24 vom 16.06.1931. Königstein: Athenäum Verlag 1978, S. 889 f. **148** Gnatzig, Jean: Erstes komplett essensfreie Restaurant eröffnet. Artikel vom 09.08.2019. https://www.welt.de/satire/article198242563/Erstes-komplett-essensfreie-Restaurant-eroeffnet.html [22.08.2019].***149 f.** von Rönne, Ronja: Hey ihr Süßen, habt einen megaschönen Tag! Artikel vom 24.05.2017. https://www.welt.de/kultur/article164878398/Hey-ihr-Suessen-habt-einen-megaschoenen-Tag.html [13.08.2019].* **151 ff.** Kishon, Ephraim: Auf dem Supermarkt. In: Ders.: Drehn Sie sich um, Frau Lot! Übers. v. Friedrich Torberg. LangenMüller in der F. A. Herbig Verlagsbuchhandlung GmbH, München 1961. **155 f.** Schwall-Lemur, Peter: Aus Angst vor Greta & Co. – NASA dementiert Mondlandung. Artikel vom 19.07.2019. https://www.welt.de/satire/article197120407/Aus-Angst-vor-Greta-Thunberg-Co-Nasa-dementiert-Mondlandung.html [13.08.2019]. **159** Beck, Ulrich: Eigenes Leben. Ausflüge in die unbekannte Gesellschaft, in der wir leben. München: C. H. Beck Verlag 1997, S.102 f.***160 ff.** Horváth, Ödön von: Jugend ohne Gott. München: Deutscher Taschenbuch Verlag 2010, S. 5 ff.* **163 ff.** Ebd., S. 11 ff. **165 f.** Ebd., S. 16 ff.***168 ff.** Ebd., S. 72 ff. **173 ff.** Ebd., S. 118 ff.***178** Burg, Susanne und Gsponer, Alain: „Es sollte sehr nah an unserer Realität sein" – Regisseur Alain Gsponer im Gespräch mit Susanne Burg. Deutschlandfunk Kultur. Artikel vom 02.09.2017. https://www.deutschlandfunkkultur.de/vierte-verfilmung-von-jugend-ohne-gott-es-sollte-sehr-nah.2168.de.html?dram:article_id=394899 [05.08.2019].***178 f.** Knof, Michael: „... ein Roman, der nach einer Verfilmung schreit". Interview mit dem Regisseur Michael Knof über seine Arbeit an „Jugend ohne Gott". In: Reiner Niehoff: Ödön von Horváth Jugend ohne Gott. Ein Roman, ein Film. Materialien zusammengestellt und mit einem Kommentar versehen von Reiner Niehoff. Frankfurt a. M.: Suhrkamp Verlag. filmedition suhrkamp 1991.***180 ff.** Buresch, Alex und Pracht, Matthias: Jugend ohne Gott. Ein Film über die Liebe. Nach dem Roman von Ödön von Horváth. Shooting Script (Auszug). Fassung vom April 2016. https://www.drehbuchautoren.de/sites/default/files/podcasts/drehbuecher/jog_shootingscript.pdf, S. 66 [05.08.2019].***184 ff.** Bjerg, Bov: Auerhaus. Berlin: Aufbau

Taschenbuch Verlag, 6. Auflage 2017, S. 20 ff.* **186 ff.** Zeh, Juli: Spieltrieb. München: btb Verlag, Verlagsgruppe Random House 2006, S. 11 ff.* **189 f.** von Düffel, John: Klassenbuch. Köln: DuMont Buchverlag 2019, S. 13 ff. **192 f.** Helmer, Lars: Liebe, Intrige, Hilflosigkeit: Lessings „Miss Sara Sampson" als Machtkampf der Gefühle. Interview des Dramaturgen Lars Helmer mit dem Regisseur Dominik Günther vom 19.02.2015. https://www.neckar-chronik.de/Nachrichten/Liebe-Intrige-Hilflosigkeit-Lessings-Miss-Sara-Sampson-als-Machtkampf-der-Gefuehle-44076.html [14.08.2019]. **194 ff.** Lessing, Gotthold Ephraim: Miss Sara Sampson. Ein bürgerliches Trauerspiel in fünf Aufzügen. Mit einem Kommentar von Axel Schmidt. Frankfurt a. M.: Suhrkamp Verlag 2003, S. 16–22.* **198 ff.** Ebd., S. 30–33.* **200 ff.** Ebd., S. 42–45.* **203 ff.** Ebd., S. 85–93.* **206** Theater Konstanz: „Miss Sara Sampson" am Theater Konstanz. Artikel vom 27.09.2015. http://www.theaterkonstanz.de/tkn/veranstaltung/07051/index.html [14.08.2019]. **210 ff.** Loher, Dea: Manhattan Medea. Blaubart – Hoffnung der Frauen. Zwei Stücke. Frankfurt a. M.: Verlag der Autoren 2010, S. 29–32. **213** Hörnigk, Henriette: „Ich weiß, was du jetzt tun musst". Ein Gespräch mit der Dramatikerin Dea Loher über die Uraufführung von „Manhattan Medea". In: Impuls. Die Zeitschrift des Mecklenburgischen Staatstheaters Schwerin, Nr. 37, Oktober/November 1999, S. 6 ff. **214 ff.** Goethe, Johann Wolfgang: Faust I. Berlin: Cornelsen Verlag 2013, S. 156 ff. **216 ff.** Ebd., S. 164 ff.* **220** Schaukal, Richard von: Weiß einer noch …? Herbsthöhe. Paderborn: Ferdinand Schöningh 1933, S. 26. **222 o.** Bachmann, Ingeborg: Ich. In: Dies.: Werke 1. Gedichte – Hörspiele – Libretti – Übersetzungen. Hrsg. von Christine Koschel, Inge von Weidenbaum und Clemens Münster. München: Piper Verlag, 2. Auflage 2010, S. 623. **222 u.** Bachmann, Ingeborg: Jugend in einer österreichischen Stadt. In: Dies.: Werke 2. Erzählungen. Hrsg. von Christine Koschel, Inge von Weidenbaum und Clemens Münster. München: Piper Verlag, 2. Auflage 2010, S. 92. **223** Jandl, Ernst: my own song. In: Ders.: Gesammelte Werke 2 – Gedichte. Hrsg. von Klaus Siblewski. Frankfurt a. M.: Luchterhand Literaturverlag GmbH 1990, S. 557. **224 o.** Brecht, Bertolt: Was ein Kind gesagt bekommt. In: Ders.: Gesammelte Werke. Band 9. Hrsg. vom Suhrkamp Verlag in Zusammenarbeit mit Elisabeth Hauptmann. Frankfurt a. M.: Suhrkamp Verlag 1967, S. 585. **224 u.** Kilian, Susanne: Kindsein ist süß? In: Dies.: Es hüpft in meinem Kopf herum. Hrsg. von Manfred Mai. München: Deutscher Taschenbuchverlag (Reihe Hanser) 2007, S. 57. **225 o.** Dehmel, Paula: Kinderküche. In: Dies.: Das liebe Nest. Gesammelte Gedichte. Hrsg. von Richard Dehmel. Leipzig: E.A. Seemann 1919, S. 40. **225 u.** Biermann, Wolf: Spielzeug. In: Ders.: Die Drahtharfe. Balladen – Gedichte – Lieder. Berlin: Verlag Klaus Wagenbach Berlin 1965, S. 55. **226** Lasker-Schüler, Else: Jugend. In: Dies.: Sämtliche Gedichte. Hrsg. von Friedhelm Kemp. München: Kösel Verlag KG 1966, S. 35. **227** Benn, Gottfried: Schöne Jugend. In: Dies.: Sämtliche Werke. Gedichte 1. Hrsg. von Ilse Benn und Gerhard Schuster. Stuttgart: Klett Cotta 1986, S. 11. **228** Trakl, Georg: Kindheit. In: Ders.: Dichtungen und Briefe. Band 1. Gedichte. Hrsg. von Walter Killy. Salzburg: Müller 1987, S. 79. **229** Heym, Georg: Abende im Vorfrühling II. In: Ders.: Dichtungen und Schriften. Band 1. Lyrik. Hrsg. von Karl Ludwig Schneider. Hamburg: Verlag Heinrich Ellermann 1964, S. 9. **230** Huchel, Peter: Damals. In: Ders.: Gesammelte Werke in zwei Bänden. Band I. Die Gedichte. Hrsg. von Axel Vieregg. Frankfurt a. M.: Suhrkamp Verlag 1984, S. 137. **232** Vesper, Guntram: Die Gewohnheit zu zittern. In: Ders.: Die Inseln im Landmeer. Gedichte. Frankfurt a. M.: Fischer Verlag 1984, S. 39. **234** Kaléko, Mascha: Kinder reicher Leute. In: Dies.: Das lyrische Stenogrammheft. Hamburg: Rowohlt Verlag 1956, S. 22. **236 f.** Engelmann, Julia: Erwachsenwerden. In: Dies.: Eines Tages, Baby. München: Goldmann Verlag 2014, S. 18 ff. * **238 f.** Kästner, Erich: Jahrgang 1899. In: Ders.: Zeitgenossen, haufenweise. Gedichte. Hrsg. von Harald Hartung. München: Carl Hanser Verlag 1998, S. 9. **239** Rilke, Rainer Maria: Kindheit. In: Ders.: Gedichte und Prosa. Köln: Lizenzausgabe Parkland Verlag 1998, S. 750. **240** Chamisso, Adelbert von: Das Schloss Boncourt. In: Ders.: Werke in zwei Bänden. Erster Band. München: Carl Hanser Verlag 1982. **241** Eichendorff, Joseph von: Sehnsucht. In: Ders.: Werke in sechs Bänden. Band 1: Gedichte/Versepen. Hrsg. von Hartwig Schultz. Frankfurt a. M.: Deutscher Klassiker Verlag 1987. **244** Tucholsky, Kurt: Ratschläge für einen guten Redner. In: Ders.: Gesammelte Werke in 10 Bänden. Band 8 (1930). Hrsg. von Mary Gerold-Tucholsky und Fritz J. Raddatz. Reinbek bei Hamburg: Rowohlt 1975, S. 292. **246 ff.** Jobs, Steve: „Bleibt hungrig, bleibt albern". Übersetzt von M. Pöhm. http://www.rhetorik-netz.de/Stanford-rede-steve-jobs-2005 [02.09.2019].* **249 f.** Heinemann, Gustav: Fernsehansprache nach dem Attentat auf Rudi Dutschke. In: Horst Ferdinand (Hrsg.): Reden, die die Republik bewegten. 2. erweiterte und überarbeitete Auflage. Wiesbaden: VS Verlag für Sozialwissenschaften 2002, S. 340 f. **254 f.** Şimşek, Semiya: Ansprache bei der Gedenkveranstaltung für die Opfer rechtsextremistischer Gewalt am 23.02.2012 in Berlin. https://www.bundespraesident.de/SharedDocs/Downloads/DE/Reden/2012/02/120223-Ansprache-Simsek.pdf?__blob=publicationFile [02.09.2019]. **261** Loriot (Vicco von Bülow): An die Jugend. In: Ders.: Sehr verehrte Damen und Herren … Bewegende Worte zu freudigen Ereignissen, Kindern, Hunden, weißen Mäusen, Vögeln, Freunden, Prominenten und so weiter. Hrsg. von Daniel Keel. Zürich: © Diogenes Verlag 2005, S. 33 ff. **262 f.** Thunberg, Greta: Rede auf dem Klimamarsch in Stockholm. Übersetzt von Ulrike Bischoff. In: Dies.: Ich will, dass ihr in Panik geratet. Frankfurt a. M.: Fischer Taschenbuch, 3. Auflage 2019, S. 11 ff. **264 ff.** Yousafzai, Malala: Greifen wir zu Büchern und Stiften! Übersetzt von Nina Lieke. In: Shaun Usher (Hrsg.): Speeches of Note. Reden, die die Welt veränderten. München: Wilhelm Heyne Verlag 2018, S. 12 ff.* **269 ff.** Obama, Barack: Jetzt ist unsere Zeit. © by US-Botschaft Berlin / Amerika Dienst. In: Ders.: Worte müssen etwas bedeuten. Seine großen Reden. Hrsg. von Birgit Schmitz. Berlin: Suhrkamp Verlag 2017, S. 27 ff. **270 f.** Simon, Violetta: Essen wann? Artikel vom 29.04.2015. https://www.sueddeutsche.de/leben/er-sagt-sie-sagt-zu-kommunikation-essen-wann-1.2451981 [05.08.2019]. **272** Marti, Kurt: Happy End. In. Ders.: Dorfgeschichten. Hamburg: Luchterhand Literatur 1983, S. 20. **278 f.** Agora Verkehrswende (2017): Mit der Verkehrswende die Mobilität von morgen sichern. 12 Thesen zur Verkehrswende. S. 90 f. https://www.agora-verkehrswende.de/fileadmin/Projekte/2017/12_Thesen/Agora-Verkehrswende-12-Thesen_WEB.pdf [24.10.2019].* **281** Deluxe, Samy: Rapper sagen Yo. https://genius.com/Samy-deluxe-rapper-sagen-yo-lyrics oder http://www.songtextemania.com/rapper_sagen_yo_songtext_samy_deluxe.html [05.08.2019].* **282** Domin, Hilde: Unaufhaltsam. In: Dies.: Gesammelte Gedichte. Frankfurt a. M.: S. Fischer Verlag 1987, S. 170 f. **286** Grice, Paul, zitiert nach Eckart Rolf: Sagen und Meinen. In: Ders.: Paul Grices Theorie der Konversations-Implikaturen. Darmstadt: Westdeutscher Verlag 1994, S.104. **287 (A)** Söder, Markus: Tweet vom 20.08.2015. https://twitter.com/Markus_Soeder/status/634262773615194112 [05.08.2019]. **287 (B)** Trump, Donald: Tweet vom 03.02.2017. https://twitter.com/realdonaldtrump/status/827478751931924480?lang=de [05.08.2019]. **287 (C)** Kühnert, Kevin: Tweet vom 11.07.2018. https://twitter.com/kuehnikev/status/1016995346210226176?lang=de [05.08.2019]. **287 (D)** CDU Deutschlands: Tweet vom 02.10.2018. https://twitter.com/cdu/status/1047142427579039745?lang=de [05.08.2019]. **287 u.** Habeck, Robert: Bye bye, twitter und Facebook - Ein Blog zum Abschied. Bündnis 90/DIE GRÜNEN, Berlin 2019. https://www.robert-habeck.de/texte/blog/bye-bye-twitter-und-facebook/ [05.08.2019]. **288 f.** Hürlimann, Thomas: Der Filialleiter. In: Ders.: Die Satellitenstadt. Geschichten. Zürich: Ammann Verlag 1992, S.123–125. **303** Kaiser, Wolf: „Jugend ohne Gott" – ein antifaschistischer Roman? In: Traugott Krischke (Hrsg.): Horváths Jugend ohne Gott. Berlin: Suhrkamp 1984, S.55 f.*

***Die mit einem Stern gekennzeichneten Texte sind aus didaktischen Gründen gekürzt und z.T. vereinfacht.**

Illustrationen

Cornelsen/Marie Geißler: 9, 12, 114, 115, 116, 118, 120, 121, 122, 129, 130, 208, 210, 211, 212, 213, 217, 251, 256, 258, 290, 291, 292, 294, 301, 302
Cornelsen/Sylvia Graupner: 5, 6, 8 o., 10, 22, 23, 27, 30, 33, 34, 36, 60, 61, 63, 64, 67, 74, 75, 86, 88, 89, 91, 95, 105, 118, 120, 121, 122, 129, 130, 134, 136, 145, 146, 147, 148, 151, 153, 154, 222, 223, 225, 226, 227, 228, 230, 232, 234, 235, 236, 237, 240, 271, 272, 275, 277, 280, 282, 284, 285, 288
Cornelsen/Bianca Schaalburg: 8 u., 57, 58, 160, 162, 163, 165, 169, 172, 179, 182, 184

Bildquellen

4 o. Bridgeman Images **4 u.** stock.adobe.com/WoGi (Ausschnitt) **7** akg images/Archiv K. Wagenbach **11 o.** Picture-Alliance/Reuters **11 u.** stock.adobe.com/Maksym Povozniuk **14** Bridgeman Images **15** Bridgeman Images **16** bpk **20** Bridgeman Images **29** bpk/ © Ludwig-Meidner-Archiv, Jüdisches Museum der Stadt Frankfurt am Main **38** Shutterstock/Shutterstock/Halfpoint **39** stock.adobe.com/Halfpoint **40** dpa Picture-Alliance/Ralf Roeger **43** Shutterstock.com **45** Shutterstock/MyraMyra **49** stock.adobe.com/WoGi **50** dpa Picture-Alliance/Franziska Gabbert **51** Shutterstock.com/Dean Drobot **52** akg-images/Rainer Hackenberg **53** Bridgeman Images **54** Bridgeman Images **56** Imago Stock & People GmbH/IPON **65** Shutterstock/Sandra van der Steen **69** imago images/Christian Ohde **70** Shutterstock/OnkelKrischan **80** imago images/Eckhard Stengel **84** mauritius images/Juice Images **85** akg-images/Erich Lessing **87** akg-images **90** stock.adobe.com/Sabine Schemken/stu12 **92** stock.adobe.com/ub-foto **93 o.** Shutterstock.com/stockcreations **93 M**. Shutterstock.com/Serg 64 **93 u.** Shutterstock.com **94** bpk/Kupferstichkabinett, SMB/Jörg P. Anders **96** stock.adobe.com/M. Schuppich **97** Shutterstock/Tim UR **98** Wiglaf Droste, Nikolaus Heidelbach, Vincent Klink **101** Shutterstock/NADKI **103** stock.adobe.com/Superingo **104** stock.adobe.com/Otto **106** stock.adobe.com/mamfoto **108** akg images/Archiv K. Wagenbach **109** Bridgeman Images **112 o. r.** akg images/Ernst Ludwig Kirchner **112 o. l.** akg image/Marc Chagall. VG Bild-Kunst, Bonn 2019 **127 l.** © Laura Schmidbauer **127 r.** Reprodukt/David Zane Mairowitz (© Text) und Robert Crumg (© Illustration) **128** Bridgeman Images **135** TITANIC-Verlag GmbH & Co. KG **138** stock. adobe.com/saratm **140** stock.adobe.com/Gina Rothfels **141** stock.adobe.com/acrogame **142** Shutterstock.com/illpaxphotomatic **149** Shutterstock.com/LTim **155** Shutterstock.com/Castleski **156** Shutterstock.com **158, 176** © Szenenfotos aus „Jugend ohne Gott" (DRA) **159, 177** Constantin Filmverleih GmbH, München **192,193, 194, 195, 197, 198, 201, 203** © Björn Hickmann, Dortmund **206** Bridgeman Images **214** Picture-Alliance **220** Bridgeman Images **221** Shutterstock.com/Brocreative **244** Bridgeman Images **245** mauritius images/alamy stock photo/Michael Scott **246** mauritius images/alamy stock photo/Richard Lewisohn **249** bpk/Abisag Tüllmann **250** bpk/Alexander Enger **254** Picture-Alliance/Eventpress **262** akg-images/TT NEWS AGENCY **264** Picture- Alliance/Reuters **266** mauritius images/alamy stock photo/Bob Daemmrich Photography/Marjorie Kamys Cotera **270** stock.adobe.com/Maksym Povozniuk **278** imago images/Rupert Oberhäuser **281** Shutterstock.com/Nayoong Studio **298 o.** Shutterstock.com **298 u.** Shutterstock.com/Naypong Studio **299** Shutterstock.com **300** bpk/Staatsbibliothek zu Berlin

Sachregister

A

Adjektiv 297, **347, 357**
Adverb 296, **347, 356**
Adverbiale Bestimmung 352, 354
Adverbialsätze 276, 302, **354**
Akkumulation 242, 253, **343**
Akt/Aufzug 192–219, **339**
Aktiv 347 f.
Alexandriner 242, 340
Alliteration 242, 253, **343**
Amerikanische Debatte 76 f., **326**
Analyse → Textanalyse
Anapäst 242, 340
Anapher 253, **343**
Antithese 253, **343**
Aphorismus 14 f.
Appell 285, 289, **345** (→ Kommunikationsquadrat)
Arbeitstechniken 76 f., **326**
Argumentieren 38–59, 60–83, 258–261, 328
– Argumentationsstruktur 71 f., 74 f.
– Argumente entkräften oder verstärken 75
– Materialgestützt argumentieren 38–59, 328
Artikel 302, **347**
Artikelprobe 357
Attribut 352
Attributsatz 352, 354
Aufklärung 14–37
Aufzählung 46, 59, 253
Auktoriales Erzählen 167, **337**

B

Betonungs-/Bedeutungsprobe 298 f., **357**
Beziehungshinweis 285, 289, **345**
Bildebene 110 (→ Parabel)
Bildschirmpräsentation 28–31, 162, **325**

C

Chiffre 242, **343**
Comedy 137

D

Daktylus 242, **340**
das/dass 302 f., **358**
dass-Satz 355
Demonstrativpronomen 302, **358**
Deutungsthese 191
Diagramm 19, 43, 79, 93, 99, **342**
Dialog 339
Diashow 235
Direkte Rede 167, **350**
Direktes Zitat 24 f., 209, **333, 335, 360 f.**
Diskussion 326
Drama 192–219, 339
Drehbuch 176–183

E

Einstellungsgrößen 176–183
Ellipse 46, 59, 253, **343**
Empfänger/-in 285, 289, **345** (→ Kommunikationsquadrat)
Enjambement 242
Epochen
– Aufklärung 14–37
– Expressionismus 226–229
– Romantik 241
Erlebte Rede 167, **350**
Erregendes Moment 192–219, 339
Ersatzprobe 302, **358**
Erzählen 167, **337**
Erzähler/-in 167, **337**
Essay, essayistisch schreiben 84–107, 330
Euphemismus 253, **343**
Exposition192–219, 339
Expressionismus 226–229

F

Fehlerschwerpunkte 292–295
Figurencharakterisierung 332
Figurenrede 167, **350**
Figurensteckbrief 160–167, **332**
Film, Filmanalyse 176–183
Frageprobe 352
Fremdwörter 71, 293
Futur 274, **348**

G

Gedicht 220–243, 340
– Gedichtanalyse 222–229, **340**
– Gedichtinterpretation 230–232, 242 f., **336**
– Gedicht multimedial gestalten 234 f.
– Gedichtvergleich 233
Genus 347
Gestaltend interpretieren 334
Getrennt- und Zusammenschreibung 298 f., **357**
Groß- und Kleinschreibung 296 f., **356**

H
Hauptsatz 290, 295, 301, **353**
Herkunftsbezeichnungen 356
Hyperbel (Übertreibung) 46, 59, 71, 137, 157, 253, **343**

I
Imperativ 277–279, 286, **348 f.**
Indikativ 277–279, 286, **348 f.**
Indirekte Rede 276–279
Indirekter Fragesatz 355
Indirektes Zitat 24 f., 209, **333, 335, 360 f.**
Infinitivgruppe 355
Informierende Texte erschließen 16–21, 37, 62–66
Informierendes Schreiben 22–27, 37
Innerer Monolog 167, **350**
Internetrecherche 359
Interpretation → Textinterpretation
Ironie 71, 137, 157, 253, **343**

J
Jambus 242, 340

K
Kasus 276, **347**
Katastrophe 192–219, 339
Kausalsätze 276
Klimax 253, **343**
Kommasetzung 300 f., **355, 358**
Kommentar 38–59, 329
Kommunikation 270–289, 345
Kommunikationsquadrat 285, 289, **345**
Kommunikationstheorie 284–289, **345**
Komödie 339
Kongruenz 276
Konjunktion 301 f., **347, 354,** 358
Konjunktionaladverbien 301, **354**
Konjunktiv 277–279, 286, **348 f.**
Konnektoren 23
Kontrastierung 137, 157, **343**
Kurzgeschichte 288 f.

L
Literarische Erörterung 206–208, 219, **335**
Lyrisches Ich / Lyrischer Sprecher 220–243, 340

M
Materialgestützt informieren 37, **327**
Materialgestützt kommentieren 48 f., 59, **329**
Metapher 46, 59, 157, 253, **344**
Methoden
– Amerikanische Debatte 76 f., **326**
– Bildschirmpräsentation 28–31, 162, **325**
– Internetrecherche 359
– Plenumsdiskussion 326
– Pro-Kontra-Diskussion 326
– Zitieren 24 f., 209, **333, 335, 360 f.**
Metrum 242, 340
Mindmap 17, 37, 92, 98, 258, **327**
Mittelfeld 351–353
Modalität 277–279, 286, **348 f.**
Modalpartikeln 277, **347**
Modalverb 351
Modus 347, 349
Monolog 167, **334**, **339**
Motiv **223**, 241

N
Nachfeld 351–353
Nachgestellte Erläuterung 358
Nebensatz 276, 290, 295, **353**
Neologismus 46, 157, 243, **344**
Nomen/Substantiv 297, **347, 356 f.**
Nominalisierung 297, **356**
Normalsicht 176–183
Numerus 347

O
Objekt 352
Objektsatz 355
Oxymoron 243, **344**

P
Parabel 108–133, 338
Parallelismus 46, 59, **344**
Paraphrase 24 f., 209, **333, 335, 360 f.**
Parodie 137, 157
Partizip 348, 355, 357
Partizipgruppe 355
Passiv 347 f.
Perfekt 274, **348**
Person 347
Personales Erzählen 167, **337**
Personifikation 243, **344**
Plusquamperfekt 274, **348**
Pointe 46, 59
Präposition 276, **347, 357**
Präsens 274, **348**
Präteritum 274, **348**
Pronomen 347
Protokollieren 360

R
Rap 281
Rede 244–269, 341 f.
Regieanweisung 339

Reimformen/Reimschema 242, **340**
Relativpronomen 302, **358**
Repetitio 253, **344**
Retardierendes Moment 192–219, 339
Rhetorische Frage 46, 59, 253, **344**
Roman 158–191, 338
Romantik 241
Romanverfilmung 176–183

S

Sachebene 110 (→ Parabel)
Sachinformation 285, 289, **345**
Sachlich-informativ schreiben 14–37
Sachtextanalyse 62–66, 341
Satire, Satirisch schreiben 134–157, 331
Satzbau 274
Satzgefüge 295, 301 f., **353**
Satzglied 352
Satzklammer 351–353
Satzreihe 301, **353**
Satzschlusszeichen 24 f., 209, **333, 335, 360 f.**
Schreibplan 95
Selbstkundgabe 285, 289, **345**
Sender/-in 285, 289, **345**
Sprachliche (rhetorische) Mittel 46, 59, 71, 95, 145, 253, **343 f.**
Sprachliche Stile 280, **344**
Stoffsammlung **16–21**, **42–45**, 59
Storyboard 235
Strophe 220–243, 340
Subjekt 276, **352**
Subjektsatz 355
Subjunktion 347
Substantiv → Nomen
Substantivierung → Nominalisierung
Symbol 243, **344**
Szene 192–219, 335, 339

T

Temporalsätze 276
Tempus 274, **348**
Textanalyse
– Argumentativer Text 71, 74 f.
– Dramenszene 192–219, 339
– Erzähltexte 337
– Essay 88–91
– Gedicht 222–229, 340
– Kommentar 40 f.
– Kurzgeschichte 338
– Parabel 110, **338**
– Rede **246–256**, 269, **341**
– Roman **160–167**, 191, **338**
– Sachtext 62–66, 341
– Satire 138–141, 337
Textexterner Interpretationsansatz 119
Textgebundene Erörterung 69–73, 83, **329 f.**
Textimmanente Interpretation 119
Textinterpretation 333
– Dramenszene 194–205, **335**
– Gedicht 230–232, 242 f., **336**
– Kurzgeschichte 338
– Parabel 108–133, 338
– Roman 158–191, 338
– Satire 134–157, 333
Theater 192–219, 339
Tragikomödie 339
Tragödie 339
Trochäus 242, 340
Tweets 287

U

Übertreibung (Hyperbel) 157, **344**
Umstellprobe 352, 357
Untertreibung 157, **344**

V

Verb 297, **347, 357**
Vergleich 46, 59, 243, 253, 276, **344**
Vers 220–243, 340
Vorfeld 351–353
Vortragen 30 f., **324**

W

Wendepunkt 192–219, 339 (→ Drama)
Wertung (Konnotation) 46, 59, 243, 276, 329
Witz 71
Wortarten 296, 302, **347**
Wörtliche Rede 167, **350**
Wortneuschöpfung → Neologismus

Z

Zeichensetzung bei Zitaten 303 f., **360**
Zeitangabe 356
Zeitdeckung 167, **337**
Zeitdehnung 167, **337**
Zeitraffung 167, **337**
Zitieren 24 f., 209, **333, 335, 360 f.**